积极调整劳动力市场，有效应对外部冲击

2019
中国劳动力市场发展报告
——全面开放新格局进程中的劳动力市场调整

China Labor Market Development Report 2019:
Labor Market Adjustment on the way to New Pattern of Comprehensive Opening-up

赖德胜 等 著

北京师范大学出版集团
BEIJING NORMAL UNIVERSITY PUBLISHING GROUP
北京师范大学出版社

图书在版编目(CIP)数据

2019中国劳动力市场发展报告：全面开放新格局进程中的劳动力市场调整/赖德胜等著. —北京：北京师范大学出版社，2020.12
（当代中国发展报告）
ISBN 978-7-303-26359-2

Ⅰ．①2… Ⅱ．①赖… Ⅲ．①劳动力市场－研究报告－中国－2019 Ⅳ．①F249.212

中国版本图书馆CIP数据核字(2020)第180570号

营 销 中 心 电 话 010-58807651
北师大出版社高等教育分社微信公众号　新外大街拾玖号

2019 ZHONGGUO LAODONGLI SHICHANG FAZHAN BAOGAO

出版发行：北京师范大学出版社　www.bnup.com
　　　　　北京市西城区新街口外大街12-3号
　　　　　邮政编码：100088

印　　刷：	北京京师印务有限公司
经　　销：	全国新华书店
开　　本：	787 mm×1092 mm　1/16
印　　张：	20.75
字　　数：	370千字
版　　次：	2020年12月第1版
印　　次：	2020年12月第1次印刷
定　　价：	106.00元

策划编辑：王则灵	责任编辑：王 强　钱君陶
美术编辑：王齐云	装帧设计：李尘工作室
责任校对：陈 民	责任印制：马 洁

版权所有 侵权必究

反盗版、侵权举报电话：010-58800697
北京读者服务部电话：010-58808104
外埠邮购电话：010-58808083
本书如有印装质量问题，请与印制管理部联系调换。
印制管理部电话：010-58805079

课题总顾问
赵人伟　中国社会科学院荣誉学部委员

课题顾问（以姓氏音序排序）
吕国泉　中华全国总工会政策研究室主任
莫　荣　人力资源和社会保障部中国劳动和社会保障科学研究院副院长
王亚栋　国际劳工组织劳动力市场政策高级专家
杨宜勇　国家发展和改革委员会社会发展研究所所长
余兴安　人力资源和社会保障部中国人事科学研究院院长
张车伟　中国社会科学院人口与劳动经济研究所所长
张　莹　人力资源和社会保障部就业促进司司长

课题负责人
赖德胜　中央党校（国家行政学院）社会和生态文明教研部副主任
　　　　北京师范大学劳动力市场研究中心主任

报告撰稿人（以姓氏音序排序）
蔡宏波　北京师范大学教授
常欣扬　北京师范大学助理研究员
陈建伟　对外经济贸易大学副研究员
邓皓文　北京师范大学硕士研究生
高春雷　北京市工会干部学院讲师
高东燕　对外经济贸易大学博士研究生
高　曼　北京信息科技大学讲师
郭旭林　中国政法大学硕士研究生
韩春光　北京高校毕业生就业指导中心讲师
黄金玲　北京师范大学博士研究生
匡校震　北京高校毕业生就业指导中心主任
赖德胜　中央党校（国家行政学院）教授
李　飚　郑州大学讲师

李长安　对外经济贸易大学教授
李　熙　北京师范大学硕士研究生
廖　娟　首都师范大学副教授
廖文钰　北京师范大学硕士研究生
石丹淅　三峡大学副教授
苏丽锋　对外经济贸易大学研究员
田永坡　中国人事科学研究院研究员
王　琦　北京联合大学讲师
王悦妍　北京师范大学硕士研究生
杨智姣　对外经济贸易大学博士研究生
游曼淋　中共重庆市委党校（重庆行政学院）助教
俞辰虹　北京师范大学硕士研究生
张爱芹　北京师范大学副研究员
朱　敏　北京师范大学副教授

摘 要

中华人民共和国成立 70 年特别是改革开放 40 多年来，中国经济社会发展的伟大历程不仅深刻改变了中国，也深刻影响了世界。当前，世界面临百年未有之大变局，发展所处的外部环境复杂性和不确定性空前提高，虽然全球经济比以往任何时候都更加依赖中国，但是现在我们也比以往任何时候都更加需要先把自己的事情办好。本报告围绕"全面开放新格局进程中的劳动力市场调整"这一主题，经过大量的调查和实证研究，对经济全球化的新形势、外部经济环境的新变化、中国劳动力市场受到的影响以及应对冲击的劳动力市场政策等进行了综合研判。本报告认为，现阶段中国劳动力市场具有六大显著特征：就业压力总体可控，大学生就业结构性矛盾突出，进城务工人员失业风险增加，人才高地加速形成，劳务输出输入更加频繁，劳动力市场不平衡性加剧。为此，政府应考虑劳动力市场政策"六管齐下"，应对日趋升级的外部冲击：重根本——稳定经济增长水平，兜底线——构建就业优先政策体系，筑保障——建立健全贸易调整援助制度，练内功——提高人力资本水平，促公平——增强劳动力市场包容性，拓渠道——提升劳动力市场韧性。

Abstract

In the 70 years since the founding of the People's Republic of China, especially in the past 40 years of reform and opening-up, the great course of China's economic and social development has not only profoundly changed China, but also deeply affected the world. At present, the world is facing the greatest change in the past hundred years. The complexity and uncertainty of the external environment race up to an unprecedented level for China's development. Although the global economy is more dependent on China than ever before, we still need to manage our own affairs better than ever before.

This report revolves around the theme of labor market adjustment on the way to new pattern of comprehensive opening-up. After the field survey and empirical studies, the new situation of economic globalization, the new changes in the external environment, those of the impact on China's labor market and the policies that cope with the impact are selectively investigated. According to this report, the labor market in China has six salient features at the present stage: the employment pressure is generally controllable, the structural contradiction of university graduates' employment is prominent, the unemployment risk of rural migrant workers in cities is increasing, the talent highland is to emerge at a very fast speed, the outflowing and inflowing of labour are more frequent, and the labor market imbalance is aggravated.

Therefore, Chinese government must consider positive policies for the labor market development in order to respond to the escalating external shocks: (1) stabilize the level of economic growth, (2) develop pro-employment policies, (3) establish trade adjustment assistance programs, (4) improve the level of human capital, (5) enhance the inclusiveness of labor market, (6) promote the resilience of labor market.

目 录

第一篇 全面开放新格局进程中的中国劳动力市场

第一章 对外开放与中国劳动力市场   3
  第一节 经济全球化背景下中国劳动力市场发展   3
  第二节 全面开放新格局与开放的劳动力市场"红利"   16

第二章 外部经济环境变化中的中国劳动力市场变革   32
  第一节 就业压力总体可控   32
  第二节 大学生就业结构性矛盾突出   41
  第三节 进城务工人员失业风险增加   51
  第四节 人才高地加速形成   59
  第五节 劳务输出输入更加频繁   72
  第六节 劳动力市场不平衡性加剧   89

第三章 应对劳动力市场外部冲击的政策建议   100
  第一节 稳增长是稳就业的根本之道   100
  第二节 构建就业优先政策体系 兜牢民生底线   102
  第三节 建立健全贸易调整援助制度和就业保障体系   104
  第四节 不断提高劳动者人力资本水平   105
  第五节 不断增强劳动力市场的包容性   107
  第六节 拓宽就业渠道 增强劳动力市场韧性   109

第二篇 进一步扩大开放影响劳动力市场的专题研究

第四章 外部冲击对中国就业的影响及其应对   115
  第一节 引言   115
  第二节 文献综述   116
  第三节 改革开放以来我国就业情况分析   117
  第四节 就业节点上的外部冲击及其应对   122

第五节　应对中美贸易战对我国就业影响的政策建议	126

第五章　金融危机对中国就业的影响及其应对　129

第一节　引言	129
第二节　文献综述	130
第三节　研究方法和变量数据	131
第四节　实证分析	134
第五节　结论	138

第六章　中美贸易战与就业风险评估　140

第一节　劳动密集型产品仍是中国出口的重要产品	140
第二节　中美贸易冲突背后的"就业战争"	141
第三节　中美贸易战对中国就业影响的估算	142
第四节　主要应对之策	143

第七章　全面开放新格局下知识产权保护的就业效应　146

第一节　引言	146
第二节　文献综述	147
第三节　模型、数据和变量	148
第四节　知识产权保护的就业效应	150
第五节　结论及政策启示	156

第八章　国际移民与人力资本积累　158

第一节　国际移民现状分析	158
第二节　文献综述	160
第三节　国际移民对人力资本积累的影响机制	163
第四节　建立健全"人才吸引"政策体系	166

第九章　服务业扩大开放与就业极化效应　169

第一节　引言	169
第二节　文献梳理与理论机制	170
第三节　特征性事实分析	172
第四节　模型构建与数据说明	175
第五节　实证结果	177
第六节　研究结论与启示	180

第十章　全球价值链背景下的劳动分工与就业格局　181
- 第一节　全球价值链重构特征　181
- 第二节　全球价值链重构与劳动力的"第三次解绑"　185
- 第三节　新劳动分工下的就业特征　187
- 第四节　就业新问题与应对建议　189

第三篇　劳动力市场的国际比较研究

第十一章　美国对外经济政策变动对美国劳动力市场的影响分析　195
- 第一节　特朗普政府对外经济政策变动的背景和总体思路　195
- 第二节　特朗普政府对外经济政策的主要内容和特点　197
- 第三节　特朗普政府对外经济政策对美国劳动力市场的影响　199

第十二章　欧盟内部移民流动特征及其就业质量研究　206
- 第一节　文献综述　207
- 第二节　数据与方法　209
- 第三节　欧盟内部移民的流动特征　211
- 第四节　欧盟内部移民的就业质量　218
- 第五节　结论与政策建议　223

第十三章　"一带一路"沿线国家的人力资源状况　226
- 第一节　"一带一路"沿线国家人力资源的基本状况　226
- 第二节　"一带一路"沿线国家的劳动法律制度　245
- 第三节　"一带一路"沿线国家人力资源的特点分析　247

参考文献　252

附　录　265

后　记　315

Contents

Part 1	**China's Labor Market on the Way to New Pattern of Comprehensive Opening-up**	
Chapter 1	Opening-up and China's Labor Market	3
Section 1	The Development of China's Labor Market under the Background of Economic Globalization	3
Section 2	New Pattern of Comprehensive Opening-up and the Labor Market "Bonus" from Opening-up	16
Chapter 2	Changes of China's Labor Market in the Changing External Economic Environment	32
Section 1	Generally Controllable Pressure on Employment	32
Section 2	Prominent Structural Contradiction in University Graduates' Employment	41
Section 3	Increasing Risk of Unemployment of Rural Migrant Workers in Cities	51
Section 4	Accelerating the Formation of Talent Highlands	59
Section 5	Labor Outflowing and Inflowing Frequently	72
Section 6	Aggravated Imbalance in Labor Market	89
Chapter 3	Policy Suggestions to Deal with External Shocks for the Labor Market	100
Section 1	Steady Ecomomic Growth is the Fundamental Way to Stable Employment	100
Section 2	Constructing the Policy System of Employment Priority to Hold the Bottom Line of People's Livelihood	102
Section 3	Establishing the Assistant Program to the Firm for Trade Remedy and the Employment Guarantee System	104
Section 4	Improving the Level of Human Capital	105
Section 5	Enhancing Inclusiveness of the Labor Market	107

| Section 6 | Widening Employment Channels and Enhancing the Resilience of China's Labor Market | 109 |

Part 2　The Studies on the Impact of Expanding Opening-up Furtherly on China's Labor Market

Chapter 4	The Impact of External Shocks on China's Employment and Its Countermeasures	115
Section 1	Foreword	115
Section 2	Literature Review	116
Section 3	China's Employment since Reform and Opening-up in 1978	117
Section 4	External Shocks on Employment Nodes and Responses	122
Section 5	Policy Suggestions to Deal with the Impact of China-US Trade War on China's Employment	126

Chapter 5	The Impact of Financial Crisis on China's Employment and Its Countermeasures	129
Section 1	Foreword	129
Section 2	Literature Review	130
Section 3	Research Methods and Variable Data	131
Section 4	Empirical Analysis	134
Section 5	Conclusion	138

Chapter 6	China-US Trade War and Employment Risk Assessment	140
Section 1	Labor Intensive Products are Still Important Export Products in China	140
Section 2	"Employment War" Behind China-US Trade Conflict	141
Section 3	Estimation of the Impact of China-US Trade War on China's Employment	142
Section 4	Main Countermeasures	143

Chapter 7	Employment Effect of Intellectual Property Protection under the Background of New Pattern of Comprehensive Opening-up	146
Section 1	Foreword	146
Section 2	Literature Review	147
Section 3	Model, Data and Variables	148
Section 4	Employment Effect of Intellectual Property Protection	150

Section 5	Conclusion and Policy Enlightenment	156
Chapter 8	**International Migration and Human Capital Accumulation**	158
Section 1	the Current Situation of International Migration	158
Section 2	Literature Review	160
Section 3	The Mechanism How International Migration has Impact on Human Capital Accumulation	163
Section 4	Establishing "Talent Recruiting" Policy System	166
Chapter 9	**Expanding the Opening-up of Service Industry and the Employment Polarization**	169
Section 1	Foreword	169
Section 2	Literature Review and Theoretical Mechanism	170
Section 3	Fact Analysis	172
Section 4	Model and Data	175
Section 5	Empirical Results	177
Section 6	Conclusion and Policy Enlightenment	180
Chapter 10	**Labor Division and Employment Patterns in the Context of Global Value Chain**	181
Section 1	Reconstruction of Global Value Chain	181
Section 2	Reconstruction of Global Value Chain and "Third Unbinding" of Labor Force	185
Section 3	Employment Characteristics in the New Labor Division	187
Section 4	New Employment Problems and Suggestions	189

Part 3 International Comparison of the Study on Labor Market

Chapter 11	**An Analysis on the Impact of the Change of U. S. Foreign Economic Policy on Its Labor Market**	195
Section 1	The Background and General Thought of Trump Government's Foreign Economic Policy Change	195
Section 2	The Main Contents and Characteristics of Trump Government's Foreign Economic Policy	197
Section 3	The Impact of Trump Government's Foreign Economic Policy on the U. S. Labor Market	199

Chapter 12　the Characteristics of Immigration Flow within EU and the Employment Quality　206

　Section 1　Literature Review　207

　Section 2　Data and Method　209

　Section 3　Characteristics of Immigrants within EU　211

　Section 4　Employment Quality of Immigrants within EU　218

　Section 5　Conclusion and Policy Suggestion　223

Chapter 13　Human Resources in the Countries along the Belt and Road　226

　Section 1　Basic Situation of Human Resources in the Countries along the Belt and Road　226

　Section 2　Legal Labor System in the Countries along the Belt and Road　245

　Section 3　the Characteristics of Human Resources in the Countries along the Belt and Road　247

Reference　252

Appendix　265

Postscript　315

第一篇

全面开放新格局进程中的中国劳动力市场

第一章
对外开放与中国劳动力市场

第一节 经济全球化背景下中国劳动力市场发展

一、经济全球化的发展历程

(一)经济全球化的回溯

"经济全球化"这个名词最早由特·莱维于1985年提出,目前较为流行的定义来自国际货币基金组织(IMF),即"经济全球化是指商品、服务及资本跨国流动在形式和规模上的增加,以及技术的广泛迅速传播使得世界各国经济的相互依赖性不断增强"。

1. 地理大发现——经济全球化开端

15世纪的地理大发现可以被认为是经济全球化的开端。在15世纪以前,自给自足的小农经济是世界各个国家和地区的主要生产生活方式。那时,东、西方都处于生产力发展水平较低的阶段,社会不需要复杂的分工协作,世界范围内的经济及文化交往尚未形成,这些国家和地区在一定程度上保持着封闭状态。

这一时期,西方的科学技术水平得到一定的提升。造船业快速发展,以及指南针和火药引入为新航路的开辟提供了有利条件。同时,商品经济进一步发展和资本主义萌芽出现,也导致欧洲各国对货币的需求量增加,促使他们加速资本原始积累和财富掠夺,从而成为开辟新航路的推动力量。哥伦布远航发现了美洲大陆,麦哲伦船队开辟了新航路,这些壮举让人类对整个地球有了更加清晰和全面的认识，经济全球化就此拉开帷幕。

2. 殖民主义——经济全球化加速

随着新航路的开辟，西方国家逐渐向外扩张，世界各地之间的联系不断加强，这也引发了掠夺和战争，出现了早期的殖民主义。在殖民过程中，发达的西方国家向殖民地输出本国的经济、文化等，并由此加强自身的进一步发展，导致发达国家在政治、经济、思想文化等方面对殖民地都产生了较为深刻的影响。随着生产力的发展，西方国家也加快了殖民的进程，经济全球化在这一时期表现出不同的形式。但很明显的是，西方国家进行资本的原始积累和财富的掠夺，欧洲各国之间的贸易逐渐加强，形成了以商品交换为核心的世界市场。特别是，欧洲利用从美洲掠夺的贵金属与亚洲交换商品，例如中国的茶叶、丝绸、瓷器等，加强了欧亚国家之间的经济和文化交流。

18世纪中期，英国工业革命爆发，加快了资本主义的发展，资本家对市场和原料的需求进一步增加，使得殖民地与半殖民地的国家逐渐成为经济竞争的后方阵地。同时，发达国家为满足扩张的需求，不断进行资本输出和商品倾销，这促进了国家之间的经济往来，世界市场应运而生。此后，世界经济危机的爆发和两次工业革命的推动产生了经济垄断，形成的国际垄断集团开始在经济上瓜分世界。20世纪初，资本主义列强将世界瓜分完毕，以欧美资本主义列强为主导的资本主义世界体系最终建立起来，世界市场最终形成，国际分工日益明显，经济全球化程度日趋加深。

3. 第二次世界大战之后——经济全球化深入

第二次世界大战结束后，人们逐渐意识到武力不能解决问题，而且战争严重影响经济发展，国家之间主动谋求更多国际协调的呼声日隆。1944年，布雷顿森林会议上各国签订了《国际货币基金协定》和《国际复兴开发银行协定》。1947年，23个国家政府签订了《关税与贸易总协定》。以这三大协定为基本法律框架形成的国际经济新秩序反映了以英美为首的发达国家的利益诉求。

在第二次世界大战结束之后的数十年间，虽然世界上局部战争时有发生，但这一时期社会主义国家和亚非拉获得独立、解放以及发展成为潮流，从而为世界经济、科技和文化的发展提供了重要的政治和安全保证。随后，世界由两极向多极演变，加上东欧剧变、苏联解体，越来越多的国家加速改革开放，市场经济体系在越来越多的国家确立，为经济全球化的发展奠定了基础。两极格局的结束，也使得原来处于对峙状态的国家缓和了关系，为经济全球化的拓展提供了相对稳定的条件和环境。

4. 21世纪——经济全球化拓展

到21世纪，经济全球化进一步拓展，世界各国的经济联系越来越密切。这一时期，发达国家与发展中国家之间由长期传统国际分工确立的全球价值链地位不均造成了在一定程度上经济全球化收益分配的对立。此时，发展中国家涌现出了一批新兴市场经济体，比如中国、俄罗斯、印度、南非、巴西等，它们通过多种组织形式相互支持，开展合作，促进共同发展，并为支持广大发展中国家的发展，为在国际政治经济秩序中主持公平正义作出了重要贡献。

经济全球化仍将持续。当然也应看到，经济全球化局部出现逆向发展的迹象。纵观经济全球化进程，推动和制约的力量相互交织博弈，逆经济全球化也始终存在于经济全球化进程之中。特别是近些年来，逆经济全球化升温势头不断加剧，如2016年以来英国脱欧以及2018年以来美国发起中美贸易战。这些事件的背后是经济、政治、社会等多重因素共同的驱动，比如国家之间收入差距和财富分配格局总体趋于恶化，收益分配不均，导致原有国际分工模式难以为继；经济体内部贫富差距也在不断扩大，社会矛盾持续积聚。此外，移民冲突、民族主义、环境问题等非经济因素也影响着逆经济全球化。如果这一乱战愈演愈烈，那将为世界经济带来巨大风险。

(二) 中国参与经济全球化的历程

20世纪70年代开始，中国意识到应该融入世界经济。1976年，历时十年的"文化大革命"结束，人民群众迫切需要国家重回发展正轨。审视当时国际政治经济形势不难发现，在中国经历"文化大革命"的同时，部分发展中国家尤其是邻近的亚洲新兴工业化国家和地区通过对外开放，吸引外资和先进技术，发展对外贸易，取得了显著进步，这与同一时期中国经济发展停滞的局面形成鲜明对比。1978年12月，党的十一届三中全会召开，会议明确提出要把党和国家的工作中心转移到经济建设上来，并做出实行改革开放的伟大决策，中国从此进入改革开放和社会主义现代化建设的历史时期。20世纪90年代初，邓小平南方谈话以及党的十四大正式提出建立社会主义市场经济体制的目标，由最初的政策性开放向制度性开放加快迈进。2001年，历经15年的谈判，从"复关"到"入世"，中国加入WTO(世界贸易组织)，中国融入世界经济体系的步伐加速，对外开放进入了一个新阶段。2017年10月，在国际形势发生深刻复杂变化、机遇挑战前所未有的时代背景下，习近平总书记在十九大报告中提出"推动形成全面开放新格局"。

1. 十一届三中全会——认识经济全球化

1978年12月党的十一届三中全会召开，会议提出停止使用"以阶级斗争为纲"的口号，正式做出把党和国家工作中心转移到经济建设上来、实行改革开放的历史性决策，动员全党全国各族人民为社会主义现代化建设进行新的长征。全会指出，必须对经济管理体制和经营管理方法着手认真的改革，在自力更生的基

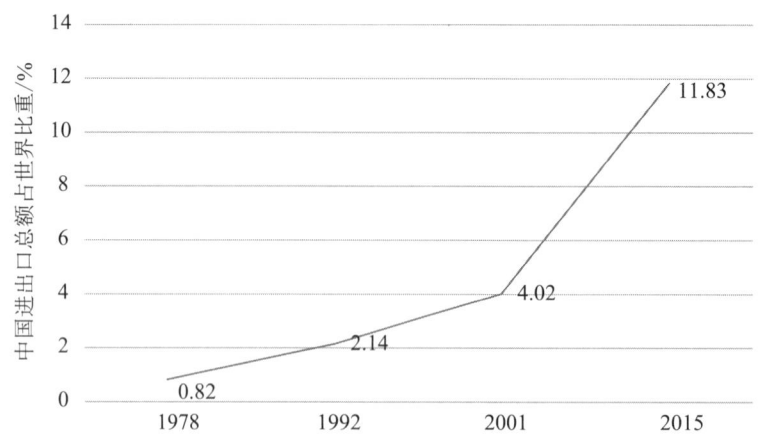

图 1-1 中国参与经济全球化的四个阶段与对应时点中国进出口总额占世界比重
数据来源：据相关年度国家统计局与世界银行数据整理。

础上积极发展同世界各国平等互利的经济合作，努力采用世界先进技术和先进设备，并大力加强实现现代化所必需的科学和教育工作。此后，中国很快在对外开放上采取了一系列动作，主要体现在以市场为取向，以打破旧体制为主要内容的对外贸易体制改革，下放外贸经营权和打破垄断经营局面，大力吸引国外资金、技术，为扩展对外贸易提供新的渠道。

不到一年，中共中央、国务院批转广东省委、福建省委关于对外经济活动实行特殊政策和灵活措施的报告，决定在深圳、珠海、汕头和厦门试办特区。1980年5月，中共中央、国务院批准《广东、福建两省会议纪要》，正式将"特区"定名为"经济特区"。1984年1月，邓小平视察深圳、珠海、厦门3个经济特区。2月，邓小平同中央负责同志谈话，提出"可以考虑再开放几个港口城市，实行特区的某些政策"。5月，中共中央批转沿海部分城市座谈会会议纪要，决定进一步开放大连、天津等14个沿海港口城市。1987年，党的十三大通过了"一个中心、两个基本点"的基本路线，坚持以经济建设为中心，坚持改革开放，提出了"三步走"的经济发展战略，为中国融入世界经济提供了有力保障。

2. 党的十四大——拥抱经济全球化

1992年1月，邓小平先后到武昌、深圳、珠海、上海等地考察，并发表了一系列重要讲话，强调必须注重大胆吸收和借鉴国外先进经验，要坚定不移地对外开放。邓小平提出，和平与发展是当今世界的两大主题，应当抓住难得的机遇，利用有利的国际条件集中精力搞建设。他主张通过对外开放冲击传统的旧体制与旧观念，以促进改革和发展。1992年10月，党的十四大报告总结了十一届三中全会以来的实践经验，决定抓住机遇，加快发展。会议确定中国经济体制改革的目标是建立社会主义市场经济体制，并提出用邓小平建设有中国特色社会主义理论武装全党。

1992年邓小平南方谈话以及党的十四大,进一步确立了这一阶段对外开放的目标是"按产业政策吸引外商投资",实施以"市场换技术"的引资战略。开放区域上实现了由沿海地区向内陆腹地拓展。开放平台进一步多元化,建立了杨浦经济开放区、苏州工业园区等以引资和对外贸易为主的外向型工业园区。这一时期,对外贸易迅速发展(见图1-2、图1-3)。

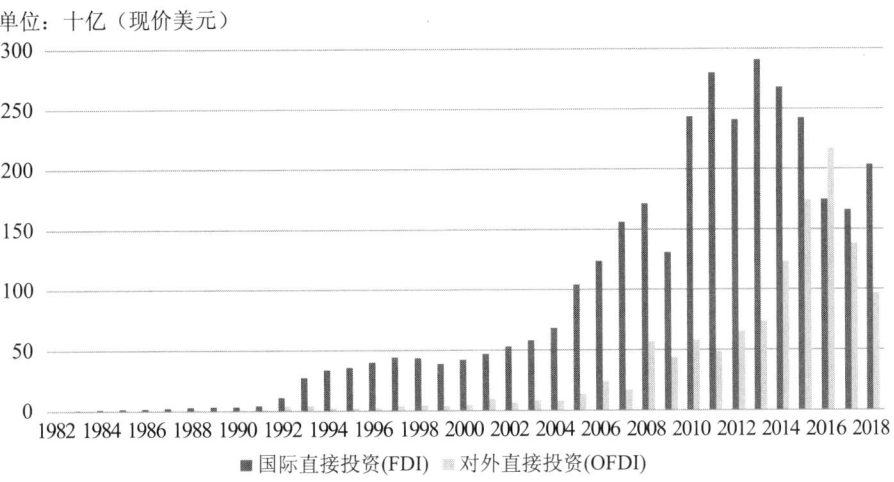

图1-2　1982—2018年中国对外直接投资净流入/净流出
数据来源:世界银行国民经济核算数据库。

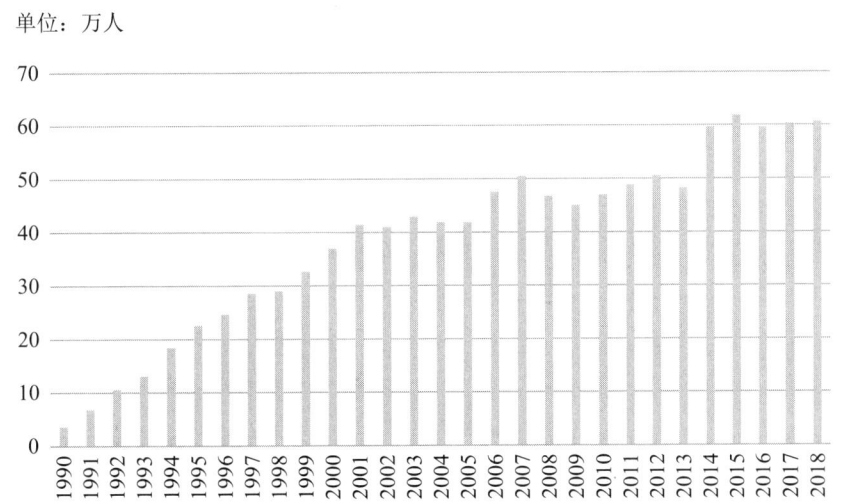

图1-3　1990—2018年中国对外劳务合作年末在外人数
数据来源:据国家统计局数据整理。

3. 中国加入世界贸易组织——加速经济全球化

2001年11月10日,在卡塔尔多哈举行的世界贸易组织(WTO)第四次部长级会议通过了中国加入世界贸易组织的法律文件——《中国入世工作组报告》和《入世议定书》，标志着经过 15 年的艰苦努力，中国终于成为世界贸易组织新成员。2001 年 12 月 11 日，《中国加入世贸组织议定书》生效，中国正式加入世界贸易组织，成为其第 143 个成员。中国对外开放至此进入新的阶段。

中国加入 WTO，意味着开始享有《1994 年关贸总协定》及其他协议规定的世贸成员相互之间的最惠国待遇，在进出口关税、货物及服务贸易、国际知识产权等方面获得极大便利，吸引外资，实现更大限度的自由贸易，共享多边贸易体制的好处。同时，中国对外贸易也被纳入 WTO 组织机制的保障范围，通过 WTO 争端解决机制，更好地维护自身合法权益，从而获得更好的国际经贸发展环境。

自 2001 年开始，中国进出口贸易大幅攀升（见图 1-4）。从 2009 年起，中国跃居世界第一大出口国，吸引外资和对外直接投资也已稳居世界前列（见图 1-5）。中国真正融入了全球价值链，成为世界生产大循环中的重要部分。通过对外开放，我国充分利用自身的比较优势，提高了生产效率，优化了资源配置。由于中国劳动力资源丰富、成本低廉，适宜于进行劳动密集型出口，基于经典的赫克歇尔—俄林理论（H—O 理论），一个国家会出口那些在生产中密集使用其相对丰裕要素的商品，我国劳动密集型行业在此期间急剧扩张。需求市场也由原来的单一扩大至多元，由此带来的规模经济效应，创造了更大的利润空间。这一时期，中国的经济总量先后超过英国、法国、德国、日本，成为世界第二大经济体。

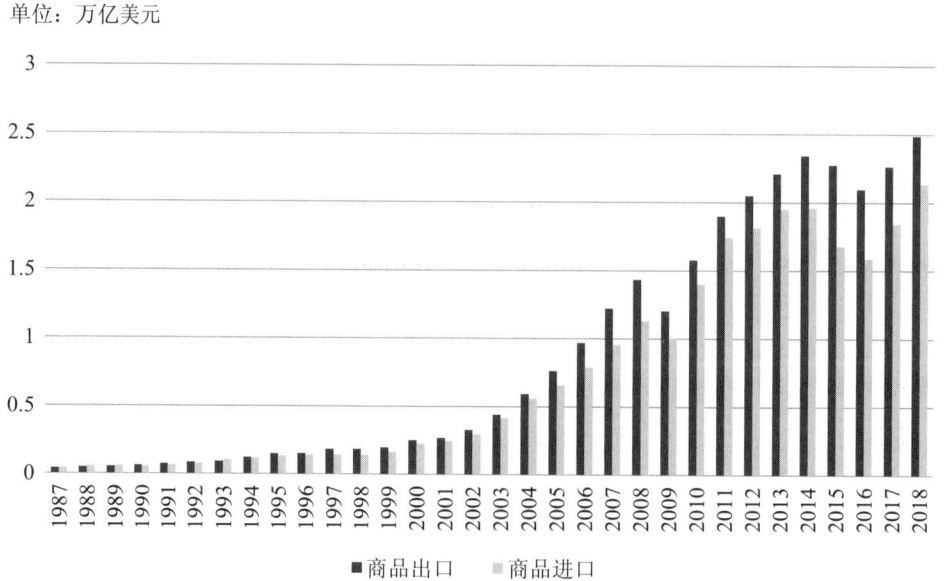

图 1-4　1987—2018 年中国商品进出口总额

数据来源：据世界贸易组织发布的报告整理。

单位：万美元

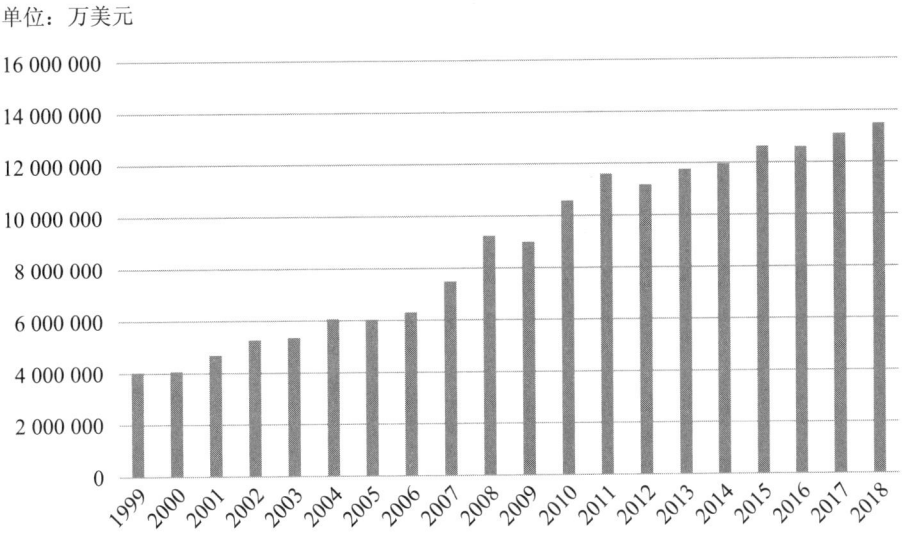

图 1-5　1999—2018 年中国实际利用世界外商直接投资金额

数据来源：据国家统计局数据整理。

4."一带一路"倡议——拓展经济全球化

党的十八大以来，中国面临错综复杂的国际形势和艰巨繁重的国内改革发展任务，政治经济与社会发展迈入全面建成小康社会的冲刺阶段。2013年，习近平总书记提出的"一带一路"倡议秉承了"共商、共建、共享"理念，以建成共同发展、共同繁荣的合作共赢之路为主旨，促进各国政策沟通、设施联通、贸易畅通、资金融通、民心相通，共同构建人类命运共同体。

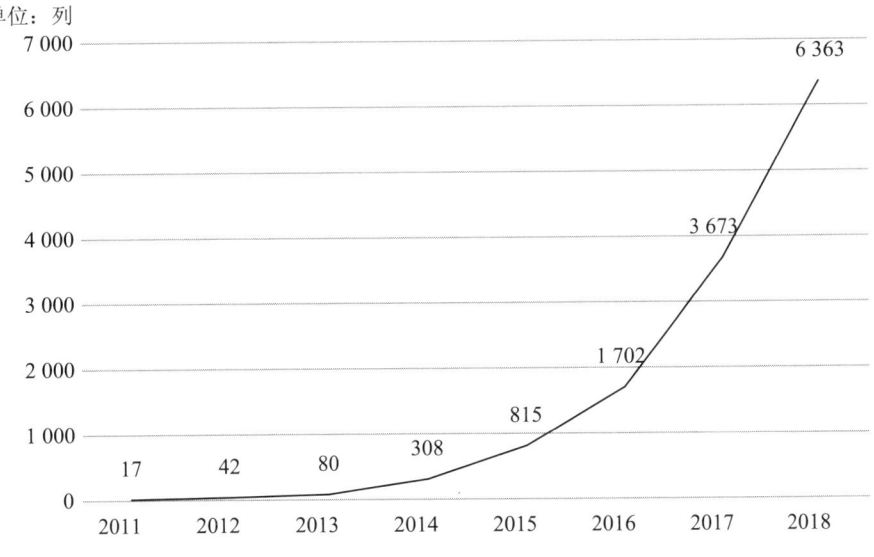

图 1-6　2011—2018 年中欧班列开行数量

数据来源：大陆桥物流联盟公共信息平台。

目前,"一带一路"建设已经取得重要阶段性成果。五大战略方向以六个经济走廊和若干海上支点作为支撑,"五通"通过八个具体合作领域实施,已获重要早期收获。2016年1月,中国倡议成立的亚洲基础设施投资银行开业,不仅深受亚洲发展中国家欢迎,也得到越来越多发达国家的肯定。2018年,中国与东盟贸易额再创历史新高,达5 878亿美元,比前一年增长14.1%,2019年上半年东盟超过美国成为中国第二大贸易伙伴,区域经济一体化与"一带一路"建设成果可见一斑。"一带一路"倡议是时代发展的产物,逐渐成为开放包容的国际合作平台和全球公共产品,这是中国对经济全球化作出的重大历史性贡献。

二、中国劳动力市场发展

伴随对外开放的进程,特别是加入WTO后,中国经济保持稳定快速增长。这一过程中,经济全球化对中国的就业总量、就业结构、劳动收入份额等产生不同程度的影响,全面而深刻地影响了中国劳动力市场的发展。

(一)就业总量

对外开放40多年来,中国国内生产总值持续增长(见图1-7)。从世界排名来看,1978年中国GDP尚在世界十名以外,2010年已超过日本位居世界第二。中国GDP在世界总产出中所占的比重从1978年的1.8%上升到2018年的15.9%。中国经济的长期高速增长,堪称世界经济发展史上的奇迹。

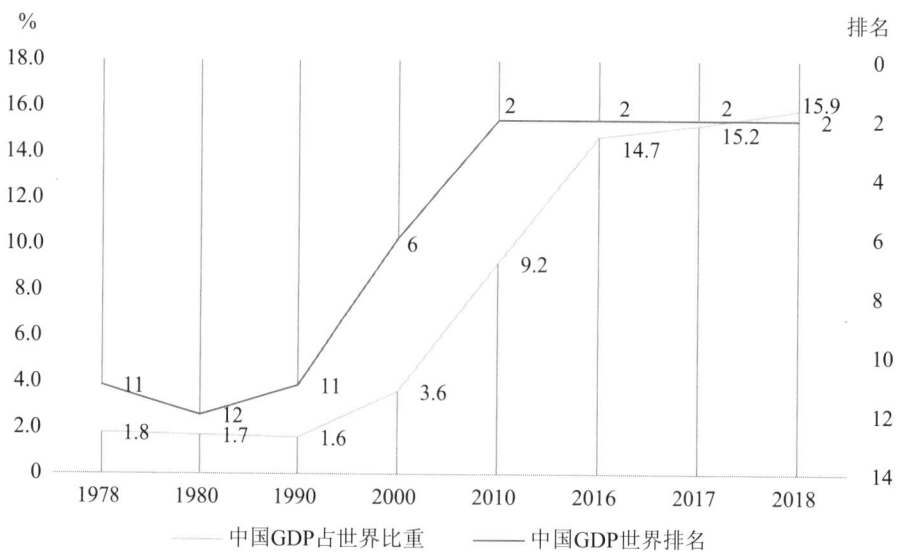

图1-7 1978—2018年中国GDP(国内生产总值)变化

数据来源:2018年《中国统计年鉴》。

经济增长吸收了持续增长的人口带来的就业需求。改革开放以来，中国人口总量平稳增长。1978年中国总人口约9.6亿人，2018年年末达到13.95亿人，增加约4.35亿人。如图1-8所示，仅考虑经济活动人口总量，中国经济活动人口已从1978年的4亿人增长到2018年的8亿人。考虑近些年来中国失业率围绕4%的水平不断上下波动，即每年要为近千万的新增经济活动人口提供相应的就业岗位，这一就业压力无疑是巨大的。

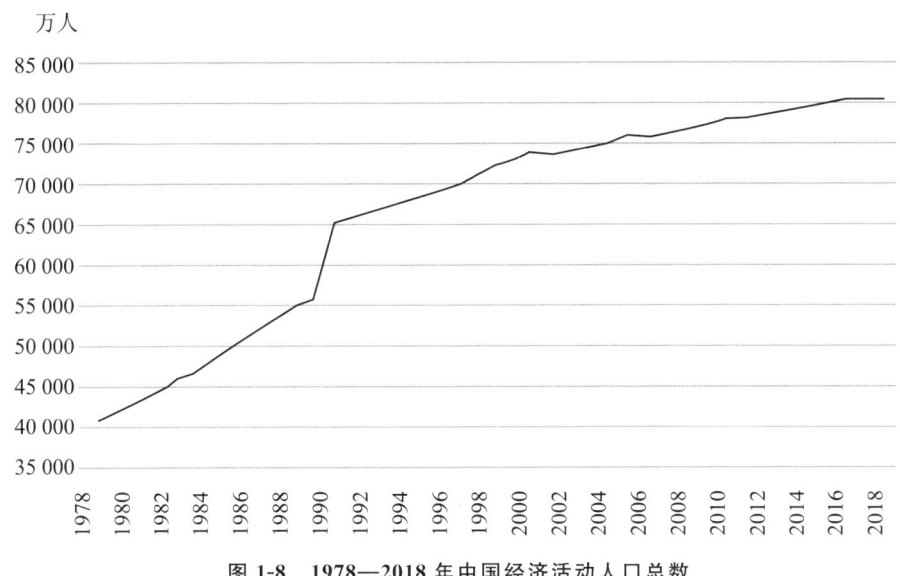

图 1-8　1978—2018 年中国经济活动人口总数

数据来源：据国家统计局数据整理。

但是数据显示，中国很好地吸收了巨量的新增经济活动人口，这其中对外开放所起的作用十分明显。国内学者使用中国1998—2008年工业企业数据分析了中国制造业就业的动态特征及其背后的逻辑，发现在出口份额、投资份额、劳动生产效率、行业集中度等因素中，出口对中国制造业就业创造和行业之间就业变动的贡献最大，制造业每年新创造的就业岗位中有近1/5是由出口增长引起的。中国凭借着廉价劳动力的优势嵌入到全球价值链中，在很大程度上吸引国外投资者在中国建厂、生产，创造了大量的就业机会。

经济全球化对劳动力市场也存在负面冲击。一方面，经济全球化促进了农业机械大规模的使用，生产技术不断提高，让越来越多的农民从农业生产中解放出来，农村剩余劳动力增加。另一方面，进口农产品在一定程度上冲击了国内农产品市场，需求下降进一步加剧了农村剩余劳动力的矛盾。同时，融入经济全球化加快了中国产业结构升级，随着技术的不断进步，其在创造新岗位的同时也会对劳动力产生一定的替代效应，会导致摩擦性失业和从业人员的精减。中国从2000年进入产业深度调整阶段以来，总的就业规模持续扩大，但城镇登记失业人数也在逐年增加，2018年城镇登记失业人数达到974万人，城镇登记失业率由2000年的3.1%增长到2018年的3.8%（见图1-9），2019年二季度末为3.61%，虽较2018年有所下降，但就业形势仍然较为严峻。

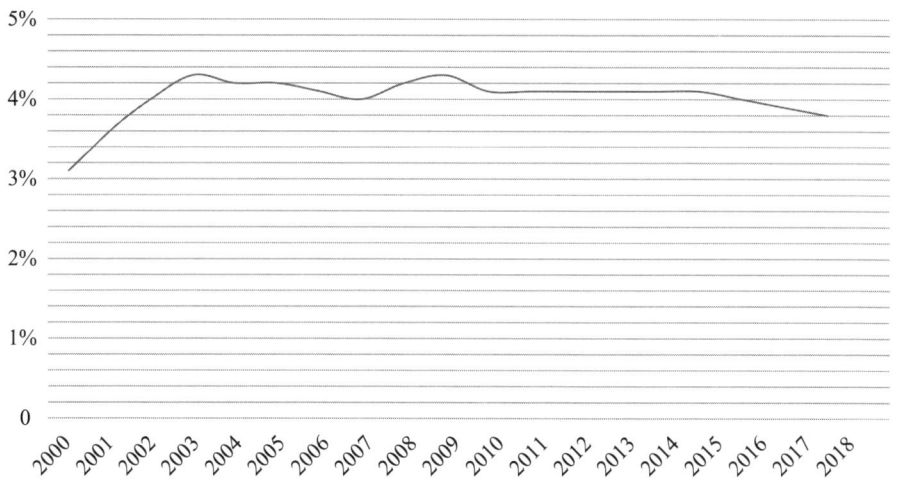

图1-9 2000—2018年中国城镇登记失业率

数据来源：据国家统计局数据整理。

（二）就业结构

就城乡就业结构而言，在改革开放初期，中国就业人口集中分布在乡村，此后20年间，城镇和乡村就业人数在绝对数量上都有增长（见图1-10）。2000年，乡村就业数量增长停滞甚至出现倒退，而城镇就业人员数量增长显著加快。中国加入世界贸易组织后，随着对外开放的深入，城镇就业比重不断上升，在2014年已达50%，超过了乡村就业的比重，且其差距还在接下来的年份逐步扩大。可以预见，这样的差距在此后十年、二十年还会进一步扩大。

就产业就业结构而言，改革开放之初三大产业的就业人数均呈上升态势，虽然早期第一产业就业人数持续增加，且总数远超第二、第三产业（见图1-11），但家庭联产承包责任制的实施使得农民生产效率得以显著提升，其就业所占比重在持续下降。1992年开始，中国经济将发展重心向第二、第三产业转移，第一产业就业比重大幅度减少（见图1-12），幅度高达12%，同期第二、第三产业份额增长了4.4%、7.6%，呈现并肩前行的态势。第三产业在2011年首次超过第一产业，成为中国就业人数最多的产业，与此同时第三产业占比也在不断增加，较1992年增幅达到了15.9%。三次产业就业结构，由传统的"一、二、三"模式转变为"三、一、二"模式。2013年以来，第三产业就业人数迅速增加，截至2017年第三产业就业人数增至34 872万人，第二产业占比首次超过第一产业。就业

— 12 —

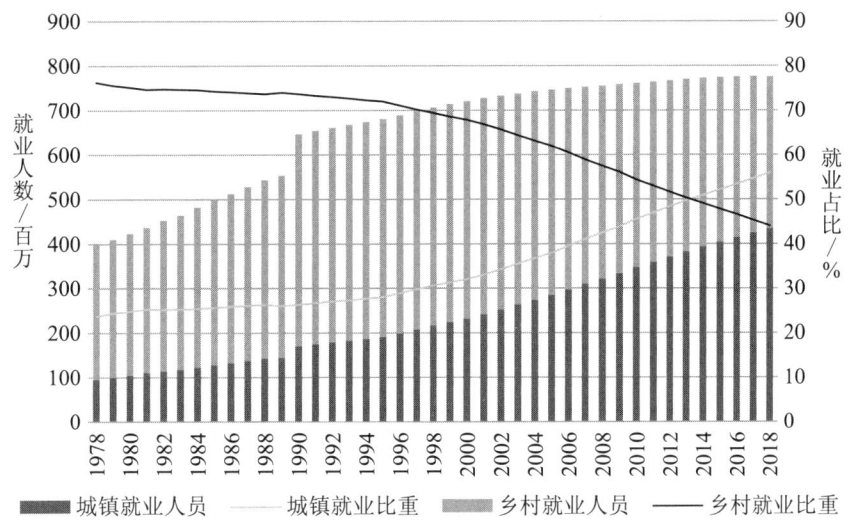

图 1-10　1978 年来中国城乡就业变化情况

数据来源：据国家统计局数据整理。

结构已从"三、一、二"模式逐渐演变为"三、二、一"模式，经济全球化的推动使得中国就业结构逐渐趋于合理。

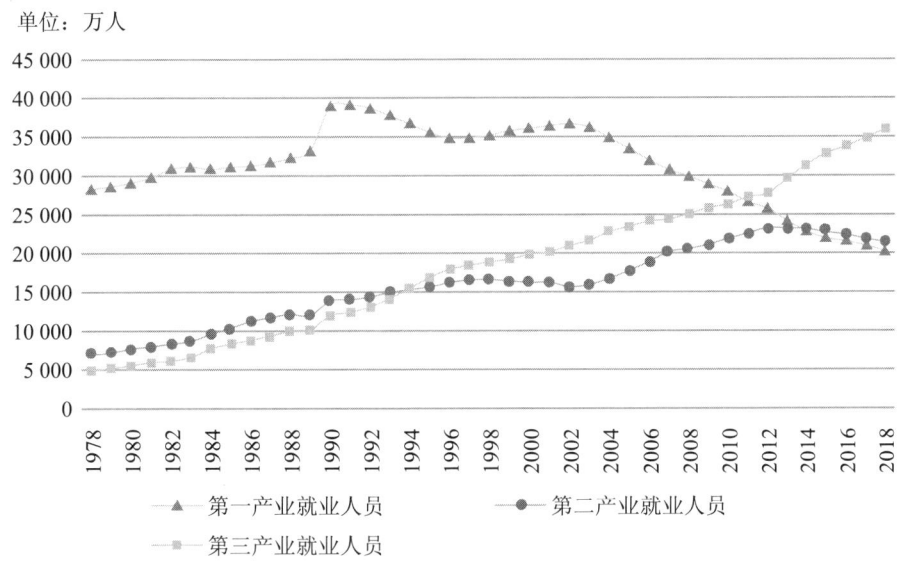

图 1-11　1978—2018 年中国三次产业就业人数变动趋势图

数据来源：据国家统计局数据整理。

随着中国与世界经济交流日益密切，科技进步促使中国高技能人员的就业不断提升。如图 1-13 所示，中国就业人员本科及研究生以上学历占比呈上升趋势，到 2017 年达到 8.8%。但是，经济全球化也对中国就业结构产生了一些负面影响。在不同地区之间，沿海城市的就业机会远远大于经济增长相对缓慢、技术水平相对较低的内陆城市；在不同产业之间，金融、保险以及具有高新技术特征的产业得到市场的青睐，就业机会明显增加。

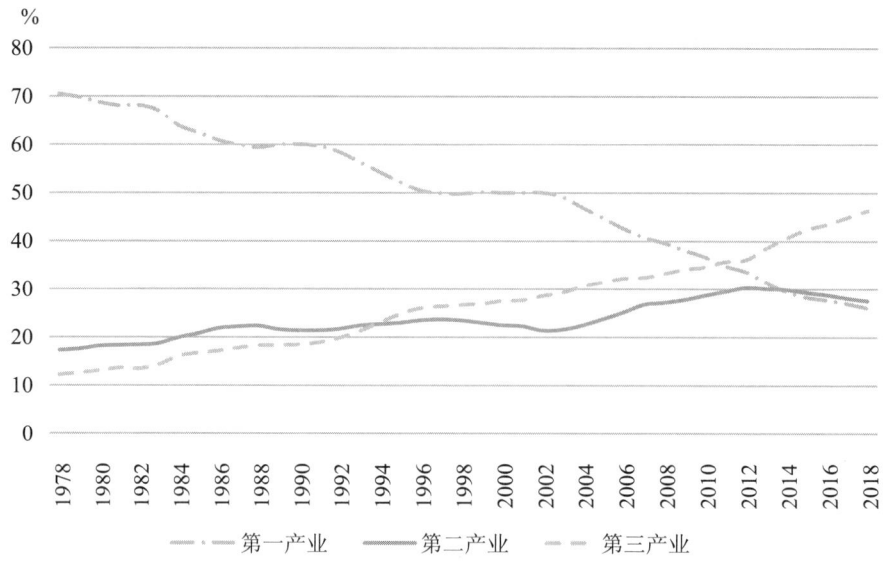

图 1-12　1978—2018 年中国三次产业就业比重变动

数据来源：据国家统计局数据整理。

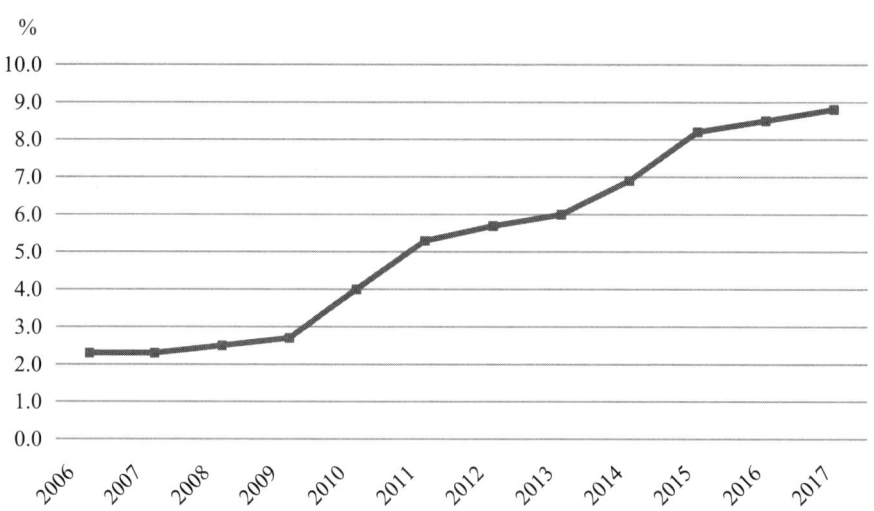

图 1-13　2006—2017 年中国就业人员本科及研究生以上学历占比

数据来源：据国家统计局数据整理。

（三）劳动收入份额

在中国劳动力市场的发展过程中，经济全球化也影响了初次收入分配领域。随着全球化水平的快速提高，劳动密集型产业的出口、外商直接投资以及长期资本积累都会对劳动收入份额产生影响。劳动收入份额是指劳动者报酬占国内生产总值（GDP）的比重，是衡量劳动者在初次收入分配中经济社会地位的主要指标。总体而言，中国劳动收入份额从1996年至2018年主要经历了四个变化阶段（见图1-14）。

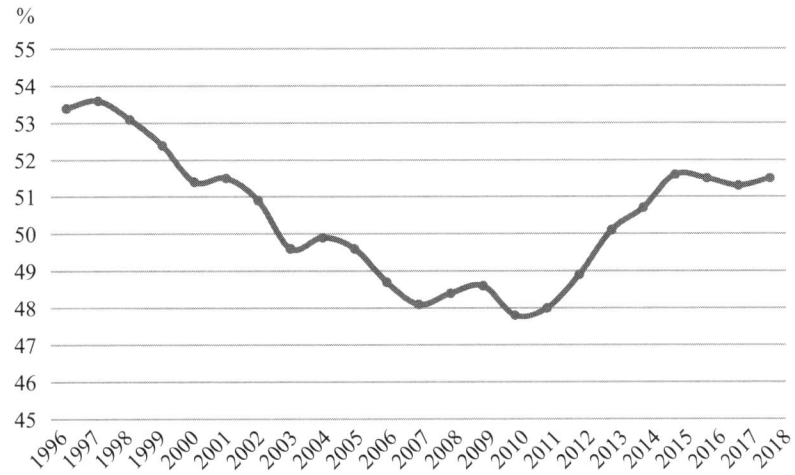

图1-14　1996—2018年中国劳动收入份额趋势图

数据来源：据国家统计局数据整理。

第一阶段是1996年至2001年，中国劳动收入份额相对处于一个较高的水平，变动比较平稳。90年代初期，随着改革开放的加快推进，社会主义市场经济体制逐步完善，到20世纪末大部分商品和资源都实现了市场配置。无论是农业生产的稳步发展，还是高新技术产业的飞速上升，都给经济增长带来了持续活力，居民个人的收入水平得到了不同程度的提高，使得这一阶段中国总体的劳动收入份额呈现一个较高的水平。

第二阶段是2001年至2007年，中国劳动收入份额呈下降趋势。这主要是由于1997年亚洲金融危机时期中国经济增长受阻，劳动者就业压力上升，2001年以来中国加入WTO又使劳动力市场出现更加激烈的竞争。这一阶段中国的经济发展水平大幅度提高，人民的物质生活水平也得到了显著提升，多重因素导致劳动收入份额出现下降。

第三阶段是2008年至2012年，中国受2008年全球金融危机的影响，外向型经济发展受挫，出口导向型企业发展受阻，劳动力的就业压力明显加大，劳动收入份额出现较大波动。

第四阶段是2012年至2018年，中国逐渐适应并引领经济全球化，劳动收入份额变化逐步恢复到一个平稳的水平，平均保持在50%。

在中国参与经济全球化的进程中，外商直接投资的快速增加是一个显著标志。然而，外商直接投资虽然缓解了资本短缺，提供了大量的工作机会，但往往偏好高技能劳动力，高技能劳动力的需求增加会提高对资本要素的需求，提高资本的相对价格和收入份额，降低劳动收入份额。

一个值得注意的问题是，截至目前，尽管我们已经看到对外开放以来就业和收入的显著变化，但仍未在"开放"与"变化"之间的因果关系方面做出严格、规范的检验，不过一些已有的实证研究结果显示，在控制住个体特征、产业特征及地区特征后，对外开放对中国制造业工人工资的提高有显著的促进作用。另一份基于2002年和2007年中国城镇住户调查数据的研究同样显示，外资进入对城镇居民工资有显著的正面影响。也有学者通过研究证明开放对就业人数的影响，他们使用1978—2005年的数据分析发现，出口贸易可拉动第二、第三产业就业增长，基于上海数据研究发现，全部外资存量和外商直接投资存量对上海市的劳动就业效应均大于零。

第二节 全面开放新格局与开放的劳动力市场"红利"

毋庸置疑，中国通过对外开放和融入经济全球化获得了巨大收益。对外开放加速中国工业化进程，逐步升级产业结构并发展出高新技术产业的同时，使得中国得以更深入地参与国际分工，发挥劳动要素禀赋的比较优势，实现资源配置效率的提高，帮助中国经济多年高速增长，劳动力市场也因此获益良多。

但是近些年来，中国生育率降低、人口老龄化等因素导致劳动力要素禀赋的优势逐渐消失，甚至有部分学者指出中国正面临"中等收入陷阱"的难题，中国经济开始步入一个挑战和机遇都前所未有的新阶段，中国劳动力市场变革也在悄然发生。加之近年来逆经济全球化以及保护主义的兴起，尤其是2018年以来的中美贸易战，都给中国劳动力市场发展带来了冲击与挑战。

》》一、内外环境和条件的新变化《《

现有的对外开放虽然走到了历史高位，但在继续更大程度地释放开放"红利"方面遇到了越来越大的挑战。外在来看，世界经济陷入深度调整，全球政治经济治理体系深刻变革，国际经贸环境剧烈动荡。内在来看，中国人口结构变动前所未有，包括劳动力在内的多种生产要素流动等方面的限制都不利于发挥"红利"。

(一)内外兼有风雨

当前,美国贸易保护主义重新抬头,逆经济全球化的浪潮正在逐渐走向舞台中央,其与中国、欧洲等多个经济体的贸易冲突就是最好的证明。在世界的东方,中国倡导的"一带一路"倡议依靠中国强大的生产能力和全球基础设施建设热潮,正进行得如火如荼。在这样的冲突中,世界经济话语权的重新分配出现了前所未有的激烈竞争。

改革开放以来,中国经历了几次较大的外部冲击,历数1989年以美国为首的西方国家对中国进行的经济制裁、1998年亚洲金融危机和2008年美国金融危机,中国政府积极采取有力措施加以应对,使中国经济发展未受到较大影响。从20世纪90年代至今,中美之间已发生6次较大规模的贸易摩擦。在贸易冲突如影随行的背景下,2018年中美贸易战打响,此次中美贸易战或许尚未达到前三次外部冲击的严重程度,但借鉴以往经验并结合当前局势未雨绸缪,提出有效的应对措施,可使贸易战引起的本轮外部冲击对中国经济特别是国内就业的伤害最小化。

由于美国加征对进口中国产品的关税,中国产品在美竞争力下降,部分出口部门和企业会减少相关劳动力需求,或者迫使就业人员转换工作岗位。一方面,中美双方逐渐加高的贸易壁垒会抑制中国企业的整体出口水平,导致企业雇佣工人数量减少。另一方面,中国的部分出口企业大量进口国外的中间产品,加工后转销至国外。美国在限制进口的同时会促进本国的出口,从而存有大量进口活动的中国出口企业就业人数或会增加。此外,特朗普极力主张美国制造业回归,放宽税收政策,加强国内基础设施建设以吸引本土企业回归,若中国境内的外资企业大量流出,无疑会带走大量就业岗位,加剧对中国劳动力市场的冲击。国内学者曾有研讨指出,从整体来看,如果美国在清单上的产品增加25%的增值税,中国不对其进行调整,那么会有一部分产品退出美国市场,500亿美元对于中国的出口贸易总额有着不大不小的影响,这500亿美元大约占据中国出口总额的2%,但涉及1300个项目产品,即每个项目的企业仅能获得3000多万美元的贸易额,如若再分散到独立的项目上,则贸易额就会变得更小,这时会有一部分企业裁员,借此渡过难关。

此外,美国对世界许多国家和地区都加征关税,世界多地的贸易战可能上演,各国出口萎缩,世界整体经济形势不容乐观。在经济全球化的今天,这必将改变两国以及多个国家和地区的生产和消费结构,引发更深层次矛盾,其中就业不能幸免。

从国内来看,中国经济高质量发展面临的问题依然存在。生育率下降和人口老龄化问题深刻地影响着中国劳动力人口的结构，人口"红利"正在加速消失。未来几十年，我国将会面临老龄化急速加剧的巨大挑战。根据 2015 年联合国《世界人口展望》，中国人口年龄金字塔形状将进一步改变，金字塔底部持续收缩，老龄化程度日趋严重（见图 1-15）。

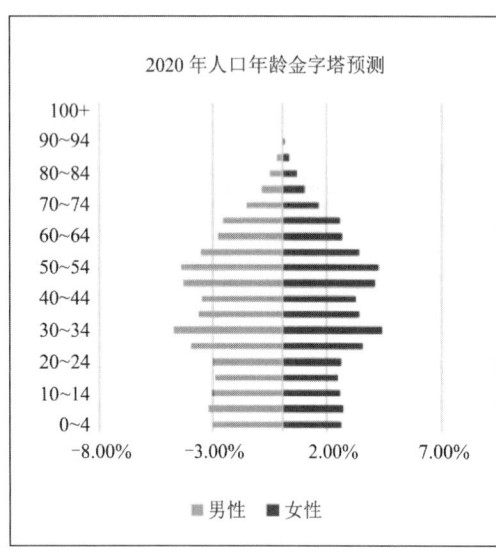
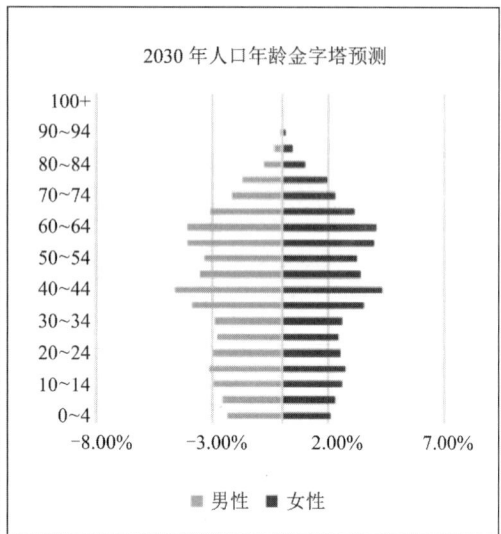
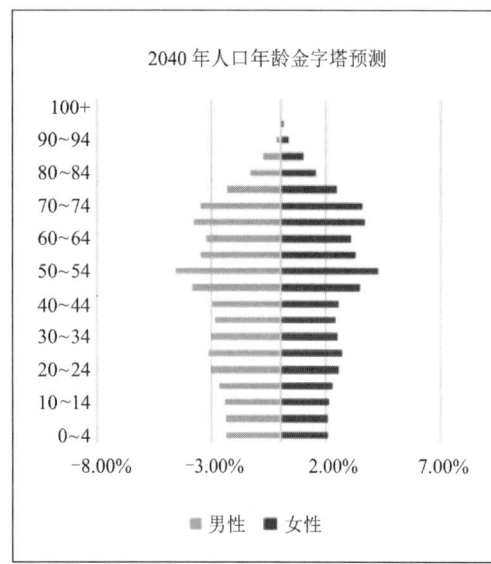
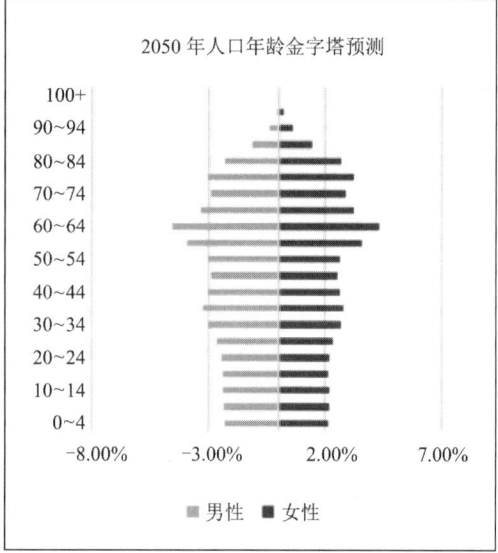

图 1-15 我国人口年龄金字塔发展趋势预测

数据来源：United Nations, Department of Economic and Social Affairs, Population Division (2015). World Population Prospects：The 2015 Revision, http：//esa.un.org/unpd/wpp, 2019-12-12。

受 1949—1958 年和 1962—1977 年两次出生高峰的影响，大量人口在 2013—2017 年和 2022—2033 年陆续达到 60 岁，而第二次人口生育高潮的惯性作用引起了1981—1994年形成的第三次人口出生高潮,这些人口将在2041—2054年进入老年期,从而导致老年人口数量达到峰值,且伴随总人口的减少,老年人口比重将持续处于高位。

自2012年起,中国劳动人口数量和比重连续7年出现双降。同时,老年人口比重持续上升,加重了劳动人口负担,给经济发展和社会保障带来挑战。据国家统计局数据,中国劳动人口持续减少,16～59岁劳动人口在2011年达到峰值9.25亿人,2012年比上一年减少345万人,这是劳动人口数量的首次下降。此后逐年下降,到2018年全国16～59岁劳动人口总数达8.97亿人,比2017年减少470万人,占总人口比重也从2012年的69.2%逐年下降至2018年的64.3%。受劳动人口持续减少的影响,不仅劳动力供给总量下降,而且2018年年末全国就业人员总量也首次出现下降,就业人数为77 586万人,相比于2017年减少了54万人,劳动力的减少使得人力成本上升。

同时,"户口"政策、高房价等现实因素限制了人才的区域间流动,也对经济发展产生一定的抑制作用。尽管20世纪80年代后户籍制度持续改革,比如允许农民在小"集镇"定居,允许其进城开店、设坊,但其基本导向仍然是放开小城镇户籍,对大中城市特别是北京等特大城市采取严格控制。

(二)外部冲击对劳动力市场的影响

当下的对外开放背景下,劳动力市场面对的最大挑战很大程度上来自对外开放本身,中美贸易战的影响可能显现。

其一,中美贸易战已经对中国出口数量与出口结构造成了一定的影响。国家统计局公布的2019年上半年各项经济数据显示,中美上半年进出口贸易总额为2 583亿美元,同比下降14.2%,其中出口下降8.1%,进口下降29.9%。贸易战的后果逐渐显现,两败俱伤。与中美贸易形成对比的是,我国对欧盟、东盟和日本等主要市场进出口增长,对"一带一路"沿线国家进出口增速高于整体。海关总署发布的报告显示,2019年前7个月欧盟成为中国第一大贸易伙伴,中欧贸易总值为2.72万亿元人民币,增长10.8%,占我国外贸总值的15.6%。其中,对欧盟出口1.64万亿元人民币,增长12.6%;自欧盟进口1.08万亿元人民币,增长8.2%;对欧贸易顺差5 596亿元人民币,扩大22.2%。东盟为中国第二大贸易伙伴,与东盟贸易总值为2.35万亿元人民币,增长11.3%,占我国外贸总值的13.5%。其中,对东盟出口1.33万亿元人民币,增长15.8%;自东盟进口1.02万亿元人民币,增长6%;对东盟贸易顺差3 018亿元人民币。贸易伙伴的位次变化要求一定时间内进行生产侧的调整,对劳动力市场的资源配置提出新的要求。

其二,部分在中国的外资企业正在考虑寻求中国以外的生产基地。根据美国商会的调查数据,近四分之一的会员企业正在推迟对中国的投资,近20%的企业正在通过在中国境外寻找零部件或装配来调整供应链。"由于不确定性,对华投资可能会暂时搁置",一名受访的美国服务业企业高管这样评价(中国美国商会,2019)。

以上两个方面的因素预计将对劳动力市场造成冲击。国家统计局发布的数据显示,2019年1—5月,中国城镇新增就业人数为597万人,略低于2017年同期599万人与2018年同期613万人。根据商务部发布的《全球价值链与中国贸易增加值核算研究报告(2017年度)》,从就业总量来看,中国对美国的货物出口拉动中国就业作用最为显著。2017年,中国对美国货物出口一共带来了1 686万人次的就业,占到了全年货物出口拉动就业人次的18.5%,中国每百万美元的对美货物出口带来的就业为39.2人次(中国全球价值链课题组,2018)。据此估算,美国已实施的对华2 500亿美元的征税清单,将影响到中国约980万人次的就业。此外,美方通过"技术限制"对中国科技产业的打压也在危害中国的就业市场。其中影响最大的还是美方对中兴公司的禁运制裁,这导致拥有8万名员工的世界第四大电信设备企业顿时陷入"休克"状态,增加了中国劳动力市场面临的风险。

2018年第四季度,中国人力资源市场信息监测中心对89个城市的公共就业服务机构市场供求信息进行了统计,公布的数据显示2018年第四季度第二产业的就业情况不容乐观。与去年同期相比,第二产业市场需求人数增长0.1%,其中除制造业(2%)外,采矿业(-15.8%)、电力煤气及水的生产和供应业(-14.5%)、建筑业(-7.8%)等行业市场需求人数有所下降。与上季度相比,第二产业市场需求人数下降13%,其中建筑业(-17.2%)、制造业(-12.9%)、采矿业(-8.2%)、电力煤气及水的生产和供应业(-6.1%)等行业市场需求人数有所减少。考虑到美国在关税清单中对中国第二产业尤其是制造业的特殊重视,数据背后的联系也令人深省。

》》二、构建全面开放新格局《《

改革开放40多年来,我国对外开放实现历史性跨越。"引进来"和"走出去"齐头并进,区域经贸合作持续推进,形成了全方位、多层次、宽领域的对外开放格局。党的十八大以来,我国稳步推进贸易强国建设,以更加开放的姿态、更加自信的步伐融入世界经济。但是,以西方国家为主的全球范围贸易保护主义逐步加强,中美贸易战不断升级,不仅对双方经济产生了重大影响,而且冲击了国际贸易规则,增加了国际市场不确定性,冲击全球经济的平稳运行。当前,我国对外开放的外部环境更趋复杂,需要实施更加积极主动的开放战略,进一步拓展开放范围和层次,完善开放结构布局和体制机制,以高水平开放推动高质量发展。

2017年10月,在中国共产党第十九次全国代表大会上,基于对全球经济新形势的精准判断,以及对国内开放型经济发展阶段的准确把握,习近平总书记提出"推动形成全面开放新格局"。全面开放新格局,实质上是开放发展的多维度拓展与深化,即空间维度上,要实现外部地理格局的拓展和内部区域布局的优化;行业维度上,要实现制造业开放的深化和服务业开放范围的扩大;系统维度上,要实现"引进来"的高质量提升和"走出去"的大踏步加快;方式维度上,要实现传统和创新的有效结合;体制维度上,要实现从政策性开放向制度性开放的升级;治理维度上,要实现从以往全球经贸规则的简单接受者向建设者和贡献者转变。

(一)贸易投资便利化水平空前提高

1. 整体关税水平保持低水平稳定

关税对一个国家的贸易增长有着至关重要的作用,关税水平也是衡量一个国家对外开放和贸易自由化程度的重要指标。加入WTO后,中国严格遵循《入世议定书》承诺和WTO的相关要求,大幅降低关税税率,完善关税制度。至2007年,中国关税总水平下降至9.8%,至2010年,中国加入WTO的降税承诺已经全部履行完毕。中国对外贸易总额也由2001年的5 096亿美元增长至2007年的21 765亿美元,于2009年成为全球第二大贸易国,2013年首次超越美国成为全球第一大贸易国。

2018年,习近平总书记出席博鳌亚洲论坛年会开幕式并发表主旨演讲,宣布中国将主动扩大进口,2018年将"相当幅度降低汽车进口关税,同时降低部分其他产品进口关税",并承诺将尽快落地。自此,中国加大了自主降税的力度。

从2018年5月1日起,我国将包括抗癌药在内的所有普通药品、具有抗癌作用的生物碱类药品及有实际进口的中成药进口关税降至零,使我国实际进口的全部抗癌药实现零关税;较大幅度降低抗癌药生产、进口环节的增值税税负。

从2018年7月1日起,我国降低汽车整车及零部件进口关税。将汽车整车税率为25%的135个税号和税率为20%的4个税号的税率降至15%,将汽车零部件税率分别为8%、10%、15%、20%、25%的共79个税号的税率降至6%。

从2018年7月1日起,我国将服装鞋帽、厨房和体育健身用品等进口关税平均税率由15.9%降至7.1%;将洗衣机、冰箱等家用电器进口关税平均税率由20.5%降至8%;将养殖类、捕捞类水产品和矿泉水等加工食品进口关税平均税率从15.2%降至6.9%;将洗涤用品和护肤、美发等化妆品及部分医药健康类产品进口关税平均税率由8.4%降至2.9%。总共涉及1 449个税目,平均税率由15.7%降为6.9%,平均降幅达55.9%,降税力度极大。

从2018年7月1日起,我国下调部分亚太国家的大豆进口关税,并公布了其他关税下调的产品清单。这份关税下调清单中囊括了农产品、化工原料、医疗原料、塑料制品、橡胶轮胎、纺织品、成衣、钢铝制品等多种进口商品。其中，对大豆的进口关税从3%下调至零。

从2018年11月1日起，我国降低1 585个税目工业品等商品进口关税税率，将部分国内市场需求大的工程机械、仪器仪表等机电设备平均税率由12.2%降至8.8%，纺织品、建材等商品平均税率由11.5%降至8.4%，纸制品等部分资源性商品及初级加工品平均税率由6.6%降至5.4%，并对同类或相似商品减税。

总体看来，2018年以来连续多次自主调整，已经出台的降关税措施预计减轻企业和消费者税负近600亿元，中国关税总水平由上年的9.8%降至7.5%，平均降幅达23%，调整后的关税总水平略高于欧盟，低于大多数发展中国家，处于中等偏低水平，与我国发展中国家的地位和发展阶段基本匹配。

2019年，中国继续调整部分产品进出口关税，包括对700余项商品实施进口暂定税率，包括新增对杂粕和部分药品生产原料实施零关税，适当降低棉花滑准税和部分毛皮进口暂定税率，取消有关锰渣等4种固体废物的进口暂定税率，取消氯化亚砜、新能源汽车用锂离子电池单体的进口暂定税率，恢复执行最惠国税率。继续对国内发展急需的航空发动机、汽车生产线焊接机器人等先进设备、天然饲草、天然铀等资源性产品实施较低的进口暂定税率。为适应出口管理制度的改革需要，促进能源资源产业的结构调整、提质增效，自2019年1月1日起，对化肥、磷灰石、铁矿砂、矿渣、煤焦油、木浆等94项商品不再征收出口关税。

为支持"一带一路"和自由贸易区建设，加快推进我国与相关国家的经济贸易合作，营造有利外部条件，2019年我国对原产于23个国家或地区的部分商品实施协定税率，其中进一步降税的有中国与新西兰、秘鲁、哥斯达黎加、瑞士、冰岛、澳大利亚、韩国、格鲁吉亚的自贸协定以及亚太贸易协定。根据内地与香港、澳门地区签署的货物贸易协议，对原产于香港、澳门的货物将全面实施零关税。随着最惠国税率的降低，相应调整亚太贸易协定项下的孟加拉国和老挝两国特惠税率。

2019年7月1日起，我国还对298项信息技术产品的最惠国税率实施第四步降税，同时对部分信息技术产品的暂定税率做相应调整。

种种举措表明，中国坚定不移地将关税维持在较低水平，坚定支持贸易自由化和经济全球化，奉行互利共赢的开放战略，推动建立全面开放新格局。

2. 通关便利化措施进一步完善

2018年以来，海关总署等部门推出了20多项优化口岸营商环境的措施，减单证、优流程、提时效、降成本，促使贸易便利化水平不断提升。

一是减单证。2018年11月1日前将进出口环节需验核的监管证件从86种减至48种，并原则上全部实现联网、在通关环节比对核查。

二是优流程。深化全国通关一体化改革，推进海关、边检、海事一次性联合检查。"双随机、一公开"作业模式从一般监管拓展到常规稽查等全部执法领域。提高进口货物抵达口岸前"提前申报"比例，非查验货物抵达口岸后即可放行提离。推进关税保证保险改革，"先放行后缴税"。推行进口矿产品等大宗资源性商品"先验放后检测"。开通农副产品快速通关"绿色通道"。

三是提时效。截至2018年年底，进口和出口整体通关时间在2017年基础上再压减1/3，其中进口从97.39小时压缩至65小时，出口从12.29小时压缩至8.2小时。预计到2021年年底，进口整体通关时间相比2017年压缩一半，减至48小时；出口整体通关时间压缩一半，减至6.15小时。截至2019年5月，进口和出口整体通关时间已提前实现比2017年压缩一半的目标，通关成本显著降低。此外，进一步提升口岸物流信息化智能化水平，深化国际贸易"单一窗口"建设，2018年以前国际贸易"单一窗口"主要业务应用率达到80%，2020年年底前达到100%。截至2018年年底，国际贸易"单一窗口"标准版实现了与25个部委的系统对接和共享，已建设12项基本服务功能，对外提供服务495项，覆盖全国所有口岸和特殊监管区、自贸试验区、跨境电商综试区，累计注册用户超过220万家，日申报业务量500余万票。

四是降成本。2018年集装箱进出口环节合规成本在2017年的基础上减少100美元以上。

3. 投资便利化水平不断提高

国际直接投资是经济增长的重要动力，但是现有国际投资规则以双边和区域协议为主，具有碎片化、复杂化的特点。近年来，积极推进多边投资规则制定的趋势正逐步形成，这背后中国付出了极大努力。2018年，习近平总书记在博鳌亚洲论坛年会上发表题为《开放共创繁荣 创新引领未来》的主旨演讲，指出在扩大开放方面，中国将采取重大举措，创造更有吸引力的投资环境。"过去，中国吸引外资主要靠优惠政策，现在要更多靠改善投资环境"。这表明中国在继续推动投资便利化，推动经济全球化朝着更加开放、包容、普惠、平衡、共赢的方向发展的决心。

此后，《国务院关于积极有效利用外资推动经济高质量发展若干措施的通知》指明了推动投资便利化的具体方向。

一是进一步优化商事登记流程。推行企业名称登记管理制度改革，取消企业名称预先核准，实行企业名称自主申报制度，修订实施《外商投资企业设立及变更备案管理暂行办法》，在全国实行商务备案与工商登记"一口办理"。

二是进一步下放投资管理权限，持续推进外资领域"放管服"改革。外商投资准入负面清单内投资总额 10 亿美元以下的外商投资企业设立及变更，由省级人民政府负责审批和管理。支持地方政府开展相对集中行政许可权改革试点。在全国推行负面清单以外领域外商投资企业商务备案与工商登记"一口办理"。

三是进一步推动审批制度改革。结合实际情况，推行"多合一"投资审批模式改革，统一流程，简化程序。同时，将传统的"串联式"审批改为"并联式"审批，各部门可以同时进行审批，互不牵制，打破"项目反复跑部门"的线性流程，压缩了整体审批时间。此外，推广"审批告知承诺制、市场主体自我信用承诺及第三方信用评价三项信用信息公示"等制度，将更多的事前监管程序转为加强事中事后监管，进一步加快了项目审批速度。

四是为企业日常经营管理提供更多便利。从提高资金运用便利度方面，进一步简化资金池管理，允许银行审核真实、合法的电子单证，为企业办理集中收付汇、轧差结算业务。放宽企业开展跨国公司外汇资金集中运营管理试点备案条件。支持跨国企业集团办理跨境双向人民币资金池业务。从提升外国人才来华工作便利度方面，研究出台支持政策，依法保障在华工作外国人才享有基本公共服务。为符合国家支持导向的中国境内注册企业急需的外国人才提供更加便利的外国人来华工作许可管理服务。积极推进外国高端人才服务"一卡通"试点，进一步简化工作许可办理程序。从提升外国人才出入境便利度方面，中国境内注册企业选聘的外国人才，符合外国人才签证实施办法规定条件的，可凭外国高端人才确认函向驻外使馆、领馆或者外交部委托的其他驻外机构申请 5~10 年有效、多次入境，每次停留期限不超过 180 天的人才签证，免除签证费和急件费，可在 2 个工作日内获发签证。此外，对境外投资者从中国境内居民企业分配的利润，直接投资于鼓励类投资项目，凡符合规定条件的，实行递延纳税政策，暂不征收预提所得税。2018 年，该政策适用范围，由外商投资鼓励类项目扩大至所有非禁止外商投资的项目和领域。此外，在优化涉税事项办理程序，提高办税效率，跨区域涉税事项办理，出口退税服务前置等方面，也有诸多便利化管理措施，便于外资企业更好地在华开展业务。

其结果是，中国投资便利度不断提高，营商环境持续得以优化。根据世界银行《2019 年的营商环境评估报告》，中国营商环境总体评价在全球 190 个经济体中已经跃居第 46 位，比 2018 年上升 32 位，比 2013 年累计上升 50 位。其中，开办企业便利度大幅度跃升至第 28 位，5 年累计上升 130 位。

（二）全面开放向服务业进一步扩展

2017 年 10 月，党的十九大报告明确提出，要大幅度放宽市场准入，扩大服务业对外开放；要在深化制造业开放的同时，重点推进金融、教育、文化、医疗等服务业领域有序开放,放开育幼养老、建筑设计、会计审计、商贸物流、电子商务等服务业领域外资准入限制。

2018年4月,习近平总书记在博鳌亚洲论坛发表《开放共创繁荣 创新引领未来》主旨演讲,指出"在服务业特别是金融业方面,去年年底宣布的放宽银行、证券、保险行业外资股比限制的重大措施要确保落地,同时要加大开放力度,加快保险行业开放进程,放宽外资金融机构设立限制,扩大外资金融机构在华业务范围,拓宽中外金融市场合作领域"。中国人民银行、银保监会、证监会等机构相继宣布开放举措。

2019年7月,国务院金融稳定发展委员会办公室公布了11条金融业进一步对外开放的政策措施,意味着金融业对外开放再次提速。

全面开放新格局下,我国坚持制造领域开放与服务领域开放更好结合,以高水平开放促进深层次结构调整。服务业开放成为重头戏,全面开放向服务业进一步扩展。

1. 服务贸易负面清单管理

2018年10月,上海正式发布全国首份服务贸易领域负面清单,共列出159项特别管理措施,涉及13个门类,31个行业大类,自2018年11月1日起施行。这是我国第一张服务贸易领域负面清单。对列入负面清单的跨境服务贸易行为,由各部门按照相应法律法规规定实施管理;在负面清单以外则按照境外服务及服务提供者与境内服务及服务提供者待遇一致的原则实施管理。服务贸易负面清单管理,主要解决跨境交付、境外消费、自然人流动领域的问题,对服务贸易的四种提供模式进行了全覆盖。促进跨境服务业法治化、制度化、规范化和程序化运行,构建权责明确、公平公正、透明高效、法治保障的跨境服务贸易事中事后监管体系。

之前发布的外商投资准入负面清单主要是对投资准入方面进行限制,而服务贸易负面清单则涉及了服务贸易商业存在的准入问题。两个清单相互衔接、匹配,为我国服务贸易发展提供了更好的环境,能够极大地推动我国服务业的开放和服务贸易的发展。

2. 银行业扩大开放

2019年7月,国务院金融委员会推出11条金融业对外开放措施,其中涉及众多关于银行业扩大开放的政策。

在准入领域上,允许境外资产管理机构与中资银行或保险公司的子公司合资设立由外方控股的理财公司;允许境外金融机构投资设立、参股养老金管理公司;支持外资全资设立或参股货币经纪公司;鼓励境外金融机构参与设立、投资入股商业银行理财子公司。银行业外资准入领域不断扩大。

在经营范围上，允许外资机构在华开展信用评级业务时，对银行间债券市场和交易所债券市场的所有种类债券评级；允许外资机构获得银行间债券市场A类主承销牌照。同时，取消了股比和资产规模限制。取消境内保险公司合计持有保险资产管理公司的股份不得低于75%的规定，允许境外投资者持有股份超过25%。

3. 保险业扩大开放

保险业扩大开放，主要体现在准入领域扩大，股比限制降低，经营年限及资产规模要求放宽三方面。

近年来，保险业开放突破了多个"第一"：第一家外资保险控股公司，第一家合资保险资管公司以及第一家外资养老保险公司。2018年5月，银保监会推出12条银行业保险业对外开放新措施，扩大保险业准入范围：允许境外金融机构入股在华外资保险公司；允许外国保险集团公司投资设立保险类机构；允许境内外资保险集团公司参照中资保险集团公司资质要求发起设立保险类机构。2018年4月，银保监会提出，将外资人身险公司外方股比放宽至51%，3年后不再设限。中国人民银行行长易纲表示，中国放宽外资设立机构条件，在全国范围内取消外资保险机构设立前需开设2年代表处的要求。2019年7月，举措加码，将不再设限的时间点提前一年，将人身险外资股比限制从51%提高至100%的过渡期提前至2020年，而外资保险公司准入条件继续放宽，取消30年经营年限要求。

4. 证券业扩大开放

2018年4月，证监会发布《外商投资证券公司管理办法》，证券业对外开放取得实质性进展。允许外资控股合资证券公司，逐步放开合资证券公司业务范围，放宽单个境外投资者持有上市证券公司股份的比例限制。

2019年7月，李克强总理在夏季达沃斯论坛开幕式上表示，将深化金融等现代服务业开放举措，将原来规定的2021年取消证券、期货、寿险外资股比限制提前至2020年。

（三）主动开放在自贸区和"一带一路"沿线国家初见成效

近些年来，我国在积极履行WTO开放承诺、逐步深化双边和区域经贸合作的基础上，逐步加快自主开放的步伐。从2013年开始，分批次建设18个自由贸易试验区，上海、海南等地的自由贸易港建设也正在加速推进。此外，政府积极推动"一带一路"建设，增强"一带一路"建设的开放性、包容性，发展成果惠及面广，得到众多国家和国际组织的响应。在国际形势日趋严峻复杂的当下，着力构建全面开放新格局，有助于发展更高层次和更高水平的对外经济贸易，实现经济高质量发展。

1. 自贸区扩围与探索建立自贸港

(1) 自贸区建设取得积极成效

2013 年以来，我国自贸试验区逐步形成"1＋3＋7＋1＋6"发展格局，覆盖从南到北、从沿海到内陆，多点开花。这 18 个自贸区包括上海、广东、天津、福建、辽宁、浙江、河南、湖北、重庆、四川、陕西、海南、山东、江苏、河北、云南、广西、黑龙江。这意味着，中国有超过一半的省份都是自贸区。从 2013 年上海自贸区一枝独秀，到现在已经扩容到 18 个自贸区。

自贸试验区任务不断深化，更加突出对标国际高标准，更加注重系统集成，更加聚焦服务实体经济的关键环节，在投资、金融、事中事后监管等方面进行探索和尝试，并加快在全国范围内的复制推广，取得了显著成效。《中国自由贸易试验区发展报告(2019)》显示，截至 2018 年年底，自由贸易试验区累计新设企业 60 余万家，其中外资企业将近 4 万家。2018 年，11 个自贸试验区实际利用外资 1 073 亿元人民币，占全国实际利用外资总额的 12.12%，实现进出口额 3.74 亿元人民币，占全国进出口总额的 12.25%。

(2) 上海自贸试验区增设临港新片区

2019 年 8 月，《中国(上海)自由贸易试验区临港新片区总体方案》明确，到 2025 年建立比较成熟的投资贸易自由化便利化制度体系，打造一批更高开放度的功能型平台，集聚一批世界一流企业，区域创造力和竞争力显著增强，经济实力和经济总量大幅跃升。到 2035 年，建成具有较强国际市场影响力和竞争力的特殊经济功能区，形成更加成熟定型的制度成果，打造全球高端资源要素配置的核心功能，成为中国深度融入经济全球化的重要载体。《方案》显示，临港新片区先行启动面积为 119.5 平方千米，将对标国际上公认的竞争力最强的自由贸易园区，实施具有较强国际市场竞争力的开放政策和制度，加大开放型经济的风险压力测试，实现新片区与境外之间投资经营便利、货物自由进出、资金流动便利、运输高度开放、人员自由执业、信息快捷联通，打造更具国际市场影响力和竞争力的特殊经济功能区。

(3) 增设山东、江苏、广西、河北、云南、黑龙江 6 个自贸试验区

在 2019 年 G20 峰会上，我国正式对外宣布新设 6 个自由贸易试验区，山东、江苏、广西、河北、云南、黑龙江成为新一批自贸。至此，中国的自贸区数量增至 18 个，其中，沿海省份已全部是自贸区，实现中国沿海省份自贸区的全覆盖。国家设立新一批 6 个自贸试验区，目的是要通过在更大范围、更广领域、更多层次差别化探索，开展对比试验、互补试验，激发高质量发展的内生动力，更好服务对外开放总体战略布局。

6 个自贸试验区总体方案充分考虑党中央国务院对自贸试验区的定位和要

求。山东主要是通过加快推进新旧动能接续转换、高质量推动海洋经济发展、深化中日韩区域经济合作，推动对外开放新高地建设。江苏将通过深化产业结构调整、深入实施创新驱动发展战略等，在打造开放型经济、创新发展实体经济和产业转型方面先行先试。广西将通过深化与东盟的开放合作、推动建设国际陆海贸易新通道、探索沿边地区开发开放等，形成21世纪海上丝绸之路和丝绸之路经济带有机衔接的重要门户。河北将主要围绕服务京津冀协同发展、高质量建设雄安新区、发展高端高新产业等，建设国际商贸物流重要枢纽、新型工业化基地、全球创新高地和开放发展先行区。云南将通过与越南、老挝、缅甸等周边国家合作发展，建设连接南亚东南亚大通道的重要节点，推动形成我国面向南亚东南亚辐射中心、开放前沿。黑龙江将通过推动东北全面振兴全方位振兴、着力深化产业结构调整、建设面向俄罗斯及东北亚的交通物流枢纽、提升沿边地区开放水平，打造对俄罗斯及东北亚区域合作的中心枢纽。

2."一带一路"倡议

2013年9月，习近平总书记在哈萨克斯坦纳扎尔巴耶夫大学发表题为《弘扬人民友谊 共创美好未来》的演讲，提出共同建设"丝绸之路经济带"。2013年10月，习近平总书记在印度尼西亚国会发表题为《携手建设中国—东盟命运共同体》的演讲，提出共同建设"21世纪海上丝绸之路"。"丝绸之路经济带"和"21世纪海上丝绸之路"简称"一带一路"。

"一带一路"倡议提出以来，我国不断完善双多边及区域合作机制，积极推动"一带一路"建设。截至2018年年底，中国政府已先后和122个国家、29个国际组织签署了170个政府合作文件，覆盖互联互通、产能、投资、经贸、金融、科技、社会、人文、民生、海洋等领域。

(1)贸易畅通

中国与"一带一路"沿线国家货物贸易总体保持稳定发展态势。根据国际货币基金组织的数据（巴勒斯坦和埃及的西奈半岛数据缺失），过去五年中国对"一带一路"63个沿线国家的货物贸易进出口总额从2013年的10 340亿美元增长至2018年的12 670亿美元，其中出口总额从2013年的5 648亿美元上升至2018年7 043亿美元，进口则从4 691亿美元提升至5 626亿美元。此外，"丝路电商"合作兴起，中国与17个国家建立双边电子商务合作机制。双边贸易蓬勃发展，双方存在着经济和贸易互补性，贸易潜力巨大(见图1-16)。

(2)资金融通

中国已成为许多沿线国家的主要投资来源地，涵盖加工制造、农林开发、能源资源、物流运输、基础设施等多个领域，从传统的商品和劳务合作为主发展到商品、服务、资本合作"多头并进"。2014—2018年，中国企业对"一带一路"沿

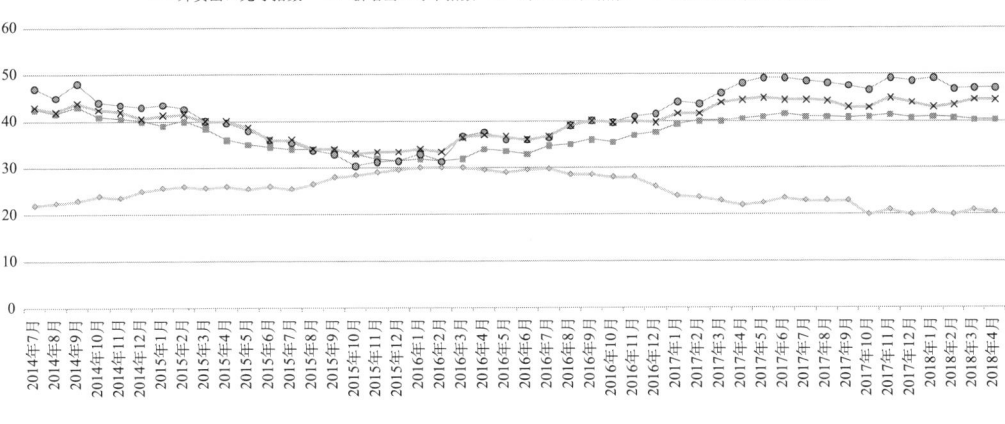

图 1-16 "一带一路"沿线国家外贸出口情况

数据来源：海关总署。

线国家非金融类直接投资超过 700 亿美元，年均增长 6.2%，较同期全国年均水平高出 3 个百分点，在沿线国家完成对外承包工程营业额超过 4 000 亿美元。2018 年，中国企业对"一带一路"沿线 56 个国家实现非金融类直接投资 156 亿美元，同比增长 8.9%，占同期总额的 13%。央行与多家多边开发机构开展联合融资，累计投资 100 多个项目，覆盖 70 多个国家和地区，丝路基金与欧洲投资基金共同投资的中欧共同投资基金开始实质性运作。

截至 2018 年年底，中国与 55 个"一带一路"沿线国家签署了双边投资协定，与 55 个"一带一路"沿线国家和地区签署了避免双重征税协定，为促进对外经济合作提供有力的法律框架和外部环境。11 家中资银行在 28 个沿线国家设立 76 家一级机构，人民币跨境支付系统覆盖 40 个沿线国家和地区。

(3) 产业合作

2014—2018 年，中国在"一带一路"沿线国家承包工程新签合同金额由 841 亿美元增至 1 257 亿美元，年均增长 8.4%。同期，与沿线国家新签工程合同金额和完成营业额占中国对外承包工程新签合同总额和完成营业总额的比重始终保持在 40% 以上，2017 年与 2018 年，两项占比均超过 50%。"一带一路"沿线国家成为中国企业对外承包工程合作的重要伙伴。

(四) 制度性开放——以《外商投资法》为标志

在全球投资不振的背景下，我国实现了外商直接投资的逆势增长。联合国贸发组织的数据显示，2018 年全球跨国投资同比萎缩 19%，新增跨国投资额跌至金融危机后的低点。《世界投资报告 2019》显示，美国是 2018 年最大的外资流入经济体，流入量为 2 520 亿美元，低于 2017 年的 2 770 亿美元，其次是中国，流入量为1 390亿美元，高于2017年的1 340亿美元，占全球吸收外资总量的10%以上。东盟、欧盟和"一带一路"沿线国家对华投资额同比分别增长16.5%、35%和16%。其中，部分欧洲发达国家对华投资增幅较大，英国、德国、法国对华投资额同比分别增长147.3%、138.3%和28%。日本和韩国的对华投资额也分别增长16.5%和27.1%。主要发达经济体对华投资的大幅增长，反映了在全球经济面临诸多不确定性的背景下，跨国资本对中国经济前景的信心。

改革开放40多年的成功经验证明，法治保障对于创造良好投资环境、保障外商权益、吸引外资具有重要意义。法治建设与改革开放紧密结合、协调推进、相互促进，是我国经济社会发展取得成功的重要原因之一。当前，我们要推动形成全面开放新格局也必须有健全完善的法治保障。

2019年3月，十三届全国人大二次会议表决通过了《中华人民共和国外商投资法》(以下简称《外商投资法》)，该法将取代"外资三法"，即《中外合资经营企业法》《外资企业法》《中外合作经营企业法》，成为新时代中国利用外资的基础性法律。更重要的是，它是过去商品和要素自由流动的开放转向制度性开放的重要标志。营造稳定、透明、可预期和公平竞争的市场环境，以制度优势吸引外商、外资，而不是以较低的劳动力成本、税收优惠等政策来吸引外资，这是推动形成全面开放新格局的一大实质性进展。

同"外资三法"相比，《外商投资法》的突出特点一是体现在逐渐淡化内外资企业的组织形式差别。"外资三法"出台时的历史背景和立法理念决定了其基本上是企业组织法，主要规制外商投资企业的组织形式和设立变更。而《外商投资法》第31条明确规定："外商投资企业的组织形式、组织机构及其活动准则，适用《中华人民共和国公司法》《中华人民共和国合伙企业法》等法律的规定"。这意味着主管部门不再对外商投资企业进行有别于内资企业的管理，而是以内外资企业相同对待为原则实施管理。外商投资企业在企业组织和运营方面同内资企业一样贯彻公司自治、企业自治，淡化行政审批色彩，在企业设立、股权转让、变更终止等方面赋予中外经营者更多契约自由和更大的自主权。

二是以法律框架保障公平竞争环境。《外商投资法》明确国家对外商投资实行准入前国民待遇加负面清单管理制度，全面落实国民待遇原则。从而将自贸试验区的改革成果总结上升为法律，为实施外资准入负面清单及相关制度提供了基本法律遵循。《外商投资法》还通过多个条款确保和强化准入后国民待遇，落实内外资一视同仁的基本原则。第九条规定外商投资企业依法平等适用国家支持企业发展的各项政策；第十六条规定国家保障外商投资企业依法通过公平竞争参与政府采购活动，政府采购依法对外商投资企业在中国境内生产的产品平等对待；第三十条规定外国投资者在依法需要取得许可的行业、领域进行投资的，主管部门应当按照与内资一致的条件和程序，审核外国投资者的许可申请。这些无疑都是理念和制度上的明显进步。

三是强调对外商投资的促进与保护。与"外资三法"侧重于管理不同,《外商投资法》更为强调对外商投资的促进与保护。《外商投资法》的一些具体规定,也体现出较以往更强的保护力度和更高的保护水平。例如,第二十条规定,"国家对外国投资者的投资不实行征收。在特殊情况下,国家为了公共利益的需要,可以依照法律规定对外国投资者的投资实行征收或者征用。征收、征用应当依照法定程序进行,并及时给予公平、合理的补偿"。第二十二条强调保护外国投资者和外商投资企业的知识产权,禁止行政机关及其工作人员利用行政手段强制转让技术。第26条规定建立专门的外商投资企业投诉工作机制。第二十七条规定外商投资企业可以依法成立和自愿参加商会、协会等。这些都充分彰显了《外商投资法》促进和保护外商投资的力度和决心。

此外,近年来我国还推动《外国投资者对上市公司战略投资管理办法》《外资银行行政许可事项实施办法》等的修订工作,进一步完善外商投资法律体系,发挥外商投资企业投诉工作部际联席会议作用,健全外资投诉处理机制,及时回应和解决外资企业反映的问题。

第二章
外部经济环境变化中的中国劳动力市场变革

改革开放以来,中国成功地实施各项人口政策与劳动力市场化改革,发挥了市场对资源配置的基础性作用,并取得不错的成效。目前,我国就业形势稳定,压力总体可控,人才高地加速形成,劳务往来更加频繁,但就业结构性矛盾和劳动力市场不平衡的问题依然存在。同时,也面临着一些新的挑战,包括世界经济格局与外部经济的不确定性、新一轮技术革命和经济周期的下行压力等。一直以来,我国依靠丰富的劳动力资源参与全球经济一体化,在全球制造业价值链中长期扮演"枢纽"角色。随着全面开放新格局、世界先进制造业的集群发展以及制造业与服务业的深度融合,我国经济面临从"加工制造"向"智能制造"的转变。全球价值链的重构推动我国产业转型升级,带动经济高速增长,也实现生产力的新跃升以及劳动力需求结构的变化。由此,我国"人才高地"的建设在京津冀、长三角和粤港澳大湾区等区域取得蓬勃发展。但受中美贸易摩擦、供给侧结构性改革和新一轮产业技术革命等因素的影响,对外贸易生产经营企业的绩效波动和全球范围内供应链的调整均会在相当长的一段时间内影响我国就业市场的稳定。其中,大学生群体的就业结构性问题和农民工团体的失业风险仍尤为凸显。总体来说,我国劳动力市场仍存在回旋余地和承压能力。但未来就业形势中,不仅要考虑我国供给侧改革和新一轮的技术变革对劳动力的需求结构的影响,而且应同时关注国际经济形势的不确定性对我国宏观经济的影响。

第一节 就业压力总体可控

当前,中美贸易摩擦进入折冲期、新一轮科技革命进入开拓期、供给侧结构性改革进入提升畅通期,形成"三期叠加"的形势,对就业总量与结构产生的影响已经逐步显现。从长期来看,我国劳动年龄人口增长趋缓决定了长期就业形势稳定,但是短期的降低失业、促进就业的压力与就业结构优化的不确定性有进一步增强的趋势。

一、新一轮就业压力的形成背景：三期叠加

(一) 应对美国贸易施压进入折冲期

进入2019年,中美双方贸易谈判代表开展了几轮谈判,有效地缓解了中美双方贸易伙伴关系面临的压力。然而,2019年5月上旬美国总统特朗普突然宣布上调2 000亿美元中国输美商品关税,从原来的10%上升到25%,此后美方又威胁对剩余3 250亿美元的中国输美商品加征关税,并附带公布了一份包括手机、笔记本电脑在内共3 805种产品的征税清单。8月1日,美方突然宣布自9月起对剩余约3 000亿美元的中国输美商品加征10%的关税。尽管此后美方调整了征税清单,并给与部分产品关税豁免,但这并没有缓解中美之间紧张的贸易关系。随着美国对中国的持续施压,中国在谈判中对美方要求所坚持的"底线思维"逐步清晰。中国要求文本协议平衡、贸易采购数字合理、全部取消不合理关税,预计短期内中美两国无法达成贸易协议,中美贸易进入持久战阶段。

进入相持阶段的中美贸易关系,既给中美两国贸易平衡增长带来了重大不确定性,又给美国经济蒙上了一层衰退的阴影。根据美国公布的数据,截至2019年6月,中国对美贸易额占美国对外贸易的份额降到13.2%,低于墨西哥和加拿大,成为美国第三大贸易伙伴。然而,中国在美国对外贸易结构中的比例降低,并没有显著地改善美国贸易赤字,只是对华贸易份额被其他国家所取代。而作为美国经济信号灯的美国国债收益率,在2019年8月15日前后出现了美债收益率曲线倒挂,10年期美国国债收益率跌至1.5%以下,跌破2年期国债收益率。这被视为美国经济衰退的前兆,因为过去美国所经历的七次衰退都出现了这一现象。而且,对中国输美产品征收关税的做法,也不符合美国消费者的利益,还可能推动通胀率上升。

美国经济增长不及预期,陷入衰退的风险越来越大,为中国贸易谈判赢得了折冲樽俎的空间。尽管美方加征关税并实施技术封锁的行为对我国出口密集行业发展带来负面影响,但同时也进一步刺激我国相关企业加大研发投入和自主创新力度。从发展态势来看,我国的集成电路、光通信与通信设备等行业已经初步具备国际竞争力,上海、深圳和武汉等地都形成了相关创新型产业集群,在关键前沿技术开发、重大产品与装备制造、国际技术标准创制等方面取得了长足进展。

在科技创新成果带动下,一批新的经济增长点、增长极与增长带正在加快形成,这些都构成了中国应对贸易争端和保持战略定力的底气。

(二)供给侧结构性改革进入提升期

2015年11月,习近平总书记在中央财经领导小组会议上正式提出供给侧结构性改革的总要求,并要求实行宏观政策要稳、产业政策要准、微观政策要活、改革政策要实、社会政策要托底的总体思路。2015年年底的中央经济工作会议上,为了深入推进和加强结构性改革,中央着重强调"三去一降一补"五大任务,即去产能、去库存、去杠杆、降成本、补短板。2016年中央经济工作会议提出继续深化供给侧结构性改革,以五大任务为抓手,推动供给侧结构性改革取得初步成效。2017年是供给侧结构性改革的关键之年,而"三去一降一补"是该年供给侧结构改革的重点任务。通过一系列的"破""立""降"措施,大量的无效供给和"僵尸企业"得到处置,钢铁、煤炭等传统行业的供求关系开始发生转变。数据显示,2016年、2017年全国分别化解6 500万吨和5 500万吨钢铁过剩产能,而且全部取缔了"地条钢",这使钢铁行业的结构发生大的变化,优势产能得到更好的发挥;煤炭行业2016年、2017年分别化解过剩产能2.9亿吨、2.5亿吨,两年总共实现了5.4亿吨过剩产能的化解任务;电力行业,2017年淘汰了一批30万千瓦以下的耗煤量比较大的煤电企业,同时还停建缓建了一批煤电企业,合计超过6 500万千瓦。

随着过剩产能的加速出清,中央在新形势下对供给侧结构性改革提出了新的要求,供给侧结构性改革进入了提升期。2018年年底的中央经济工作会议,中央提出了"巩固、增强、提升、畅通"的八字方针,强调更加注重市场化、法治化的手段推进结构性改革;更加注重通过优化产能结构、提升技术水平等手段,使得供给和需求在更高质量层次上匹配起来,要素的市场化定价机制得到更全面严格的确立。

现阶段推进供给侧结构性改革,就是要提升企业供给高质量产品和服务的能力与水平,提升企业参与全球竞争的能力与水平,带动提升我国在全球供应链、产业链和价值链中的地位。当前的政策,更加注重发挥微观企业和企业家精神的创造能力,全面提升企业参与开放市场竞争的能力与水平,实现高质量的供给;更加注重利用技术创新优势和市场规模优势,加快形成完整的产业体系和竞争优势,从而提升我国参与经济全球化分工的地位。提升供给侧结构性改革的质量,对企业带来了新的机遇和挑战。

(三)新一轮产业革命进入开拓期

科学创新和技术进步不断转化为社会的生产能力,推动新产业的涌现和扩张，改变了人类的生产和生活方式。从历史的技术进步阶段来看，人类社会已经经历了蒸气机技术革命、电气技术革命和电子信息计算技术革命，每一轮技术革命在创造新产品和新产业的同时，也破坏了传统技术部门传统产业的市场基础。新技术一旦形成产业化生产，对市场产品更新换代的推动作用将会非常显著。但是，从新技术采用、导入生产到产业化规模化铺开，总是存在着时滞。例如，发源于18世纪下半叶英国的工业革命，直到19世纪后半叶才逐步影响到中国。其中，政治经济制度和人口禀赋是影响新技术采用和产业革命全面铺开的关键因素。

新一轮产业革命突出表现为人工智能技术的应用与经济的数字化转型，而自动化与人工智能技术的创新突破是关键。参照研究者们常用的定义，经济数字化是指在生产过程中使用数字化技术和数据来替代或改造生产和商业过程，而实现数字化的目的是提升收益流、降低成本、改善产品或服务的质量。自动化则是指工作任务或程序在没有人力协助的状态下也能够得到执行。自动化与数字化存在很多交叉融合，并不是独立的两种技术经济形态。能大量产生可用数据信息的行业，都是容易被人工智能替代的行业。在数字化浪潮推动下，全球经济正经历深刻的生产方式变革与产业转型，新一轮增长周期已经开始启动。根据埃森哲与世界经济论坛2016发布的《行业数字化转型》研究，全球GDP超过五分之一的部分来自与数字化密切相关的技能、资本、产品和服务，预计到2020年，数字技能和技术将让全球经济产出增加2万亿美元。

当前，我国数字经济正处于大规模拓展应用并形成规模效应的新阶段。有数据显示，2016年我国数字经济的规模达到了22.6万亿元人民币，占GDP的比重为30.3%；到2018年，数字经济的规模达到了31.3万亿元人民币，占GDP的比重也上升到了34.8%。数字经济的增速超过了同期经济增长速度，显示出数字经济正在蓬勃发展，增势稳定，结构优化。与传统产业的融合创新不断深化，规模效应不断显现。新经济、新业态和新动能正在重塑中国经济发展的新优势，推动经济迈向高质量增长的关键阶段。

》二、新一轮就业压力的形成机制：结构性、周期性与不确定性因素交织《

（一）新一轮技术革命正在加速增长动能转换和就业需求结构性转型

第一，新一轮技术革命加速新技术应用到生产过程，原有企业新设立岗位的技术含量更高，相应地对劳动者技能需求也更高，这加速了劳动力需求的结构性向上调整。技术进步创造新工作岗位的同时，也会淘汰那些生产率较为低下的工作岗位。而新创造的工作岗位因使用了前沿技术而具有更高的生产率，劳动者要能胜任这些工作岗位必须具备相应更高的技能。在新一轮技术革命在经济中全面拓展应用的进程中，劳动力的需求变化更多地表现为结构性向上变动，而不是简单的总量增加。因此，即使是经营中的企业，也不得不面临技术进步的冲击而调整劳动力需求。例如，银行业的传统业务受到金融科技进步的高度冲击，大量人力性工作岗位被机器所替代，裁员和调整岗位成为行业内企业应变的必要途径。据统计，2017年五大国有银行在境内的银行机构共减员27 036人，其中前台柜员类岗位减幅非常明显。与此同时，金融科技战略已经成为银行新的战略领地，市场对金融科技人才的需求迅速增长。

第二，新一轮技术革命背景下新创立企业的技术含量更高，技术型创业者和创业公司正成为新一轮创业热潮的生力军，新创立企业带动的就业需求更偏向高技能型劳动力。自动化、数字化与智能化领域正吸引越来越多的创业者和创投基金进入，催生经济发展的新业态、新模式和新动能。2019年推出的科创板，重点推荐包括互联网、大数据、人工智能与制造业深度融合的科技创新企业等三类企业。在自动化和数字化的持续融合推动下，许多传统职业和工作岗位被自动化和人工智能替代的同时，新的职业和工作岗位被持续创造出来。尤其是在人口年龄结构变化的背景下，持续创造一定数量的就业岗位既是维持社会保障系统正常运转的必要前提，也是确保生产模式适应老龄化社会的重要保障。可以预期的是，随着自动化、数字化和人工智能的深度融合发展，未来劳动力需求的结构持续偏向高技能劳动力。

（二）经济周期性下行压力持续抑制总需求和就业规模扩张

第一，中国经济仍在本轮周期的探底阶段，总需求依然受到抑制，导致城镇调查失业率周期性上升。尽管2019年一季度经济同比增长6.4%，增速稳定在区间内，但是第二季度经济同比增长6.2%，8月制造业采购经理指数（PMI）为49.5%，比上月小幅回落。经济增速下滑的同时，4月全国居民消费价格同比上涨2.5%，上半年居民消费价格指数同比上涨2.2%，这些数据显示经济仍然处于周期性下行压力笼罩之下。

第二，实体经济盈利能力下滑，企业扩大雇佣规模的积极性受影响。实体经济盈利能力是影响劳动力动态需求的关键指标，企业盈利上升意味着创造新的工作岗位是有利可图的，企业的雇佣意愿上升，否则企业创造更多工作岗位的意愿将会持续下降。根据国家统计局公布的规模以上工业企业成本费用利润率数据（见图2-1），近年来我国规模以上工业企业的利润率不足7%。2019年6月的利润率为6.38%，相比第一季度有所回升，但是仍然维持在经济增长率左右。而且，亏损的工业企业单位数依然保持着正增长，显示出亏损的工业企业面仍然在持续扩大。数据展示的工业企业盈利能力不容乐观，拖累企业雇佣需求。

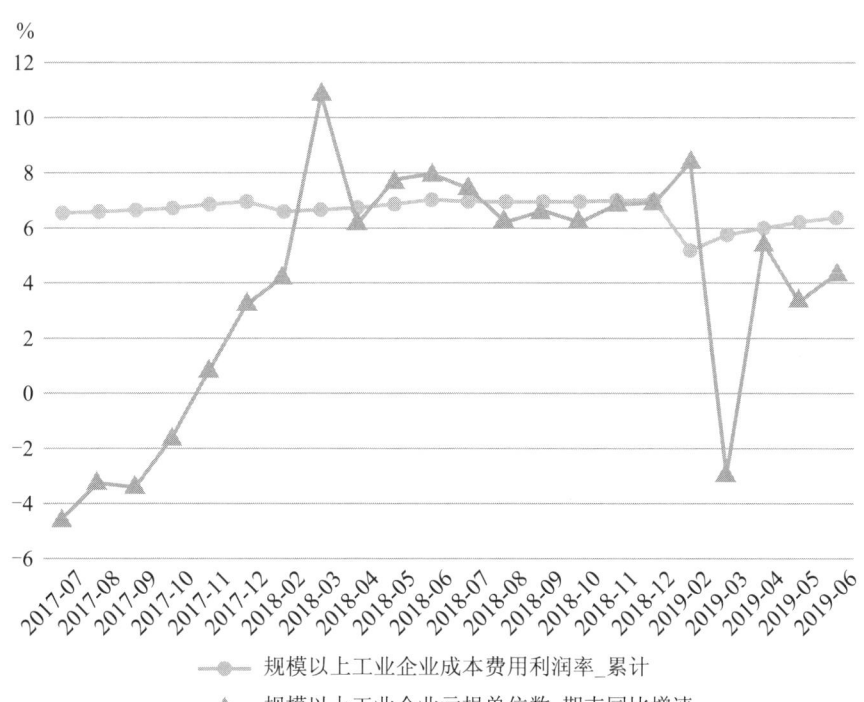

图2-1 规模以上工业企业利润率与亏损单位数增速

数据来源：根据国家统计局公布的月度数据整理而得。

（三）外部不确定不稳定性因素影响就业预期

全球第一大经济体与第二大经济体之间的贸易紧张局势，其影响范围不再局限于两国经济,而是扩散到全球商业和金融市场,进而扰乱甚至破坏全球供应链的分工协作,导致2019年及未来一段时期内全球经济陷入衰退的不确定性预期。全球经济陷入衰退的不确定性预期,使我国宏观经济调控和稳定就业工作面临着较多不稳定不确定性因素。

一是增加了深度参与全球价值链和供应链分工的产业在扩张投资和创造更多工作岗位时面临的不确定性。中美双方相互加征关税的行为,直接增加了双方贸易的成本,进而影响到跨国公司在全世界范围尤其是中美两国内部的生产布局决策,推动部分产业链转移到第三国,间接引发全球价值链和供应链的重构。美方对华输美产品加征关税,短期内加速处于价值链末端的劳动密集型生产企业向东南亚等低劳动成本国家转移,而高技术含量产业加速国际布局调整并开拓新的海外市场。尤其是对于深度参与全球价值链和供应链分工的企业,在面临贸易成本上升的情况下,势必要进行产业链重构,而这种重构不可能在短期内完成,而是与中美贸易谈判一样具有长期性,并面临着较大的不确定性,从而导致产业扩张和创造工作岗位面临着不确定性。

二是增加了出口密集型沿海地区就业需求的不确定性。当前,沿海发达地区已经成为我国的经济空间范围内最重要的就业增长极,可以说沿海的就业需求增长稳定,全国的就业需求增长就会稳定。然而,沿海发达地区如江苏、浙江、福建和广东,在我国对外贸易格局中占据非常重要的地位,其对外贸易却非常依赖美国市场。受中美贸易摩擦的影响,东部沿海省份的受冲击程度可能会高于全国平均水平。中美贸易历经数十年的发展,到2018年中国与美国互为第一大贸易伙伴。但是,受中美贸易摩擦升级的负面影响,2019年上半年,墨西哥成为美国最大贸易伙伴,中国失去了曾经是美国最大贸易伙伴的地位。中国对美出口规模的萎缩,将不可避免地冲击到沿海省份外贸企业的利润,进一步限制了对美出口相关行业的劳动力需求。

三是对大学毕业生群体的人岗匹配和就业预期造成新压力。美方加征关税的行为与结构性经济下行压力相交织,将对未来两三年乃至几年内的经济稳增长与平稳就业的宏观目标带来较大不确定性。实体经济预期下行压力必然会传递到大学生就业端,对广大高校毕业生的岗位搜寻和就业信心造成不利影响。美国对中国大量的高科技产品征收关税,以知识产权保护为借口发动贸易保护,加紧审查中国在美留学人员,表面上是打击中国高科技产业的发展前景,更深层次的是冲击中国国民对未来的乐观预期,尤其是青年大学毕业生的就业预期和信心。在大学生毕业求职和迈入职场的关键阶段,信心显得格外重要。然而,信心要建立在清晰而明确的预期之上,一旦大学毕业生陷入了对未来就业前景的悲观预期,不断用一些悲观和片面的事件来推断消极的未来,就会陷入对未来的恐惧,进一步加剧就业困境。由于大学毕业生求职和海外深造的前景难免要受到美国加征关税和收紧签证等措施的负面影响,而且短期内负面影响难以彻底消除,大学毕业生的就业信心可能会受到一定程度的冲击。

三、新一轮就业压力的趋势判断:总体可控与结构性矛盾深化

基于我国新一轮就业压力产生和演化的三期叠加因素分析,我们对新一轮就业压力的发展趋势判断如下。

一是就业压力总体可控,就业总量不会发生大幅度波动,大规模失业问题出现的可能性非常低。对就业总体规模的发展趋势判断,需要以我国劳动年龄人口增长趋势为依据。劳动年龄人口决定了经济总体的潜在劳动力供给总量,当总量供给的规模不再增长,预期未来的就业压力也会趋于平缓。根据国家统计局公布的数据,16(15岁以上)~59岁年龄段的劳动人口总量从2011年的94 072万人,下降到2018年的89 729万人,下降了4 343万人。而全国常住人口从2011年的134 735万人上升到2018年的139 538万人,增长了4 803万人。由于人口增长趋势具有相当程度的惯性,很难在短期内改变,由此可以预期未来我国的潜在劳动力规模下降速度要超过同期的人口增长速度。从就业总量的增长情况来看,全国就业人员数从2011年的76 420万人上升到2018年的77 586万人,净增长了1 166万人;其中城镇就业人员数从2011年的35 914万人增长到2018年的43 419万人,净增长了7 505万人。综上来看,2011—2018年,全国城镇地区就业人员规模增长的幅度超过了同期潜在劳动年龄人口供给增长幅度,显示出城镇地区在解决我国就业压力方面具有强大的韧性,确保我国就业压力总体可控。

二是周期性失业有波动中上升的趋势,短期内降低失业的压力仍然较大。国家统计局公布的调查失业率显示,在经济阶段性下行压力作用下,31个大城市2019年6月和7月的城镇调查失业率分别为5%和5.2%,显示出失业率与经济增长的同步波动。外出务工劳动者的就业与工资,更容易受到周期性因素的影响。数据显示,2019年第一季度和第二季度的外出务工劳动力人均月收入同比增速分别是7%、6.9%,而2018年同期的增速分别为7.3%、7.5%,增速下降的态势非常明显。另外,数据显示2019年1—5月,城镇地区失业人员再就业规模为209万人,而2018年同期的再就业规模为230万人,城镇失业人员再就业困难,这意味着周期性失业转型为结构性失业的风险在上升,而结构性的失业与周期性失业的本质不同,结构性失业很难通过需求管理的政策来应对。

三是城乡就业结构转变,促进稳定性就业增长面临较多困难。从就业的城乡分布结构来看,2014年来城镇地区吸纳我国总体就业人员的比例超过50%,并保持稳定增长的趋势。从统计口径来看,我国城镇地区的就业人员分为三类,城

镇单位就业、城镇私营企业与个体工商户就业、城镇其他就业。其中，城镇单位就业相对于后两类具有较高的稳定性，被社保体系覆盖的比例也较高。因此，促进城镇单位就业规模增长意味着促进了城镇地区稳定性就业的增长。但是，从表2-1中报告的数据来看，近年来我国城镇单位就业人员出现了下降的趋势，从2015年的18 062.5万人下降到2017年的17 643.83万人，占城镇就业人员的比例从2015年的44.7%下降到2017年的41.55%。这表明促进城镇稳定性就业增长的形势并不乐观。但是，私营企业和个体工商户就业规模稳步增长，为缓解就业压力提供了坚实基础。与此同时，私营企业和个体工商户所吸纳的就业规模越来越大，从2010年的16 425万人上升到2018年的37 413万人，增长的规模远高于同期城镇就业人员数的净增长与全国就业人员数的净增长规模。这意味着，我国总量就业增长稳定的趋势很大程度上是由私营企业和个体工商户吸纳就业所保障的，农村就业人员转移的很大一部分进入了城镇的私营企业与个体工商户。从这个意义上来说，私营企业和个体工商户吸纳就业对于短期内平稳就业所扮演的角色越来越重要。

表2-1 全国就业人员的城乡结构与部门结构/万人

年份	城镇就业人员数	城镇单位就业人员数	私营企业就业人员数	个体经营就业人员数
2013	38 240.00	18 108.45	12 521.56	9 335.74
2014	39 310.00	18 278.00	14 390.40	10 584.56
2015	40 410.00	18 062.50	16 394.86	11 682.20
2016	41 428.00	17 888.07	17 997.14	12 862.01
2017	42 462.00	17 643.83	19 881.70	14 225.27
2018	43 419.00	—	21 375.00	16 038.00

数据来源：根据历年《中国统计年鉴》《中国人口与就业年鉴》中的数据整理而得。

四是结构性就业矛盾凸显，就业结构调整继续往纵深推进，结构性失业风险仍然居高不下。结构性失业理论认为，即使没有劳动力总量需求的明显下降，行业部门间就业需求的结构性调整也会导致严重的结构性失业问题。经济总量的持续增长总是伴随着产业结构的变化，因此对劳动力的需求会呈现出结构性变化。而推动经济增长的最根本因素是创新和技术进步，推动新产业新经济新模式的出现，增加对劳动力的需求。新一轮技术革命进入延展开拓期，自动化、数字化和智能化技术开始被广泛应用到生产领域，催生出大量新兴行业和工作岗位，带动对劳动力需求的结构性变化。综合分析来看，我国总体上面临着如下三个方面的结构性就业矛盾（陈建伟、赖德胜，2019）：一是作为高技能劳动力的大学毕业生供给结构稳定与需求升级之间的矛盾，突出表现在当前我国大学生培养体系对劳动力市场的周期性变化缺乏快速响应能力，以及对结构性突变缺乏自适应调整能力；二是传统行业中的传统工作岗位加速流失与劳动力再配置进程缓慢之间的矛盾，突出表现在传统行业中的国有经济成分劳动力转移安置进程缓慢，传统行业中的中低学历劳动者向新经济部门的转移就业进程缓慢，传统行业中的社保关系承续性转接难度较大；三是新兴产业对技术技能型人才的旺盛需求与人才供给不充分的矛盾，突出表现在"三新"经济具有研发密度高、投资集中、创业生存竞争激烈等特点，引起新经济技能需求和供应匹配造成的结构性矛盾，以及新经济对劳动力需求前景的不稳定性给就业带来的结构性挑战。

第二节 大学生就业结构性矛盾突出

近年来我国的人力资本在不断增强，拥有高学历的劳动力不断增加。然而，随着中美贸易战愈演愈烈，我国在高等教育人才供给和需求方面的结构性问题也愈发凸显。劳动力市场上大学生就业难和技能人才短缺现象并存。特别是承担科技创新和突破的理工科学生严重短缺，文科生数量过大，且质量不高，这一现象经过长期积累已对我国未来依靠自主创新参与国际竞争造成较大制约。我国高等教育人才培养的供给与国家创新需求之间存在着较大的结构性矛盾。创新部门效率较低，要素报酬下降、高质量的科技人才缺乏导致高人力资本难以向创新部门聚集，人力资本错配问题凸显（李静、楠玉、刘霞辉，2017）。本节将总结外部环境变化对大学生需求的影响，大学生供给方面存在的问题，从供给和需求两个方面总结出大学毕业生就业结构性矛盾的具体表现。

一、外部环境变化对大学生需求升级

当前，全球经济竞争格局正在发生深刻变革，新一轮科技革命和产业变革正在蓬勃兴起。中国实现经济高质量发展和《中国制造2025》目标亟须一大批创新性高技能人才。随着我国进一步深化改革，推进对外开放新格局，对外与"一带一路"沿线国家和地区深入合作，对内推进实施区域战略，粤港澳大湾区、长江经济带以及自由贸易区发展潜力大，成为新的经济增长点。技术的进步和对外贸易引导当地产业转型升级，产业集聚效应吸引了大量劳动者，发展成为新的就业增长极。而产业结构的调整以及地区特色产业的发展势必对传统的人才素质提出新的要求。另一方面，内外环境变化加速高端人才回流，大学生的就业信心受到中美贸易战负面冲击。

(一)理工科和创新型人才的需求增加

2017年中央经济工作会议明确提出"推动高质量发展是当前和今后一个时期确定发展思路、制定经济政策、实施宏观调控的根本要求"。进入新时代，中国经济高质量发展的主导引擎将不再是要素投入，而是技术创新能力的提升和经济运行效率的提高(吴爱东、王娟，2019)。以自动化、数字化与人工智能为代表的新技术革命正在推动劳动力需求结构持续偏向高技能劳动力。2016年，教育部、人社部与工信部共同编制《制造业人才发展规划指南》，指出："提高制造业创新能力，迫切要求着力培养具有创新思维和创新能力的拔尖人才、领军人才；强化工业基础能力，迫切要求加快培养掌握共性技术和关键工艺的专业人才；信息化与工业化深度融合，迫切要求全面增强从业人员的信息技术应用能力；发展服务型制造，迫切要求培养更多复合型人才进入新业态、新领域；发展绿色制造，迫切要求普及绿色技能和绿色文化；打造'中国品牌''中国质量'，迫切要求提升全员质量意识和素养等。"

(二)"一带一路"倡议下，重点领域高层次人才短缺

"一带一路"倡议的提出标志着我国对外开放新格局的形成，我国与沿线国家的合作不仅仅是经济建设和对外贸易方面，也包括政治外交及文化交流等领域，所涉及的知识范围涵盖方方面面，这也为我国高等教育人才培养带来了新的挑战。随着我国与"一带一路"沿线国家交流与合作的开展，工程建设、经济贸易、国别和区域研究以及人文交流等方面的高素质人才供不应求问题日渐显现，精通国际规则、熟悉多种语言和多元文化、综合能力强的复合型、专业性和国际化人才短缺(崔金贵，2019)。我国出国留学人员大多数仍选择前往欧美发达国家和地区，虽在近年来"一带一路"国家成为新的目的地，但总体比例不高，2017年我国出国留学人数达到60.84万人，其中前往"一带一路"沿线国家留学人员数为6.61万人，约占总人数的10%。就语言来说，一直以来，我国留学生倾向于选择英语国家，在"高水平"留学项目派出的研究生中，学英语的比例达到95%以上(马万华、张琳娜，2019)。而"一带一路"沿线国家包括俄语、泰语、越南语、阿拉伯语等六十多种语言，非通用语种高等教育人才需求的增加也是当前对外开放新格局对我国高等教育人才培养提出的新要求。强大的人才支持是推进与"一带一路"沿线国家交流与合作的重要保障，我国作为"一带一路"的倡议者理应和沿线国家一道为"一带一路"建设培养后备人才。

(三)区域经济的发展对高素质人才的需求增加

首先,粤港澳大湾区的战略定位是打造世界级城市群、国际科技创新中心、"一带一路"建设的重要支撑。大湾区具有多元制度优势、密集的产业集群、港澳两大对外窗口、广阔的海域以及漫长的海岸线等优越的地理位置,是全国经济的重要增长极(粤港澳大湾区研究院,2017)。因此,大湾区发展潜力较大,势头强劲,对现代制造业、战略性新兴产业、现代服务业、海洋医药等专业性人才,科技创新性高端人才的需求持续增加(王志强,2019),未来势必成为大学生就业的又一热门区域。

其次,长江经济带的战略目标是建设成为新动能创新驱动带、生态环境保护修复创新示范带、区域合作协调发展带,引领中国经济实现高质量发展(何立峰,2019)。随着长江经济带区域产业结构的转型升级,形成了大量制造业和服务业集聚(杨仁发、张殷,2018)。人力资本结构也发生了较大变化,低教育程度的人力资本比重下降,高教育程度的人力资本比重不断上升,人力资本结构呈现高级化特征,这也大大提高了产业的创新效率。

最后,在我国经济发展进入新常态,对外贸易出现新变化的背景下,实施自由贸易区战略是我国构建开放型经济新体制,形成全方位开放新格局的重要举措。2013年以来,我国已先后成立了包括浙江、上海、天津、广东等在内的18个自贸区。这些自贸区省市经济基础较好,有特色产业集群,产业升级改造以高端制造业和现代服务业为主,再加上境内外引进的资本、技术等,在短期内迅速形成产业集聚效应,成长为新的经济增长点。自贸区产业升级暴露出新能源、电子信息技术、跨境电商等人才的紧缺。而与自贸区产业契合度较高的技能性、国际化、复合型人才依旧是自贸区发展所需的重点,数据显示,上海自贸区在成立之初便吸引了上万家企业入驻,其中缺乏技能型人才的企业达到35%,55%的加工企业缺乏专业技能性人才(王昆,2018)。

(四)留学生回流增加高端岗位的就业压力

一直以来,美国都是中国留学生,尤其是理工类专业留学生出国深造和就业的首选国家之一。然而,近年来,越来越多的中国博士和博士后选择回国。随着中美贸易战的持续升级,美国加紧审查中国在美留学人员,缩减中国赴美留学名额,进一步加速了在美留学生的回流。2017年和2018年,我国内地留学生归国人数分别达到了48.09万人和51.94万人。归国人员大多数为具有海外背景的高端人才,因此这些人才的回流增加了高端就业市场的供给,增加了高端就业岗位的压力。

(五)中美贸易战冲击大学生就业预期

中美贸易战的持续升级将对未来几年中国经济稳定增长和"稳就业"宏观目标实现带来较大不确定性。美国对中国大量产品尤其是高科技产品加征关税，导致实体经济下行，这必然会传导到大学生就业市场，减少对大学生的需求。另一方面，美国收紧签证，减少赴美深造人员数量，也会导致原本准备赴美留学的大学生改变计划选择就业，增加了大学生供给。两方冲击将进一步加剧大学生就业困境。由于大学毕业生求职和海外深造前景受到的负面影响，在校大学生将会陷入对未来就业前景的悲观预期，就业信心可能会受到一定程度的负面冲击。

二、大学生供给调整滞后

毕业生就业市场可以根据专业技能分割为若干个局部的劳动力市场，根据萨缪尔森（Samuelson）、托宾（Tobin）、杜生贝（Duessenberry）等提出的"结构性失业理论"，不同专业毕业生之间的替代性较低，结构性失业是不可避免的，只能通过人才培养模式的改变和结构调整来适应市场分割状态。然而，高校专业设置及结构调整受到政府行政要求和高校自身理性选择的制约，难以根据社会经济发展对人才的需求做出快速调整。

(一)高校学科设置及学科结构调整滞后

虽然我国在1996年就已经取消了"统包统分"的就业制度，将人才配置的权力让渡给劳动力市场，毕业生就业已经基本实行市场化运行机制，但高校在招生、学生培养、专业设置上依然受到计划经济模式的影响，政府行政办学色彩浓厚，学校缺乏灵活的专业设置自主权，难以及时培养各种新兴技术产业需要的人才。虽然近几年少数重点高校取得了专业设置及部分自主招生的权利，但整个人才培养方面仍然带有浓重的计划经济时期的行政管制色彩，《高等教育法》中规定的高校作为独立法人，依法享有的独立进行学科设置及其结构调整、确定专业招生规模的权利远远没有落实。过去的以专业教育为核心，以培养专才为目标，以学年制为载体，专业设置缺乏弹性和灵活性，专业口径偏窄，人才培养规格单一，教学内容和课程设置"统得过死"的单一封闭人才培养模式已经远远不能适应当前的需求（曹洪军，2011）。

(二)高效文科类专业扩招过快

高校在拥有《目录》内专业设置和部分专业结构调整自主权的情况下,由于缺乏办学的自我约束机制,为追求经济效益盲目开设大量投资少、见效快的短线专业,如经济管理类专业。尤其是高校扩招初期,政府财政支持力度有限,向学生收高额学费也不现实,在预算约束不变的情况下,要增加学生培养人数,很多高校倾向于多扩招成本较低的文科类专业,使得文科类专业的毕业生比例快速增加,2000年中国文科毕业生比例为37%,到2004年迅速上升为48%。且高等教育招生结构存在路径依赖,扩招初期文科招生比例上升后一直维持稳定。我国正处于工业化快速发展阶段,尤其是对外开放新格局下需要大量的理工科人才,而高校理性选择的结果是文科生快速增加,导致关键技术人才紧缺,大量文科生就业困难。

(三)人才供给不能满足区域发展战略

粤港澳大湾区的战略定位要求世界一流的高等教育作为支撑。然而,就目前看来,相比三大世界级湾区,大湾区的高等教育人才供给不足、分布不平衡。例如旧金山湾区拥有80所高校,包括斯坦福大学、加州大学伯克利分校等在内的5所世界级研究型大学;纽约湾区有95所高校,康奈尔大学、纽约大学、哥伦比亚大学、耶鲁大学和普林斯顿大学等均位列世界100强;东京湾区(首都圈)拥有263所高等教育机构,东京大学进入世界100强。与三大湾区相比,粤港澳大湾区高校160所(鲁巧巧、劳汉生,2018)。

尽管长江经济带科教资源丰富,普通高等院校数量占全国的43%,长江沿线国家级自主创新示范区、高新区、企业技术中心林立(何立峰,2019),但研究表明长江经济带人力资本结构高级化的作用正在减弱,可能的原因是高等教育扩招以来,人才培养的质量参差不齐,且高素质人才配置不平衡,尤其是航空航天设备制造业、电子通信设备制造业等关键技术领域人才匮乏,导致供需结构矛盾,制约了产业创新(张治栋、吴迪,2019)。

三、大学生就业结构性矛盾的主要表现

(一)文科毕业生就业困难,理工科人才短缺

1. 不同专业大学毕业生人力资本供给特征

按照我国当前的《普通高等学校本科专业目录(2012年)》中国大学共有12个学科,92个大学专业类,506种大学专业。12个学科分别是:哲学、经济学、

法学、教育学、文学、历史学、理学、工学、农学、医学、管理学、艺术学。其中，定义理学、工学、农学、医学为理科，其他为文科。图 2-2 表明在总量方面 1997 年到 2017 年间，文理科专业本科毕业生都有大幅度增加，文理科增长率都呈现先上升后下降再逐渐接近的趋势。就文理科本身来看，2009 年之前，理科毕业生占本科毕业生总人数的比例要高于文科，2009 年开始理科毕业生所占比例逐渐下降，到 2017 年，理科毕业生的比例下降到 47.73%，文科毕业生的增长率基本高于理科。特别地，在 1999 年高等教育扩招以后，文科毕业生增长率急剧上升，到 2003 年首批扩招生毕业时，文科生的增长率为 48.78%，成为历年最高。图 2-3 显示了 20 年来大学本科理工科招生情况，2004 年之前，工科专业招

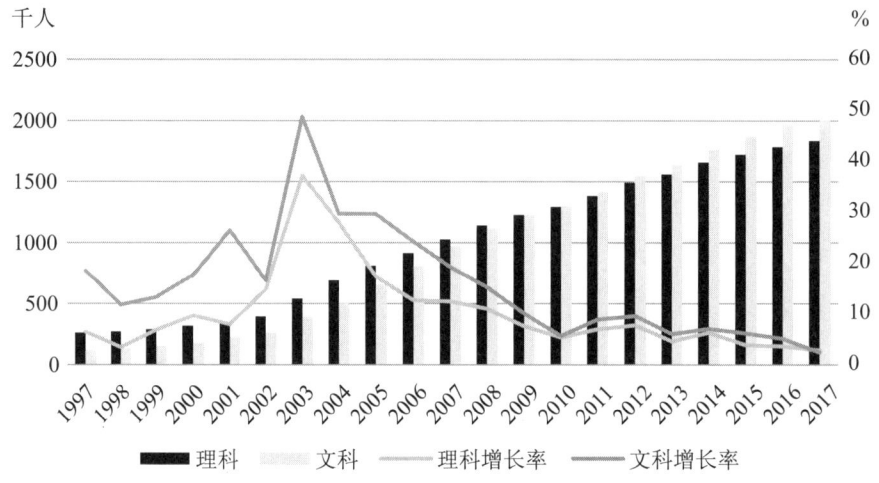

图 2-2　1997—2017 年文理本科毕业生人数及增长率

数据来源：据相关年度《中国教育统计年鉴》数据整理。

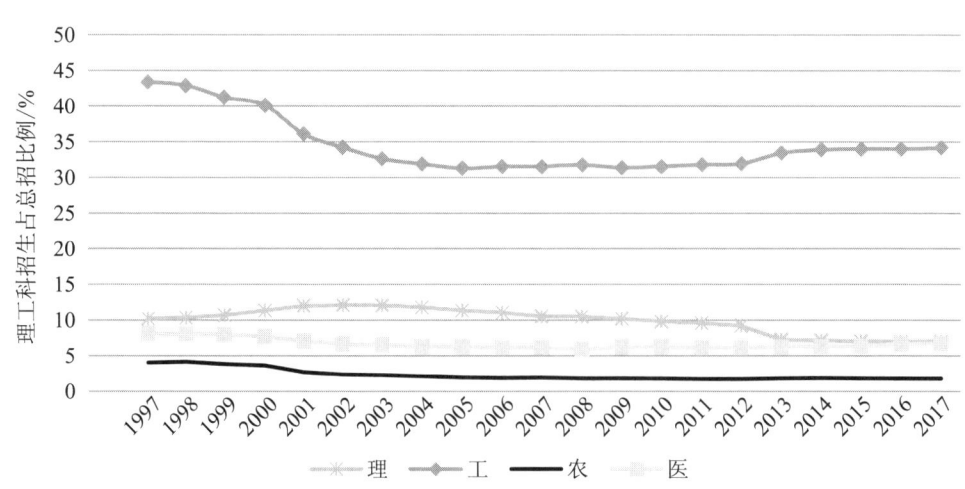

图 2-3　1997—2017 年大学本科理工科招生变化

数据来源：据相关年度《中国教育统计年鉴》数据整理。

生占比下降明显，2004—2012年基本维持在31%左右，2013年开始有所增加，2017年工科招生比例为34.16%。理科专业在扩招后稍有上升，但变化较为平稳，2013年开始下降，2017年的占比为7%左右。农学和医学则并未产生明显的上下波动。

2. 不同专业大学毕业生人力资本需求特征

表2-2为不同专业本科生、研究生和高职毕业生就业率的情况。从2014—2018届普通本科毕业生不同学科的就业率情况看，各学科本科生就业率维持在96%左右。工学和管理学毕业生就业率持续相对较高。从2014—2018届普通本科不同学科研究生的就业率情况看，工学研究生的就业率最高，且较为稳定；其他学科研究生的就业率均有所波动，尤其是艺术学研究生，相比2014届，2018届就业率上升了3.25%。从2014—2018届普通本科不同专业大类毕业生的就业率情况看，制造业、财经类和电子信息类毕业生就业率呈现波动上升的趋势，尤其是电子信息类毕业生就业率五年间上升了2.99%；其他专业大类毕业生就业率呈现下降的趋势。相比2017届，2018届各专业大类毕业生的就业率均略有下滑。

表2-2 不同专业毕业生就业率/%

类别	2014年	2015年	2016年	2017年	2018年
本科生					
工学	97.63	97.51	97.52	97.28	96.89
理学	96.37	96.48	97.22	97.36	95.09
人文科学	95.82	96.38	97.17	97.16	95.96
社会科学	95.59	96.15	96.46	95.40	94.17
管理学	97.04	97.52	97.24	97.64	96.54
农、医、军	86.20	95.40	96.01	95.79	95.06
艺术学	95.52	96.77	96.33	97.53	96.17
研究生					
工学	98.77	98.42	98.53	98.51	98.72
理学	96.23	96.54	96.09	97.00	96.80
人文科学	94.56	95.84	97.36	97.61	97.89
社会科学	95.51	96.26	97.25	96.93	96.80
管理学	96.20	96.81	98.06	98.54	98.20
农、医、军	95.15	94.85	97.27	97.84	97.33
艺术学	93.35	92.38	95.54	96.67	96.60
高职生					
公共资源与设施类	98.38	98.27	98.12	98.26	96.72
科教文卫类	96.92	98.28	98.53	97.89	94.43
制造类	97.39	98.10	97.67	98.81	98.27
艺术设计与传媒类	97.17	97.72	97.65	98.28	95.20

续表

类别	2014年	2015年	2016年	2017年	2018年
财经类	/	97.25	98.48	98.78	98.17
电子信息类	95.35	97.96	96.26	98.57	98.34
公安法律类	/	98.95	97.98	98.23	93.96

数据来源：据北京高校毕业生就业指导中心数据整理。

3. 大学毕业生就业的专业结构矛盾及其对策

我国高校毕业生就业存在专业结构性供需矛盾，即高校所供给的人才专业结构及其数量与社会经济发展所需人才的专业结构及其数量错位或互不匹配而表现出不同专业学科毕业生就业率的差异变化。如前所述，对外开放新格局增加了劳动力市场对理工类人才的需求，而高等教育供给侧结构调整滞后，且高校在扩招过程中的理性选择结果是文科扩招速度快于理工科，使得大学生就业出现结构性矛盾，文科生就业困难，理工科人才短缺。

在计划经济体制下，高校专业结构和社会需求互动主要通过政府计划调控实现。但政府的人才需求预测是一个复杂的系统工程，从信息收集到指标分解需要一段时间，政府计划不往往赶不上社会需求变化，容易导致人才培养专业结构和社会需求脱节。因此，政府在专业结构设置和招生上应给高校更多自主权，减少行政约束，同时完善人才资源配置的宏观调控机制，建立人才资源供需及人才结构动态变化的预测分析系统，完善人才资源供需监测体系和人才统计指标体系，逐步建立人才资源供给和人才需求的目录定期发布制度，引导高校及时根据市场需求调整专业结构，如借鉴美国劳工统计局定期发布的对未来十至十五年经济发展、劳动力结构、就业市场的预测。为了克服高校自身追求经济利益而扩招短线专业的负面影响，政府可以运用财政手段保证教育的供给结构适合国家经济发展需要，如调整不同专业的财政拨款系数，适当提高培养成本较高的理工类专业的拨款系数。高校人才培养由规模扩张向结构优化的思想转变，克服规模扩张的冲动，明确办学定位，根据自身学科基础和办学条件，结合地方经济产业结构调整和政府人才规划主动优化人才培养的专业结构，培养"产销对路"的多样化人才（曹洪军，2011）。

（二）东部地区人才集聚，中西部地区人才匮乏

改革开放以来，随着经济发展和产业结构调整，我国的区域发展不平衡状态有了很大改观，但中、东、西部地区经济发展和社会文化方面的差异仍然是造成大学生就业区域配置不平衡的重要因素。集聚效应使得经济活动向东部地区汇集，东部地区经济发展较快，对人才需求旺盛，大学生教育回报率较高。东部地

区本身高校众多，大学毕业生供给较多，加上较高的教育回报率吸引人才流入，使得大学生就业竞争激烈。而部分中西部地区经济发展相对落后，难以吸引人才，导致出现了地区间人才短缺和大学生就业难并存的局面。

1. 不同地区大学毕业生人力资本供给特征

分地区来看，我国东部地区经济相对繁荣，高校众多，因此毕业生人数所占比例要超过中西部地区。1997年到2017年，东部地区本专科毕业生的比例基本在44%左右，而中部地区则约为33%，西部地区则相对较低，如图2-4所示。东中西部地区的招生比例在这20年间基本稳定，并没有发生大幅度波动，尤其东、中部地区，几乎呈现平行增长的趋势（见图2-5）。

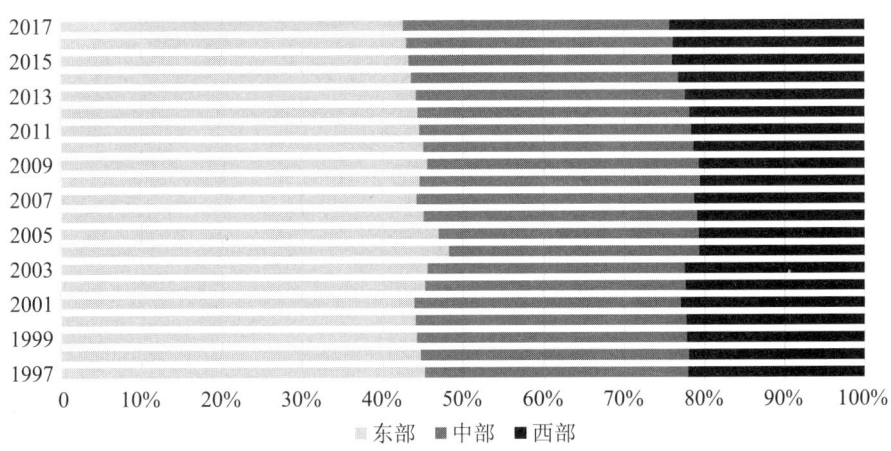

图 2-4　1997—2017 年本专科毕业生分地区比例

数据来源：相关年度《中国教育统计年鉴》。

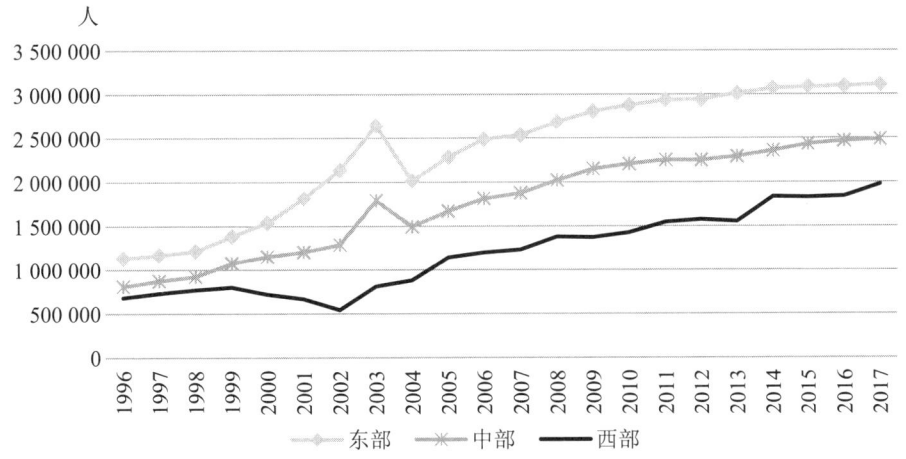

图 2-5　1996—2017 年分地区高校招生人数变化

数据来源：相关年度《中国教育统计年鉴》。

2. 不同地区大学毕业生人力资本需求特征

在全国范围内，研究显示，大学生去沿海地区就业的比例为45.5%，58.5%的毕业生不愿意到西部地区工作(赖德胜、吉利，2003)。2018届本科生和高职高专生的就业去向显示(见表2-3)，泛长三角地区和泛珠三角地区均是优先选择，这些地区经济发达、产业集聚，就业机会多，福利待遇好，因此吸引了大量应届毕业生，形成人才的集聚。而经济欠发达的中西部地区相对来说吸引力不强，且人才流失严重。就北京来看(见表2-4)，2014—2018届普通本科院校毕业生落实就业地区的分布也呈现相似特征。各届毕业生选择在北京就业的比例基本维持在60%左右；毕业生去东部地区就业的比例略有上升，去中西部地区就业的比例略有下降。从2014—2018届高职院校毕业生落实就业地区的分布来看，80%以上毕业生选择北京就业；且毕业生在京就业的比例小幅上升。

表2-3 2018届本专科毕业生就业区域流向/%

2018届毕业生就业地	本科	高职高专
泛长江三角洲区域	26.2	23
泛珠江三角洲区域	20.9	20.3
渤海湾区域	19.8	20
西南地区	12.9	12.6
中原地区	9.6	12.1
陕甘宁青区域	4.4	4.8
东北区域	4.1	4.8
西部生态经济区	2.1	2.4

数据来源：由麦可思研究院2019年《中国本科生就业报告》《中国高职高专生就业报告》整理所得。

表2-4 北京地区本科生、高职生毕业生就业流向/%

毕业生就业地	2014年	2015年	2016年	2017年	2018年
北京(本科生)	59.00	60.18	60.29	58.96	59.29
东部地区(本科生)	21.37	21.23	21.37	22.46	23.11
中部地区(本科生)	9.15	8.70	8.20	8.32	7.84
西部地区(本科生)	10.48	9.88	10.13	10.27	9.76
北京(高职生)	83.06	82.93	82.86	85.69	87.11
东部地区(高职生)	7.24	7.74	7.86	6.61	6.43
中部地区(高职生)	5.38	5.30	5.15	4.10	3.11
西部地区(高职生)	4.32	4.03	4.14	3.61	3.35

数据来源：据北京高校毕业生就业指导中心数据整理。

3. 大学生就业区域结构性矛盾及对策

研究表明，从就业意愿来看，区域经济相对发达的地区是高校大学毕业生的首选，主要原因在于，发达地区和相对落后地区人均收入差距较大，同行业不同区域间的工资水平相差明显(高海生、傅军栋，2008)。而欠发达地区因为经济上无法满足现代大学毕业生就业期望的薪酬，导致对人才的吸引力下降，人才的匮乏反过来制约了地区经济的发展，形成恶性循环。可见，我国高校毕业生就业存在地域结构性供需矛盾，即高校毕业生的地域分布和就业流向的地域分布不均衡，而且这种趋势随着我国区域战略的实施更加明显，"一带一路"沿线城市、粤港澳大湾区、长江经济带区域以及自贸区实验城市等越来越成为毕业生就业的理想地区。由于历史原因，我国高校集中在大城市及东南沿海等经济发达的省份，毕业生宁愿留在这些大城市和经济发达地区参与激烈的就业竞争，也不愿意到小城市、中西部经济欠发达地区、边远地区和基层单位就业。同时，经济欠发达地区毕业生"孔雀东南飞"，这样的人才流动形成了欠发达地区人才紧缺，发达地区人才过剩的局面，进一步加剧了毕业生就业的区域性结构矛盾。

近年来，随着经济发展进入新常态，我国的产业结构调整和产业集聚等带来就业在空间上的"极化"。东部地区因为经济发展水平高、就业机会多、薪酬待遇好等成为就业人口的集中区域，而大量人才的流入又会产生集聚作用，提高产业结构转型升级的速度(江永红、张彬、郝楠，2016)。而中西部地区的就业人口比例相对要低。但近年来，中西部地区在资源、投资环境、政策优惠等方面的优势逐渐显现，已经具备了承接东部地区产业梯度转移的条件，促进产业梯度转移，带动人才流动能够对解决大学生就业的区域矛盾起到积极的作用。此外，还应在缩小中西部地区与东部地区发展差距、促进产业结构的优化升级、为人才提供广阔的发展机遇、健全就业激励、完善社会保障等福利制度方面做出努力，提高这些地区对大学生择业的吸引力。

解决大学生就业区域结构性矛盾还应充分发挥政府和高校在区域流动中的协同引导作用。大学毕业生就业存在区域间的就业市场分割，这导致大学生在不同区域就业的搜寻成本较高(李志红、柏维春，2019)。政府和高校应积极发挥协同引导的作用，建立劳动力市场信息交流平台(曾湘泉、李晓曼，2013)，为高校毕业生提供就业信息服务，降低择业者的时间和精力方面的成本，提高劳动力市场的匹配效率。

第三节　进城务工人员失业风险增加

全球价值链(Global Value Chain，GVC)作为组织和治理当今国际分工与合作的重要力量,已使国际经贸结构发生了重大变化,其伴随全球产业链、供应链、技术创新生态一道,成为决定一国国际分工地位的主要标志。过去,我国外贸增长和融入全球价值链依靠的劳动力优势很大一部分来自充足的从事中间品工作和组装环节的农民工。新时期提升我国全球价值链地位对其就业和工作提出了更高的要求,抬升了农民工失业风险概率,通过培训或"干中学"提升农民工就业技能和水平的紧迫性进一步增强。

一、我国融入全球价值链的阶段性特征

近年来,新一轮科技革命与产业变革迅猛发展,推动全球价值链不断深化与重塑,成为经济全球化发展的新特征。一国能否从参与全球化中获益,取决于能否成功融入全球价值链、能否在全球价值链中某一特定环节占据新的竞争优势。新时代,我国在融入全球价值链的进程中体现如下具体特征。

(一)制造业与服务业深度融合日益明显

研究表明,尽管工业化早期就会出现制造业与服务业的简单结合,但受技术进步、业态创新和贸易水平等影响,制造业与服务业深层次融合发展更会在工业化的中后期出现(邓洲,2019)。值得注意的是,由于新一轮科技革命和产业变革对制造业与服务业融合发展的现实需求更强,因此,这将加速制造业与服务业融合的深度与广度。在我国,家电、汽车、通信设备、消费电子、工程机械等产业率先出现不同程度的服务化转型;设计、研发、实验等专业化服务,检测、维修、部件定制、工程总承包、交钥匙工程、整体解决方案,以及第三方物流、供应链管理优化等,是当前制造业与服务业深度融合的重要领域。一批领先的制造企业已经开始运用服务来增强企业竞争力,服务质量的差异化也对提升企业绩效产生积极影响,制造业与服务业深度融合催生的新业态正在成为制造企业提升竞争力的重要支撑。这对破除现存制造业发展所面临的制约、推动服务业转型升级、适应新的国际产业分工环境和秩序等,都具有重要意义。

(二)全面开放新格局助力我国产业迈向中高端

改革开放40余年来,我国已经成为制造业大国、工业大国,是全世界唯一拥有联合国产业分类中全部工业门类的国家(李晓等,2019)。但我国制造业的全球价值链"低端锁定"困境却日益突显,其主要影响是,我国的制造业既难以与处于价值链中高端的发达国家制造业展开竞争,又受到包括东南亚各国在内的其他发展中国家的强力挑战(曾祥炎、成鹏飞,2019)。为此,党的十九大报告指出:

"要以'一带一路'建设为重点,坚持引进来和走出去并重,遵循共商共建共享原则,加强创新能力开放合作,形成陆海内外联动、东西双向互济的开放格局。拓展对外贸易,培育贸易新业态新模式,推进贸易强国建设。"开放型经济是全球市场、虚拟经济与网络革命深度融合、协同发展的一种经济发展新体制模式(施建军等,2018)。构建开放型经济体系,推动形成全面开放新格局的主要工作策略,一是积极鼓励和支持新一代人工智能、生物医药、新能源、新材料等主导产业领域内有竞争力的优秀企业"走出去"。二是开发以"一带一路"为主线的投资贸易和产能合作市场,加快扩展以亚洲为主、发展非洲、拓展欧美的多元化海外市场格局,逐步转向技术密集、资本密集的加工制造、融资租赁等高附加值的海外市场投资合作形式。三是发挥各自贸区贸易便利化的先行优势和潜力,着力引导服务贸易扩大发展规模与领域,逐步形成全方位、多层次、更为广泛的对外贸易格局(王双,2019)。

(三)世界级先进制造业集群促进全球价值链重构

面临国内外经济发展新阶段,党的十九大报告提出,促进我国产业迈向全球价值链中高端,培育若干世界级先进制造业集群。世界级先进制造业集群具有集群产业规模、集群创新能力、集群品牌价值、集群组织结构、集群制度环境等国际领先特点(曾祥炎、成鹏飞,2019),典型国家或地区世界级先进制造业集群发展史表明,大多数世界级先进制造业集群的兴起都以产业技术革命为背景,都重视政策创新与支持,都有成熟的创新生态系统。为有效改变"低端锁定"困境,及时摆脱处于"链主"地位的跨国公司的控制,我国政府正主动汲取先进经验,加强制度和政策供给,有序构筑高效的集群"制度—技术—市场"体系,充分发挥国家创新体系的功能和积极利用"第二种机会窗口"[①],通过培育若干世界级先进制造业集群参与全球竞争,突破发达国家主导的全球价值链利益分配格局,最终实现中国制造业的结构调整与全面升级。

(四)中美贸易摩擦迫使全球价值链重塑

随着中国在国际分工中的地位不断增强,美国蓄意挑起中美贸易冲突,这既

---

① 卡洛塔·佩雷斯(Carlota Perez)"两种机会窗口"理论认为,当某种技术体系在发达国家趋于成熟后,落后国家可以利用劳动力成本优势,从价值链低端入手逐步融入国际分工体系,进行后发式追赶,这被称为"第一种机会窗口"。而"第二种机会窗口"是指,新技术革命的出现几乎会将所有国家"拉回到同一起跑线上",那些像似"一张白纸"的新兴发展中国家,比发达国家更能适应新的技术经济范式并有机会依托其国内广阔的市场规模实现跨越发展。中国正处在新一轮产业革命背景下的"第二种机会窗口"。

扰乱国际分工平衡秩序、破坏中美经贸关系，也严重破坏全球创新链生态，损害了很多国家的经济利益。现在全球贸易的三分之二是零部件、原材料等中间品和投资品，加征关税直接导致产业链相关国家和企业利益受损，迫使他们不得不对企业生产经营重新布局，破坏了全球产业链、供应链、服务链、价值链。中美贸易摩擦持续时间越久，全球价值链重构的范围和深度也将会越加明显。美国挑起贸易争端意在限制中国制造业发展，但他们自己并不具备劳动力成本优势，中美贸易摩擦难以推进美国制造业回流，而是促使中国制造业的生产环节按照市场发展规律流向那些明显具有劳动力比较优势的国家和地区。关税上涨直接增加企业贸易成本和市场收益的不确定性，对跨国公司尤其是在产业链低端的跨国公司造成发展恐慌，他们会将生产环节转移到不被贸易战影响到的国家以降低生产成本，从而推动全球价值链重构（王立岩，2019）。

二、提升我国产业全球价值链对农民工就业带来新挑战

（一）我国农民工总体规模与就业特征

根据国家统计局《2018年农民工监测调查报告》数据显示，2018年农民工总量为28 836万人，比2017年增加184万人。在全部农民工中，男性占65.2%，有配偶的占79.7%，平均年龄为40.2岁，比2017年提高0.5岁；1980年及以后出生的新生代农民工占比51.5%，比2017年提高1.0个百分点；未上过学的占1.2%，小学文化程度占15.5%，初中文化程度占55.8%，高中文化程度占16.6%，大专及以上占10.9%，大专及以上文化程度农民工所占比重比2017年提高0.6%。在外出农民工中，进城农民工13 506万人，比2017年减少204万人。拥有大专及以上文化程度的外出农民工占13.8%，比2017年提高0.3%。

从输入地看，在东部地区就业的农民工15 808万人，比2017年减少185万人，占农民工总量的54.8%。其中，在京津冀地区就业的农民工2 188万人，比2017年减少27万人；在长三角地区就业的农民工5 452万人，比2017年增加65万人；在珠三角地区就业的农民工4 536万人，比2017年减少186万人。在中部地区就业的农民工6 051万人，比2017年增加139万人，占农民工总量的21.0%。在西部地区就业的农民工5 993万人，比2017年增加239万人，占农民工总量的20.8%。在东北地区就业的农民工905万人，比2017年减少9万人。

从就业产业分布看，从事第三产业的农民工比重为50.5%，比2017年提高2.5%。一是从事传统服务业的农民工继续增加。从事住宿和餐饮业的农民工比重为6.7%，比2017年提高0.5%；从事居民服务、修理和其他服务业的农民工比重为12.2%，比2017年提高0.9%。二是脱贫攻坚开发了大量公益岗位，在公共管理、社会保障和社会组织行业中就业的农民工比重为3.5%，比2017年提高0.8%。从事第二产业的农民工比重为49.1%，比2019年下降2.4%。其中，从事制造业的农民工比重为27.9%，比2017年下降2.0%；从事建筑业的农民工比重为18.6%，比2017年下降0.3%。具体见表2-5。

表2-5 农民工从业行业分布/%

	2017年	2018年	增减
第一产业	0.5	0.4	−0.1
第二产业	51.5	49.1	−2.4
其中：制造业	29.9	27.9	−2.0
建筑业	18.9	18.6	−0.3
第三产业	48.0	50.5	2.5
其中：批发和零售业	12.3	12.1	−0.2
交通运输、仓储和邮政业	6.6	6.6	0.0
住宿和餐饮业	6.2	6.7	0.5
居民服务、修理和其他服务业	11.3	12.2	0.9
公共管理、社会保障和社会组织	2.7	3.5	0.8
其他	8.9	9.4	0.5

资料来源：《2018年农民工监测调查报告》（国家统计局）。

从月均收入看，农民工月均收入3 721元，比2017年增加236元，增长6.8%。外出务工农民工月均收入4 107元，比2017年增加302元；本地务工农民工月均收入3 340元，比2017年增加167元。外出务工农民工月均收入比本地务工农民工多767元。分区域看，在东部地区就业的农民工月均收入3 955元，比2017年增加278元；在中部地区就业的农民工月均收入3 568元，比2017年增加237元；在西部地区就业的农民工月均收入3 522元，比2017年增加172元；在东北地区就业的农民工月均收入3 298元，比2017年增加44元。分行业看，制造业，建筑业，交通运输、仓储和邮政业收入分别比2017年提高8.4%、7.4%和7.3%；居民服务、修理和其他服务业收入比2017年提高6.0%；批发和零售业、住宿和餐饮业收入分别比2017年提高7.0%和4.3%。具体见表2-6。

表 2-6　分行业农民工月均收入及增幅

行业	2017年/元	2018年/元	增幅/%
制造业	3 444	3 732	8.4
建筑业	3 918	4 209	7.4
批发和零售业	3 048	3 263	7.0
交通运输、仓储和邮政业	4 048	4 345	7.3
住宿和餐饮业	3 019	3 148	4.3
居民服务、修理和其他服务业	3 022	3 202	6.0

资料来源：《2018年农民工监测调查报告》（国家统计局）。

（二）我国产业全球价值链提升对农民工就业带来的新挑战

改革开放40年是我国积极融入全球价值链的40年，也是我国深刻影响全球价值链的40年（刘建颖，2018）。党和国家坚持以开放促发展促改革，促进国内外要素资源自由流动、高效配置，积极融入全球价值链，推动经济持续快速发展。由中国人民大学重阳金融研究院发布的2019年《基于博弈视角的中美国家实力消长评估报告》显示，2018年我国第三产业增加值占国内生产总值的比重为52.2%，对国内生产总值增长的贡献率为59.7%，比1978年提高35.1%。2018年我国外贸货物进出口总值创历史新高，达30.51万亿元人民币，折合4.62万亿美元，同比增长9.7%。但总体来看，在全球价值产业链中，我国仍处于不利地位，只有通过创新研发实现产业升级，改变技术落后的状态，才能改变我国的被动局面，重塑在全球产业链中的位置。新时期，我国在促进产业迈入全球价值链中高端进程中，给农民工就业既带来了机遇又带来了新挑战。

1. 农民工就业脆弱性增强

全球价值链提升意味着我国将积极实现从加工制造向智能制造、从技术跟随向技术引领、从空间无序向空间整合、从松散结构向网络化组织转变，上、下游产业链通过"补链"与"强链"，实现全产业链协同发展。这将使社会快速增加对知识型、技能型人才的需求，而适度降低或持续减少对常规型、半熟练或非熟练工的用工需求。此外，伴随全球经济深度一体化趋势的加强，离岸外包价格下降，跨国公司在全球配置资源，将非核心竞争力的生产环节转移到发展中国家，发达国家专注于技术密集型产业，导致对高技能劳动力需求的增加。同时，外包的转移也提高了发展中国家对高技能劳动力的需求。其结果为，在全球价值链生产的国际背景下，无论发达国家还是发展中国家，贸易都增加了对高技能劳动力的需求（赵瑾，2019）。农民工因为普遍缺乏专用型人力资本，技能（术）水平低，群体同质化明显，在正规就业市场上将面临技术性失业和结构性就业问题，或选择非正规就业，就业脆弱性增强，就业稳定性变差。

2. 农民工就业部门不平衡性扩大

全球价值链跃迁将改变世界经济格局和国家间的贸易、投资和生产联系。归结起来有三个显著特征：一是最终产品经过两个或两个以上连续阶段的生产；二是两个或两个以上的国家参与生产过程并在不同阶段实现价值增值；三是至少有一个国家在生产过程中使用进口投入品，因此产生了大量的中间品贸易和增加值贸易（环球网，2016）。贸易结构的变化在带来产业结构变化的同时，也导致不同类型劳动力在不同产业部门、地区之间的转移与重新配置。原因在于，发达国家在商务服务、研发、设计或金融服务等可贸易服务方面具有相对优势，因此，贸易会导致这些国家专门从事可贸易服务业生产。贸易在导致制造业就业消失的同时，也越来越多地创造服务业的就业机会，尤其是现代服务业就业岗位。服务业作为就业和劳动收入来源的重要性日益增强。农民工由于年龄、婚姻、家庭、工作经验、教育程度、技能水平等因素限制，其将在服务业和制造业之间，传统服务业与现代服务业之间，沿海城市与内陆地区之间，以及市场经济发展程度高与欠发达地区之间就业，都将体现出明显的不平衡性。

3. 农民工工作流动性提高

通常而言，劳动力的知识技能与工作岗位的匹配程度越高，劳资双方愿意维持当下雇佣状态的倾向性越高，就业也就相对越稳定，反之，则会频繁发生工作流动，就业质量不高（石丹淅、王宝成，2015）。对农民工而言，工作流动性过高，将会产生以下两方面主要后果，一是弱化了企业针对农民工开展岗位职业培训的动力；二是使农民工难以通过"干中学"来积累足够的专用型人力资本。由此所导致的高素质产业工人队伍建设的滞后和"工匠精神"的缺失，会削弱我国产业和贸易升级所必需的人才基础（邵敏、武鹏，2019）。在出口导向经济发展模式下，我国"世界工厂"式的出口扩张会使得出口企业挤压农民工工资以转移市场竞争对利润侵蚀的压力，地方政府为了增加出口、吸引资本以促进经济增长也选择牺牲农民工的利益，导致农民工缺乏正式和有效的利益诉求渠道。二者相结合，使得多数农民工只能通过转换工作的方式进行"用脚投票"以获取更高的收入（收益）。此外，根据劳动力市场摩擦理论，农民工在进行工作转换决策时还会考虑"用脚投票"的成本。出口导向经济发展模式下，出口企业尤其是加工贸易企业倾向于以临时工的方式雇佣农民工，由此导致农民工在城市内部转换单位的摩擦成本很低，这也提高了农民工主动进行工作转换的概率。

4. 农民工创业"难民效应"凸显

在全球价值链提升过程中，农民工为克服自身在就业市场中面临的脆弱性和失业风险，主动地为了谋生而选择自雇创业。这主要体现为两个方面，一是借助新时期国家实施乡村振兴战略外部机会,利用打工积累的经验、技术和资金,主动选择返回家乡"开创一片新天地"。近年来,各流出地政府出台、实施的一系列个性化、扶持类的积极创业政策也加速了这一返乡创业潮(石丹淅,2017)。如有数据显示,"当前我国返乡下乡创业创新人员已达 780 万人,其中农民工 540 万人,占 70%"(孙喜保,2019)。二是体现为,青年农民工利用平台经济、信息技术选择城市创业,流入地通常也为大中型城市,各类包容性、普惠型创业政策也进一步推动了农民工城市创业意愿。然而,需要指出的是,由于农民工受自身创业能力和创业素质不高等因素影响,无论是返乡创业还是城市创业,其创业层次依然是以生存型自雇创业为主,创业选择"难民效应"明显(李长安,2018)[①]。

三、我国农民工失业风险增加的主要表征

(一)全球价值链重塑加剧农民工本领恐慌

近 10 年来,全球价值链重构现象十分明显:一方面,发达国家推行再工业化战略,把振兴制造业作为摆脱经济困境、占据新一轮竞争制高点的重要抓手;另一方面,随着要素成本上升,我国的低成本优势逐步减弱,某些劳动密集型制造业开始向具有低成本比较优势的发展中国家转移(刘志彪,2019)。这些价值链重构现象,对我国参与全球产业分工格局重塑提出了严峻挑战。党和政府锐意改革,一方面通过激励有条件的制造业企业加大创新力度,发展自主创新技术和自主品牌,勤修"内功"强基础。另一方面首创性推进"一带一路"倡议、京津冀协同发展、长江经济带发展、粤港澳大湾区建设、中国制造 2025 等国家重大战略,主动构建国内价值链,深度参与构建全球价值链,苦修"外功"增本领,积极创造新的经济和就业增长点。但这些中高端就业需求对普通劳动力(农民工)就业拉动有限,加剧了农民工恐慌感和技术性失业风险。因此,个性化、灵活性、多样化的在职技能培训、职业教育、社会创业培训、公共就业服务等,对有效防范和化解农民工失业风险变得尤为必要。

(二)全球价值链重塑诱发农民工非自愿性失业

非自愿性失业是由英国经济学家凯恩斯在其 1936 年出版的《就业、利息和货币通论》中首次提出的,又称"需求不足的失业",是指工人愿意接受现行工资水

[①] 劳动者寻找新的就业岗位变得更为困难,为了生计而自我雇佣(self-employment)的创业方式称为创业的"难民效应"(refugee effect)。

平与工作条件，但仍找不到工作而形成的失业（吴克明、赖德胜，2004）。非自愿失业又分为摩擦性失业、季节性失业、工资性失业、周期性失业、隐蔽性失业等。其中，摩擦性失业是由于劳动力缺乏流动性，信息交流不完全以及市场组织不健全所造成的失业。季节性失业是由于某些部门的间歇性生产特征而造成的失业。工资性失业是指在劳动力市场中由于工资刚性的存在，会使一部分工人无法受雇，从而出现失业。周期性失业则与经济周期的循环波动紧密相关。隐蔽性失业是指表面上虽然有工作，但实际上对生产并没有做出贡献的劳动力。在全球价值链重塑过程中，由于信息机制、外部环境、制度惯性以及劳动力市场非一体化等因素动态多维影响，使得农民工陷入一种或多种非自愿性失业困境中，从而衍生新的贫困问题，不利于农民工个人与家庭以及社会稳定和谐。

（三）全球价值链重塑抬升农民工健康隐患

全球价值链重塑不仅仅造成农民工就业质量可能降低，并会以"涟漪效应"波及影响其身体健康和精神问题，甚至是自我认同的缺失。如有研究发现，被动或非自愿性失业不仅对劳动者个人健康产生短期的负面影响，也对健康有长期、持续的负面影响；且多数主要通过心理因素、不健康行为等非经济因素影响健康（陈秋霖、胡钰曦、傅虹桥，2017）。具体而言，一方面，从家庭收入和支出来讲，被动失业或非正规就业直接导致农民工工作收入减少，家庭健康开支会相应减少，无疑会增加其健康风险。根据"压力理论"，失业压力影响下农民工的健康行为发生改变，出现不良的饮食习惯，吸烟、酗酒、熬夜等行为，不健康行为增加了患病和死亡的概率，透支着农民工的"革命本钱"。另一方面，被动失业或非正规就业农民工的心理健康在一定程度上也会受到影响。失业会使人焦虑和抑郁，严重的会导致农民工对自身认知缺失，诱发暴力倾向、犯罪倾向、轻生意识，破坏家庭和谐造成离婚率上升等。

总之，产业迈向全球价值链中高端是我国经济社会发展的必然趋势。这将会给不同群体带来不同利益变化。考察我国融入全球价值链中高端进程中农民工群体的就业风险与机遇，有助于党和政府制定更具包容性的政策，促进国家更高质量发展。当前和今后一个时期，通过在职培训、职业教育、公共就业服务或"干中学"提升农民工就业创业素养是有效防范和化解农民工失业风险的关键举措。

第四节 人才高地加速形成

改革开放以来，我国主要依靠低成本优势参与国际分工，逐步嵌入全球制造业价值链的加工环节，在推动工业化进程的同时成长为世界制造中心（桑百川，

2016）和全球中间品的最大供应国，在全球价值链中扮演着关键的"枢纽"角色（张会清、翟孝强，2018）。在此过程中，我国主要依靠的是劳动力成本低廉的优势，人才的价值没有完全体现出来。随着对外开放从东部沿海到沿江、沿边和中西部内陆地区的逐步扩大，产业结构不断升级和经济结构的转型，逐渐形成了全方位、多层次、宽领域的对外开放新格局。随之而来的是我国经济面临着两个重要转型，一是从"中国制造"成长为"中国创造"，二是向服务业领域拓展。要实现两个重要转型，毫无疑问人才建设是重点。一方面，要使"中国制造"成为"中国创造"，高技术人才起着举足轻重的作用，人才高地的建设将使中国从"枢纽"转变为"不可替代"的角色。另一方面，我国要主动融入全球价值链，必须拓展服务领域，构筑该领域的人才高地。在全球价值链形成和重构的过程中，全球服务分工网络体系发展迅猛，服务渗透到生产的每一个环节，整合协调着全球化生产的各个方面。因此在全面开放的对外开放新格局背景下，对服务领域高端人才的需求也将日益旺盛。总体来看，只有充分发挥制造业和服务业领域的高端人才的作用，才能提升我国在全球价值链中的地位。要打造自己主导的全球价值链，人才是核心竞争力。

一、我国对外开放格局和人才发展的阶段性特征

我国从 1978 年对外开放至今，共经历了三个大的发展阶段（顾学明，2018）。第一阶段：1978—2000 年，以十一届三中全会召开和设立深圳、珠海、汕头、厦门、海南五个经济特区为标志，对外开放的"航船"正式扬帆起航。在这一阶段，东部沿海城市和经济特区以其开放的市场环境和灵活的用人机制吸引了大量国内优秀的人才聚集到东南沿海，形成了人才的"孔雀东南飞"现象。随着改革开放在全国的展开和逐步深入，从沿海特区率先开放到沿江、沿边和内陆中心城市开放的全面推进，沿海地区相对于内地城市在体制和政策上的优势逐渐减少，"孔雀"才开始放慢了"东南飞"。人才"东南飞"现象日趋减缓，取而代之的是人才流动的目区域逐步分散，不只局限于东南沿海，开始转向一二线城市聚集。从这一阶段的发展经验来看，主要通过将国内人才聚集到某些特殊地区来实现人才高地的建设，国内优秀人才的迅速集聚为我国对外开放的扬帆起航发挥了重要作用。

第二阶段：2001—2012 年，以我国成功加入世界贸易组织为标志，对外开放进入以规则为基础的新阶段。我国的开放由原先局限于有限地域、范围和领域转变为全方位、多层次、宽领域的开放，与之相匹配的人才需求也开始多样化，尤其加大了对海外人才的需求。在这个阶段，海外人才开始回流。改革开放后，我国出国留学人员逐年增加，特别是随着我国居民收入的稳步提高和国家经济实

力日益强大，国家公派留学的资助力度和居民自费送子女出国留学的数量都大幅增加。在改革开放初期，由于国内与发达国家还存在较大差距，我国海外留学生回国人数较少。自 2000 年起这种状况开始改变，各地也出台了各种政策吸引归国留学人员。如表 2-7 所示，在 21 世纪初期，当年归国人数与留学人数之间还有很大差距，但从近五年的数据来看，每年回国的人数基本达到当年出国人数的 80%，可见我国的就业环境对海外留学的高层次人才已经有了越来越大的吸引力。另一方面，得益于国内优厚的科研条件和吸引人才的优惠政策，高层次华人回国也越来越多。2008 年，作为我国人才强国战略的又一重要举措——《中央人才工作协调小组关于实施海外高层次人才引进计划的意见》出台，"千人计划"正式开始实施，引进了一批海外著名高校和科研院所的专家学者、国际知名企业和金融机构高级专业技术人才和经营管理人才等高端人才。中美贸易战的愈演愈烈以及美国对华人的限制和打压升级，将加速华人高端人才回到祖国怀抱的脚步。

表 2-7　2001—2018 年我国内地留学及归国情况/万人

年度	留学人数	留学人数累计	归国人数	归国人数累计
2001	8.40	16.90	1.20	2.28
2002	12.50	29.40	1.80	4.08
2003	11.73	41.43	2.01	6.09
2004	11.47	52.60	2.51	8.60
2005	11.90	64.50	3.50	12.10
2006	13.40	77.90	4.20	16.30
2007	14.40	92.30	4.40	20.70
2008	17.98	110.28	6.93	27.63
2009	22.93	133.21	10.83	66.09
2010	28.47	161.68	13.48	79.57
2011	33.97	195.65	18.62	98.19
2012	39.96	235.61	22.03	120.22
2013	41.39	277.00	35.35	155.57
2014	45.98	322.98	36.48	192.05
2015	52.37	375.35	40.91	232.96
2016	54.45	429.80	43.25	276.21
2017	60.84	490.64	48.09	324.30
2018	66.21	556.85	51.94	376.24

数据来源：据教育部国际司数据整理。

第三阶段：2012年至今，以党的十八大召开和设立自由贸易试验区为标志，对外开放踏上新征程，全面开放新格局开始形成。在这一阶段，国际人才开始向中国聚集。经济全球化使得资本和劳动这两种生产要素大量流动，也使其有机会进行重新组合和集聚，以更有效率的方式发挥作用。全面开放新格局的构建，必须有国际化人才，实施人才强国战略，必须要建设国际人才高地。在经济全球化的大背景下，我国除了吸引海外留学生回国，也开始意识到国际人才对经济发展的重要作用。"千人计划"中的外籍专家、上海浦东新区的国际人才试验区建设都是我国吸引外籍人才、构筑人才高地的重要体现。我国已经在"聚天下英才而用之"这条道路上迈开了步伐，相信未来会有诸如美国硅谷、贝尔实验室、英国的伦敦金融城和卡文迪什实验室这样的国际级人才高地在中国出现。

总体来看，我国人才高地发展经历了国内人才集聚、海外华人集聚和国际人才集聚三个发展阶段（王培君，2011），这三个阶段都与对外开放的步伐密不可分，未来人才高地的建设定会与全面对外开放新格局的构建同步推进。

二、对外开放促进人才高地类型的形成

我国人才高地的类型主要分为三种：区域聚集、产业聚集和人才类型聚集，这些人才的聚集也与对外开放关系密切。一是以行政区域为划分范围，带有明显地理特征的区域聚集型（王凯旋、蔡剑兴，2009）。从全国范围看，我国人才聚集主要集中在京津冀、长三角和粤港澳大湾区。这些地域主要处于一线城市和沿海地区，它们也正是我国对外开放的重点区域。这些区域内部又有各式各样的园区集聚了大量优秀人才，如北京中关村、上海张江高科技园区、深圳南山区等。

二是依托重点产业汇聚人才。通常某一地区会针对本地重点发展的产业采用优惠政策吸引人才，助推产业发展的同时也改善了本地的人才结构，而对外开放的重点领域往往会形成该地区发展的主要产业。如天津滨海新区坚持人才与产业对接，重大人才工程主要瞄准航空航天、生物医药、电子信息、新能源新材料等八大支柱产业以及金融物流、文化创意、服务外包等新兴优势产业，建立五级人才预警机制。江苏省以医药卫生、教育、电子信息、建筑、机械汽车和农业六大产业为重点，实施"江苏人才高峰行动计划"，优先为六大行业引进高层次人才，迅速在六大行业集聚了一批高层次科研人才、高级专业技术人才和高级经营管理人才（王凯旋、蔡剑兴，2009）。依托产业集群、重大项目和重点学科，可以形成显著的人才集聚优势，推动科技进步和产业升级，从而进一步促进开放。

三是以不同园区形式的人才聚集，典型的包括留学人员创业园、大学生创业园和自由贸易实验区人才建设。我国自1994年成立第一家留学人员创业园至今已发展了25年，目前全国有留创园224家。中国留学人员创业园已成为我国海

外留学人员创业的高度集聚区域。大学生创业园是培养大学生创业意识，提高大学生创业实践能力，促进大学生创业的重要平台，也是助推国家"大众创业、万众创新"发展战略的重要途径。大学生创业园汇聚了年轻、有知识、有创业激情的新一代大学生。这种以人才为聚集导向的创业园区汇聚了类型相似、层次相当的人才，对于人才管理、服务，人才之间的相互交流、思想碰撞等都有极大的促进作用。自2013年第一个自贸区在上海成立以来，目前我国已有18个自贸区，已有超过一半的省份都拥有了自己的自贸区。自贸区的成立必然会吸引大量外资企业、外籍人士、海外高端技术人才入驻，高端人才会在自贸区内形成较高的密集度，这也是自贸区未来发展的核心竞争力所在。

三、全面开放新格局下我国主要人才高地建设——京津冀、长三角、粤港澳大湾区人才高地加速形成

在全面开放新格局背景下，在新时代经济高质量发展目标的要求下，为顺应全球化的新趋势，增强经济活力，促进经济持续健康发展，国家就必须要有世界顶尖的高端人才，同时还要有高端人才充分发挥能力的环境和土壤。地区的发展离不开高层次人才，无论是人才的总量，还是人才的配置和管理都至关重要。以中美贸易战为典型事件的中国参与全球竞争的态势越发明显，对高端人才和熟练、高技能劳动力的需求爆发式增长，我国正在形成长三角、京津冀、粤港澳大湾区三个人才高地。院士、长江学者、杰出青年、优秀青年、海外留学人员等高端人才有着显著的区域差异，大学毕业生分布的区域特征也十分明显。与此同时，各地区对高端人才的需求不断增加，对人才的争夺战也日益激烈。

（一）三大人才高地人才数量分析

京津冀地区包括北京、天津、河北两大直辖市与一省；长三角地区包括上海、江苏、浙江、安徽三省一市；粤港澳大湾区主要包括广东省和香港、澳门两个特别行政区。三大人才高地长三角、京津冀、粤港澳大湾区的开放水平和国际竞争实力以及学术水平都处于全国领先地位，这些与地区的高层次人才数成正向关系。1955年到2018年长三角、京津冀、粤港澳三大人才高地六类高层次人才的数量如表2-8所示。由表可知，1955年到2018年长三角、京津冀、粤港澳三大人才高地六类高层次人才共计8 203人。其中，长三角地区高层次人才人数最多，共计3 914人。京津冀与长三角地区数量较为接近，共计3 581人。粤港澳地区高层次人才数量与其他两地相比差距较大（由于港澳地区与内地的人才口径不一样，因此没有统计两地的高端人才数量，粤港澳数据主要以广东省为主），

共计 708 人，长三角与京津冀高层次人才总量几乎是粤港澳地区的五倍之多。在六类高层次人才中，长三角地区的优秀青年和青年千人计划人才数量分别是 657 人和 1 107 人，这两类人才与其他两地相比较有优势，尤其是青年千人计划人才超过 1 000 人，具有压倒性的优势。其中，长三角地区的上海、苏州、杭州，是中国对人才综合吸引力最强的城市，并且凭借其自身较好的经济发展状况和人才政策效应，成为高层次人才数量最多的三角地区。

表 2-8　1955—2018 年长三角、京津冀、粤港澳三大人才高地六类高层次人才数量/人

地区	工程院院士	科学院院士	长江学者	杰出青年	优秀青年	青年千人计划
长三角	101	170	1 076	803	657	1 107
京津冀	139	215	1 203	802	525	697
粤港澳	11	18	172	139	98	270

数据来源：里瑟琦智库。

高层次人才的另一集聚地——中国留学生创业园的分布也呈现出明显的区域特征。2006 年，长三角、京津冀和珠三角集聚留创园数量所占比重分别为 34.25%、21.13% 和 7.53%，三地留创园共占全国总量的 62.91%，长三角和京津冀所占比例明显高于珠三角地区，留创园呈现出以京津冀、长三角为中心的"双核"集聚模式（姜海宁等，2018）。2015 年，长三角留创园比例上升至 44.35%，京津冀所占比例则下降了将近一半，为 17.99%，珠三角也略有下降，为 6.28%。可见，长三角地区在吸引留学人员创业上具有显著的优势。从留创园的集聚强度与集聚规模上看，三大区域差异较明显，其中长三角留创园的集聚规模最大，而京津冀集聚强度最高。总体上看，三大区域留创园的比例仍以压倒性的优势占据全国留创园总数的近七成。留创园的发展为海外归国人员创业提供了肥沃的土壤。

（二）京津冀地区人才高地建设：高校林立，协同发展

京津冀协同发展战略是构建全面开放新格局的重要方面之一。近年来京津冀地区一直在倡导协同发展，人才一体化是京津冀协同发展的重要方面。《京津冀人才一体化发展规划（2017—2030 年）》提出，要以全球高端人才延揽计划、京津冀人才创新创业支持工程、雄安新区人才集聚工程等 13 项重点工程为抓手，在 2030 年基本建成"世界高端人才聚集区"，打造区域人才一体化发展共同体。所谓"一体化"，是人力资源配置合理、各尽所能，达到与产业发展相适应、与功能定位相合的区域均衡状态。《规划》明确提出要打造京津冀地区人才的"三极"布局：北京围绕全国科技创新中心建设，形成京津冀原始创新人才发展极；天津围

绕先进制造研发基地建设，朝着京津冀高端制造人才发展极迈进；河北省立足转型发展需要，谋求京津冀创新转化人才发展极。

地区的发展离不开高层次人才的建设，地区发展速度及发展水平与当地人才素质息息相关。数据显示，目前高层次人才数量最多的前十个城市依次为北京、上海、南京、武汉、西安、广州、杭州、成都、合肥、天津（21世纪经济网，2017）。就数量而言，京津冀每万名从业人员具有研究生及以上学历的，北京约为河北的9倍、天津的2倍（郭涛，2014）。京津冀地区北京、天津均上榜，但河北却落后两地许多。北京和天津由于其本来的发展基础、区位优势以及政策更易吸引到高层次人才，而河北在薪资、公共设施服务等多方面与北京、天津有很大差距，吸引高层次人才的能力远不如北京、天津。长此以往，河北与京津两地的差距会越来越大，不利于京津冀地区的总体发展。因此，利用好京津冀地区总体区位优势，共享优质公共资源，缩小京津冀之间的差距，是京津冀地区总体协同发展的当务之急。鉴于此，近两年三地又进一步通过了《关于北京市延庆区、河北省张家口市联合建设西北部生态涵养区人才管理改革试验区的实施意见》《通武廊人力资源服务企业联盟合作协议》，推动人才一体化发展的整体格局。

京津冀地区特别是北京市高校林立，利用高校的优势吸引人才和培养高素质人才是该地区人才高地建设的重要内容。在高等教育领域，我国通过实施"211工程""985工程"已经使一批重点高校和重点学科建设取得了重大进展。2015年10月24日，国务院印发了《统筹推进世界一流大学和一流学科建设总体方案》，旨在加快建成一批世界一流大学和一流学科（以下简称"双一流"），提升我国高等教育综合实力和国际竞争力，其中建设一流师资队伍和培养拔尖创新人才是最重要的任务。相比其他两个区域，京津冀在"双一流"建设方面有较多优势。从表2-9的数据可以看到，京津冀地区的一流大学建设高校数量是另两个地区之和，一流学科建设高校和长三角地区相当，但远多于粤港澳大湾区。依托"双一流"高校建设，京津冀地区高校会聚集一批活跃在国际学术前沿的一流专家、学科领军人物和创新团队，这样的高层次人才队伍培养的高素质优秀人才将进一步推进该地区的人才高地建设。

表2-9 "双一流"高校数量/所

地区	一流大学建设高校	一流学科建设高校
北京市	8	22
天津市	2	3
河北省	0	2
上海市	4	10
江苏省	2	13

续表

地区	一流大学建设高校	一流学科建设高校
浙江省	1	2
安徽省	1	2
广东省	2	3
香港特别行政区	0	0
澳门特别行政区	0	0
京津冀	10	27
长三角	8	27
粤港澳大湾区	2	3

数据来源：里瑟琦智库。

在"双一流"高校建设过程中，国家重点实验室的建设是其重要内容。国家重点实验室是国内顶尖的科学研究基地，在探索科学前沿和解决国家重大需求方面发挥着非常重要的作用。国家重点实验室通常依托各个大学和科研院所进行建设，在科学研究方面取得了一批具有国际先进水平的成果，在人才队伍建设方面也涌现出具有国际影响力的学术团队，成为培养我国科技领军人物的重要来源地。截至2019年5月，全国共有国家重点实验室253个，其中京津冀地区86个，长三角62个，粤港澳大湾区11个（见表2-10），京津冀相比其他两个区域具有显著优势，实验室总数超过全国的1/3。依托这些国家重点实验室，京津冀尤其是北京汇聚了大量高技术人才，为该地区科技的长足发展奠定了基础。

表2-10　三大区域国家重点实验室分布情况/个

地区	国家重点实验室数量
京津冀	86
北京市	79
天津市	6
河北省	1
长三角	62
上海市	32
江苏省	20
浙江省	9
安徽省	1
粤港澳大湾区	11
广东省	11

数据来源：科塔学术网。

总的来说，京津冀地区得益于众多著名高校在发展过程中汇聚了大量高层次人才，加上北京作为全国政治中心、文化中心、国际交往中心、科技创新中心的城市战略定位，与天津和河北两地的协同发展将进一步推动人才一体化建设，加快人才高地建设的脚步。

(三)长三角地区人才高地建设：区域协作、金融领先

1. 高层次人才现状

我们选取2009—2018年中国长三角地区的四个省份中国科学院院士、中国工程院院士、长江特聘、杰出青年、青年千人计划以及优秀青年这六类高层次人才的入选数量及排名，来度量和观察中国长三角地区高端人才的现状，具体如表2-11所示。

表2-11　2009—2018年长三角地区六类高层次人才入选数量统计/人次

八个省份排名	省份	中国科学院院士	中国工程院院士	长江特聘	杰出青年	青年千人计划	优秀青年
2	上海	16	10	281	175	414	226
3	江苏	11	10	212	122	295	203
5	浙江	5	5	104	69	213	122
6	安徽	8	2	39	69	185	106

数据来源：里瑟琦智库。

长三角地区的上海市位居第二，成为仅次于北京市的人才聚集城市，也是八个省份中人才总量达到一千人次的省份之一，令许多省份望尘莫及。上海和江苏以1 122和853人次的高层次人才数量排名第二和第三位，虽然浙江和安徽位于排名的中下位圈，但与排名靠前的广东相差无几，整体发展较好。一个地区培养和吸引高层次人才的能力与当地的人才政策、高校数量、经济水平以及科研机构等都有密切关系。政策上，长三角地区在吸引人才方面采取地区协作的方式，形成区域抱团，不仅在多地建立就业创业协作联盟，并且联合举办面向长三角地区高校大学生的招聘会。此外，长三角还将加强创业投资行业联动发展(班娟娟等，2019)。

2. 长三角地区的双一流大学及国家级科研院所数量分析

表2-12　长三角地区上海、江苏、浙江、安徽四个省份"双一流"高校分布/所

省份	一流大学建设高校	一流学科建设高校
上海	4	10
江苏	2	13
浙江	1	2
安徽	1	2

数据来源：里瑟琦智库。

长三角地区不仅是我国经济社会发展水平最高、区域一体化进程最快的地区之一,而且也是我国高校分布最密集的地区之一。其中,上海市拥有4所一流大学建设高校,分别是复旦大学、同济大学、上海交通大学以及华东师范大学和10所一流学科建设高校;江苏省拥有2所一流大学建设高校——南京大学和东南大学,一流学科建设高校为13所,在4个省份中位居第一。浙江省和安徽省各有3所"双一流"高校,其中一流大学建设高校各有一所,分别是浙江大学和中国科学技术大学。长三角地区与首都经济圈的京津冀相比,双一流高校数量有较大差距,但与中国其他省份的"双一流"高校数量比较仍然名列前茅。

地区培养人才质量与数量和地区"双一流"高校数量与高校实力是分不开的。长三角地区各省市高校排名数量见表2-13。这个排名是根据国际学界普遍认可的四大世界大学排名——英国的QS排名和THE排名、美国的US News排名和中国的ARWU排名中排名位次的平均值综合得出的结果,展现了长三角地区四个省份高校的实力。在世界前50名高校中,我国只有北京的两所大学——北京大学和清华大学入围,很明显北京高校有拔尖的实力。虽然长三角地区没有高校入围世界前50名高校,但上海和江苏分别有12和18所高校参与排名,上海市在排名各个层次数量相差较小,综合实力较强。在500~1 000名次中,江苏省有10所大学入围,实力较平均,排名偏上。三大人才高地参与排名高校共计87所。其中京津冀地区27所,粤港澳地区18所,长三角地区42所。可见,长三角地区高校的整体数量和综合实力是非常强大的。

表2-13 长三角地区上海、江苏、浙江、安徽四个省份高校各层次排名数量/所

省份	前50	前100	前200	前300	前400	前500	500~1 000	1 000以上
上海		1	1	1		3	1	5
江苏			1		1	1	10	5
浙江		1						7
安徽		1						2
总计		3	2	1	1	4	11	19

数据来源:里瑟琦智库。

3. 长三角地区高校毕业生就业分析

高校毕业生就业目的地一般优先选择一线城市或自己所在省份,如果毕业所在地经济发展水平不太好,为了谋求更大的发展,应届毕业生也可能选择外地就业。就业城市是否拥有新型产业、薪资水平、人才政策、工作环境等都是高校毕业生考虑的因素。2018年中国985高校毕业生就业去向各省份排名前十位见表2-14,长三角地区的上海市排名第二,2018年该地区毕业生就业数量共计18 234

人。表中排名前五位的上海、浙江、江苏三个省份都位于长三角地区。由此可见，长三角地区在大学毕业生就业分布数量上遥遥领先。长三角地区不仅在吸引人才上让其他各省望之却步，其留住人才的水平也高居首位。上海、浙江、江苏三地的985高校毕业生本地就业人数占总就业人数的比例分别为68.5%、59.69%、50.63%，在中国各省份中排名相应为第二位、第三位、第四位。

表2-14 2018年中国985高校毕业生就业去向各省份排名前十位/人

广东	上海	北京	浙江	江苏	四川	山东	湖南	湖北	陕西
24753	18234	15983	10885	10633	9848	6553	5749	5721	5708

数据来源：根据全国各高校2018年就业质量报告数据整理。

长三角地区的国际化大都市上海在近年来的人才高地建设中表现突出。从国际人才竞争力的角度来看，上海吸引国际人才的优势主要体现在科学合理的引智政策、开放的外商投资环境、良好的对外贸易发展基础以及完善的国际人才公共服务体系（王辉耀，2017）。上海为加快建设成为国际经济、金融、贸易和航运中心提供人才保障和智力支持，制定了《上海市中长期人才发展规划纲要（2010—2020年）》，实施了中央和上海海外高层次人才引进计划、国际金融/航运/国际贸易人才开发计划、创新性科技领军人才千人计划和首席技师千人计划，集聚了一批世界级高层次人才，为上海建设成为集聚能力强、辐射领域广的国际人才高地奠定了坚实的基础。金融是上海这座城市的重要基因，2017年上海制定了《上海金融领域"十三五"人才发展规划》和《上海金融领域"十三五"紧缺人才开发目录》，通过人才计划的实施，上海在国际金融人才高地建设方面取得了重要成绩。一是金融人才总量不断上升。2008年上海的金融从业人员为20万人左右，2018年上海金融从业人员超过36万，增加了80%。二是重视金融顶尖人才的引进。"上海金才工程"的推出，瞄准国际金融中心和全球科创中心对金融人才的需求，围绕聚才、育才、用才等各环节，加强金融人才队伍建设，集聚和造就"海外金才""领军金才""青年金才"三类重点金融人才队伍，加快构筑上海国际金融人才高地。三是打造国际金融人才培训基地。浦东新区在推进金融人才建设过程中，与哈佛商学院、斯坦福大学商学院等国际顶级商学院签订了战略合作协议，引进海外最顶尖的金融教学资源，加大国际金融人才培养力度。四是加强人才综合服务平台建设。上海浦东新区在国内率先推出了"金才系列"工程服务项目，一站式解决金融人才的各类需求，得到了金融机构和金融从业人员的高度认可。

总的来说，长三角地区在高校数量和质量上均具有较大优势，各类高层次人才的入选总数甚至比京津冀地区更高，对大学毕业生的吸引力也一直保持在全国前列。尤其是在国际金融人才高地建设方面，上海走出了独树一帜的道路，为我国国际人才高地建设贡献了重要力量。

(四)粤港澳大湾区人才高地建设：全球引智、科技当先

粤港澳大湾区由广东省珠江沿岸的九座城市广州、深圳、珠海、佛山、惠州、东莞、中山、江门、肇庆，即珠三角城市群和香港、澳门两个特别行政区组成，是中国开放程度最高、经济活力最强的区域之一。与长三角和京津冀相比，粤港澳大湾区在人才高地的建设上最突出的特点就是全球性。粤港澳大湾区要达到世界级湾区发展水平，就必须拥有优质的国际人才和具有国际竞争力的人才体系。但同时，粤港澳大湾区的人才分布和流动与京津冀和长三角地区相比不太平衡。以珠江为界，大体呈现东强西弱状态，高水平人才主要集中在深圳、香港、广州，虹吸效应比较明显(丁建庭，2019)。

表 2-15 是 2019 年 QS 世界大学排名京津冀、长三角、粤港澳大湾区三地入围前一百名的大学的排名。京津冀有两所大学入围，长三角和粤港澳大湾区都各有四所大学入围。粤港澳大湾区四所入围的学校都来自香港，并且香港在科研学术方面表现也非常优异，多所大学在世界大学排名中名列前茅。粤港澳大湾区高等教育的国际化与其成为人才高地是相互促进和相互依存的关系，高等教育的国际化为该地区培养国际化人才和发展知识密集型产业提供了沃土。《粤港澳大湾区发展规划纲要》指出要将大湾区建成国际科技中心，这就需要由香港的优秀人才与广东省资金投入两者共同促成。2019 年 7 月 30 日，广东将首笔对香港高校的科研资助资金共计 316.96 万元顺利跨境拨付香港，本次合作进一步促进了粤港澳大湾区科研创新合作，也向人们展现了广东省的实力。

表 2-15　2019 年 QS 世界大学排名

排名	省区	大学名称
17	北京	清华大学
25	香港	香港大学
30	北京	北京大学
37	香港	香港科技大学
44	上海	复旦大学
49	香港	香港中文大学
55	香港	香港城市大学
59	上海	上海交通大学
68	浙江	浙江大学
98	安徽	中国科学技术大学

数据来源：根据全球高等教育研究机构 QS(Quacquarelli Symonds)发布的数据整理。

另一重要人才建设的体现是研发人员的数量和投入经费。透过2017年中国规模以上工业企业研发活动数据(见表2-16)可以看到,广东省无论是在人员总数、研发经费的投入还是研发项目总数上都居于首位(不含港澳台地区数据)。广东省的R&D经费为1865亿元,近几年来一直是全国R&D经费投入最多的省份。R&D经费支出不仅是科技进步和人才培养的物质基础和重要前提,更是直接推动科技进步,使该地区成为创新人才高地的主要动力。

表2-16 2017年中国规模以上工业企业研究与试验发展(R&D)活动综合前五位
(不含港澳台地区数据)

地区	R&D人员全时当量/人年	R&D经费/万元	R&D项目数/项
广东	457 342	18 650 313	73 439
江苏	455 468	18 338 832	67 205
浙江	333 646	10 301 447	69 180
山东	239 170	15 636 785	43 666
河南	123 619	4 722 542	15 973

数据来源：2018年《中国统计年鉴》。

在吸引国外人才政策上,广东省也在全国率先探索实行海外人才"绿卡"制度,实施外籍高层次人才和创新创业人才出入境、停居留便利等16项出入境政策措施(林世爵、刘婉娜,2019)。位于粤港澳大湾区核心地区深圳的宝安人才园,聚力构建"国内领先、国际一流"的人力资源综合服务平台,为各类高层次人才提供全方位的人力资源服务与保障,助力打造粤港澳大湾区人才高地。优质的人才服务平台和吸引力十足的人才政策使得越来越多的国际人才在深圳聚集。把人才引进来后,如何使人才充分释放活力,如何将人才用好用对,深圳也做好了充足准备。2019年8月9日中共中央、国务院出台《关于支持深圳建设中国特色社会主义先行示范区的意见》(以下简称《意见》),将深圳定位为高质量发展高地,助推粤港澳大湾区建设,促进人员、资金、技术和信息等要素高效便捷流动。《意见》支持深圳实行更加开放便利的境外人才引进和出入境管理制度,允许取得永久居留资格的国际人才在深圳创办科技型企业、担任科研机构法人代表;推进在深圳工作和生活的港澳居民民生方面享有"市民待遇";建立和完善房地产市场平稳健康发展长效机制,加快完善保障性住房与人才住房制度等。这一发展规划将吸引更多港澳和国际人才进入深圳建设大湾区。

粤港澳大湾区人才高地建设还有一个特殊的形式——华为模式。华为公司作为5G领域拥有绝对领先优势的高科技企业,这次中美贸易战中美方对其围追堵截让其成为全球电子行业关注的焦点。正是因为华为在研发领域的核心竞争力,让美国感到了威胁,而其核心科技实力的来源则是华为在研发领域的大量投入和广纳贤才。华为在招纳人才方面有自己独特的方式。一方面华为注重广纳世界顶尖人才，哪里有优秀人才就去哪里设置研发中心，以此来争夺全球各地的优秀人才。华为在招纳人才方面海纳百川的思想为其研发部门汇聚了世界上最优秀的DNA，比如在伦敦、巴黎、东京、莫斯科、班加罗尔等地都有华为的研发中心。他们成为华为的先进结构材料、先进热技术和诺亚方舟三大实验室的核心研发人员，为华为所拥有的数量庞大的专利贡献了重要力量。另一方面，华为注重对研发的投入和基础科学领域人才的挖掘。华为在全球18万员工中，研究人员占了45%，近十年来华为投入的研发费用总计超过4 800亿元。华为公司目前拥有超过700名数学家、800多名物理学家和120多名化学家，还有超过6 000名基础科学研究的专家。人才高地建设的华为模式，突破了地域限制，强调基础科学研究，将世界各地人才为我所用的方式为我国人才发展和建设提供了优质样板。

粤港澳大湾区对科技创新、研发投入、国际化人才的重视，无疑是全国领先的，这才使该地区创新人才规模不断壮大，形成当之无愧的国家级人才高地。未来，深圳先行示范区的建设将助力港澳人才的进一步融合，推动粤港澳大湾区有国际竞争力的人才制度体系建设，实现粤港澳大湾区人才的共认共用共育，并吸引国际高端人才的聚集，把大湾区建设成全球一流人才的聚集地。

第五节 劳务输出输入更加频繁

"一带一路"倡议实施推动的对外直接投资、对外工程承包和国际贸易等使得劳务输出输入逐渐趋于去向多元化、来源多元化、本地多元化、领域多元化的"四化"特征，人次增长明显、来往更加频繁。同时，"一带一路"倡议实施进一步提高了来华留学对沿线国家学生的吸引力，增强了来华学习的沿线国家留学生在华工作的意愿，为他们提供了前所未有的教育、就业和商业机会。

》》一、劳务输出：总体呈现增长态势《《

进入21世纪以来，我国劳务输出总体呈现增长态势。无论是在境外从事劳务合作人员还是在境外从事承包工程人员，其数量每隔几年就上一个台阶。

从我国年末在境外从事劳务合作人员来看（见表2-17），2000年总数为36.68万人。此后，除2004年外，我国每年年末在境外从事劳务合作人员数目都在40万人以上。2007年，我国年末在境外从事劳务合作人员首次超过50万人，达到50.51万人，但此后略有回落。2012年，我国的劳务输出总数再次攀升至50万人以上，达到50.56万人。此后，除2013年外，我国每年年末在境外从事劳务合作人员总数都保持在50万人以上，其中2015年和2017年超过60万人。

从我国年末在境外从事承包工程人员来看（见表2-18），2000年总数为5.46

万人，2004 年首次超过 10 万人，达到 11.46 万人。此后，该值一直保持在 10 万人以上。2007 年，我国年末在境外从事承包工程人员总数首次超过 20 万人，达到 23.60 万人。此后，该值一直保持在 20 万人以上。2009 年，我国年末在境外从事承包工程人员总数首次超过 30 万人，达到 32.69 万人。此后，该值一直保持在 30 万人以上。2014 年，我国年末在境外从事承包工程人员总数首次超过 40 万人，达到 40.89 万人，2015 年该值为 40.89 万人。不过，2016 和 2017 年我国年末在境外从事承包工程人员总数略有回落，都是 37 万多人。

(一) 2000—2017 年劳务输出洲际分布：以亚洲、非洲和欧洲为主

1. 在境外从事劳务合作人员洲际分布：八成左右前往亚洲，亚非占比近九成

在洲际分布方面，亚洲是我国在境外从事劳务合作人员最多的大洲，其次是非洲，再次是欧洲。2000—2017 年，我国在以上三大洲从事劳务合作的人员分别占我国在境外从事劳务合作人员总数的 82% 上下、8% 上下和 5% 上下。此外，拉丁美洲、北美洲和大洋洲及太平洋岛屿则分别占到我国在境外从事劳务合作人员总数的 3% 上下、2% 上下和 1% 上下。2000—2017 年，亚洲和大洋洲及太平洋岛屿占到我国在境外从事劳务合作人员总数的比重变化不大，而非洲和拉丁美洲呈现先下降后上升的态势，欧洲呈现先上升后下降的态势，北美洲则呈现出比较明显的下降态势。

表 2-17　2000—2017 年我国年末在境外从事劳务合作人员洲际分布情况/万人

年份	亚洲	非洲	欧洲	拉丁美洲	北美洲	大洋洲及太平洋岛屿	其他
2000	28.45	2.82	1.89	0.83	1.85	0.84	0.00
2001	33.43	3.00	1.65	0.93	1.66	0.63	0.00
2002	32.06	3.20	2.10	1.18	1.76	0.60	0.00
2003	33.97	3.14	2.59	0.96	1.63	0.60	0.00
2004	32.41	2.78	2.18	0.86	1.31	0.43	0.00
2005	34.44	2.53	2.64	0.74	1.14	0.37	0.00
2006	39.79	2.51	2.64	0.74	1.03	0.29	0.07
2007	42.84	2.56	3.26	0.74	0.67	0.36	0.08
2008	39.86	2.12	3.34	0.51	0.51	0.28	0.08
2009	38.53	2.60	2.66	0.40	0.44	0.37	0.00

续表

年份	亚洲	非洲	欧洲	拉丁美洲	北美洲	大洋洲及太平洋岛屿	其他
2010	39.77	3.44	2.65	0.44	0.37	0.32	0.03
2011	42.04	2.90	2.74	0.43	0.32	0.37	0.02
2012	41.75	3.79	2.50	1.61	0.23	0.52	0.16
2013	39.64	4.59	1.56	1.72	0.15	0.53	0.06
2014	46.90	6.15	2.03	3.50	0.21	0.78	0.11
2015	48.71	6.88	2.10	2.99	0.22	0.80	0.14
2016	47.00	6.74	2.00	2.65	0.27	0.85	0.09
2017	47.41	5.56	2.01	3.91	0.35	0.99	0.00

资料来源：EPS数据平台—中国对外经济数据库。

亚洲和非洲是我国在境外从事劳务合作人员的主要目的地，两者占到我国在境外从事劳务合作人员总数的90%左右。亚洲和非洲是发展中国家集中的大洲，所以我国境外劳务合作主要针对发展中国家。当然，我们也要看到，我国在境外从事劳务合作人员的去向非常多元化。除南极洲外，其他大洲都有我国在境外从事劳务合作的人员前往，就连非常偏远的太平洋岛屿也不例外。虽然我国在境外从事劳务合作人员的90%是前往亚洲和非洲这些发展中国家集中的大洲的，但是欧洲、北美洲和大洋洲这些较发达地区也是我国在境外从事劳务合作人员的重要目的地。欧洲是世界上发达国家最多的大洲，已经成为我国在境外从事劳务合作人员的第三大目的地。北美洲和大洋洲的大部分面积和大部分人口都归属于发达国家，两者也分别成为我国在境外从事劳务合作人员的第五大和第六大目的地。

2. 在境外从事承包工程人员洲际分布：亚非为主，亚洲占比近五成

我国年末在境外从事承包工程人员最多的两个大洲依然是亚洲和非洲。不过，在2000—2017年我国在境外从事承包工程人员中亚洲所占比重一直在48%上下波动，明显低于我国在境外从事劳务合作人员中亚洲所占的比重（80%上下）。而形成鲜明对比的是，在2000—2017年我国在境外从事承包工程人员中非洲所占比重一直在42%上下波动，明显高于我国在境外从事劳务合作人员中非洲所占比重（8%上下）。此外，近年来我国在境外从事承包工程人员中拉丁美洲所占比重上升态势明显，欧洲所占比重则下降态势非常明显，拉丁美洲已经超过欧洲成为我国在境外从事承包工程人员的第三大目的地。

表 2-18 2000—2017 年我国年末在境外从事承包工程人员洲际分布情况/万人

年份	亚洲	非洲	欧洲	拉丁美洲	北美洲	大洋洲及太平洋岛屿
2000	3.43	1.52	0.28	0.08	0.05	0.10
2001	3.50	1.67	0.46	0.14	0.07	0.10
2002	3.96	2.90	0.57	0.16	0.10	0.10
2003	4.14	3.95	0.68	0.44	0.05	0.12
2004	5.21	4.49	0.69	0.87	0.07	0.12
2005	6.66	5.64	0.91	1.05	0.07	0.15
2006	9.80	7.00	1.35	1.15	0.26	0.12
2007	12.21	8.80	1.18	1.04	0.28	0.09
2008	12.70	11.86	1.07	1.13	0.26	0.14
2009	14.27	16.13	0.89	1.02	0.29	0.29
2010	15.71	19.56	0.88	1.06	0.07	0.37
2011	15.05	15.20	0.76	0.89	0.05	0.45
2012	15.63	15.45	1.02	1.82	0.05	0.47
2013	16.65	16.86	1.03	1.97	0.11	0.39
2014	16.56	19.79	1.37	2.66	0.13	0.39
2015	16.80	19.48	1.39	2.62	0.16	0.39
2016	17.38	16.51	0.92	1.91	0.17	0.40
2017	19.34	14.71	0.98	1.86	0.48	0.30

资料来源：EPS 数据平台—中国对外经济数据库。

(二)2000—2017 年劳务输出"一带一路"沿线国家分布：亚洲国家为主，基本全线覆盖，2013 年后人数增多

我国劳务输出人员主要包含两类：一是在境外从事劳务合作人员；二是在境外从事承包工程人员。2013 年以后，我国在境外从事劳务合作人员和从事承包工程人员的数量都有所增加，并主要分布在亚洲国家。不过，作为一个欧洲国家，俄罗斯比较特别，其吸收的我国劳务人员数量在所有欧洲国家中高居榜首，在所有"一带一路"沿线国家中也名列前茅。

另外，虽然我国在"一带一路"沿线的少部分国家从事劳务合作或承包工程的人员非常少（少于 100 人），但除了少数几个国家以外，基本做到了全覆盖，绝大

多数"一带一路"沿线国家都有来自我国的从事劳务合作或承包工程的人员。

1. 从事劳务合作人员分布：新加坡和俄罗斯人数最多，前10名其他国家2013年前后发生变化

从在境外从事劳务合作人员来看，在"一带一路"沿线所有国家中，2000—2017年在"一带一路"沿线所有国家中，我国从事承包工程人员最多的国家是新加坡，其次是俄罗斯；最少的国家则主要集中在中欧、东欧、南欧、南亚和西亚，这些国家一般经济和人口规模较小，很多国家的政治局势也不太稳定。

2000—2012年，我国在新加坡从事劳务合作的人员每年都达到5万人以上，平均6.72万人，占到我国2000—2012年在亚洲从事境外劳务合作人员平均值的19.79%，在全世界从事境外劳务合作人员平均值的15.08%。我国在新加坡一个国家从事境外劳务合作人员的数量就超过了在整个非洲或欧洲的数量之和。2000—2012年，我国在俄罗斯从事劳务合作的人员每年都达到0.6万人以上，平均1.46万人，占到我国2000—2012年在欧洲从事境外劳务合作人员平均值的61.34%，在全世界从事境外劳务合作人员平均值的3.28%。亚洲的以色列、阿联酋、约旦、越南、柬埔寨、科威特、马来西亚和印度尼西亚分别位居我国2000—2012年在境外从事劳务合作人员数量的第三至第八名，平均每年为0.22万~0.99万人，占到我国2000—2012年在境外从事劳务合作人员平均值的0.49%~2.22%。

表2-19　2000—2012年我国境外从事劳务合作人员"一带一路"沿线国家前10名/万人

国家	2000	2001	2002	2003	2004	2005	2006	2007	2008	2009	2010	2011	2012
新加坡	5.16	6.09	7.37	8.57	7.95	7.10	6.28	6.09	6.40	6.91	6.61	6.29	6.54
俄罗斯	0.67	1.17	0.98	0.77	1.21	1.27	1.37	1.79	1.79	2.25	2.35	1.70	1.67
以色列	0.62	0.78	0.89	1.59	1.65	1.21	1.01	0.76	0.84	0.83	0.76	0.99	0.90
阿联酋	0.32	0.43	0.58	0.63	0.66	0.70	0.72	0.72	0.78	0.86	0.85	0.68	0.58
约旦	0.00	0.05	0.25	0.57	0.83	0.91	1.09	1.23	1.06	1.09	0.36	0.44	0.48
越南	0.20	0.33	0.41	0.50	0.56	0.73	0.70	0.64	0.80	1.01	0.78	0.64	0.55
柬埔寨	0.34	0.54	0.67	0.55	0.51	0.46	0.36	0.35	0.41	0.40	0.31	0.26	0.26
科威特	0.48	0.43	0.25	0.18	0.35	0.38	0.36	0.25	0.27	0.24	0.30	0.21	0.16
马来西亚	0.21	0.20	0.30	0.35	0.38	0.40	0.26	0.24	0.25	0.30	0.17	0.16	0.15
印度尼西亚	0.13	0.15	0.18	0.24	0.32	0.40	0.34	0.18	0.17	0.20	0.22	0.19	0.21

资料来源：EPS数据平台—中国对外经济数据库。

在2013—2017年，我国在境外从事劳务合作人员最多的两个国家依然是新加坡和俄罗斯。而且在新加坡从事劳务合作人员数目上升到每年6万人以上，平均7.30万人；在俄罗斯从事劳务合作人员上升到每年0.9万人以上，平均1.56万人。不过，2013—2017年期间我国在新加坡从事劳务合作人员总数占我国从事境外劳务合作人员总数的比重略有下降，由2000—2012年的15.08%下降为2013—2017年的12.6%。在2013—2017年，阿联酋、沙特阿拉伯、越南、约旦、马来西亚、柬埔寨、蒙古和卡塔尔位居我国在境外从事劳务合作人员数量的第三至第十名。沙特阿拉伯、蒙古和卡塔尔由2000—2012年的第十一名、第十三名和第十五名分别上升为现在的第四名、第九名和第十名，而原来位于前十名的以色列、科威特和印度尼西亚3个国家则跌出现在的前十名。

表2-20　2013—2017年我国境外从事劳务合作人员"一带一路"沿线国家前10名/万人

国家	2013	2014	2015	2016	2017
新加坡	7.15	6.87	6.68	8.60	9.67
俄罗斯	1.75	1.47	0.98	1.31	1.28
阿联酋	0.72	0.69	0.60	0.62	0.62
沙特阿拉伯	0.62	0.72	0.76	0.95	1.06
越南	0.53	0.46	0.35	0.33	0.32
约旦	0.43	0.32	0.12	0.11	0.10
马来西亚	0.31	0.28	0.25	0.38	0.53
柬埔寨	0.12	0.16	0.17	0.23	0.23
蒙古	0.28	0.23	0.29	0.22	0.07
卡塔尔	0.16	0.15	0.15	0.15	0.15

资料来源：EPS数据平台—中国对外经济数据库。

2. 从事承包工程人员分布：前10名国家2013年前后发生变化，沙特阿拉伯取代新加坡成为人数最多国家

从境外从事承包工程人员来看（见表2-21和表2-22），我国劳务输出最多的国家在2000—2012年和2013—2017年发生了变化，由新加坡变为沙特阿拉伯。2000—2012年，我国劳务输出最多的是新加坡，平均每年1.77万人，占到我国2000—2012年在亚洲从事境外承包工程人员的18.25%，全世界从事境外承包工程人员的8.77%。其次是阿联酋，2000—2012年平均每年0.81万人。再次是蒙古，2000—2012年平均每年0.61万人。沙特阿拉伯、越南、缅甸、老挝、俄罗斯、巴基斯坦和孟加拉国则位于第四至第十名，2000—2012年平均每年在0.41万～0.59万人。

表 2-21 2000—2012 年我国境外从事承包工程人员"一带一路"沿线国家前 10 名/万人

国家	2000	2001	2002	2003	2004	2005	2006	2007	2008	2009	2010	2011	2012
新加坡	1.39	1.40	1.17	1.04	1.11	1.38	2.07	2.07	2.22	2.08	1.84	2.44	2.84
阿联酋	0.09	0.13	0.18	0.18	0.26	0.48	1.25	1.52	2.19	2.42	0.54	0.67	0.69
蒙古	0.08	0.08	0.18	0.34	0.41	0.31	0.45	0.61	0.36	0.48	1.75	1.60	1.34
沙特阿拉伯	0.07	0.13	0.10	0.13	0.16	0.19	0.79	1.31	1.26	1.65	0.26	0.70	0.87
越南	0.06	0.10	0.11	0.14	0.16	0.15	0.29	0.64	0.71	0.73	2.07	1.27	0.88
缅甸	0.18	0.10	0.13	0.20	0.33	0.82	0.90	1.09	0.61	0.80	0.39	0.52	0.62
老挝	0.28	0.25	0.38	0.29	0.32	0.27	0.24	0.20	0.17	0.26	1.96	0.96	0.73
俄罗斯	0.16	0.27	0.25	0.25	0.28	0.40	0.65	0.83	0.76	0.44	0.61	0.44	0.54
巴基斯坦	0.10	0.08	0.16	0.21	0.21	0.35	0.39	0.50	0.82	0.86	0.38	0.43	0.97
孟加拉国	0.16	0.26	0.30	0.27	0.36	0.36	0.32	0.34	0.17	0.15	0.94	0.94	0.73

资料来源：EPS 数据平台—中国对外经济数据库。

2013—2017 年，来自我国从事承包工程人员最多的国家则是沙特阿拉伯，2013—2017 年平均提高到了 2.64 万人，占到 2013—2017 年我国在亚洲从事承包工程人员的 15.22%，占我国在全世界从事承包工程人员的 6.81%。其次是印度尼西亚，2013—2017 年平均为 1.4 万人。再次是老挝，2013—2017 年平均为 1.22 万人。马来西亚、巴基斯坦、伊拉克、越南、哈萨克斯坦、土耳其、新加坡位居第四至第十名，2013—2017 年的平均人数介于 0.55 万~1.22 万人之间，这远高于 2000—2012 年的平均人数(0.41 万~0.59 万人)。

我国在阿联酋、沙特阿拉伯、老挝和新加坡等国家从事承包工程人员的数量发生了明显的变化。2000—2017 年，阿联酋和沙特阿拉伯的一个共同特点是，都从 2000 年的不足 0.1 万人，在几年之内迅速增长到 1 万人以上。不过，2013 年以后我国在沙特阿拉伯从事承包工程人员一直保持在 2 万人以上，居高不下；在阿联酋从事承包工程人员的数量却从 2010 年以后开始循序下滑，至 2017 年仅为 0.48 万人。所以，结果就是沙特阿拉伯从之前的第四名(2000—2012 年)成为现在的第一名(2013—2017 年)，阿联酋则从之前的第二名(2000—2012 年)跌出前 10 名(2013—2017 年)。老挝和新加坡也形成了鲜明的对照：2013—2017 年期间，我国在老挝从事承包工程人员的数量增长迅猛，新加坡则急速下滑。最终老挝从之前的第七名(2000—2012 年)升至现在的第三名(2013—2017 年)，新加坡则从之前的第一名(2000—2012 年)跌至现在的第十名(2013—2017 年)。

表 2-22　2013—2017 年我国境外从事承包工程人员"一带一路"沿线国家前 10 名/万人

国家	2013	2014	2015	2016	2017
沙特阿拉伯	2.78	2.30	2.73	3.16	2.21
印度尼西亚	0.98	1.55	1.29	1.54	1.64
老挝	1.09	1.37	1.02	0.94	1.69
马来西亚	0.80	1.01	0.94	1.23	2.12
巴基斯坦	0.56	0.75	0.90	1.46	2.09
伊拉克	1.52	1.16	1.04	0.78	0.91
越南	0.95	0.91	0.85	0.90	0.76
哈萨克斯坦	0.58	0.90	1.11	0.73	0.81
土耳其	0.45	0.35	0.67	0.79	0.63
新加坡	0.71	0.76	0.57	0.41	0.36

资料来源：EPS 数据平台—中国对外经济数据库。

(三)2018 年以来劳务输出：2018 年略有回落，进入 2019 年起底反弹

2018 年，我国月度对外劳务派出人员数量（见表 2-23）有所回落，除 1 月与 2017 年 1 月持平外，其他月份都比 2017 年同期有所减少。

不过，进入 2019 年以来的前 6 个月，我国月度劳务输出人员数量又比 2018 年同期有所回升，预计 2019 年全年我国劳务输出人员数量将超过 2017 年。

表 2-23　2018 年以来我国月度劳务输出人员情况/万人

月份	对外劳务派出人员	对外劳务派出人员同比增长人数
01-2018	2.8	0.0
02-2018	5.4	−0.6
03-2018	9.7	−0.8
04-2018	12.8	−1.9
05-2018	17.8	−0.8
06-2018	21.8	−0.1
07-2018	26.6	−3.0
08-2018	30.9	−2.7
09-2018	35.5	−1.3
10-2018	39.2	−3.5
11-2018	44.4	−1.7
12-2018	49.2	−3.0

续表

月份	对外劳务派出人员	对外劳务派出人员同比增长人数
01-2019	3.4	0.6
02-2019	6.8	1.4
03-2019	11.1	1.4
04-2019	15.3	2.5
05-2019	19.3	1.5
06-2019	23.5	1.7

资料来源：EPS数据平台—中国对外经济数据库。

二、劳务输入：持证就业人员总体有所增加

随着我国改革开放的进一步深化和共建"一带一路"的持续推进，我国劳务输入人数总体上有所增加。根据中国人力资源和社会保障事业发展统计公报（见表2-24），2006年我国持外国人就业证的人数为18.00万人，持台港澳人员就业证的人数为7.2万人。2007年，持外国人就业证的人数达到了21万人，持台港澳人员就业证的人数达到了8.3万人。我国持外国人就业证的人数在2006—2012年稳步增长，2012年达到峰值24.64万人；此后，我国持外国人就业证的人数略有回落，2016年为23.50万人。我国持台港澳人员就业证的人数在2006—2011年保持增长趋势，2011年达到峰值9.46万人；此后有所回落，2016年为8.2万人。

表2-24 我国劳务输入情况/万人

年份	持外国人就业证	持台港澳人员就业证
2006	18.00	7.20
2007	21.00	8.30
2008	21.70	8.90
2009	22.30	8.60
2010	23.17	8.98
2011	24.19	9.46
2012	24.64	9.15
2013	24.40	8.50
2014	24.20	8.50
2015	24.00	8.40
2016	23.50	8.20
2017	—	—
2018	—	—

资料来源：根据2000—2018年人力资源和社会保障事业发展统计公报数据整理。

虽略有回落,但近年来我国劳务输入人数总体上是有所增长的。我国持外国人就业证的人数在 2007 年以后都保持在 20 万人以上,持台港澳人员就业证的人数在 2007 年以后都保持在 8 万人以上,两者合计在 2007 年以后都保持在 30 万人以上。

另外,外国人和我国港澳台人员在中国大陆就业人数应高于持外国人就业证或台港澳人员就业证的人数。尤其是来自亚非拉等发展中国家的外国人,在中国大陆就业但未办理就业证的人数无法准确考证,但根据媒体报道和社会舆论反映其数量应不在少数。

》》三、来华留学生：来源地多元化，目的地多样化，在华就业意愿增强《《

我国已经成为亚洲最大的留学目的国。2003 年来华留学生是 7.77 万人,至 2018 年增长为 49.22 万人。来华留学生来源地多元化特征明显,并且将我国越来越多的省份作为留学的目的地。

随着中国经济发展程度和收入水平的提高,来华留学生寻求毕业后在华就业的意愿有所增强。近几年的相关调查研究表明,来自很多国家的在华留学生都希望在中国就业。如在华留学的泰国学生一般会在中国参与就业活动(宋阳君,2018);缅甸留学生希望能够提高自己的学术水平,提升汉语能力,从而获取在华的就业机会(李柏英,2014);留学生在华期间从事兼职工作渐成普遍现象(韩维春,2014)。来华留学生大量选择在华就业从表面上看会对中国高校毕业生产生压力和冲击,但因留学生与中国学生在语言、文化及教育背景等方面的不同,二者就业需求存在较大差异(刘金兰等,2015)。

(一)按洲别统计：亚洲是最大来源地,非洲超过欧洲成第二大来源地

来华留学生来自除南极洲外的其他所有大洲(见表 2-25)。来自不同大洲的在华留学生为我国引进不同文化背景下的高级人才提供了丰富的储备基础,并有助于加强我国与各大洲不同国家劳动力市场之间的联系和互动。

2003—2018 年,亚洲是来华留学生的最大来源地。不过,亚洲来华留学生在来华留学生总体中的占比呈现下降态势,由 2003 年的 81.93% 下降为 2018 年的 59.95%。2003—2016 年,欧洲长期都是来华留学生的第二大来源地,但 2018 年欧洲被非洲所取代,屈居第三。2003 年以来,尽管欧洲来华留学生数量也在持续增长,但是其增长速度明显慢于非洲。2003 年非洲的来华留学生数量仅有

1 793人，仅相当于同期欧洲来华留学生数量的27.75%，但此后持续快速增长，2009年超过1万人，2011年超过2万人，2014年超过4万人，2016年超过6万人，2018年则超过8万人，于2018年实现对欧洲的赶超。2018年，欧洲和非洲来华留学生数量占比都是15%左右，两者之和已经相当于亚洲来华留学生数量的一半。

美洲和大洋洲来华留学生近些年来虽然持续增长，但其在来华留学生总体中的占比较为稳定，美洲来华留学生占比基本在10%上下波动，大洋洲来华留学生占比基本在1.50%上下波动。

表2-25 来华留学生按洲别统计情况

年份	亚洲		非洲		欧洲		美洲		大洋洲		来华总数
2003	6.37	81.93%	0.18	2.31%	0.65	8.31%	0.47	6.05%	0.11	1.40%	7.78
2004	8.51	76.80%	0.22	2.00%	1.15	10.40%	1.07	9.70%	0.13	1.20%	11.08
2005	10.68	75.73%	0.28	1.95%	1.65	11.67%	1.32	9.37%	0.18	1.28%	14.11
2006	12.09	74.33%	0.37	2.30%	2.07	12.71%	1.56	9.60%	0.17	1.07%	16.27
2007	14.17	72.47%	0.59	3.03%	2.63	13.47%	1.97	10.06%	0.17	0.89%	19.55
2008	15.29	68.43%	0.88	3.94%	3.25	14.52%	2.66	11.88%	0.27	1.23%	22.35
2009	16.16	67.84%	1.24	5.22%	3.59	15.06%	2.56	10.73%	0.27	1.14%	23.82
2010	17.58	66.32%	1.64	6.19%	4.19	15.80%	2.72	10.27%	0.38	1.42%	26.51
2011	18.79	64.21%	2.07	7.09%	4.73	16.15%	3.23	11.05%	0.44	1.50%	29.26
2012	20.76	63.22%	2.71	8.24%	5.45	16.58%	3.49	10.62%	0.44	1.34%	32.83
2013	—										35.65
2014	22.55	59.80%	4.17	11.05%	6.75	17.90%	3.61	9.58%	0.63	1.66%	37.71
2015	24.02	60.40%	4.98	12.52%	6.67	16.79%	3.49	8.79%	0.60	1.51%	39.76
2016	26.50	59.84%	6.16	13.91%	7.13	16.11%	3.81	8.60%	0.68	1.54%	44.28
2017	—										48.92
2018	29.50	59.95%	8.16	16.57%	7.36	14.96%	3.57	7.26%	0.62	1.27%	49.22

资料来源：根据中国教育部网站和中国教育年鉴(2003—2010年)数据整理。

注：斜体数字的单位为万人。

(二)按国别统计：韩日美名列前茅，留学生成为母国与中国之间的桥梁

来自不同国家的留学生在华就业的意愿有所不同，最终选择在华就业的人数也差异很大。但即使留学生回到母国就业也可以充当母国与中国之间的桥梁。韩国、日本、美国等国家的来华留学生都比较多，这些国家都与中国保持着非常活

跃的人员交流和经贸联系,留学生在华就业或回国从事与中国有关工作的人员也比较可观。一方面,留学生所在国家与中国保持活跃的人员交流和经贸联系会促进留学生来华留学并在华就业;另一方面,留学生来华留学并在华就业又有利于促进留学生所在国家加强与中国的人员交流和经贸联系,两者是相互促进的关系。

按国别统计(见表2-26),韩国长期都是来华留学生的最大来源国,2003—2018年皆无例外。早在2003年,韩国来华留学生数量就有3万多人,超过或接近第二名到第九名的来华留学生数量之和,并且这种情况一直持续到2005年。来华留学生的第二大来源国被日本、美国和泰国相继占据,2003—2007年为日本,2008—2016年为美国,2017—2018年为泰国。类似地,来华留学生的第三大来源国被美国、日本、泰国和巴基斯坦相继占据,2003—2007年为美国,2008—2012年为日本,2013—2016年为泰国,2017—2018年为巴基斯坦。

除了韩国、日本和美国这三个发达国家外,德国和法国也数次出现在来华留学生十大来源国名单中。韩国来华留学生数量2005年以来一直保持在5万人以上;日本来华留学生数量2003年以来一直保持在1.2万人以上;美国来华留学生数量2005年以来一直保持在1万人以上,2011年以来则一直保持在2万人以上。因此,在人才培养和交流方面,我国与以上5个发达国家保持着较为密切的联系。

表2-26 来华留学生按国别统计情况/万人

年份	国别及其对应来华留学生人数									
2003	韩国	日本	美国	越南	印尼	泰国	德国	俄罗斯	尼泊尔	蒙古
	3.54	1.28	0.37	0.35	0.26	0.16	0.13	0.12	0.12	0.11
2004	韩国	日本	美国	越南	印尼	泰国	俄罗斯	德国	法国	尼泊尔
	4.36	1.91	0.85	0.44	0.38	0.24	0.23	0.22	0.20	0.15
2005	韩国	日本	美国	越南	印尼	泰国	俄罗斯	印度	法国	德国
	5.41	1.89	1.03	0.58	0.46	0.36	0.35	0.33	0.31	0.27
2006	韩国	日本	美国	越南	印尼	印度	泰国	俄罗斯	法国	巴基斯坦
	5.75	1.84	1.18	0.73	0.57	0.56	0.55	0.50	0.39	0.33
2007	韩国	日本	美国	越南	泰国	俄罗斯	印度	印尼	法国	巴基斯坦
	6.45	1.86	1.48	0.97	0.73	0.73	0.72	0.66	0.47	0.45
2008	韩国	美国	日本	越南	俄罗斯	泰国	印度	印尼	哈萨克斯坦	巴基斯坦
	6.61	1.99	1.67	1.04	0.89	0.85	0.81	0.71	0.57	0.52
2009	韩国	美国	日本	越南	泰国	俄罗斯	印度	印尼	哈萨克斯坦	巴基斯坦
	6.42	1.87	1.54	1.22	1.14	1.06	0.85	0.80	0.65	0.57

续表

年份	国别及其对应来华留学生人数									
2010	韩国	美国	日本	泰国	越南	俄罗斯	印尼	印度	哈萨克斯坦	巴基斯坦
	6.30	1.97	1.68	1.32	1.30	1.25	0.95	0.90	0.79	0.74
2011	韩国	美国	日本	泰国	越南	俄罗斯	印尼	印度	巴基斯坦	哈萨克斯坦
	6.24	2.33	1.80	1.41	1.35	1.33	1.10	0.94	0.85	0.83
2012	韩国	美国	日本	泰国	俄罗斯	印尼	越南	印度	巴基斯坦	哈萨克斯坦
	6.35	2.46	2.11	1.67	1.50	1.31	1.30	1.02	0.96	0.96
2013	韩国	美国	泰国	日本	俄罗斯	印尼	越南	印度	哈萨克斯坦	巴基斯坦
	—	—	—	—	—	—	—	—	—	—
2014	韩国	美国	泰国	俄罗斯	日本	印尼	印度	巴基斯坦	哈萨克斯坦	法国
	6.29	2.42	2.13	1.72	1.51	1.37	1.36	1.34	1.18	1.07
2015	韩国	美国	泰国	印度	俄罗斯	巴基斯坦	日本	哈萨克斯坦	印尼	法国
	6.67	2.20	2.00	1.67	1.62	1.57	1.41	1.32	1.27	1.04
2016	韩国	美国	泰国	巴基斯坦	印度	俄罗斯	印尼	哈萨克斯坦	日本	越南
	7.05	2.38	2.30	1.86	1.87	1.80	1.47	1.40	1.36	1.06
2017	韩国	泰国	巴基斯坦	美国	印度	俄罗斯	日本	印尼	哈萨克斯坦	老挝
	—	—	—	—	—	—	—	—	—	—
2018	韩国	泰国	巴基斯坦	印度	美国	俄罗斯	印尼	老挝	日本	哈萨克斯坦
	5.06	2.86	2.80	2.32	2.10	1.92	1.51	1.46	1.42	1.18

资料来源：教育部网站。

除泰国、巴基斯坦外，越南、印度、印尼、俄罗斯、蒙古、老挝、尼泊尔和哈萨克斯坦也经常出现在来华留学生十大来源国名单中。这些国家无一例外都是我国的邻国。除俄罗斯外，越南、印度、印尼、蒙古、老挝、尼泊尔和哈萨克斯坦都是亚洲国家。值得注意的是，以上10个国家也都是"一带一路"沿线国家。因此，"一带一路"沿线国家已经成为来华留学生非常重要的来源国，并且随着"一带一路"倡议的持续推进，这种趋势愈发明显。

（三）按省份统计：目的地多样化，北京上海以外地区留学生的占比有所上升

我国大陆各省份之间高等教育资源、经济发展水平等差异较大。这导致了不同省、市、区对来华留学生的吸引力和接收能力有很大差异。近几年，越来越多的来华留学生开始选择我国的不同省、市、区作为留学的目的地，这客观上为未来这些留学生在不同省、直辖市、自治区就业奠定了基础。

表2-27所示是来华留学生按省份的统计情况。由此可见，2003—2018年，北京和上海分别始终稳居来华留学全国第一名和第二名。2003年北京的来华留学生就高达近30 000人，高于当年第三名至第十名的来华留学生数量之和，略少于当年第二名至第十名的来华留学生数量之和。2004年亦如此。直到2005年这种情况才有所改变。2007年北京来华留学生数量首次超过50 000人，此后一直保持在50 000人以上。上海的来华留学生则在2012年才达到50 000人，比北京晚了5年。因此，北京是我国大陆来华留学生第一大目的地。

表2-27 来华留学生按省份统计情况/万人

年份	省份对应的来华留学生人数									
2003	北京	上海	天津	江苏	辽宁	陕西	吉林	浙江	黑龙江	广西
	2.93	1.39	0.50	0.37	0.34	0.28	0.25	0.21	0.19	0.17
2004	北京	上海	天津	江苏	辽宁	广东	吉林	山东	福建	黑龙江
	3.70	2.22	0.74	0.61	0.51	0.39	0.33	0.31	0.28	0.28
2005	北京	上海	天津	辽宁	江苏	广东	山东	黑龙江	福建	浙江
	4.33	2.61	0.88	0.77	0.76	0.54	0.53	0.47	0.38	0.37
2006	北京	上海	天津	江苏	辽宁	广东	山东	黑龙江	吉林	浙江
	4.65	3.16	1.02	0.88	0.78	0.73	0.68	0.52	0.44	0.43
2007	北京	上海	天津	辽宁	江苏	广东	山东	黑龙江	云南	浙江
	5.49	3.48	1.14	1.05	1.00	0.90	0.84	0.58	0.57	0.53
2008	北京	上海	天津	辽宁	江苏	广东	山东	浙江	黑龙江	湖北
	6.63	3.67	1.22	1.15	1.12	0.98	0.89	0.74	0.71	0.62
2012	北京	上海	广东	天津	浙江	江苏	辽宁	山东	湖北	福建
	7.77	5.06	2.09	1.91	1.75	1.74	1.67	1.38	1.15	0.95
2014	北京	上海	天津	江苏	浙江	广东	辽宁	山东	湖北	黑龙江
	7.43	5.59	2.57	2.32	2.22	2.13	2.10	1.79	1.58	1.21
2015	北京	上海	浙江	江苏	天津	广东	辽宁	山东	湖北	黑龙江
	7.38	5.52	2.57	2.55	2.45	2.30	2.28	1.79	1.77	1.21
2016	北京	上海	江苏	浙江	天津	辽宁	广东	山东	湖北	云南
	7.72	5.99	3.22	3.01	2.66	2.53	2.46	1.98	1.93	1.49
2018	北京	上海	江苏	浙江	辽宁	天津	广东	湖北	云南	山东
	8.08	6.14	4.58	3.82	2.79	2.37	2.20	2.14	1.93	1.91

资料来源：教育部网站。

不过，近几年来，来华留学生目的多样化的特征较为明显。尽管北京和上海依然是来华留学生的第一大和第二大目的地，但两地的来华留学生在来华留学生总体中的占比都在下降，很多来华留学生选择前往我国其他的省份。来华留学生省份排名的第三名至第十名在不同年份经常变化，这些地区包括天津、广东、江苏、浙江、山东、福建、辽宁、黑龙江、吉林、湖北、广西、云南。其中，天津、广东、江苏、浙江、山东和福建都属于东部地区，经济发展水平和高等教育都较为发达，对来华留学生也具有很大吸引力。东北地区的辽宁、黑龙江和吉林是我国的老牌工业区，虽然近年来经济发展速度下滑严重，产业转型困难，但高等教育资源较为丰富，城市化水平较高，依然对来华留学生尤其是对韩国、俄罗斯等邻国的留学生保持着较强的吸引力。而西部地区的广西和云南虽然既不是经济发达地区，也不是高等教育发达地区，但却多次入围来华留学生的十大目的地，这可能主要是因为这两个省份毗邻东南亚国家，受益于我国与东盟的合作和"一带一路"共建，吸引了大量的东南亚留学生。

（四）按学生类别统计：学历生占比明显提高，留学生层次明显提升

一般情况下，来华留学生中的学历生在华留学时间更长，对中国的文化背景和教育体系了解更深，从而在华就业的可能性更高，就业能力也会更强。相对于专科生和本科生，来华留学生中的硕士生和博士生占比越高，表明来华留学生的质量越高，未来在华就业成为高级人才的可能性也越高。

按学生类别统计（见表2-28），可以看到来华留学生中的学历生占比上升明显。2003年来华留学生中的学历生仅有2.46万人，占比为31.67%。到2018年，来华留学生中的学历生达到10.23万人，占比达到52.44%。2003—2018年期间来华留学学历生数量增长了944.94%，而来华留学生总体增长了533.32%，学历生数量增长的幅度远高于来华留学生总体。

表2-28 来华留学生按学生类别统计情况

年份	专科生		本科生		硕士生		博士生	
2003	0.03	0.34%	1.93	24.85%	0.34	4.37%	0.16	2.11%
2004	0.05	0.41%	2.54	22.87%	0.39	3.50%	0.19	1.74%
2005	0.06	0.42%	3.71	26.33%	0.48	3.41%	0.23	1.63%
2006			4.62	28.41%	0.60	3.67%	0.27	1.65%
2007			5.74	29.34%	0.76	3.90%	0.32	1.65%
2008			6.57	29.41%	1.04	4.64%	0.39	1.75%
2009			7.45	31.27%	1.42	5.97%	0.48	1.99%
2010			8.14	30.70%	1.90	7.18%	0.58	2.20%

续表

年份	专科生	本科生		硕士生		博士生	
2011		8.85	30.23%	2.35	19.74%	0.69	5.83%
2012		0.97	29.68%	2.78	8.45%	0.83	2.53%
2014		1.16	30.87%	3.59	9.51%	1.21	3.21%
2015		1.31	33.00%	3.92	9.86%	1.44	3.61%
2016		1.46	33.00%	4.58	10.35%	1.81	4.08%
2018		1.73	35.16%	5.94	12.08%	2.56	5.20%

资料来源：据中国教育部数据整理。

注：斜体数字的单位为万人。

在来华留学生层次结构方面，除了2011年数据略有异常之外，我们可以看到，2003—2018年，来华留学生中的硕士生和博士生的占比呈现上升趋势。这说明来华留学生的层次近年来有所提升，来华攻读研究生学位的留学生比例有所提高。

（五）按学科类别统计：学科结构趋于合理，打破语言学习为主的格局

来华留学生学科结构的过度集中或太过单一，对留学生在华就业不利。这是因为来华留学生中以学习汉语为目的的留学生占比过高，不利于留学生专业技能水平的提高，从而削弱其在华就业的竞争力，并导致留学生在华就业的选择空间比较狭窄。

按学科类别进行统计，可以发现2003—2010年来华留学生中文科类学生的占比明显下降（见表2-29）。文科类留学生中有超过80%的学生是语言类学生，他们来华留学主要是学习汉语。根据教育部2017年的数据，来华留学生中的文科类学生已经低于50%，这表明来华留学生已经打破了以汉语学习为主的格局。

来华留学生中学习医学的学生占比常年居于第二位，这当中接近50%的学生是学习中医的。经管类和工科类学生的占比也较高。另外，2017年来华留学生中学习工科、管理、理科、艺术、农学的学生数量增长明显，同比增幅均超过20%，来华留学生的学科分布更加合理。

表2-29 来华留学生按学科类别统计情况

年份	文科	医科	经济	工科	历史	法学	管理	教育	理科	农科	哲学
2003	5.91	0.72	0.31	0.27	0.05	0.21	0.15	0.07	0.05	0.02	0.02
	75.99%	9.23%	3.97%	3.46%	0.62%	2.64%	1.99%	0.93%	0.60%	0.31%	0.26%

续表

年份	文科	医科	经济	工科	历史	法学	管理	教育	理科	农科	哲学
2004	*3.70*	*1.10*	*0.45*	*0.35*	*0.07*	*0.24*	*0.28*	*0.10*	*0.06*	*0.03*	*0.07*
	33.42%	9.90%	4.08%	3.17%	0.67%	2.20%	2.56%	0.89%	0.50%	0.27%	0.63%
2005	*9.98*	*1.80*	*0.67*	*0.45*	*0.08*	*0.29*	*0.36*	*0.32*	*0.07*	*0.04*	*0.05*
	70.75%	12.78%	4.72%	3.16%	0.54%	2.06%	2.52%	2.29%	0.53%	0.27%	0.39%
2006	*11.48*	*2.04*	*0.73*	*0.58*	*0.09*	*0.09*	*0.60*	*0.17*	*0.10*	*0.04*	*0.07*
	70.59%	12.51%	4.49%	3.57%	0.56%	0.56%	3.66%	1.06%	0.62%	0.27%	0.42%
2007	*13.55*	*2.56*	*0.88*	*0.68*	*0.09*	*0.09*	*0.86*	*0.19*	*0.14*	*0.08*	*0.07*
	69.30%	13.08%	4.50%	3.47%	0.44%	0.44%	4.39%	0.96%	0.72%	0.39%	0.35%
2008	*14.33*	*2.87*	*0.11*	*0.91*	*0.10*	*0.10*	*1.07*	*0.34*	*1.00*	*0.07*	*0.06*
	64.14%	12.82%	0.51%	4.08%	0.43%	0.43%	4.80%	1.52%	4.46%	0.31%	0.26%
2009	*14.83*	*3.21*	*1.44*	*1.16*	*0.10*	*0.10*	*1.23*	*0.34*	*0.14*	*0.10*	*0.06*
	62.26%	13.50%	6.03%	4.87%	0.44%	0.44%	5.15%	1.43%	0.59%	0.43%	0.26%
2010	*16.58*	*3.62*	*1.69*	*1.51*	*0.13*	*0.13*	*1.49*	*0.45*	*0.25*	*0.11*	*0.07*
	62.53%	13.64%	6.36%	5.71%	0.49%	0.49%	5.63%	1.69%	0.96%	0.40%	0.28%

资料来源：教育部网站。

注：斜体数字的单位为万人。

(六)按经费办法统计：奖学金生数量明显增加，2010年以后占比稳步提高

为留学生提供奖学金支持是国际惯例。中国作为后发国家，为吸引更多留学生来华留学，提供较多的奖学金机会成为一个现实举措。

按经费办法统计(见表2-30)，来华留学生中奖学金生的占比近年来有明显提高。2003年来华留学生中奖学金生的占比为7.92%，此后略有下滑，至2007年跌为5.19%。2008与2009年，奖学金生的占比略有上升，都是6.05%。此后奖学金生的占比开始直线上升。至2018年，奖学金生的占比已经高达12.81%。2018年来华留学生中奖学金生达到63 041人，比2003年的6 153人增长了924.56%，明显高于同期来华留学生总数的增长幅度(533.32%)。

表 2-30 来华留学生按经费办法统计情况

年份	奖学金生 人数/万人	占比/%	自费生 人数/万人	占比/%
2003	0.62	7.92	7.16	92.08
2004	0.67	6.10	10.41	93.90
2005	0.72	5.12	13.39	94.88
2006	0.85	5.21	15.42	94.79
2007	1.02	5.19	18.54	94.81
2008	1.35	6.05	21.00	93.95
2009	1.82	6.05	21.99	93.95
2010	2.24	8.45	24.27	91.55
2012	2.88	8.76	29.96	91.24
2013	3.33	9.35	32.32	90.65
2014	3.69	9.80	34.01	90.20
2015	4.06	10.21	35.70	89.79
2016	4.90	11.07	39.38	88.93
2017	5.86	11.97	43.06	88.03
2018	6.30	12.81	42.91	87.19

资料来源：教育部网站。

第六节 劳动力市场不平衡性加剧

贸易战对中美经贸关系造成的直接影响以及对中国和其他主要贸易伙伴经贸关系的间接影响都在行业、区域等多个层面对劳动力市场产生了影响，比如劳动力供需、价格、流动性等。同时，劳动力市场本身在岗位冲击、技能转换等方面也因此会发生显著异动，这些都可能造成劳动力市场不平衡性进一步加剧。

在两次全球化所带来的经济繁荣之中，确实有相当一部分劳动者没有跟上增长的步伐。工作机会的迁移，收入不平等的加剧以及在代际间的固化加重了这种不平衡性(佟家栋、刘程，2019)。然而本次贸易战中，大国之间筑起贸易壁垒，这是逆经济全球化的做法，全球价值链升级正在受到人为因素的干扰，该问题对劳动力市场平衡性的影响如何有待进一步研究。本节研究发现，中美贸易战未对劳动力市场平衡性水平造成显著影响，但对个别行业、个别区域的就业产生了冲击，不过这种冲击可以通过发展新兴行业、建立新的贸易关系而削弱。

>> 一、中美贸易战对就业产生的负面影响通过新贸易伙伴关系的建立得到抵补 <<

当前,中美贸易战已经成为全球价值链上国际分工关系改变的最重要事件之一,对美国出口下降会影响我国劳动者就业,但被迫重塑的新型分工的出现可以解决该问题。至少在短期,中美贸易缩减不会对就业造成根本性影响。根据2017年6月中国全球价值链课题组发布的《2010—2016年中美贸易增加值核算报告》数据,2013—2016年每百万美元出口拉动的就业人次是呈现递减趋势的,可以计算平均年递减率为7.1%。按照此递减规律,2017年和2018年每百万美元出口拉动的就业人次分别为35.4和33.2,然后用出口总额减去关税后的金额作为计算基数,估算发现,中国向美国出口削减带来的国内就业减少约在100万人次。

表2-31 2013—2018年中国向美国出口带来的国内就业人数/万人

年度	总出口	加工出口	一般出口
2013	1678	595	1083
2014	1455	507	948
2015	1546	488	1058
2016	1452	447	1006
2017	1298	—	—
2018	1314	—	—

资料来源:《2010—2016年中美贸易增加值核算报告》。

分工关系的改变会影响国家和地区整体的贸易与经济合作,然而相比技术冲击造成的价值链内部结构变化,这种变更对劳动者个人的影响要弱一些。换而言之,只要出口总量在增长,其岗位威胁就不会太大(蔡宏波、徐美云,2018),劳动者不在意为谁生产,能够就业、就业质量提升是维持稳定的根本。2018年,我国外贸进出口总值4.62万亿美元,增长12.6%。其中,出口2.48万亿美元,增长9.9%。目前,中国的货物贸易总额已经超过了美国,继续保持货物贸易第一大国的地位。以2019年上半年数据为例,1—6月,中国对欧盟、东盟的进出口总额增长超过10%,而对美国下降9%。

表2-32 2019年1—6月中国与其他国家和地区进出口情况对比

国家和地区	进出口总值/万亿元	增长率/%	占我国进出口总值的比/%
欧盟	2.30	11.2	15.7
东盟	1.98	10.5	13.5
美国	1.75	−9.0	12.0
日本	1.03	1.7	7.0

资料来源:国家海关总署。

二、贸易战冲击制造业就业与"中国服务"弯道超车拉动就业并行

从2018年1月至今,制造业新出口订单指数、进口指数都呈现下降趋势。其中,新出口订单指数的低点出现在2019年2月,仅为45.2%。新出口订单指数的下降拉低了新订单指数,2019年1月,新订单指数达到2008年金融危机以来最低点,为49.6%。与此同时,关税的增加给出口企业带来了成本压力,出厂价格指数也呈现下降趋势,2018年12月达到43.3%的低点,之后在节日消费的影响下略有上升。进入2019年,新一轮的贸易战开始,指数继续走低,2019年6—7月,在46%左右徘徊。

而直接体现就业特征的制造业从业人员指数从2018年3月的49.1%下降到2019年6月的46.9%。受到国内供给侧改革的影响,2012年下半年以来,该指标就长期处于荣枯线以下,仅在2017年3月短暂触及50%的临界线。但是,贸易战还是将其拉至历史低点。有数据记录历史以来,仅有2008年11月至2009年2月连续四个月的数据低于该月水平,分别为44.3%、43.3%、43%和46.1%。"去产能"和"贸易战"叠加因素影响下,制造业从业人员指数持续走低。

表2-33 2018年1月至2019年7月制造业采购经理指数级部分二级指数/%

时间	制造业采购经理指数	新订单指数	新出口订单指数	进口指数	出厂价格指数	从业人员指数
2018-01	51.3	52.6	49.5	50.4	51.8	48.3
2018-02	50.3	51.0	49.0	49.8	49.2	48.1
2018-03	51.5	53.3	51.3	51.3	48.9	49.1
2018-04	51.4	52.9	50.7	50.2	50.2	49.0
2018-05	51.9	53.3	51.2	50.9	53.2	49.1
2018-06	51.5	53.2	49.8	50.0	53.3	49.0
2018-07	51.2	52.3	49.8	49.6	50.5	49.2
2018-08	51.3	52.2	49.4	49.1	54.3	49.4
2018-09	50.8	52.0	48.0	48.5	54.3	48.3
2018-10	50.2	50.8	46.9	47.6	52.0	48.1
2018-11	50.0	50.4	47.0	47.1	46.4	48.3
2018-12	49.4	49.7	46.6	45.9	43.3	48.0
2019-01	49.5	49.6	46.9	47.1	44.5	47.8

时间	制造业采购经理指数	新订单指数	新出口订单指数	进口指数	出厂价格指数	从业人员指数
2019-02	49.2	50.6	45.2	44.8	48.5	47.5
2019-03	50.5	51.6	47.1	48.7	51.4	47.6
2019-04	50.1	51.4	49.2	49.7	52.0	47.2
2019-05	49.4	49.8	46.5	47.1	49.0	47.0
2019-06	49.4	49.6	46.3	46.8	45.4	46.9
2019-07	49.7	49.8	46.9	47.4	46.9	47.1

资料来源：国家统计局。

不过非制造业表现良好，"中国服务"弯道超车，在通信、电子商务、物联网、软件开发领域都有突破，新产业的崛起不仅支持了中国经济增长，而且起到了拉动就业的作用，缓解了贸易战造成的负向影响。2018年1月至2019年7月，非制造业商务活动指数一直保持在53%以上，其最低值比制造业采购经理指数最高值还要高出1.5个百分点。新出口订单指数有5个月超过了50%，销售价格指数则有12个月超过了50%。而业务活动预期指数则一直保持在59%以上。

从业人员指数在48%～51%之间徘徊。虽然受到贸易战影响，但与制造业相比，指数值要高出2%～4%，且较为稳定。这与服务贸易呈现"爆发式"增长特征有关，2012年至2017年，服务贸易年均增长7.8%；新兴服务出口占比提高15个百分点；离岸服务外包年均增长近20%；技术出口年均增长超过30%。服务贸易已成为对外贸易发展的新引擎，贸易额增加带动从业人员数增加（王轶辰，2018）。

表2-34　2018年1月至2019年7月非制造业采购经理指数级部分二级指数/%

时间	非制造业商务活动指数	新订单指数	新出口订单指数	销售价格指数	业务活动预期指数	从业人员指数
2018-01	55.3	51.9	50.1	52.6	61.7	49.4
2018-02	54.4	50.5	**45.9**	49.9	61.2	49.6
2018-03	54.6	50.1	50.4	49.3	61.1	49.2
2018-04	54.8	51.1	50.0	50.6	61.5	49.0
2018-05	54.9	51.0	49.1	50.6	61.0	49.2
2018-06	55.0	50.6	48.2	51.1	60.8	48.9
2018-07	54.0	51.1	48.9	52.0	60.2	50.2
2018-08	54.2	50.6	49.0	50.9	61.4	50.4
2018-09	54.9	51.0	49.8	51.5	60.1	49.3

续表

时间	非制造业商务活动指数	新订单指数	新出口订单指数	销售价格指数	业务活动预期指数	从业人员指数
2018-10	53.9	**50.1**	47.8	51.2	60.6	48.9
2018-11	**53.4**	**50.1**	50.1	49.4	60.9	48.7
2018-12	53.8	50.4	49.0	**47.6**	60.8	48.5
2019-01	54.7	51.0	49.5	49.8	**59.6**	48.6
2019-02	54.3	50.7	51.6	50.1	61.5	48.6
2019-03	54.8	52.5	49.9	51.0	61.1	48.7
2019-04	54.3	50.8	49.2	50.5	60.3	48.7
2019-05	54.3	50.3	47.9	49.9	60.2	48.3
2019-06	54.2	51.5	48.5	49.7	60.6	**48.2**
2019-07	53.7	50.4	48.4	50.6	59.8	48.7

资料来源：国家统计局。

注：加粗数字是2018年1月至2019年7月间最低点。

在诸多非制造行业中，服务外包行业拉动就业最为显著。且劳动者实现了角色升级，具体体现在数量、学历结构、工作模式三个层面。首先，我国该从业人员从2006年的不足6万人，增长至2011年1068.9万人（商务部，2015）。其次，从业者中高学历者成为主导。中国劳动者在实现从被雇佣者到任务合作者的转变过程中，服务贸易领域的知识型劳动者是实现就业升级的先行军。服务贸易已经成为我国高学历人才集聚度最高的行业之一，大学（含大专）以上学历占从业人员总数的比重超过65%。最后，五年前依靠传统经验提供服务的劳动者占70%以上，目前利用数字化、智能化、网络化提供服务者占70%以上。

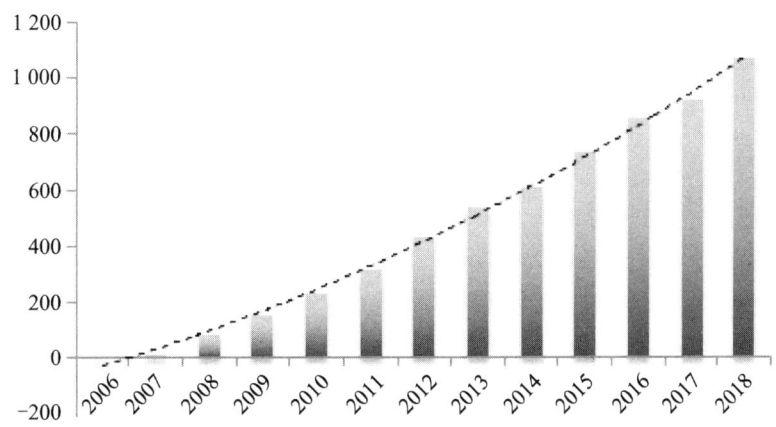

图2-6 2006—2018年中国服务外包行业从业人员数及趋势拟合/万人

资料来源：国家商务部、中国服务外包研究中心。

三、新贸易格局对高技能劳动者需求增加显著

与 2017 年相比，2018 年市场对高技术等级劳动者的需求人数均有所增长，增长幅度较大的是高级技能劳动者，达到 18.5%。其次是技师，达到 6.8%。需求人数倍率增长很大程度上取决于新技能岗位空缺形成的供需不对等，这与国际贸易市场上服务贸易需求增加有关。新贸易服务对高技能人才需求扩张，但是现有劳动力人力资本水平无法补充突增的市场需求。

分产业看求人倍率，与 2017 年相比，2018 年第二产业市场需求人数增长 0.1%，其中，除制造业（2%）外，采矿业（-15.8%）、电力煤气及水的生产和供应业（-14.5%）、建筑业（-7.8%）等行业市场需求人数均有所下降。第三产业市场需求人数增长 4.8%，其中，科学研究技术服务和地质勘查业（37.7%）、公共管理与社会组织（37%）的增长最为显著。这表明了贸易战并未给劳动力市场供需关系造成显著影响，第三产业的迅速发展增加了企业用人需求，就业态势良好。

表 2-35　部分行业 2018 年较 2017 年市场需求人数增长情况

行业	增长率/%	行业	增长率/%
采矿业	-15.8	水利环境和公共设施管理业	13.8
电力煤气及水的生产和供应业	-14.5	租赁和商务服务业	15.2
建筑业	-7.8	房地产业	22.9
制造业	2.0	公共管理与社会组织	37.0
批发和零售业	7.1	科学研究技术服务和地质勘查业	37.7
教育业	7.3		

资料来源：中国就业网。

事实上，市场选择机制下，劳动者提升个人能力的热情高涨。初、中、高级证书考试结构变化可以证明这一点。自国家公布取消部分证书考试之后，含金量低的初级证书获得者人数减少，而报考并获得高级证书的人数减少并不明显。2010 年，当年获得证书的人数为 1 394 万人，2013 年达到顶峰 1 554 万人，2017 年减少至 1 199 万人。其中，当年取得高级证书的人虽然略有波动，但还是比 2010 年的 210 万人略有增加；而 2010 年，当年获得初级证书的人数为 590 万人，2013 年达到顶峰 677 万人，2017 年骤减至 421 万人。

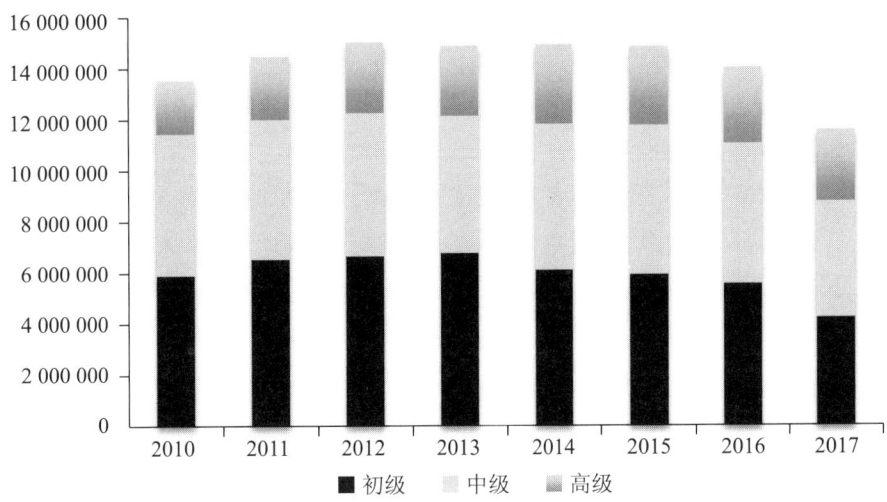

图 2-7 2010—2017 年当年获取证书人数/人

资料来源：据相关年度《中国劳动统计年鉴》整理而成。

国家层面，在 1999 年实现高等教育扩容之后，研究生和普通本专科生数量呈现增加趋势。其中，本科生在校人数从 1999 年的 413.42 万人增加到 2017 年的 2 753.59 万人。与此同时，研究生人数也在迅速增加，从 1999 年的 23.35 万人增加到 2017 年的 191.1 万人，且新增研究生大多集中在大数据、人工智能等高科技领域，这是应对未来国际科技竞争储备的人才大军。

表 2-36 历年各级各类高等教育在校生情况

年份	研究生/万人	普通本专科生/万人	年环比增速/%
1999	23.35	413.42	21.28
2010	153.84	2 231.79	4.06
2011	164.58	2 308.51	3.44
2012	171.98	2 391.32	3.59
2013	179.40	2 468.07	3.21
2014	184.77	2 547.70	3.23
2015	191.14	2 625.30	3.05
2016	198.11	2 695.84	2.69
2017	191.10	2 753.59	2.14

资料来源：相关年度《中国教育统计年鉴》。

因此，市场供需不平衡是暂时的，无论是在职劳动者主动提升人力资本水平，还是国家通过高等教育增加人才储备，在未来一段时间内，高技能劳动者会源源不断地补充到劳动力市场中。因此，保持劳动力市场的有序运行，不断提升市场活力，合理配置人才是未来工作的重中之重。

四、收入不平等影响中国借力扩大内需弥补贸易损失

贸易战爆发以来，很多学者呼吁通过扩大内需弥补贸易损失，缓解就业冲击（李长安，2018）。然而，过大的收入差距势必影响低收入人群的消费，2018年我国恩格尔系数为28.4%，达到了联合国认定的富足区间，这说明中国劳动者的收入水平有了显著提高。但是，收入差距依然较大。根据联合国公布的基尼系数，2018年全球贫富差距最小的国家是瑞典，排名前十的国家均来自欧洲，排名第11的是日本，也是唯一进入前二十的亚洲国家，美国排名第23，而中国位列倒数40名之内。居民收入基尼系数在2008年、2009年达到高峰，接近0.5，2018年为0.474，比上年的0.467有所增加，比世界平均水平（0.4）高出0.074。

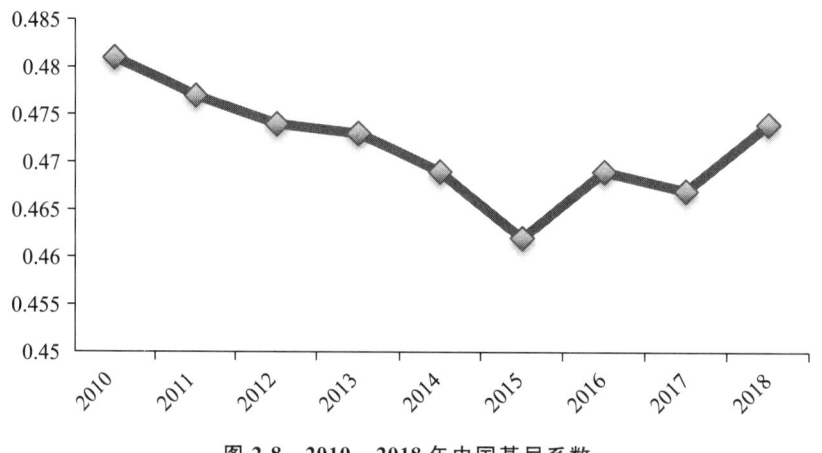

图2-8 2010—2018年中国基尼系数

资料来源：国家统计局。

另外，收入的增速慢于GDP增速以及左偏分布特征意味着大众消费人群的不足。2018年，全国城乡居民人均可支配收入中位数为24 336元，名义收入比上年增长8.6%，GDP名义增速为9.7%，居民收入增速并没有跑赢GDP；全国城乡居民人均可支配收入的中位数是平均数的86.2%，左侧长尾特征说明低收入人群占比偏高。

除了人均收入差异大，行业间、城乡间收入差距同样不可小觑。首先看行业差距，2010—2017年，金融业和制造业平均工资之比在1.6～1.9波动。2014年，政府出拳，降低国企高管人员薪酬，国有银行首当其冲，金融业与制造业平均工资之比下降至1.57。但是，已经形成的行业垄断至今存在滞后效应，加之金融业本身属于高端服务行业，制造业又面临转型升级和化解产能过

剩的问题，三重效应叠加导致金融业与制造业平均工资回升。2010—2017年间，城乡居民人均可支配收入差距在缩小。城市居民与农村居民可支配收入（纯收入）①之比从2010年的2.27降到2017年的1.91。然而，相比美国、韩国等发达国家和地区低于1.5的水平（曾国安、胡晶晶，2008），中国还有较大缩减空间。

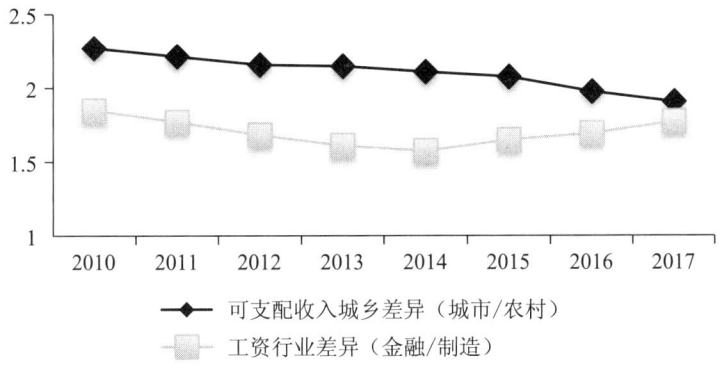

图 2-9　2010—2017年城乡可支配收入差异及工资行业差异

资料来源：国家统计局。

西斯蒙第早在1819年就提出了两极分化理论，即收入差距过大导致民众边际消费倾向降低，大量分布在收入密度曲线右侧的居民呈现消费水平和储蓄水平双低的状态，国内消费需求不足，甚至影响投资水平的提升，通过扩大内需弥补国际贸易领域损失、增加就业机会的战略部署就会受到阻碍。

》》五、劳动力区域有序流动削弱贸易战负向影响《《

改革开放之后，流动人口规模连续递增。根据《中国流动人口发展报告2018》数据，流动人口数量在2014年达到顶峰，为2.53亿人；2017年为2.44亿人，这是中国流动人口连续第三年下降。与之相对应的是人户分离人口的变动，2014—2018年，人户分离人口占总人口的比从21.79%下降至20.50%，实现四连降。流动人口占比下降的主要原因在于户籍制度改革，部分流动人口在流入地落户。其中，90%以上的人落户地在城镇，成为新市民。

从区域数据来看，第一，东部沿海地区是对外开放和对外贸易的高地，成为跨区劳动力的"蓄水池"，吸引大量非户籍人口入住。2009—2018以来，广东一直位居流入人口大省之首。第二，部分中西部内陆省市搭乘国家改革列车崛起，

---

① 从2013年开始，国家统计局改变了统计口径，从原来统计农村居民人均纯收入改为农村居民人均可支配收入。

已经成为新的人口吸纳地或呈现流出人口递减趋势。受"一带一路"倡议、长江经济带发展战略等宏观政策以及当地人才引进政策影响①，湖北、重庆等地加快经济发展，呈现流出人口减少的特征。

可以预见，在未来一段时期，人口流动仍然是我国人口发展和经济社会发展过程中不可逆转的趋势。贸易战诱发失业风险，劳动力市场出现局部波动，劳动力转岗和流动频率可能会在短期内增大。而户籍制度改革进一步推进，为人力资本优化配置、劳动力有序流转以及全体劳动者共享国家发展成果保驾护航。

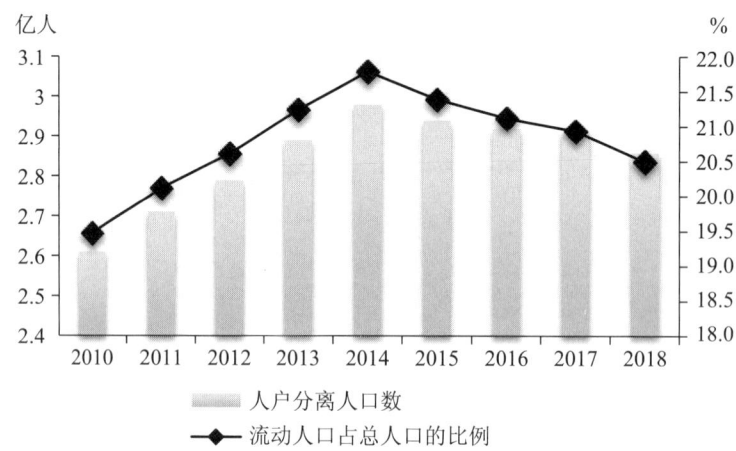

图 2-10　2010—2018 年人户分离人口数及流动人口占总人口的比例
资料来源：国家卫生和计划生育委员会。

》》六、健全的社会保险体系是抵御冲击、维持劳动力市场平衡性的底线《《

中国已经织就了世界上最大的社会保障网，当前须继续扩大这张"网"，并提升"网"的牢固性，"坚持底线思维，增强忧患意识，提高防控能力，着力防范化解重大风险"。2010—2018 年，参加失业、工伤、养老社会保险劳动者占比呈线性增加趋势。其中，参加失业保险的人数占比从 2010 年的 9.98% 增加到 2018 年的 14.08%，参加工伤保险的人数占比从 12.05% 增加到 17.11%，参加养老保险的人数占比从 38.38% 增加到 50.40%。

---

① 湖北省出台了《关于深化人才引进人才评价机制改革推动创新驱动发展的若干意见》等政策，重庆市印发了《重庆市引进高层次人才若干优惠政策规定》等政策。

第二章 外部经济环境变化中的中国劳动力市场变革

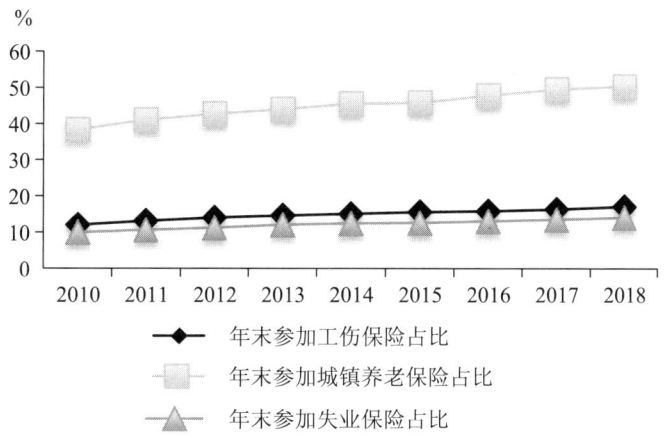

图 2-11 2010—2018 年年末参加工伤、养老、失业保险占比

资料来源：国家统计局。

社保覆盖率是关系劳动者终生职业与生活保障、通过政府强制力搭建起来的多方共建且运行较为稳定的指标。参保权益约定植根于劳动合同之中，签订劳动合同属劳动力市场范畴的行为，而权益实现则表现在劳动力市场范畴之外，社会保险是劳动者防范劳动力市场风险的基础性保障。中国的社保体系基本实现了两项基本任务，一是在参保权益约定环节保障财政负担、企业负担和个人负担的合理性，二是在权益兑现环节，保险金能抵御通货膨胀带来的货币贬值风险。但是，在未来，包括平台型劳动者在内的任务型工人会大量增加，在这些劳动者中，参与跨境贸易服务合同的劳动者会占据相当比例，他们没有劳动合同，只有临时形成的订单合同或任务合同。因此，思考建立新型社会保障体系是政府和相关部门需要关注的问题。

第三章
应对劳动力市场外部冲击的政策建议

面对持续不断的外部冲击，必须采取多种措施加以应对。总的来看，不断增强经济与劳动力市场的韧性，是缓解外部冲击、实现稳增长目标的根本之道。劳动力市场的韧性不仅来源于宏观经济与贸易政策的灵活性和针对性，也来源于劳动力市场本身的适应能力。因此，要增强劳动力市场的韧性，既要进一步完善当前稳增长、稳就业的各项宏观政策，也需要从劳动力市场和劳动者本身出发，夯实应对外部冲击的微观基础。

第一节 稳增长是稳就业的根本之道

经济持续发展是提高就业的前提，要增加就业，仍然应关注和追求经济增长，但关键在于追求经济的长期持续增长，使经济增长与就业增长长期互相促进。

一、进一步推动全球贸易自由化

经济全球化是双刃剑，贸易自由化既可能创造就业，也可能带来失业。从短期看，贸易对就业的影响是正面还是负面取决于一国的特殊要素，如劳动力和产品市场的性质等，一国的就业容易受到全球经济状况的影响和冲击。但从长期来看，贸易全球化对就业的影响是正面的，贸易全球化使得一国的资源能够在全球范围内流动和共享，一定程度上突破了本国资源禀赋的限制，带来产业结构优化、就业渠道扩大、劳动力素质提高及工资上涨等。因此，①继续实行开放的经济政策，进一步推行全球贸易自由化，扩大国际市场空间。②继续优化出口商品结构和外贸战略的选择，实施以质取胜、市场多元化和科技兴贸战略，逐渐改变以廉价劳动力成本换取利润的发展模式，增加产品技术附加值，增强产品的不可替代性。③继续有条件地参加经济全球化，维护国家经济安全，贸易全球化既是机遇，又蕴含风险，在充分发挥自身优势、实现充分就业的宗旨的同时，也要适度保护本国内部经济，国际贸易占国内生产总值的比重不可以过大，发展经济务求以内需为主，实现国民经济的良性循环。

二、进一步深化改革开放

坚定不移地深化改革开放，构建全面开放的新格局，更大决心和力度推动新一轮改革开放，是中国面对各种贸易壁垒的必然选择，也是面对外部经济冲击情况下解决就业的内部需求。①深化制造业和服务业的开放，实现养老、医疗、教育、金融等领域的全面开放，分流劳动力供大于求的热门行业，创造新的就业增长点。②深化经济体制改革和垄断行业改革，减少国家对市场的直接干预，为外资企业和民营企业提供同等的国民待遇，以科学、高效的制度，吸引国内外投资者。③深化中国企业改革，尤其是民营企业加大海外直接投资，鼓励将引进国外技术和加大自主研发相结合，以市场需求为主导，增强企业发展活力，形成多种要素共同发展的格局，构建开放式创新体系，推动制造业整体水平的提升。

三、进一步扩大实施"一带一路"倡议

目前，我国"一带一路"倡议得到大多数国家的认可，取得了丰硕的成果，这为我国对外贸易的多元化，进而减轻对少数国家的外贸依存度，发挥了十分积极的作用。因此，①要进一步扩大实施"一带一路"倡议，扩大贸易渠道，减少对少数国家的外贸依存度，这也是减少对国内冲击，增加就业岗位的重要途径。②要积极实施"引进来"和"走出去"战略，充分发挥好"两个市场、两种资源"的优势，利用"一带一路"的国际交流平台，加大力度组织劳务批量输出，实现劳动力国际性安置，努力减轻国内劳动就业压力。同时，吸引海内外的优秀人才，提高科技领域的自主创新创造能力。这就意味着，未来中国需要大批具有科技创造能力的理工科人才，能够在高科技领域发挥出自己的作用和力量，补充我国劳动市场高端人才的空白，完善就业结构，提高就业质量。

四、进一步加快实施创新驱动战略的步伐

以贸易战为代表的外部冲击之所以有可能会对我国的就业产生较为明显的冲击，根本原因还在于我国对劳动密集型出口贸易的依赖。在当前我国产业转型升级和经济发展方式转变的大背景下，传统的依赖要素驱动和劳动力比较优势的模式已经难以为继，必须尽快转变到创新驱动和技术密集型、资源节约型的发展模

式上来。因此进一步加快创新驱动战略步伐，改变劳动密集型出口贸易的结构是避免外部冲击国内就业的客观要求。只有如此，中国的国际竞争力才能得到进一步加强，就业这个最大的民生问题才能得到有效的解决。从这一意义上来说：①政府应加大力度扶持高科技产业的发展，改变我国在国际分工中处于价值链的下游、充当一般加工者和"世界工厂"的现状，提高国际竞争力。②发展高科技产业，并不意味着排斥劳动密集型行业的发展，应加强劳动密集行业对高附加值行业或国民的自我服务，使劳动力成本低的优势为自己所用，真正将劳动力优势变为我国进行高速资本积累的"助推器"。

五、进一步推动产业优化升级

目前，我国服务业就业占比依然不高，但是服务业对经济增长的贡献不断增强。随着劳动生产率的上升和中国经济的转型升级，更多的制造业就业人口将可能转向生产性和生活性服务业。经济全球化给我国的就业结构带来的消极影响是不同地区和不同产业之间的不平衡引致就业结构矛盾突出所造成的，面对这一情况需要制定合理的产业结构政策。①大力发展第三产业，积极开拓服务业市场，吸引外资，根据不同行业的特点和发展的功能不同，制订出合理的发展计划和规划。尤其是发展具有劳动密集型特点的第三产业，增加劳动密集型行业的附加值，如家政服务、咨询顾问等，较快地吸收闲置劳动力。吸引外资是发展第三产业较为快速的方式，外资企业拥有雄厚的资金，有利于劳动者工资福利的提高，吸引劳动者参加就业。②抓住国际产业转移机遇，促进产业升级。我国产业在全球分工体系中的地位较低，国际分工也多分布在产品附加值较低、利润空间有限的产业，成为世界的"加工车间"，面对国际产业转移的机遇，宜扬我所长，补我所短，创造综合竞争优势，提高引进外资的科技含量，增大企业的利润空间。

第二节 构建就业优先政策体系 兜牢民生底线

随着对外开放新格局的形成，我国的就业需求呈现出进一步扩张的态势，就业是民生之本，也是最大的民生。2019年政府工作报告中强调"必须把就业摆在更加突出位置"，"就业优先政策"这一概念首次被置于宏观政策层面，就业优先政策的正式亮相既是对就业优先战略的重新认识，也折射了对经济增长的全新理解。

>> 一、将就业优先政策放在更加突出位置 <<

充分就业是宏观调控的四大目标（经济增长、充分就业、物价稳定、外汇平衡）中最核心的指标，在强化各项政策之间的协调性和一致性的同时，要将充分就业政策置于整个宏观经济政策体系的核心，因此，①无论是财政政策，还是货币政策，都应该将稳定和扩大就业作为重要的考量点，都要为此服务，确保就业稳定这个"红线"和"底线"没有被触碰和突破。各项政策的目标必须一致，否则就会产生政策的冲突，削弱政策实施的效果。②紧密结合经济发展形势，创造更多就业机会，把转变经济发展方式、经济结构战略性调整与促进扩大就业、提高就业质量相结合，完善公共投资带动就业增长机制，充分利用政府项目投资在产业升级和加工贸易梯度转移中促进就业，在发展绿色经济中探索推进绿色就业，增加智力密集型产业就业机会，促进新时代劳动力体面就业。通过落实各项政策，让政策落地生根，形成经济发展与扩大就业良性互动。

>> 二、发挥就业政策"组合拳"效力以稳定就业形势 <<

根据菲利普斯曲线的原理，在通货膨胀指数较低的情况下，可以采取更加积极的财政政策和货币政策，为稳定就业提供宏观经济层面上的支撑。①在财政政策方面，加大财政转移支出和实施优惠的税收政策、扩大内需，间接促进就业。一方面要加大财政转移力度，实施对困难群体的补贴政策，如最低生活补贴、公益性岗位补贴、社会保险补贴等以及实施就业保障政策等；另一方面结合改革和优化税制，推进税费改革，实行结构性减税，减轻企业和居民税收负担，扩大企业投资，增强中低阶层的消费能力，间接促进就业。②在货币政策方面，拓宽融资渠道，加强对劳动密集型中小企业的资金支持。降低中小企业贷款门槛，简化中小企业贷款手续，加大中小企业贷款额度，缩短中小企业贷款期限，从根本上帮助劳动密集型中小企业解决融资难问题。激发市场活力，更好地发挥小微企业促创业、稳就业的重要作用。③出台了一系列有针对性的稳定就业政策，如三年百万青年见习计划、青年就业启航计划、高校毕业生"三支一扶"计划，制定实施新生代农民工职业技能提升计划，落实企业新型学徒制，组织开展大中城市联合招聘、就业援助月等活动，为我国实现更高质量、更加充分的就业保驾护航。

第三节 建立健全贸易调整援助制度和就业保障体系

经济全球化进程中,国际市场竞争激烈,失业问题凸显,贸易调整援助制度和社会保障体系是防止因为失业问题引起社会震荡的"安全网"或"减震器",能够解决劳动者的基本生活需要,同政府的其他劳动力政策相配合,缓和失业对社会造成的压力,是劳动就业体制建立的保障。

一、建立贸易调整援助制度,创造就业稳定增长的长效机制

"贸易调整援助制度"起源于1962年美国的贸易拓展法,旨在对因进口增长而造成损害的产业及工人提供援助,通过一定的措施减少因贸易而产生的冲击和负面影响,帮助受冲击产业及工人通过积极调整和利益补偿恢复竞争力,并先后在欧盟、日本、韩国等国家或经济体中得到了广泛使用。具体做法包括:①针对外部冲击引发的失业人口增加,应尽快启动建立中国贸易调整援助制度,以财政政策、就业政策为核心,补偿由贸易带来的损失;为稳定就业,短期应以货物贸易为重点,通过财政政策、金融政策、贸易政策综合发力,发挥中国在构建开放型世界经济中的引领作用,继续稳定货物贸易对我国经济增长的拉动作用;为创造就业,长期应以服务贸易为着力点,扩大服务业对外开放,全面深化改革,创造就业稳定增长的长效机制。②贸易调整援助计划应根据不同的情况采取不同的措施,如为被替代的工人提供训练计划、为寻找新工作的人员提供再就业援助、实施直接就业的创业计划、为促进自主创业提供信用和训练计划,以及为促进低技能工人就业和新劳动力就业提供就业补贴等。拥有大量熟练劳动的国家,其贸易调整援助计划应关注年龄较大的非熟练工人;而拥有大量非熟练劳动的国家,其贸易调整援助计划应关注更年轻的熟练工人。

二、提高政策的有效性和精准度,为大学生提供就业援助

目前,我国每年毕业的大学生数量已接近千万,但许多大学生因其工作经验匮乏,更容易受到全球化贸易波动的影响和冲击。因此要做到:①不断完善大学生就业服务体系,畅通大学生就业渠道,努力实现大学生多元化就业。针对农村大学生、女性大学生、残疾人大学生等弱势群体,加大帮扶力度,实现公平就业。加快高等教育改革的力度,强化专业设置的市场导向,纠正专业不对口问题

对大学生就业带来的困扰。②地方政府要扩大最低生活保障服务对象范围,为就业困难大学生拟定相关的配套制度,比如城乡医疗救助、公益性岗位等,就业困难的大学生可以申请公益性岗位,暂时解决就业和生活问题。实在无法就业的,为其提供城市最低生活保障。向因为工作原因未能参与职工医疗保险的大学生提供城乡医疗救助,确保其得到应有的医疗保障。③进一步实施"特困家庭高校毕业生就业帮扶"计划,让国家就业援助政策为家庭经济条件差的毕业生提供帮助。尽快完善户籍和档案管理制度、社会保险转移接续等方面的政策,从不同渠道促进大学生就业水平的提高。④中央政府应该对大学生医疗、养老、失业、工伤和生育制度进行统筹管理,防止相关政策走向地域化,尽量统一地区间的优惠政策。

三、加强政府政策帮扶,做好农民工就业保障

目前,农民工已成为我国产业工人队伍的主力军。特别是在出口加工型企业中占据了多数。因此,应对外部冲击,做好农民工就业保障成为解决社会失业问题的重要环节。①完善社会保障制度。根据农民工的现实需求完善全面覆盖农民工的医疗保障、教育保障、住房保障、养老保障和法律保障等制度。②完善就业机制,加强劳动监察部门对用工单位各个环节的监管,建立健全维护农民工权益的法律体系,畅通农民工合法保护自己权益的渠道,保障农民工依法维护自己的合法权益;健全农民工工资劳资协商机制,平衡好劳动者内部不同群体之间的利益,建立农民工融入城市社会的成本分担机制。③完善政策宣传和监管。强化政策导向,通过不同形式宣传就业优惠政策,引导企业吸收农民工就业,积极落实就业创业担保贷款、免费技能培训、职业介绍等优惠政策,并强化对政策执行的监督和考核,建立对帮扶政策制定与落实的评估考核机制,增强政策落实的效果,确保农民工就业安心放心。

第四节 不断提高劳动者人力资本水平

一国的教育水平决定国家的吸引力,教育影响个人应对变化的能力,接受良好教育的工人就业的替代率低、再就业率高。加大人力资本投入,提升我国劳动力的素质,是我国产业结构升级和外部经济冲击对我国劳动力素质提出的要求和挑战。随着国内产业价值链条的逐渐向上迁移,一些基于信息和知识的生产性服务业需求不断增加,就业岗位正面临从低技能、中低技能向更高技能水平的迁移,需要更高教育水平和更高专业技能的劳动力资源。

一、加快教育结构调整，提高教育水平

推进教育的改革与发展是实施科教兴国战略、提高国际地位，增强国际竞争力和影响力的重要途径。①在学校方面，政府要求高校提高教育质量，培养国家需要的人才，必须要结合市场的需求，设置符合企业需求的专业。破解人才供需脱节难题，打破封闭式教育体制，要以市场需求和新兴产业发展为导向，合理调整专业设置、优化课程结构，改进教学方法，创新人才培养模式。高校应进一步加强对大学生就业创业指导课程的开发，努力使就业创业指导服务工作实现"全程化、全员化、专业化、信息化"的要求。将教育与产业发展联系起来，搭建高校、教育培育机构与企业合作的平台，根据企业需求重点培养专业急需人才，切实为企业造就总量足、素质高、结构优的人才队伍。②在政府方面，为高校毕业生就业提供政策帮助，鼓励引导国有企业、中小企业和非公有制企业和单位积极吸纳和稳定高校毕业生就业，同时强化高校毕业生就业服务和就业指导，提升高校毕业生就业能力。③在用人单位方面，很多的用人单位为了节约成本，不招聘没有工作经验的大学生，应届毕业生作为市场中的弱势群体，企业一方面应承担社会责任，为大学生提供就业岗位。另一方面企业为高校积极提供反映就业市场需求信息，使高校能够根据市场需求进行专业和人才培养计划的合理设置，合理配置人力资源。

二、强化职业教育和职业培训，提升劳动者就业技能

经济全球化，将劳动者的职业培训权提到非常重要的地位。一个面向市场、面向经济全球化，能主动应变、应对创新潮流的"教育＋培训"的网络体系，是提供合格劳动者的必要条件。这种体系不仅要加强科技人员的培训，对工人也要加强培训，不只是学历培训，更应该重视的是对劳动者生命周期的培训。只有给劳动者以新的知识和技能，创造和完善机会均等的环境，才能为劳动者打开通向知识经济的大门。①加快职业教育结构调整，大力推进职业教育的发展，要重视职业教育发展规划，加大教师资源与教学设备的投入，提高学校同相关知名企业搭建合作平台的积极性，并加大对技能型专业人才培养的力度。高校作为人才培养的摇篮，作为向社会提供人力资本的一方，应时刻关注就业市场上对劳动力需求的变化，并且政府应发挥宏观调控职能，向高校传达整体就业形势的变化趋势，监管高等教育的培养方案，督促高校以市场需求为导向将大学生培养为对社会有用人才。②加强职业培训力度，提升劳动者就业素质。对政府而言，应发挥主导作用，时刻关注农民工、下岗工人和闲置劳动力等就业弱势群体，根据实际的需

求以及社会环境来制定合理的培训政策,强化教学的模式,进而更好地提高其技术水平。对企业而言,企业是职业培训的直接载体,企业要树立长远眼光,通过制定其整体的人力资本投资战略,为员工提供以技能更新为中心的培训计划,包括在职培训、脱岗培训和再就业培训,以保证做到较为平滑的过渡。培训要加强其针对性、超前性。既满足农民工的职业发展需要又提高企业整体工作效率,结合劳动力职业培训的周期性需求变化,逐步建立针对不同就业群体的终身教育体系,帮助其就业。对职工而言,重视职业培训对自身劳动技能提高的重要性,提高主动参与职业培训的积极性。③社会应该通过多种方式宣传职业培训对于农民工提高工作技能及改善收入水平的重要作用,强化用人单位对农民工的岗位培训责任,树立农民工终身学习的职业观念,有效提高劳动技能和就业能力。

第五节 不断增强劳动力市场的包容性

经济全球化将为我国建立统一、开放的劳动力市场提供难得的机遇。在全球化条件下,要有效地缓解就业压力,应打破就业的地区和行业壁垒,取消就业歧视,包括性别歧视、地区歧视、城乡歧视等,以促进劳动力要素的自由流动,充分发挥市场配置劳动力要素的作用,建立和谐劳动关系,加强劳动者权益的保护,形成开放、健康的劳动力市场。

一、消除市场和用人单位的性别歧视,缓解女性就业压力

在参与经济全球化进程中,越来越多的女性正在各个行业部门中逐渐参与到以男性为主导的经济部门中,如信息技术、生物技术创新和金融,虽然女性填补某些中低职位,但仍然是以男性为主导。女性其实不仅是促进社会可持续发展的重要力量,也是人力资源中最具优质潜能的群体。①政府加强对人力资源市场就业性别歧视的监管。政府应该鼓励用人单位制订性别平等计划,对积极推进性别平等的招人用人单位予以表彰,对存在性别歧视的招人用人单位进行处罚。②社会加强各类组织和各类媒体舆论宣传,高度关注女性平等就业,积极地关切女性最真实的需求,使就业平等观念深入人心,为女性公平就业创造平等、公正的社会环境。③女性加强自身就业能力,通过不断学习和培训增强自身竞争力,提高就业信心和就业能力,努力克服创新创业意识较弱、依赖心理较重、承受风险能力较差等弱点,以良好的心态对待社会角色和家庭角色的矛盾冲突。

二、打破城乡二元户籍制度，促进就业机会平等

市场和资本的全球化，其发展趋势必然带动劳动资源配置的全球化。顺应这一要求，我们必须拆除壁垒、实现劳动力跨地区流动，发挥市场配置劳动力要素的作用。①确保高等教育机会公平和就业机会公平。随着城乡差距不断拉大，城乡公共资源的分配、教育水平、就业机会与岗位等多方面都存在巨大的差异，农村户籍大学生依然面临着比城市大学生更大的就业难题。高等教育的机会公平是保证农村户籍学生进入更高层次大学学习、积累人力资本、弥补社会资本不足的重要手段，是促进社会流动、人才循环的重要渠道。大力发展农村教育，提升农村学生和农民工人力资本水平。一方面要大力发展农村教育，加大对农村地区教育的投资力度，改变城市偏向的教育资源分配模式。出台相关政策，为保证农民工职业教育的顺利开展提供法律保障与资金支持，从总体上提高农村学生和农民工的素质水平与就业能力，提升农村学生和农民工的就业质量。另一方面，农村学生和农民工群体应加强自我学习意识。农村学生和农民工可以有效利用手机、电脑等来提高就业水平，学习专业技能知识，关注劳动合同法等与就业相关的法律法规，维护自己的合法权益。主动抓住用人单位和社会提供的职业技能培训机会，不断提高技能水平。②确保过程公平。打破城乡二元户籍制度藩篱，实行人口登记管理制，消除农村劳动力进入城市就业的一切行政性障碍，实行平等就业制度。用灵活的市场机制引导劳动力流动，调节数量供求，带动质量提高，拓展就业空间，实现人力资源的合理配置，消除我国劳动力市场制度性分割与户籍歧视。让大学生可以脱离"知识民工"的困顿，促进我国经济社会均衡发展，拓宽农村大学生就业渠道。③注重结果公平，增进就业平等。一方面，政府要对农民工就业提供财政资金的扶持，加大人力、物力、财力等方面的投入力度，增加农民社会保障、医疗保险、子女教育等和职业培训等方面的资金政策倾斜。另一方面，制定相关法律和法规，为大学毕业生创造公平的就业环境。加强对人员招聘与录用过程的监督，减少社会资本影响，杜绝"托关系，走后门"现象。促进农村户籍大学生在就业上的平等，保障农村学生的合法权益，在就业信息提供、经济帮扶、岗位设置等方面向农村大学生倾斜。

三、健全就业法律政策体系，保障劳动者基本就业权益

国家有关部门和当地政府应该完善相关的法律法规，健全劳动力就业法律法规。①尽快完善现有的就业促进法、劳动合同法、劳动法等相关的法律法规，明

确劳动力就业的权益及救济制度等内容,加快我国经济融入全球一体化进程。②考虑制定专门的如《农民工权益法》等专门维护就业弱势群体的法律法规,即借鉴未成年人保护法、妇女儿童权益保护法等特殊群体的立法经验,进一步完善劳动力弱势群体维权救济、就业过程、实习试用、就业指导服务等相关的法律责任等内容,让就业弱势群体在就业过程中有法可依。制定与《劳动法》相配套的可操作的具体法规,加强对侵犯劳动者权益予以处罚的立法,尽快制定《反就业歧视法》,维护就业公平,对就业市场进行规范化管理。③尽快建立起更公平的收入分配制度,制定有利于全体劳动者的发展战略和劳动力政策,以更安全的就业保障、更符合安全和健康标准的工作条件和更有效率的劳动力市场,使全体劳动者都获得市场化、全球化的更大收益。

第六节　拓宽就业渠道　增强劳动力市场韧性

在对外开放新格局下,在保持经济总体平稳的同时,深入推进供给侧结构性改革,多措并举拓宽就业渠道、搭建就业平台,实现充分就业的宏观经济增长目标。

一、深入开展"双创"活动,提高创业带动就业能力

在全面开放经济社会环境下,大学生数量与空缺岗位数量比严重失衡,大学生面对更多的失业风险,大学生自主创业不仅可以获得更大的发展机遇,还可以缓解就业竞争压力,积极呼应"大众创业、万众创新"政策,就要做到:①高校重视大学生创业教育,加强创业宣传与支持,开展相关培训课程,设置专业指导老师,促进创业教育在高校中的正规化与制度化。将创新创业与就业服务两者相互融合,以创业的形式带动整体的就业。②企业和高校加强创业就业合作,搭建"互联网+"创业服务平台,推动一批企业运用互联网、物联网、云计算技术,建设一批创新创业基地,进一步推进大学生创新创业工作。③公共就业服务系统应加大对高校毕业生就业创业的专项服务力度,强化对高校就业创业服务指导中心的业务指导,并在资金、信息和技术支撑方面,提供更多的帮助,对于自主创业的毕业生,在场地、税收、贷款等方面可以提供优惠和帮助。

二、鼓励农民工自主创业,完善公共扶持政策

农民工是就业人群中的特殊群体,鼓励农民工自主创业,有利于缓解就业压力,创造新的就业平台,以创业带动就业,在全面开放经济格局中实现就业转

型。要做到：①强化体制管理工作，加强师资配置，建立起"政府倡导扶持，社会资源广泛入驻培训、农民工学成反哺"的发展链条，这样才能盘活整个培训机制，大力提高创业能力，形成真正的大众创业的良性循环发展。②在财政与税收方面，要根据政府的财力加大财政扶持力度；政府要发挥税收杠杆调节作用，在税收方面给予农民工优惠政策，帮助企业渡过创业艰难期。③政府要搭建好平等公平的创业平台，加大政策宣传，营造创业氛围，制定并完善扶持政策，为农民工创业提供政策咨询、就业指导、技能培训等"一站式"的创业服务。④基于农民工创业制定相关法律法规，从法律层面为农民工提供法律援助，维护农民工创业过程中的各项权益。

三、建立促进农民工返乡就业机制，拓宽农民工就业渠道

农民工外出一般多是到经济发达的地区开拓眼界和增长见识。要促进农民工返乡就业，要做到：①拓宽融资渠道，为农民工返乡创业提供金融支持。农村金融服务机构要放宽小额担保贷款条件，适当提高贷款额度，依据创业和生产周期设置灵活、合理的贷款期限，简化审批流程，扶持期内由财政按规定予以贴息；地方政府还可以根据各地的实际情况，对不同行业中的创业者和不同发展阶段的企业给予不同程度的财政与信贷支持。②加大政策宣传力度，鼓励返乡农民工创业。各级地方政府有关部门要充分利用各种渠道广泛宣传引导、鼓励、支持农民工返乡创业的政策规定。加大农民工返乡创业先进典型、先进经验的宣传力度，大力弘扬农民工返乡创业精神，发挥典型示范作用，营造良好的舆论氛围。

四、推进人力资源市场建设，完善人力资源服务体系

人才得到合理配置要满足两个方面的要求：一是要有完善的人才市场系统，二是人才可以自由流动。要做到：①加强公共就业服务体系建设，推进人力资源市场建设，完善人力资源服务体系，构建全国性的国际劳务市场信息和咨询系统。要运用现代化的手段，尽快建立统一、高效的国际、国内劳务信息网络，及时做好信息的搜集、筛选、整理、传递、发布以及反馈工作。政府应加强对信息的预测和监控，确保信息的真实性和实效性，以消除信息的不对称现象。建立统一的就业信息服务平台，实现信息共享，让劳动力获得更多及时的就业信息，减少劳动力的搜寻成本，降低劳动力需求信息的不对称性，有效提高就业服务的质量和效率。②建立国际劳务输出咨询公司，聘请一部分专家学者从事劳务输出的科学研究和决策咨询，以提高我国国际劳务输出决策的科学水平，为实现我国剩

余劳动力的国际转移提供条件。国际劳务市场信息中心和国际劳务输出咨询公司都应作为国际劳务输出管理局下属的事业单位运行，积极为我国的劳务输出提供良好的决策服务，形成国际劳务输出决策新体制。③制定专项就业市场规范政策法规，用政策法规约束就业市场上的一些不良行为，维持就业市场秩序，注重契约制度与信用制度的建设，努力为新生代农民工就业质量与社会认同提升提供良好的社会环境与社会氛围。

第二篇

进一步扩大开放影响劳动力市场的专题研究

第四章
外部冲击对中国就业的影响及其应对

第一节 引 言

2018年注定是不平凡的一年。自4月开始,美国政府一轮又一轮对中国商品加征关税,中国及时采取应对措施,同时严正要求美国立即纠正其错误言行。中美摩擦不断升级之时,美国分别与我国最为重要的三大贸易伙伴——韩国、日本、欧盟达成协议。9月3日美国贸易代表办公室宣布与韩国通过谈判重新修改2012年生效的美韩自由贸易协定(KORUS),解决KORUS中一系列阻碍美国出口增长的问题。具体措施包括延长美国卡车25%的进口关税至2041年、增加美国对韩国的汽车出口额、改进韩国海关繁重的出口来源核查程序、修订韩国对全球创新药物的定价政策以确保美国药品出口的公平待遇等四个方面。9月25日美国、日本和欧盟发布关于第三国非市场导向政策与做法的联合声明,强调非市场导向政策导致不公平竞争、阻碍创新技术的发展、破坏国际贸易的正常运行,并将采取制裁措施。具体内容包括国有企业和工业补贴问题、第三国强制技术转让问题、对世贸组织改革的必要性、加强数据安全以促进数字贸易和数字经济增长以及加强三边合作以解决市场扭曲问题。在这种国际环境下,中国国务院新闻办公室于9月24日发布《关于中美经贸摩擦的事实与中方立场》白皮书,明确阐明中美贸易关系以及中方的坚定立场。其后,中美双方就经贸问题展开积极磋商讨论,暂停加征关税并努力达成共识。直至2019年4月,第九轮中美经贸高级别磋商顺利结束,双方在技术转让、知识产权保护、非关税措施等一系列问题上取得新进展。

改革开放以来,中国已经经历了几次较大的外部冲击:1989年以美国为首的西方对我国经济制裁、1998年亚洲金融危机和2008年美国金融危机。中国政府积极采取有力措施应对三次危机,使我国经济发展未曾受到较大影响。中美贸易战或许尚未达到前三次危机的严重程度,但借鉴以往经验并结合当前局势未雨绸缪,提出有效的应对措施可使贸易战引起的本轮外部冲击对我国经济特别是国内就业的伤害最小化。初步判断，一方面，中美双方逐渐加高的贸易壁垒会抑制中国企业的整体出口水平，导致企业雇佣工人数减少。但另一方面，中国的部分出口企业大量进口国外的中间产品，加工后转销至国外。美国在限制进口的同时会促进本国的出口，从而存有大量进口活动的中国出口企业就业人数或会增加。此外，特朗普极力主张美国制造业回归，放宽税收政策，加强国内基础设施建设以吸引本土企业回归。若中国境内的外资企业大量流出，无疑会带走大量就业岗位，加剧对我国经济及劳动力市场的冲击。由此，本报告着重从历次外部冲击及其应对的视角考察中美贸易战对我国经济及其劳动力市场的影响。

本章节剩余内容安排如下：第二部分对外部冲击影响就业的已有文献进行综述；第三部分分析了改革开放以来中国的就业形势，从中观察就业节点之上的外部冲击产生的影响；第四部分阐述了中国改革开放以来经历的四次外部冲击，以及就业方面的应对措施；第五部分提出我国劳动力市场应对外部冲击特别是这次中美贸易战的政策建议。

第二节 文献综述

国内外学者主要围绕经济增长和技术进步等研究就业受到的影响。在经济增长方面，刘书祥和曾国彪（2010）认为改革开放以来中国就业的增长主要源于经济增长，而当期技术的发展对就业没有显著影响，滞后一期的技术进步对就业有明显的负向效应。杜传忠、韩元军和杨成林（2011）通过研究我国东、中、西部就业的影响因素及差异，认为西部地区的经济增长能够明显提高就业，而东、中部地区不够明显。因此，政府应在不同地区采取不同的措施以促进就业。也有学者持反对意见，提出我国较高的经济增长率并没有导致较高的就业率，而经济增长对就业的积极作用不断弱化（陈桢，2008）。Patnaik（2011）认为一个经济体即使拥有较高的增长率，事实上也会面临不断增长的失业率问题，这违背了传统的增长理论。魏瑾瑞（2012）也指出我国经济增长不一定会促进就业增长，国家应该注重调整产业结构并优化经济增长模式，从而实现经济与就业共同增长。另有部分学者强调了经济结构的重要性。谌新民（1999）提出如今第三产业是吸纳劳动力的主要产业，但其发展仍然不能带动就业增长，导致失业的根本原因是经济结构调整滞后。

大量国外学者论述了技术进步与经济增长和就业之间的关系。Aghion 和 Howitt（1994）通过探究因引入新技术而导致的经济增长与长期失业率之间的关系，认为一方面经济增长可以提高创造就业的资本回报，从而降低均衡失业率，但另一方面经济增长会减少工作匹配的时长，进而提高失业率的均衡水平。Michelacci 和 Lopez-Salido（2007）指出技术进步可以摧毁技术过时的工作并导致失业，中性的技术进步可以促进工作的消失与重组，进而减少总就业，而特定投资的技术进步可以减少就业破坏,对创造就业有轻微影响。Postel-Vinay(2002)比较了技术进步对就业的短期和长期影响。从长期来看,技术进步加速了工作的过时,从而降低就业的均衡水平。从短期来看,对就业有积极的潜在影响。Liu和Zeng(2008)进一步提到长期失业率随着经济增长上升或下降取决于某些劳动力市场参数。虽然提高劳动力市场效率等间接促进经济增长的政策总是降低长期失业率,但鼓励研发投资的政策可能提高失业率。Collard,Fabrice和Dellas(2007)认为在标准的开放型经济中,积极的技术冲击会导致就业的负面反应,就业率呈现持续下降的趋势。

除此之外,还有学者考虑了多种因素对就业的综合影响。姚战琪和夏杰长(2005)通过对省级数据的回归分析,得到工资水平、人力资本和科技进步是影响我国就业的最主要因素,而如果政府减少对劳动力、资本等要素市场的控制,让企业自主决定要素价格,会提高劳动力市场的效率。赵利、潘志远和王东霞(2014)认为消费、产业结构和城市化水平等宏观因素,以及技术进步是影响城镇劳动力就业的主要因素,经济增长没有明显的作用。

一般而言,金融危机、贸易摩擦等外部冲击直接影响国家的对外贸易及外汇汇率等,进而对国内市场造成冲击。Köse,Seyit和Durusoy(2010)尝试分析2001年土耳其内部危机和全球经济危机对土耳其青年失业率的影响。研究发现土耳其的青年失业率在1996—2010年逐渐上升,但在两次危机爆发的节点失业率激增,且危机后保持在较高水平。戴觅、徐建炜和施炳展(2013)在研究人民币汇率冲击时提出人民币汇率变动对不同制造业企业的就业人数产生不同的影响,汇率冲击会使部分制造业企业的就业率上升,部分就业率下降。企业通常会通过改变聘任关系而非解雇来应对汇率变化。卫瑞和庄宗明(2015)认为出口扩张是我国就业增加的主要推动力,而外包不利于就业的增长。同时,技术含量低的产品国际化对拉动就业有明显作用,而国际波动对低技能劳动力的冲击最大。张川川(2015)基于2000—2005年的市级数据研究发现,我国的出口增长能够促进制造业就业,同时间接地提高服务业的就业水平,而且出口对不同群体就业的影响存在差异,一般对年轻人、女性、农村人口以及教育水平低的劳动力影响更大。Chishti(1981)较早地分析了各种类型的出口项目和出口导向型的部门在创造就业中扮演的角色,出口增长能够创造就业,且其作用仅仅是产生外汇吸引进口投资,反过来创造就业机会。

第三节 改革开放以来我国就业情况分析

我们从总失业率、城镇登记失业率、经济活动总人口、三大产业就业人口以及城镇乡村就业人口等多个角度分析我国过去40年以来的就业基本情况。

一、总失业率

图4-1为1978—2016年我国失业率的变化趋势，可以看出自改革开放以来，我国失业率先短暂下降，随后总体上升，但始终保持在4%以内。其中，在几个关键节点，失业率有显著上升。第一次为1989年，在此之前我国失业率水平维持在0.5%左右，但1989年经历国际经济制裁后失业率上升到0.68%，此后一直缓慢上升。失业率的第二次激增在1998年，此时亚洲金融危机爆发，亚洲多国遭到重创，经济低迷。虽然中国采取果断措施保证了人民币不贬值，但这场危机对国内市场依然产生了相当大的冲击。从图中可以看出，我国总体失业率从1997年的1.38%骤然增至1998年的2.01%，1999年的1.92%，直至2000年失业率高达2.58%，此后开始回落。2001—2007年经历了一段平稳时期，我国失业率没有太大的变动。2008年美国次贷危机爆发，并迅速蔓延至世界。全球经济低迷，我国也遭受了较大的冲击，失业率不断攀升。2008年我国失业率为1.92%，比上一年增加0.34%，此后2009和2010年的失业率分别为2.17%和2.91%。由此可以看出，这三次重要的外部冲击均对我国劳动力市场产生了显著影响，导致失业率在短期内显著上升。而且，外部冲击具有一定的规律性，从1989年到1998年，再到2008年，逢"8"一个周期，每次间隔10年左右。

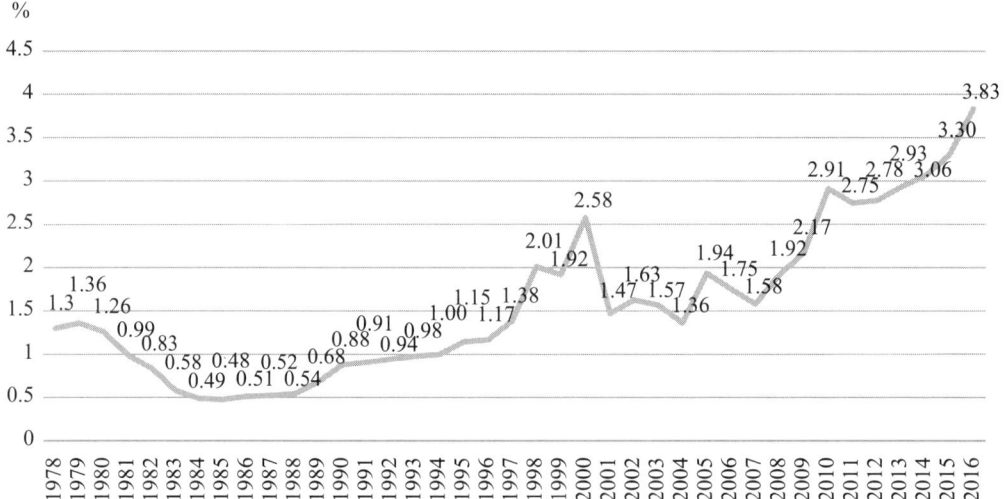

图4-1 1978—2016年中国总失业率

数据来源：根据《中国统计年鉴》计算所得。

二、城镇登记失业率

我国城镇登记失业率也反映出上述周期性变化规律。如图 4-2 所示,从 1998 年开始,我国城镇登记失业率连续三年保持 3.1%,此后开始急剧上升,2001—2003 年失业率分别为 3.6%、4%、4.3%。失业率对亚洲金融危机的反应相对滞后,1998—2000 年的失业率均为 3.1%,但这不能说明金融危机未对劳动力市场产生影响,因为从图 4-3 可以看出,该时间段内我国经济活动总人口明显升高,因此失业率的不变主要是因为基数变大,同时失业人数也增多。直到美国爆发金融危机以前,我国的城镇登记失业率从 4.3% 缓慢下降至 2007 年的 4%,在 2008 年迅速上升至 4.2%,直至 2009 年达到顶峰 4.3%。此后失业率再次回落,近几年保持在 4% 左右。由此可见,两次外部冲击均对我国城镇登记失业率产生影响,导致失业率迅速升高,我国城镇登记失业率也呈周期性变化。

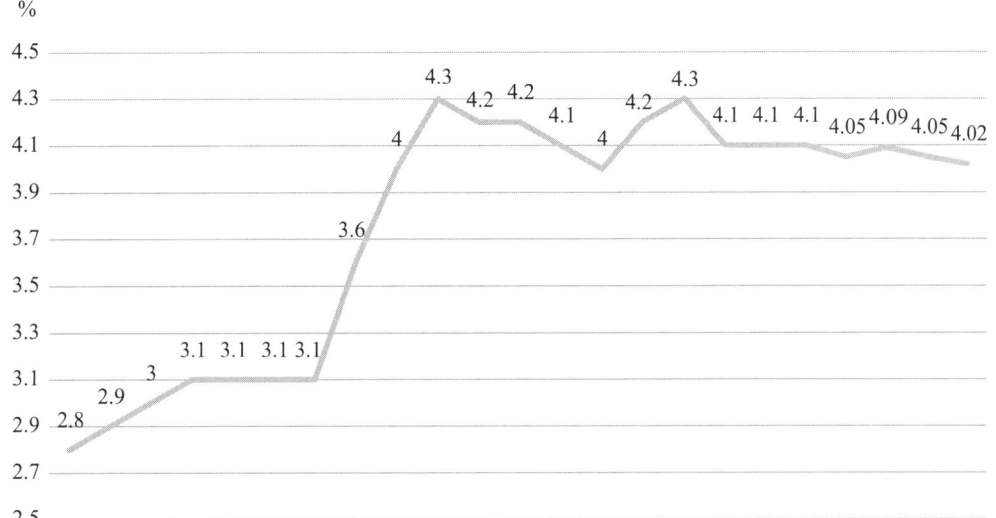

图 4-2 1994—2016 年我国城镇登记失业率

数据来源:根据《中国统计年鉴》计算所得。

注:《中国统计年鉴》只能提供 1994 年以后的城镇登记失业率。

三、经济活动人口、从业人员及城镇登记失业人口

从经济活动人口来看,自 1978 年以来一直呈现上升趋势。1990 年之前我国从业人员数与经济活动人口的增长步伐几乎保持一致,1990 年附近出现短暂激增,此后就业人员数量的增长率略低于经济活动人口,两者之间的差距及失业人

数有增大趋势。我们所关注的城镇登记失业人数也在下图中得以体现。总体来看，我国城镇登记失业人数呈上升趋势，但自 1994 年以来，有两次较为明显的增长。第一次发生在 1998 年之后，此时正值亚洲金融危机，中国在接下来几年中失业人口迅速上升。自 2002 年开始，整体增速放缓，城镇登记失业率得到控制，但随着美国次贷危机的爆发，国内劳动力市场受到严重冲击，导致 2008—2010 年城镇登记失业人数的增长速度提高。结合图 4-2 与图 4-3 来看，我国城镇登记失业率与失业人口数均在亚洲金融危机和美国金融危机时期明显上升，呈现周期性特点。

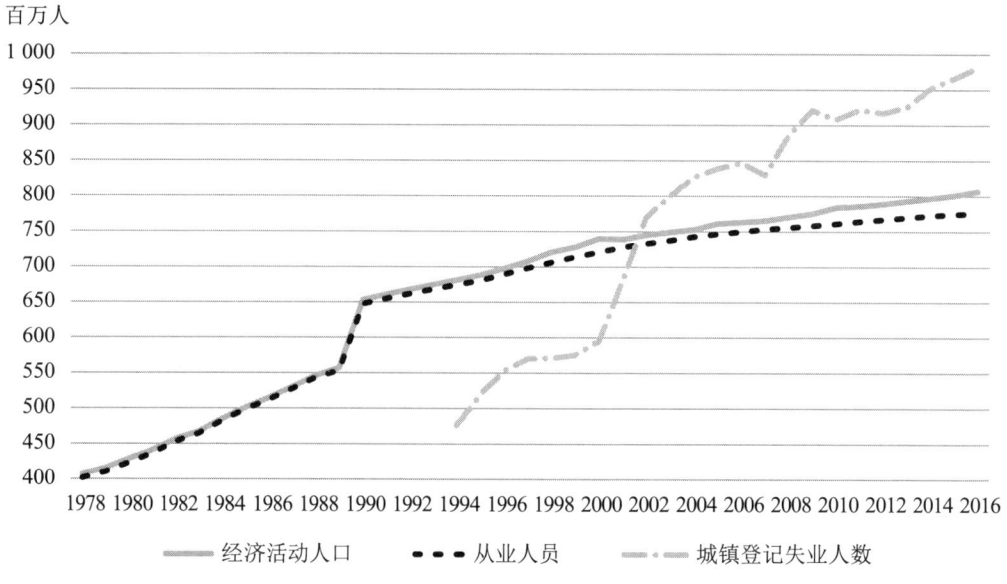

图 4-3　经济活动人口、从业人员及城镇登记失业人数

数据来源：根据《中国统计年鉴》计算所得。

四、三大产业从业人员

进一步考察我国从业人员构成及其变化趋势，我们首先将全体从业人员按照三大产业分类，如图 4-4 所示。总体来看，我国从业人员数逐年增加，这也与我国人口增长有一定的关系。我国是农业大国，1978 年以前第一产业提供绝大部分劳动岗位，第二、第三产业的占比极小。改革开放以后，我国工业与服务业逐渐发展起来，就业人员比例逐年上升。从图 4-4 可以看出，直到 2002 年，我国第一产业就业人员数量没有太大变动，而第二、第三产业，尤其是第三产业发展迅速，其从业人员数已达到和第二产业相当的水平。此后，我国从业人员总数上升趋势平缓，第一产业从业人员数量逐渐降低，至 2016 年收缩了将近一半。第二产业比例逐渐增高，其从业人员数与第一产业相当。但发展最为迅速的是我国的服务业，过去

30多年一直保持高速增长,如今已超过第一、第二产业,为我国提供大量的就业岗位,成为劳动力就业的主要领域。另外,从图中可以看到,1990年我国农业从业人员迅速增长了5 000万,而2008年后我国农业从业人员数迅速下滑,工业与服务业的就业比例增高,可见外部冲击对我国劳动力市场的就业结构产生一定的影响。

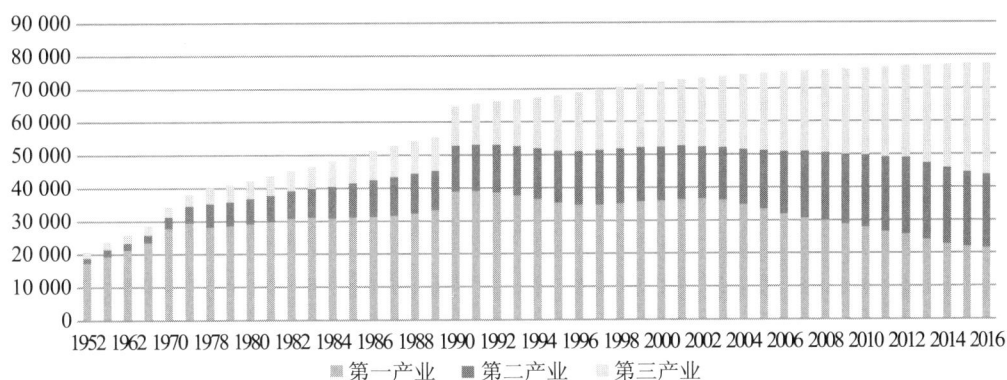

图 4-4　三大产业从业人员数/万人

数据来源:根据《中国统计年鉴》计算所得。

>>五、城镇、乡村就业<<

图 4-5 为 1978 年以来我国城镇与乡村就业人员结构。我国就业人员数量总体呈上升趋势,其中城镇就业人口快速增长,而乡村就业人口自 1990 年开始逐渐减少。我国近年来不断推进城镇化进程,以及大量农民子弟进城务工可以解释这一现象。

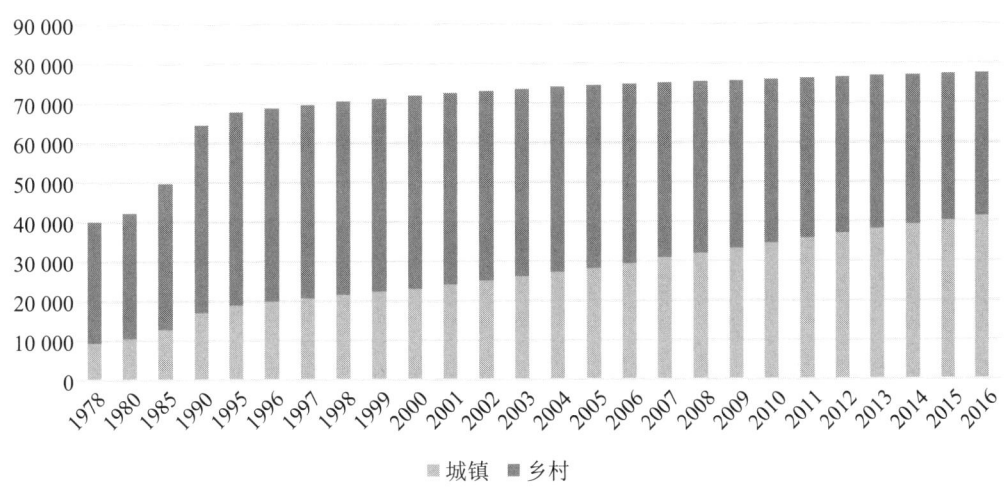

图 4-5　城镇及乡村就业人员总数/万人

数据来源:根据《中国统计年鉴》计算所得。

总体而言，改革开放以来，我国失业率呈上升趋势。1989年国际经济制裁、1998年亚洲金融危机、2008年美国金融危机均对我国劳动力市场产生冲击，使得失业率迅速上升。城镇登记失业率的增长趋势也反映了这一特点，经历外部冲击后上升到4.3%，随后政府采取一系列有力措施，城镇登记失业率回落。从人口数量来看，1978年以来经济活动人口和就业人员数量保持增长，但两者之间的距离逐渐拉大，及失业人口增多。其中城镇登记失业人数对外部冲击的反应明显，在亚洲金融危机和美国金融危机爆发后分别有一段快速增长。从三次产业的从业人员数来看，农业从业人员比例逐渐缩减，而第二、第三产业呈扩张趋势，尤其我国的第三产业已成为提供最多就业岗位的产业领域。通过三大产业就业人数的比例变化可以推断外部冲击可能会对我国三大产业的就业结构产生影响。最后，从城镇和乡村的角度，我国城镇就业人口逐年上升，乡村就业人口呈递减趋势。通过以上分析可以推断，我国的就业形势呈现周期性变化，而这一变化与国际局势和我国所受外部冲击密切相关。

第四节 就业节点上的外部冲击及其应对

一、1989年经济封锁

1989年，以美国为首的西方国家对我实施经济制裁。最初，美国总统布什宣布暂停向中国军售和出口商业性武器，暂停双方领导人的互访，以及重新考虑中国留学生要求延长逗留时间的请求。受美国影响，陆续有20多个发达国家以及受美国控制的国际组织均加入制裁中国的行列。日本政府停止两国合作，世界银行停止向中国提供贷款，关贸总协定也无限期延后了对中国申请加入的批准，国际局势极为紧张。这场全面的国际经济封锁对中国经济产生了巨大的影响。首先，中国获得国际贷款的渠道被阻断，资金严重不足，中国增长与建设的脚步变缓；其次，由于西方国家停止与中国的贸易和经济合作，中国出口产品积压同时无法进口紧缺产品，严重影响了国民经济发展。根据图4-6，1988年国内生产总值增长率为11.2%，而到1989年这一数值锐减，仅有4.2%，1990年进一步降低至3.9%，直至1991年才开始回升。在就业方面，1989年我国就业的稳定形势被打破，失业率为0.54%，1989年增长至0.68%，提高了0.14个百分点，1990年进一步提高至0.88%，此后失业率一直处于缓慢上升状态。失业人口从1988年的296万人迅速增至1989年的378万人、1990年的574万人，可见这场危机和国际经济制裁对中国劳动力市场产生了显著冲击。

面对恶劣的外部环境，邓小平果断提出应对国际局势的指导方针：冷静观察、稳住阵脚、沉着应对。随后，中国以日本为突破口，逐渐打破僵局。化解这场危机的关键还在于中美关系，经过与美国代表的多次会谈，中国坚决维护主权的态度以及合作共赢、推动世界和平发展的理念最终使双方关系逐渐缓和。在积极打破外交封锁的同时，我国进一步深化改革、扩大开放。1993年《中共中央关于建立社会主义市场经济体制若干问题的决定》有力地推动了我国经济的高速发展。

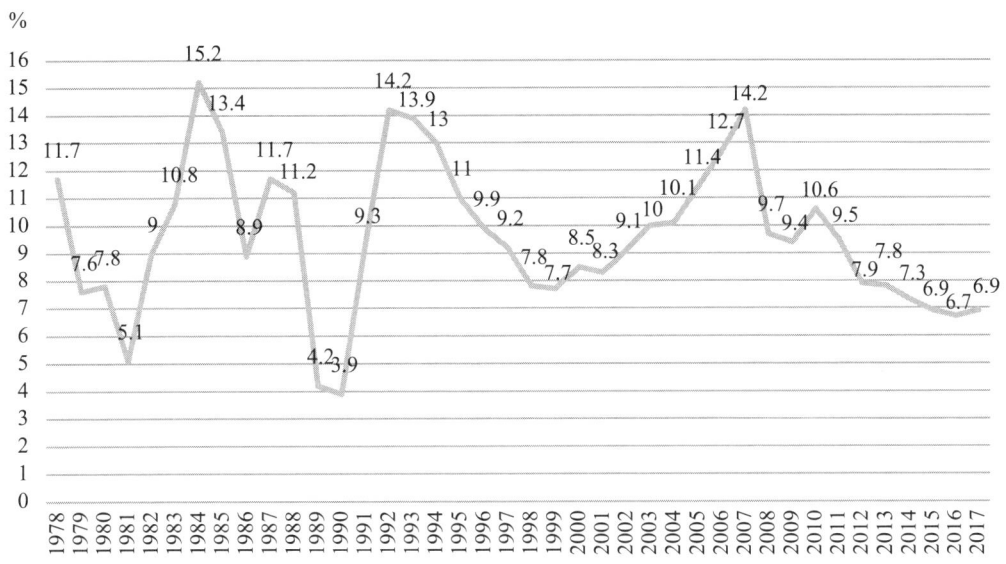

图4-6　1978—2017年国内生产总值增长率

数据来源：根据国家统计局《中国统计年鉴》计算所得。

二、1998年亚洲金融危机

1997年，金融大鳄索罗斯闪袭泰国，大量抛售泰铢，由于泰国没有足够的外汇储备，泰国政府被迫宣布放弃与美元的固定汇率制，转而实行浮动汇率制，然而当天泰铢对美元的汇率下降了17%，标志着一场席卷整个亚洲的金融危机开始。在泰铢波动的影响下，危机逐渐在东南亚地区蔓延，菲律宾、马来西亚、印尼等国先后受到冲击。1998年，印尼盾与美元汇率跌破10000：1，日元汇率持续下跌，中国香港遭受国际投机家的新一轮攻击。至此，亚洲金融危机全面爆发。面对国际金融炒家的多次进攻，香港政府予以坚决反击，在股票和期货市场投入大量资金。以中央政府雄厚的外汇储备为后盾，香港最终顶住抛售的压力，稳定了港元汇率，香港经济得以稳定。

在这场弥漫整个亚洲的金融危机中，虽然中国政府采取强硬的措施保证人民币不贬值，但中国经济依然面临严峻的形势，劳动力市场也受到冲击。我国

GDP增长率在本次金融危机期间达到低谷，从1997年的9.2%下跌至1998年的7.8%，1999年仅有7.7%的增速。我国失业率从1997年的1.38%增至1998年的2.01%，1999年的失业率依然居高不下，达到1.92%。其中，我国城镇登记失业率在三年内保持3.1%左右。时值建立社会主义市场经济体制的重要阶段，中央政府及时采取一系列措施应对金融危机、刺激经济增长。1998年2月，中共中央、国务院发出《关于转发〈国家计划委员会关于应对东南亚金融危机，保持国民经济持续快速健康发展的意见〉的通知》，着重强调了"扩大内部需求"的政策方针。在这一方针指导下，国内实施了扩张性的货币政策和财政政策，一方面扩大基础设施建设，增加财政支出，扩大就业，另一方面增加货币供给，刺激消费，促进经济增长，进而提高抵抗国际金融风险的能力。在这期间，中央采纳了经济学家汤敏等人的建议，制定了以"拉动内需、刺激消费、促进经济增长、缓解就业压力"为目标的高校扩招计划，以解决当时面临的经济与就业问题。此次金融危机后，许多亚洲国家货币贬值，但中国政府坚持人民币不贬值，努力维持汇率的稳定，这一举措展现了良好的大国形象，对外商在中国的投资提供了信心与保障，也对亚洲经济复苏起到了关键作用。此外，我国加大金融监管力度，加快金融体制改革。这一系列举措使中国在亚洲经济发展低迷之时依然保持了1998年7.8%和1999年7.7%的国内生产总值增速。

三、2008年美国金融危机

从2003年开始美国深陷长达六年的伊拉克战争，形成资金黑洞、高额国债及财政赤字。为拉动经济增长，美联储采取宽松的货币政策，降低贷款利率，鼓励消费，以房地产业拉动经济增长。商业银行不断放宽贷款条件，大量信用级别低的客户也能贷款购房，但商业银行承担了极大风险。所以，银行售卖次级债以转移风险，并通过投资银行转移至全世界。虽然表面上看房地产市场一片繁荣，但实质上是一场泡沫。2007年4月美国第二大次级房贷公司新世纪金融公司宣布破产，2008年9月美国财政部接管了房贷两巨头房利美公司和房地美公司，美国第四大投资银行雷曼兄弟宣布破产，此后华尔街的投资银行接连破产，美联储宣布将仅存的两家投资银行高盛和摩根士丹利改为商业银行。至此，美国次贷危机全面爆发，并在经济全球化的大背景下迅速席卷全球金融市场。

为了应对危机，各国相继出台经济刺激政策。中国同样受到这场危机的波及，2008年的GDP增速为9.7%，同上一年相比降低了4.5%。另外，我国总失业率在此期间不断上升，从2007年的1.58%上升至2008年的1.92%，此后两年的失业率分别为2.17%和2.91%。城镇登记失业率也略有提升，2008年为4.2%，比2007年增长0.2%，2009年进一步提高到4.3%。城镇登记失业总人数在 2007 年、2008 年和 2009 年分别为 830 万、886 万和 921 万人，增加幅度明显。2008 年 11 月，国务院常务会议确定了进一步扩大内需、促进经济增长的十项措施，涵盖基础设施建设、生态环境建设、灾后重建、医疗卫生、教育文化、自主创新与结构调整、提高城乡居民收入、增值税转型改革等各个方面，总投资额达四万亿元，简称"四万亿计划"。这项投资计划振奋了国内市场，使中国平稳度过金融危机，并维持了 9.7% 的 GDP 增长率。与此同时，为稳定就业，人社部于 11 月 17 日发布《人力资源和社会保障部关于应对当前经济形势做好人力资源和社会保障有关工作的通知》，通知指出要稳定就业局势并做好社会保障工作，具体包括稳定就业岗位、扩大就业、促进下岗失业人员再就业以及提高社会保险待遇等。

四、2018 年中美贸易战

近日中美贸易战愈演愈烈，两国关系越发紧张。2016 年特朗普当选美国总统之后便高举"美国优先"的旗号，实行一系列贸易保护措施。他强调双边贸易关系，将 WTO 的多边贸易体制边缘化，带动逆经济全球化潮流。中美之间的巨大货物贸易逆差使得美国政府将矛头对准中国，并声称是中国"偷"走了美国的就业。这样的言论是毫无根据的，中国国务院新闻办公室 2018 年 9 月 24 日发表的《关于中美经贸摩擦的事实与中方立场》白皮书明确阐述了中美经贸关系以及中国立场。白皮书提到，中美双方均从经贸合作中明显获益，中美贸易也为美国创造了大量的就业机会。中美经贸合作是一种双赢的关系，美国一部分人宣称的"美国吃亏论"是站不住脚的。另外，不能仅以中美贸易差额来判断双方在贸易中的得与失。一方面，中美贸易逆差仅体现在货物贸易上，而非服务贸易，不能片面地一概而论。另一方面，在全球价值链分工中，中国长期占据组装环节，这一环节的附加值及利润最低，而研发及销售等高附加值、高利润环节均不在中国，中国实际获得的利益是被高估的。再者，美国是低储蓄、高消费的国家，其 2018 年第一季度的净国民储蓄率只有 1.8%，这是导致美国长期以来贸易逆差的根本原因。最后，特朗普政府声称要使制造业回归，实现再工业化以创造就业岗位，然而事实上美国的制造业已然衰落，第三产业吸纳了美国绝大部分劳动力，因此这一目标能否实现尚未可知。

中美贸易战更深层次的原因是美国企图遏制中国的发展势头，巩固其自身的霸权地位。改革开放以来中国的迅速发展全世界有目共睹，如今更是跃升为世界第二大经济体，国民生产总值达到美国的 60% 左右，且近年来中国的 GDP 增速始终保持在 6% 以上，远远高于美国。中国的蓬勃发展威胁到了美国的利益。今日的场景与 20 世纪 80 年代日美贸易战极为相似。当时的日本同样跃升为世界第二大经济体，美国为了遏制其发展势头而发动汽车贸易战，最终以日本被迫签订《广场协议》而结束，但自此日本的经济增长几乎停滞，再也没有了超越美国的能力。如今的中美贸易战或许就是曾经日美贸易战的重演，但也有所不同。中国是世界上最大的发展中国家，美国是最大的发达国家，两者之间的关系关乎世界的发展与稳定。白皮书关于中国立场的部分写道，"中国坚定推进中美经贸关系健康发展，同时坚定维护国家尊严和核心利益"。与此同时，中国积极采取措施稳定国内的劳动力市场。2018年7月4日国务院常务会议部署进一步做好稳定和扩大就业工作。会议确定了进一步扩大科研人员自主权的措施，以充分调动科研人员积极性，激发创新活力，壮大经济发展新动能。同年7月17日，国家发改委联合教育部、财政部、人力资源社会保障部等17个部门发布《关于大力发展实体经济积极稳定和促进就业的指导意见》。意见指出，当前我国就业形势总体平稳，但当前和今后一段时间，受产业结构转型升级以及国际国内各种不确定不稳定因素的影响，结构性就业矛盾依然存在。因此，意见明确要加强统筹施策，加大援企稳岗力度；要发展壮大新动能，创造更多高质量就业岗位；促进传统产业转型升级，引导劳动者转岗提质就业等。

第五节　应对中美贸易战对我国就业影响的政策建议

从本报告对我国就业形势的分析可以看到，历史上三次外部冲击均对中国经济及劳动力市场产生了影响，而我国也及时采取了一系列应对措施。1989年国际经济封锁后，邓小平明确指出"中国的内政决不允许任何人加以干涉，不管后果如何，中国都不会让步。中国领导人在捍卫中国的独立、主权和国家尊严方面绝不含糊"，并以日本为突破口，同时缓和中美关系。1998年亚洲金融危机爆发，中共中央、国务院发出《关于转发〈国家计划委员会关于应对东南亚金融危机，保持国民经济持续快速健康发展的意见〉的通知》，着重强调了"扩大内部需求"的政策方针，江泽民提出要努力扩大内需、发挥国内市场潜力。2008年美国金融危机爆发后，国务院常务会议确定实施扩大内需、促进经济增长的四万亿计划。与此同时，人社部发布通知指出要稳定就业局势，扩大就业和促进失业人员再就业，并做好社会保障工作。当下，中美贸易战激战正酣，直接影响了我国的对外贸易，进而威胁到我国的就业形势。借鉴以往经济封锁和金融危机时一系列方针和具体政策措施，并结合当下的国际局势，提出如下应对中美贸易战对我国就业影响的若干建议。

一、扩大开放，深化与各国经贸往来

发展才是硬道理。自身的强大是应对各种外部冲击的关键和根本。自改革开放以来，我国取得的发展成就举世公认。然而，当前要想获得进一步发展所面临和亟待解决的问题也逐渐涌现。在这种形势下，应对进一步扩大开放的必要性和重要性形成更加清醒的认识，着重扩大服务业的对外开放，继续创造良好的国内投资环境。同时，积极推动"一带一路"建设，坚持共商共建共享，开展与沿线各国的全方位合作，维护经济全球化与自由贸易。在我国经济稳定发展的基础上就业受到的影响就是可控的，外部冲击对我国劳动力市场的不利影响也便容易化解。

二、就业优先，全面发力稳增长保就业

2019年的政府工作报告中首次提出就业优先政策，并进一步提出稳增长首要是为保就业。就业是民生之本、财富之源，就业优先政策旨在强化各方面重视就业、支持就业的导向。当前以及今后一个时期我国就业总量压力不减，结构性矛盾凸显，新的影响因素还在增加，因此必须把就业摆在更加突出的位置。只有就业稳、收入增，才能将经济运行保持在合理区间，使我们更有底气推动高质量发展，决胜全面建成小康社会。在就业优先政策前提下，也要多管齐下稳定和扩大就业，如做好高校毕业生、退役军人等群体的就业工作。

三、扩大内需，持续释放我国市场潜力

我国国内市场潜力巨大，扩大内需、发挥市场潜力以刺激经济增长是我国应对各种外部冲击的一剂良方。扩大内需，既要发挥消费的基础作用，也要发挥投资的关键作用，从而促进形成强大的国内市场。首先，推动消费稳定增长，多措并举提升城乡居民收入，增强消费能力。其次，合理扩大有效投资，在国家发展战略的指导下加快实施惠民利民的一系列重点项目。在应对2008年金融危机时，我国政府提出实施积极的财政政策并出台了扩大内需、刺激经济增长的"四万亿计划"，使金融危机对我国经济的冲击降到最低。故而扩大内需的方针在当下同样能够减少贸易战对国内市场的伤害，进而缓解就业压力。

四、振兴乡村，统筹城乡两个劳动力市场

我国城乡二元分割是改革发展中需要解决的问题，但在一定阶段，这种城乡二元的劳动力市场，又是我们应外部经济风险的重要法宝。2008年金融危机期间，农村劳动力市场为稳定就业做出了重要贡献。因此我们要切实推进乡村振兴战略，坚持农业农村优先发展，坚持乡村全面振兴，坚持城乡融合发展，鼓励进城务工人员返乡创业，不断提高村民在产业发展中的受益面，彻底解决农村就业问题。同时通过统筹各生产要素及资源在城乡两个市场的统一合理配置，实现城乡劳动生产率大幅提高，居民收入快速增长，就业问题有效缓解，社会和谐进步。

第五章
金融危机对中国就业的影响及其应对

第一节 引 言

2018年3月22日,美国总统特朗普签署备忘录,将对从中国进口的1 300多种商品大规模征收关税并公然宣布:"要对中国发起301调查,可能涉及金额600亿美元;美国与中国之间存在巨大的贸易逆差,要把它搞定;今天签署的命令只是未来'很多行动的第一个'。"随即,中国外交部对美国挑起的贸易战迅速做出强硬回应:"来而不往非礼也,我们会奉陪到底。"中国拟对7类美国进口产品加征关税,而这只是中国反击的第一拳。中美贸易战的影响很快显现,全球股市遭到重创,美股暴跌,A股市场400多股跌停。当然,受到影响的不仅仅是贸易和资本市场,也不仅仅是中美两国。

自特朗普上台,美国单边提高关税、退出跨太平洋伙伴关系协定(TPP)、修建边境墙限制移民等一系列举动正是所谓"美国优先"原则在贸易、投资和要素流动方面的强势体现,保护本国产业和贸易利益的贸易战更是将其推向了高潮。其实,2008年全球金融危机之后,经济全球化的发展确实受到阻碍,各国政府往往倾向保护本国产业来慢慢恢复经济,贸易保护主义抬头,逆经济全球化由此兴起。WTO的一项统计显示,2008年以后WTO成员方推出了2 100多项限制贸易的措施,原先经济全球化的良好态势被打破,加之2016年6月英国举行脱欧公投,主张退出欧盟的一派出人意料险胜,同年11月特朗普当选美国总统,西方大国助推逆经济全球化的发展逐渐走强。

众所周知,中国对经济全球化从认识、防范、接受到融入甚至引领,走过了20多年的曲折历程,对其带来的机遇和挑战整体做到了以我为主、趋利避害。面对逆经济全球化的兴起,尤其是当前美国已对中国采取的针对性贸易保护措施,中国受到的影响引人关注,因此理应对其进行科学的量化评估以期做出精确反应、采取及时行动。况且,美国等发达国家往往将因经济全球化而受到的就业冲击归咎于中国，逆经济全球化是否就能加以拯救？与此用时，我们也需考虑在过去经济全球化影响我国就业的基础上这一浪潮对二者关系的新冲击。据此，本报告将2008年金融危机作为准自然实验，基于中国工业企业数据，采用双重差分法（DID）分析逆经济全球化对中国劳动就业的影响。

第二节 文献综述

基于逆经济全球化出现和发展时期较短以及数据的滞后性，这一领域的国内外研究相对较少，主要集中在逆经济全球化的阐述及其可能影响方面，不过有关贸易保护、单边政策等影响研究却是十分丰富。

众所周知，经济全球化给整个世界带来了巨大的福利，但同时，在经济全球化进程中，发达国家劳动密集型产业向发展中国家转移、分工结构变化导致失业率不断上升、移民给欧洲各国人民带来生活安全问题、全球金融市场的异动等，使得西方国家开始用质疑的眼光审视经济全球化，并将国内出现的经济衰退、失业率上升等问题归咎于此，逆经济全球化浪潮兴起（于潇、孙悦，2017）。与之相似，陈伟光和郭晴（2017）也认为欧美国家国内治理和全球治理的失衡、以他们为主导的全球化治理资源错配等导致了民众的逆经济全球化情绪高涨，再加上一些政客为了获得更多的选民支持和政治威望，顺手将矛盾关注点引到经济全球化上。其他观点表明，国际恐怖主义的滋长不仅是逆经济全球化发展的表现之一，而且也是引发逆经济全球化的一根导火索（曾向红，2017）。

逆经济全球化的兴起严重地挫伤了经济全球化的发展，深刻地阻碍了全球贸易合作和区域经济的一体化进程。亚太地区的一系列自贸协定如RECP、TPP、FTAAP均受到逆经济全球化的强烈冲击（于潇、孙悦，2017）。特别地，对中国来说，逆经济全球化浪潮尤其是特朗普上台所带来的不确定性，可能是机遇、博弈抑或战争，并且中国都不可能置身事外。[①] 虽然针对逆经济全球化的研究很少，但对逆经济全球化的部分表现——贸易壁垒、移民政策的研究相对丰富。例如，Staiger和Tabellini（2001）基于最佳贸易政策可能存在时间不一致性的观点，提出出乎意料的贸易保护政策会带来更大的再分配效应。此外，针对2002年3月美国制定的钢铁应急保障措施的分析显示，该"保障措施"的成本超过了其在国内生产总值和就业总量方面的收益，更多的是政治上的权宜之计，而非WTO规则下的保护理由（Read，2010）。孙晓琴和吴勇（2006）的研究发现发达国家的技术性贸易壁垒在短期内对我国四大产业的竞争力均存在负面影响，而长期对不同的行业的影响则有正有负。与传统观点不符的是，赵志强和胡裁培（2009）利用浙江出口美日欧的数据，通过实证得出来自美日欧的技术性贸易壁垒对浙江出口市场没有显著的抑制作用，反倒是正向的促进作用。不同的研究得出了不同结果,可能是由于技术性贸易壁垒对国际贸易流量的影响存在明显的国别差异和行业差异(鲍晓华、朱达明,2014)。至于移民方面,Andrews et al. (2017)提供的证据表明,外国工人降低了企业的交易成本,从而增加了企业出口的可能性;此外,工人国籍对出口的显著影响并非源于移民的工业、职业和地区集中度。因为高级职业的工人更有可能在企业的出口决策中发挥主导作用,所以他们对出口的影响要大得多。

目前,对劳动力市场领域的研究十分丰富,其中便有一部分涉及经济全球化、贸易领域。例如,Felbermayr(2010)在Melitz模型中引入搜索失业,认为只要提高平均生产率,贸易自由化就会降低失业率并提高实际工资。针对巴西劳动力市场的研究显示,贸易自由化给当地劳动力市场带来了很大影响,但市场真正转型可能还需要数年时间(Dix-Carneiro,2014)。邵敏等(2010)基于1998—2003年间工业行业的研究,发现外资进入是工业行业劳动者工资下降的一个重要解释因素;而唐东波(2011)却指出,经济全球化进程中的贸易扩张显著地提高了我国劳动收入的占比水平。此外,贸易全球化对女性劳动参与呈现显著的抑制作用(赵宁、李永杰,2015)。不过,现有文献并没有直接研究贸易保护或者逆经济全球化对中国劳动力就业的影响,但伴随着逆经济全球化思潮的兴起,发达国家贸易保护主义不断抬头,这些严峻的事实让我们不得不思考这种可能的影响及其影响途径,本报告便是通过实证分析来检验逆经济全球化对中国劳动就业的可能影响。

第三节 研究方法和变量数据

一、研究方法

2007年8月,美国次级抵押贷款市场动荡引发的金融危机席卷美国、欧洲、日本等主要金融市场,并在2008年9月演变成了大规模的全球金融危机,各大经济体也相应地采取了一系列紧急措施来应对这场浩大的金融灾难。美联储共出台了三轮量化宽松政策;欧洲央行先后开展长期再融资操作,推出直接货币交易计划;英国和日本央行多次扩大资产购买规模。为了将自身从经济衰退的泥沼中解救出来,缓解就业压力,转移民众注意,一些发达国家还采取保护措施,比如汇率问题贸易化、农产品保护繁杂化、行政干预重新出现、征收碳关税等。英国经济政策研究中心发布的《全球贸易预警》报告显示,从2008年到2016年,美国对其他国家采取了600多项贸易保护措施,其中最常见的手段是反倾销、反补贴("双反")调查、政府补贴、进口关税以及出口管制等。

WTO的一项统计研究表明，成员方自2008年金融危机以来已经推出2 100多项限制贸易的措施。

除了贸易保护主义，随之兴起的还有经济民粹主义。金融危机前后，美国有意将国内大规模的工人失业归因于中国制造。2008年4月，研究经济政策的美国非政府组织"俄亥俄州政策事务"曝出美国通用公司（GE）在中国非法用工，意在表达对通用公司将生产工厂搬到中国的不满，将俄亥俄州的工人失业算到中国头上。危机全面爆发之后，这种经济民粹主义进一步扩散，各国政府面对严重的失业开始限制劳动力要素流动，试图以此缓解国内的失业问题。

由此看来，2008年金融危机作为经济全球化长期繁荣进程中积累问题的全面爆发（佟家栋等，2017），在应对过程中又在部分国家引发了贸易保护主义和经济民粹主义，从而抑制了经济全球化，加上原先经济全球化进程中所积攒的种种矛盾，原先发展不平衡的经济全球化逐渐转变成"逆经济全球化"。因此，本报告选择2008年金融危机作为逆经济全球化的重要时间节点进行准自然实验分析。

根据作者观察，美国等推行的逆经济全球化保护措施对中国劳动力市场的影响主要作用于两种类型的企业：出口企业和进口中间产品的加工贸易型企业。发达国家对外实行贸易保护，限制进口，这无疑会导致中国的出口减少，出口企业生产总额降低，企业用工人数减少；发达国家大规模地增加出口，中国的进口额会有所增长，而中间产品进口是我国总进口的主体。统计数据显示，从1998年到2010年，我国中间产品的进口占我国进口总额的70%以上。所以，发达国家的贸易保护导致我国的中间产品进口增加，从事中间产品进口加工的企业劳动人数也会受到影响。我国从事中间产品进口的工业企业一般是将国外的中间产品加工完毕后再次出口到国外，综合纯出口企业和进口中间产品的加工贸易型企业，二者最终都与出口有关。本报告选用是否出口作为双重差分法（DID）的识别变量，存在出口的企业作为实验组，没有出口的企业作为对照组。

图5-1显示，2008年之后我国第二产业的就业人数显著增加，而工业企业恰恰正是其中重要的组成部分。本报告考虑逆经济全球化对企业就业人数的影响主要有两个途径：一是纯出口，由于2008年逆经济全球化的影响，发达国家实行贸易保护来寻求经济复苏。中国的出口自然受到打击，使得纯出口企业的劳动就业人数减少。二是进口中间产品的加工贸易型出口企业，发达国家鼓励出口，中国企业的进口额增加，进口中间产品的企业可以带动一部分就业，劳动就业人数有可能略微提升。这两个途径的共同作用即是最终受到的影响。如图5-1显示，逆经济全球化显著地影响了第二产业的就业人数。

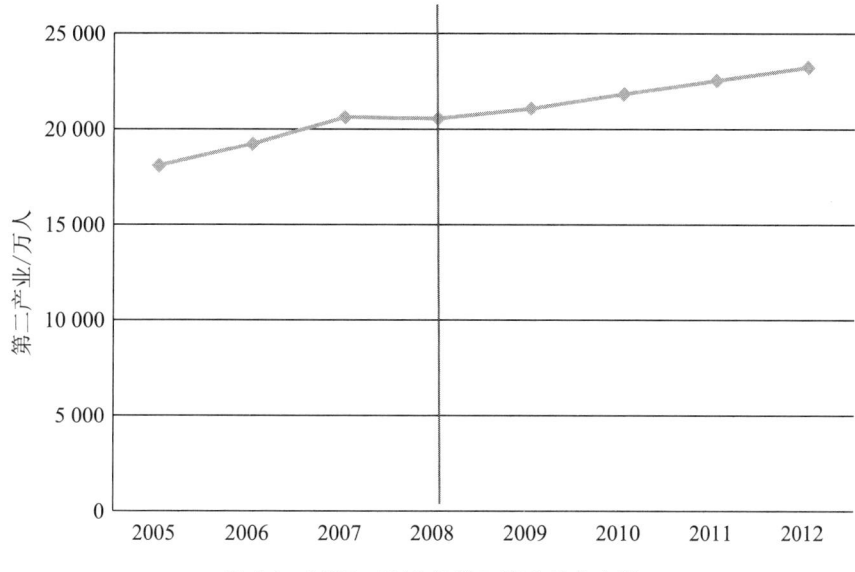

图 5-1　2005—2012 年第二产业就业人数

数据来源:《中国统计年鉴 2005—2012》。

二、变量数据

本报告采用的变量数据是来自国家统计局的中国工业企业数据库,样本包括了全部的国有工业企业和"规模以上"(主营业务收入大于 500 万元)的非国有企业,这些企业的出口总额占中国制造业出口额的 98%。以 2008 年作为逆经济全球化的分水岭,为了保证一定的时间跨度,本报告选取了 2006 年和 2011 年两年的工业企业数据进行 DID 分析。在经过了初步的数据处理之后,表 5-1 列出了主要的变量含义及其描述性统计。

表 5-1　变量含义及描述性统计

变量名称	符号	均值	标准差
就业人数(百人)	$labor$	2.897 7	14.690 4
处理变量(虚拟变量)	$treatment$	0.274 2	0.446 1
时间变量	$fcpost$	0.499 5	0.500 0
处理变量*时间变量	$treatment*fcpost$	0.133 0	0.339 6
销售额(对数)	$lnsales$	9.995 9	1.333 8
工资	$wage$	0.016 5	0.032 5
国有资本占比(百分数)	$socapital$	4.455 4	19.661 4
非港澳台外资占比(百分数)	FDI	8.128 2	25.621 3
港澳台外资占比(百分数)	$FDIchin$	8.318 3	26.292 4

从表 5-1 中可以看出，就业人数的平均值约为 290 人，平均值反映了中小型企业的规模大小，整体的企业样本具有一定的代表性。定义处理变量时，本报告将企业出口交货值大于 0 的样本记为 1，否则为 0，即出口不为 0 的企业作为实验组，出口值为 0 的企业则为对照组。由于企业的出口行为具有一定的连续性，样本中 2006 年出口的企业 2011 年依然出口，所以 2006 年和 2011 年的企业几乎各占一半，该样本的时间虚拟变量约为 0.5。此外，考虑到逆经济全球化对国有企业和外资企业的影响可能存在差异，在后续的回归分析中特别加入了国有资本占比、非港澳台外资占比、港澳台外资占比这三个控制变量。粗略地看，非港澳台外资占比和港澳台外资占比的平均值约为 8%，高于国有资本的 4%，这两年外商投资的平均规模稍微大于国有资本。

第四节 实证分析

一、基准估计

为了有效地识别逆经济全球化对制造业企业的劳动就业人数的影响机制，本报告拟引入一项新颖的准自然实验。1933 年"大萧条"时期，美国政府放弃与英法两国继续签署双边汇率协定，反而大幅度贬值美元、提高进口关税；2008 年金融危机，美国政府再一次冠冕堂皇地以"买美国货"公然推行贸易保护。由此，逆经济全球化逐渐发展，直至近两年的英国脱欧、特朗普当政等标志性事件迅速吸引了全世界的眼球（佟家栋等，2017）。

基于此，我们可以将 2008 年逆经济全球化作为一次准自然实验，考虑到逆经济全球化的重要表现是贸易保护，发达国家的贸易保护对我国的首要影响自然是出口。此外，一部分从事进口中间产品的加工贸易型企业也会受到进口的影响，但我国加工进口中间产品的企业最终产品还是出口国外，所以我们用是否有出口行为作为区分实验组和对照组的参考，有出口行为的企业作为实验组，不出口的企业则为对照组，进而构造以下基准的 DID 模型：

$$labor_{it} = \beta_0 + \beta_1 * treatment_i + \beta_2 * fcpost_t + \beta_3 * treatment_i * fcpost_t + \beta_4 * \ln sales_{it} + \beta_5 * wage_{it} + v_i + \lambda_t + \varepsilon_{it} \tag{1}$$

其中，下标 i 表示企业，t 表示年份。被解释变量 $labor$ 为制造业企业的劳动就业人数；处理虚拟变量 $treatment$ 取 1 时代表出口交货值不为 0 的企业，即有出口行为的企业，取 0 时则表示出口交货值为 0 的企业；$fcpost$ 为时间虚拟变量，2008 年之后的年份取值为 1，之前的取值为 0，由于本报告只选用了 2006 和 2011 年两年的数据，故 2011 年记为 1，2006 年记为 0。控制变量方面，$\ln sales$ 表示企业销售额的对数值,用来控制企业规模对就业人数的影响,并且已经进行了物价平减处理;工资会影响劳动力的供给和需求,因此加入了工资($wage$)这个重要的控制变量,同样也进行了平减处理。此外,本报告在模型中加入了企业固定效应 v_i 和时间固定效应 λ_t,目的是控制非观测的企业特征和宏观经济环境对劳动就业人数的影响。

表 5-2 逆经济全球化对就业人数的影响

变量	(1) 就业人数	(2) 就业人数	(3) 就业人数
$treatment$	0.588 4*** (0.058 8)	−0.118 0*** (0.058 8)	−0.124 4*** (0.058 7)
$fcpost$	0.487 1*** (0.018 2)	1.241 2*** (0.020 4)	1.074 3*** (0.020 8)
$treatment * fcpost$	0.226 6*** (0.035 8)	0.518 2*** (0.035 5)	0.480 3*** (0.035 4)
$lnsales$		1.643 4*** (0.021 3)	1.409 3*** (0.022 1)
$wage$			−13.915 2*** (0.362 5)
常数项	2.463 0*** (0.019 8)	−14.185 9*** (0.216 4)	−11.525 3*** (0.226 6)
企业固定效应	是	是	是
年份固定效应	是	是	是
观测值	498 218	497 486	497 486
R^2	0.006 7	0.092 6	0.089 4

表 5-2 报告了(1)式的基准估计结果。其中,第(1)列没有加入控制变量,第(2)列和第(3)列依次加入了企业销售额的对数值和平均工资。结果显示,(1)、(2)、(3)列双重差分法的估计量 $treatment * fcpost$ 系数均为正且都在 5% 的水平上显著,说明与没有出口行为的企业相比,逆经济全球化显著增加了出口企业的就业人数,结果与前文的宏观数据走向一致。理论上看,虽然逆经济全球化使得发达国家实行各种贸易保护政策,中国的出口受到影响,出口企业的就业人数可能降低,但是由于中国的进口中间产品企业带动了一部分就业,总体的就业人数呈现增长。控制变量方面,只加入销售额的对数值和同时加入销售额的对数值、工资时,销售额对数值的估计系数均为正向显著(1%显著性

水平)。这也不难理解,销售额的对数值表示企业的规模,一般来说,企业规模越大,用工人数越多。工资的估计系数为负并在1%的水平上显著,一个可能的解释是,企业的用工人数与该企业劳动力的供给和需求密切相关,企业工资越高,劳动力供给越多,但是需求却越低,从理论上不能准确地判断工资对企业就业人数的影响,而本报告呈现负向影响,表明工资增加,劳动力需求的下降程度要大于供给增加的程度。

二、分所有制估计

不难想象,不同所有制的企业在面对逆经济全球化冲击时受到的影响不尽相同,比如国有企业和外资企业在经济全球化或者逆经济全球化中的表现存在较大差异。已有的一些文献表明,外资参与对企业的出口倾向有着显著的正向影响(Aitken & Harrison,1999)。具体到电子行业,外商直接投资(FDI)对该行业出口存在正向作用,但国有资本份额与出口却是负向相关(钟昌标,2007)。外商资本包括港澳台资本和外国资本(非港澳台资本),普遍认为这两类外商资本在生产技术、管理模式、国际营销网络等方面均存在差异(包群等,2012),因此逆经济全球化对它们的影响应该也有不同。为了细致考察不同所有制的企业在逆经济全球化背景下就业人数的变动,我们在(1)式的基础上分别加入国有资本占实收资本的百分比($socapital$)、外国资本占比(FDI)和港澳台资本占比($FDIchin$),详见(2)、(3)、(4)式,(5)式同时加入三个变量。

$$labor_{it} = \beta_0 + \beta_1 * treatment_i + \beta_2 * fcpost_t + \beta_3 * treatment_i * fcpost_t + \beta_4 * \ln sales_{it} + \beta_5 * wage_{it} + socapital_{it} + v_i + \lambda_t + \varepsilon_{it} \quad (2)$$

$$labor_{it} = \beta_0 + \beta_1 * treatment_i + \beta_2 * fcpost_t + \beta_3 * treatment_i * fcpost_t + \beta_4 * \ln sales_{it} + \beta_5 * wage_{it} + FDI_{it} + v_i + \lambda_t + \varepsilon_{it} \quad (3)$$

$$labor_{it} = \beta_0 + \beta_1 * treatment_i + \beta_2 * fcpost_t + \beta_3 * treatment_i * fcpost_t + \beta_4 * \ln sales_{it} + \beta_5 * wage_{it} + FDIchin_{it} + v_i + \lambda_t + \varepsilon_{it} \quad (4)$$

$$labor_{it} = \beta_0 + \beta_1 * treatment_i + \beta_2 * fcpost_t + \beta_3 * treatment_i * fcpost_t + \beta_4 * \ln sales_{it} + \beta_5 * wage_{it} + socapital_{it} + FDI_{it} + FDIchin_{it} + v_i + \lambda_t + \varepsilon_{it} \quad (5)$$

由于全样本中相当一部分企业国有资本占比($socapital$)、外国资本占比(FDI)和港澳台资本占比($FDIchin$)数值都为0,采用固定效应(FE)估计会损失一部分样本,所以主要采用随机效应(RE)估计,结果详见表5-3。

表 5-3　分所有制估计结果

RE	(1)	(2)	(3)	(4)
变量	就业人数	就业人数	就业人数	就业人数
$treatment$	0.490 3＊＊＊ (0.045 7)	0.440 8＊＊＊ (0.046 0)	0.406 1＊＊＊ (0.046 1)	0.470 9＊＊＊ (0.046 7)
$fcpost$	1.594 5＊＊＊ (0.019 4)	1.597 1＊＊＊ (0.019 4)	1.595 0＊＊＊ (0.019 4)	1.594 7＊＊＊ (0.019 4)
$treatment*fcpost$	0.689 5＊＊＊ (0.035 4)	0.694 5＊＊＊ (0.035 4)	0.692 2＊＊＊ (0.035 4)	0.689 0＊＊＊ (0.035 4)
$lnsales$	2.455 7＊＊＊ (0.015 4)	2.478 2＊＊＊ (0.015 4)	2.474 4＊＊＊ (0.015 4)	2.456 4＊＊＊ (0.015 4)
$wage$	−8.636 3＊＊＊ (0.338 3)	−8.401 3＊＊＊ (0.338 3)	−8.457 5＊＊＊ (0.338 2)	−8.661 7＊＊＊ (0.338 7)
$socapital$	0.034 7＊＊＊ (0.001 0)			0.034 9＊＊＊ (0.001 0)
FDI		−0.002 5＊＊＊ (0.000 8)		−0.000 5 (0.000 8)
$FDIchin$			0.002 3＊＊＊ (0.000 8)	0.003 1＊＊＊ (0.000 8)
常数项	−22.683 8＊＊＊ (0.159 2)	−22.725 7＊＊＊ (0.159 5)	−22.715 5＊＊＊ (0.159 5)	−22.706 3＊＊＊ (0.159 3)
企业固定效应	是	是	是	是
年份固定效应	是	是	是	是
观测值	497 433	497 433	497 433	497 433
R^2	0.100 8	0.094 3	0.094 0	0.100 8

从表 5-3 可以看出，(1)、(2)、(3)、(4)列估计的解释变量和主要控制变量的回归结果均与基准回归一致。(1)列只加入国有资本占比时，该项的回归系数为正且在 1% 的水平上显著，说明国有资本占注册资本较多的企业进口占比较高，进口的中间产品加工后大多面向国内市场，出口较少，从而逆经济全球化增加了其就业人数；(2)列只加入外国资本（非港澳台资本）占比，FDI 的系数负向显著，初步断定是外国投资比例大的企业出口规模较大，其面向的是海外市场，受到逆经济全球化的负向冲击，导致就业人数减少；(3)列只加入港澳台资本占比，与(1)列国有资本占比的估计结果类似，逆经济全球化使得港澳台资本占比较多的企业就业人数增加；(4)列同时加入三类资本占比，由于这三个变量之间具有一定的相关性，回归结果可能存在偏误，国有资本占比（$socapital$）和港澳台资本占比（$FDIchin$）的系数仍为正向显著，但是外国资本占比（FDI）的系数虽然为负却不显著，(4)列的估计结果仅作参考。

针对以上回归结果，我们做了进一步的探讨。表 5-3 的回归结果显示，国有资本占比越多，逆经济全球化增加企业的就业人数越显著，原因可能是国有资本占比较高的企业出口比例较低，进口中间产品较多，且加工后的最终产品也大多面向国内市场销售，所以通过进口的途径增加了其用工数量；港澳台资本占比较高的企业情况与之类似。而外国资本占比较高的企业出口较多，面对海外市场居多，因逆经济全球化受到发达国家贸易保护的冲击不小，出口受到抑制，因而企业用工人数也相对减少。至于这些表象背后更深层次的原因，异质性企业贸易理论指出，与只做国内市场的企业相比，出口企业即面向国外市场的企业的生产率较高，但大量研究（李春顶等，2010；张艳等，2014；赵玉奇、柯善咨，2016）显示，中国企业存在"生产率悖论"：生产率高、规模大、能力强的企业往往面向国内市场，那些生产率相对低些的企业却面向海外市场。不少学者已经给出中国出现"生产率悖论"的原因解释，其中取得广泛认同的就是中国的市场分割。市场分割是中国从计划经济体制转向市场经济体制过程中的产物，主要表现为政府为了保证当地的 GDP、财政收入和就业等，运用行政手段限制外来企业发展并且扶植当地企业，各省之间的市场分割尤为严重（赵奇伟、熊性美，2009）。市场分割使得中国国内市场的复杂程度远远大于海外市场，大多数外资企业和民营企业的能力和规模都弱于国有企业，它们会优先选择国外市场，而规模大、能力强的国有企业选择国内市场。港澳台资本往往是运用已有的成熟技术和经验进行重复性的、劳动密集型的生产活动（Buckley et al.，2007），在市场上会有一定的竞争力，与国有资本占比较高的企业类似，面对的大多都是国内市场。逆经济全球化对中国的出口伤害较大，严重抑制了出口海外市场的外国资本占比较高的企业，导致其就业人数减少；中国的进口却有所增长，国有资本和港澳台资本占比较高的企业进口中间产品较多，最终产品大部分也在国内销售，所以逆经济全球化增加了这两类企业的就业人数。

第五节　结　论

金融危机使得原先经济全球化的繁荣时期戛然而止，各国面临着不同程度的经济衰退，发达国家开始将目光转向本土产业，采取保护措施来推动发展，逆经济全球化浪潮因此兴起。在这一大背景下，一向主张经济全球化的中国受到影响如何？进一步地，逆经济全球化对中国的劳动就业产生何种影响？本报告运用 2006 和 2011 年中国工业企业数据，以双重差分法（DID）分析 2008 年金融危机对中国劳动就业人数的影响。结论发现，逆经济全球化显著地促进了中国制造业企业的就业人数，也就是说，逆经济全球化导致我国制造业企业的就业人数增加。由于逆经济全球化容易影响存在进出口行为的企业，发达国家的贸易保护可能造成企业整体的出口水平受到抑制，用工人数减少。但是，中国的出口企业中包含部分进口中间产品的加工贸易型企业，这些企业进口国外的中间产品，加工完成后再出口。发达国家在限制进口的同时也会扩大出口，从而导致有进口活动的企业就业人数增加。这两方面的影响共同作用，使得最终的就业人数增加。本报告还分所有制考察了逆经济全球化的影响，结果显示，国有资本占比越多，逆经济全球化就越显著地增加企业的就业人数；外国资本（非港澳台资本）占比较高的企业，用工人数也相对减少；与国有资本类似，港澳台资本占比较高的企业就业人数也显著地增加。

本报告以2008年金融危机作为逆经济全球化兴起的时间节点，以准自然实验的方法研究了逆经济全球化对制造业企业就业人数的影响。2016年特朗普当选、英国脱欧这两大黑天鹅事件标志着逆经济全球化进一步深化的严峻态势，而本报告的研究结论在当前形势之下具有一定的借鉴意义，为中国劳动力市场的应对和稳定发展提供了可能的政策启示。

第六章
中美贸易战与就业风险评估

自美国特朗普上台以来,中美贸易战的阴影始终挥之不去。2017年8月,特朗普宣布对中国重启"301条款"调查。2018年3月23日,美国对进口钢铁和铝产品分别征收25%和10%的关税,限制中国对美国科技产业投资,并对价值500亿美元的中国进口商品加征关税。与此同时,美方要求中方在短期内必须将对美顺差削减1000亿美元规模。就业是最大的民生,中美贸易战表面上是商品和服务贸易战,其实背后隐藏的是一场"就业战争"。

第一节 劳动密集型产品仍是中国出口的重要产品

按照比较优势理论,国际贸易的发生主要是各国依据本国的比较优势来进行的。对于中国而言,劳动力比较优势是改革开放的起点。经过四十年的发展,虽然劳动力成本有了较大的提高,但总体而言,劳动力比较优势依然存在。以中美为例,根据北京师范大学收入分配研究院发布的《中国劳动力成本问题研究》数据显示,2005年,中国劳动力小时工资为0.92美元,美国为30.13美元,后者是前者的32.8倍。到2013年,中国劳动力小时工资迅速上升到3.88美元,美国也提高到36.34美元,两者的差距缩小到9.4倍。但即便如此,中国劳动力成本也仅有美国的不到11%。如果再考虑到劳动生产率的差异,那么中国制造业单位劳动力成本(每小时劳动力成本/小时产出)也仅有美国的60%左右。

反映在两国的贸易上,据海关统计,中美贸易顺差有所扩大。2018年我国对美国进出口4.18万亿元人民币,占进出口总额的13.7%,同比增长5.7%。其中,对美出口3.16万亿元,增长8.6%;自美进口1.02万亿元,下降2.3%;贸易顺差2.14万亿元,扩大14.7%。具体而言,中国对美国贸易顺差主要来自劳动密集型为主的商品贸易,但知识和技术密集型为主的服务贸易却存在着明显的逆差。根据商务部公布的数据显示,2017年中国对美的商品贸易存在着2758亿美元的贸易顺差。但是在服务贸易方面,中美之间却存在着超过400

亿美元的逆差。2006—2016年，中美服务贸易总额增长3.3倍，而逆差却增长33.7倍。

具体来看，根据海关部门的统计，2017年全年，中国出口到美国的计算机和电子产品最多，占出口额的36.5%；其次为电气设备，占比为8.6%；杂项制品第三，占比8.3%；电气以外机械设备第四，6.9%；服饰第五，占比5.8%。这其中，中国外贸很大部分是加工贸易，即从别国进口用于组装成品的零部件，加工完毕后再次出口到世界其他地区，而电子产品是加工贸易的主力军，以苹果手机为例，中国作为苹果全球最大的组装基地，但获得的组装费仅占苹果手机全部利润的2%左右。

第二节 中美贸易冲突背后的"就业战争"

特朗普上台以来，一直以增加就业岗位、恢复美国制造业辉煌为口号。从历史上来看，美国制造业的辉煌时期是20世纪70年代。那时有超过1 950万美国人在制造业工厂中工作，此后就开始经历了一个相当稳定的下降。到如今，只有大约1 240万名工人留在制造业当中。从比例上来看，目前大约只有8%的美国工人在制造业就业，而1970年则达到22%。但是，美国制造业的相对衰落，只是经济结构调整的结果。随着科学技术的发展以及生活质量的提高，美国的就业市场出现了比较典型的"极化"现象。美国劳工局将职业分成四大类别，其中"非常规脑力"(non-routine cognitive jobs)包括经理、计算机科学、建造设计、艺术家等职业；"非常规体力"(non-routine manual jobs)包括食品准备、个人护理、零售等职业；"常规脑力"(routine cognitive jobs)包括行政、销售等职业；"常规体力"(routine manual jobs)包括建筑业、制造业、生产等职业。在过去几十年，美国劳工市场的技术工种构成已经明显转变，"非常规"种类职业的从业比例迅速增加，而"常规"职业的就业比例大幅减少。

从目前的情况看，事实上，美国的就业形势可以称得上"非常好"，基本实现了"充分就业"的目标。美国劳工部公布的数据显示，2019年5月美国失业率继续维持在3.6%，已连续超过10个月维持在4%及以下，为35年来低位。2018年，衡量在职和求职人口总数占劳动年龄人口比例的劳动参与率上升0.3个百分点至63%，为2010年以来最大单月增幅。而且美国员工时薪当月较前月增加0.04美元至26.75美元，同比增长了2.6%。

但即便如此，美国国内的贸易保护主义者和民粹主义者一直指责中国"抢"了美国人的饭碗。他们固执地认为，通过提高关税或其他贸易压制，就能够从中国手中抢回失去的就业岗位。特朗普执政后，一直鼓吹"移民和海外工厂抢走美国人工作"，并表示要为底层劳动者(low education labor)创造更多就业岗位。而这其中，重振制造业就是一条重要的途径。换句话说，美国虽然就业形势好转，但底层劳动者的就业形势并未发生根本性的变化，而且长期失业者数量减少有限。根据美国劳工部的统计，2017年年底，美国15周以上的中长期失业率仍比20世纪90年代经济繁荣时期要高0.75%。这也表明美国仍有相当数量的失业劳动力被排除在劳动力市场之外。不仅如此，收入分配差距扩大，也加剧了底层劳动者的生活困境。根据经济合作与发展组织（OECD）针对收入分配不平等的一项研究，2017年，美国的基尼系数为0.39，位列OECD中30个成员国第三位，仅次于最高的智利（0.47）和第二的墨西哥（0.46）。另据美国智库布鲁金斯学会（Brookings Institution）的一项研究表明，2016年美国收入排名前1%的人其财富占比达到居民财富总额的24%，创历史新高。与此相对应，收入最低群体中后20%家庭的实际收入非但没有上升，反而下降了。当然，特朗普通过贸易战想把就业岗位抢回美国的想法也太单纯简单了。比如在服装生产方面，美国生产线劳动人口从1990年以来已萎缩超过了90%，电子行业减少近40%就业。如今，中国国内不少劳动密集型产业也开始转移到南亚、东南亚和非洲等劳动力成本更低的地方。在这种情况下，试图通过向中国发动贸易战达到就业回流美国的目的就变得很难实现。

第三节 中美贸易战对中国就业影响的估算

改革开放以来，中国总体保持了高增长、高就业的态势，城镇登记失业率长期维持在较低水平。即便是以与国际通行的调查失业率指标来衡量，中国的失业率也保持着5%左右的水平，比较充分的就业目标得以实现。

出口贸易作为外国需求，与投资、消费一起构成了拉动经济增长的"三驾马车"。虽然净出口在GDP增长中的贡献率近些年来大都在10%以下，但其对就业贡献却不可忽视。国家统计局发布的《2018年国民经济和社会发展统计公报》显示，2018年，我国GDP增长率为6.6%，城镇新增就业1 361万人，这意味着GDP每增长1个百分点，就能拉动新增就业206.2万人。同年我国货物净出口（出口—进口）为23 303亿元，服务进出口逆差为17 086亿元，货物和服务净出口对经济增长的贡献率为-8.9%。也就是说，货物净出口在当年的城镇新增就业中，少贡献了约121万个新增就业岗位。

下面我们来看看中美贸易战对我国就业的整体影响。根据2012年商务部发布的《全球价值链与我国贸易增加值核算报告》中披露，当年我国出口贸易总额为20 487.8亿美元，而出口贸易产生的就业岗位高达1.2亿个。换句话说，每出口17 073美元，就能带动国内1个就业岗位。据商务部统计，2017年中国对美出口2.91万亿元人民币，约合4 620亿美元。按2012年贸易就业系数测算，那么中美贸易战将有可能影响到中国的 2 706 万个就业岗位。此次美国对中国 500 亿美元出口商品开出罚单，主要集中在制造业领域，而且重点针对的是《中国制造 2025》中所涉及的行业和企业。据此测算，极限值（即 500 亿美元出口贸易全部丧失）将有可能涉及国内 290 万个就业岗位。按现在我国的城镇登记失业率计算，将会使我国的失业率上升 0.9～1.4 个百分点。另外，按照特朗普要求中国初步削减中美贸易 1 000 亿美元的贸易顺差，由此将会使得中国的就业岗位丧失 580 多万个，而城镇登记失业率有可能上升 2.5～3.3 个百分点。应该说，中美贸易战对中国的就业影响还是十分显著的。中国社会科学院的一项测算也可以参考。以中美同时设置 30% 关税和非关税混合贸易战的情形为例，中国的制造业产值和就业分别下降 4.622% 和 3.093%，那么制造业减少的就业岗位大约在 360 万个左右，与上述测算基本接近。

事实上，改革开放以来，中国至少三次面临过外需急剧下降的情况，就业形势一度受到过很大的冲击，这也为我们当前考量贸易冲突对就业的影响提供了很好的历史参照。第一次是 1989—1990 年，由于受到西方国家无理制裁，我国 GDP 增速出现了大幅下滑，由 1988 年的 11.3% 一下子跌落到 4.1% 和 3.8%，而对外贸易也出现了 20% 以上的减速。与此同时，城镇登记失业率由 1988 年的 2% 上升到 2.6% 和 2.5%。第二次是 1997 年，受东南亚金融危机影响，我国对外贸易出现了罕见的 -0.4% 的紧缩，而国内就业形势叠加国企改革攻坚，虽然城镇登记失业率没有出现大幅上升的情况，但下岗人员却高达上千万，实际失业率大大高于城镇登记失业率。第三次则是 2007 年开始的全球金融危机，由于外需急剧缩小，导致国内加工企业大量倒闭，大约有 2 000 万进城务工人员提前返乡。只是当时失业统计并未将进城务工人员包括在内，但实际就业形势十分严峻，这也是四万亿投资计划出台的一个重要背景。

第四节　主要应对之策

贸易战没有赢家。中国面对美国在贸易方面咄咄逼人的攻势，也应该有万全的应对之策。如何在严峻的形势下攻守自如，确保"中国优先""就业优先"，考验中国政府的智慧和应变能力。

1. 通过谈判协商是解决贸易争端的最佳策略，也是保护国内就业岗位的必要之举

在全球经济一体化过程中，中国经济已经与世界经济深度融合，利益相关者众多。贸易战没有赢家，可谓一损俱损，对就业的冲击尤为明显。面对个别国家的贸易讹诈，中国应该冷静应对，切勿冲动和贸然。在贸易冲突的过程中，保护自己最重要。国务院总理李克强已经表示，中国希望避免打贸易战，还会加快全

面放开制造业,并不会强制外国公司转让技术,将大力保护知识产权。毫无疑问,这是理智和清醒的。须知,中国正处在迈向发达国家的关键时期,贸易纷争是常态,斗争是手段,但协商谈判依然是最优途径。另一方面,贸易战对美国实际上也同样会造成很大的就业冲击。比如据美国无党派的贸易组织"贸易伙伴"预测,如果美国对所有国家进口的钢材和铝材都增加关税,虽然会增加33 464个钢铝产业的就业,但其他行业将损失就业179 334个,其结果导致净损失145 870个就业岗位,即每创造一个就业,就将损失五个以上。也正因为如此,主张通过谈判解决贸易争端的声音在美国一直存在。

2. 尽快建立应对贸易冲突的就业应急机制

从目前的形势看,美国频繁发动贸易战以遏制中国崛起势必成为一种常态,而且不排除部分国家跟风的可能性。面对美国在贸易方面咄咄逼人的攻势,如何在严峻的形势下攻守自如,确保"中国优先""就业优先",是一项亟待解决的重大课题。很显然,在我国劳动密集型出口企业依然占据重要地位的情况下,贸易冲突对我国的就业冲击将会变得十分明显。因此,有必要尽快建立相应的就业应急机制,防止短时期内因贸易冲突而出现较大规模的失业下岗现象。特别是应加强对涉美出口贸易企业的经营情况和用工情况监控,要求企业内部也必须建立起相应的用工应急机制。

国际劳工组织为应对重大突发事件对劳动者及其家庭造成的灾难制定了就业应急机制,形成了比较健全的就业应急体系,有许多有益的做法和经验值得中国参考和借鉴。1999年,为了整合各类资源促进危机应急参与各方实施就业干预,进而应对危机的负面影响,国际劳工组织制定了《危机应急与重建主体计划》。该计划主要包括就业应急的协作机制、就业应急的评估机制和就业应急项目的制定机制三方面的主要内容。其中,在就业应急项目的制定机制方面,将应急项目分为上游活动和下游活动两类,前者是指将就业与民生恢复措施融入国家与社区的重建战略与政策中,后者是指针对受灾人口的就业岗位创造的具体项目。劳工组织还将危机应急区分为救援阶段、恢复阶段、恢复性重建阶段、发展性重建阶段四个阶段,劳工组织对在各个阶段参与的方式和发挥的作用都进行了详细阐释,各阶段的侧重点与措施策略有很大的差异。总体而言,就业应急机制的重点是实施危机环境下促进就业的各种措施,如促进就业密集型重建与恢复工程、促进受灾群体的社会经济融合、开展技能培训、实施地方经济发展计划、扶持小微企业发展等。

3. 进一步扩大实施"一带一路"倡议,扩大贸易渠道,减少对少数国家的外贸依存度

目前,我国"一带一路"倡议得到大多数国家的认可,取得了丰硕的成果,这

对我国对外贸易的多元化，进而减轻对少数国家的外贸依存度，发挥了十分积极的作用。"一带一路"倡议的实施扩大了中国劳动力市场半径，改善了中国的就业环境，使中国劳动者的就业在很大程度上不再局限于地域差异和固定的岗位；同时，在一定程度上使得中国劳动者的就业观念发生相应转变，促使其形成正确的就业观。

应该将促进要素市场发展和国际人才交流纳入"一带一路"倡议框架建设之中，在推动企业"走出去"战略的同时，也推动人力资源"走出去"战略。首先，强化对外劳务合作的广度和深度，实现在全球范围内对中国人力资源的整合。加快中国对外劳务合作转型，一方面，引导中国企业在高端劳务方面积极与其他国家的合作，实现劳务输出人员从熟练工人为主逐步向大中专以及职业技术学校毕业生为主的转变；另一方面，适当调整对外劳务输出结构，努力向发展前景好、有利于发挥中国劳务优势的国别市场转移，有效推动与欧洲发达国家的人力资源国际合作。其次，继续保持传统优势，尽快弥补关键短板。发挥中国工人勤奋刻苦、技能熟练、生产率高的优势，通过传帮带的方式帮助当地工人提升技能水平，同时，积极提升自身综合竞争力，强化自身语言能力，主动与当地社会经济环境相融合，重视中国传统文化的交流。同时推动校企合作模式，建立院校海外实训基地，实现高端劳务的培养和品牌的建立，进而促进中国对外劳务交流合作的转型。再次，增强行业规范管理服务，为对外劳务合作发展创造良好的平台。创新人力资源服务模式，借助"互联网+"平台，提供信息匹配、咨询和培训等服务。促进行业协会和商会积极发挥作用，推动对外劳务输出模式由传统外派劳务向国际劳务合作的有效转变，建立和完善利于对外劳务合作的有序竞争的中介服务市场。建立健全对外劳务合作相关的管理制度，加强相关部门之间的沟通，妥善解决和清除签证等方面的障碍，同时，加强动态监测和研究，合作共建专门智库，针对热点问题提出应对策略。最后，加强政府之间的谈判和沟通，尽早获得与劳务合作相关的市场准入资格、优惠国待遇、国民待遇；及时解决和消除劳务合作中存在的问题和障碍，主动磋商不合理、过于苛刻的属地用工制度和政策，保障国际劳务合作的顺利开展。

4. 加快创新驱动战略的推进步伐，改变劳动密集型出口贸易的结构

这是避免贸易战影响国内就业的客观要求。贸易战之所以有可能会对我国的就业产生较为明显的冲击，根本原因还在于我国对劳动密集型出口贸易的依赖。在当前我国产业转型升级和经济发展方式转变的大背景下，传统的依赖要素驱动和劳动力比较优势的模式已经难以为继，必须尽快转变到创新驱动和技术密集型、资源节约型的发展模式上来。只有如此，中国的国际竞争力才能得到进一步加强，就业这个最大的民生才能得到有效保障。

第七章

全面开放新格局下知识产权保护的就业效应

第一节 引 言

"中美贸易战"成为全面开放新格局下的一个主要挑战。2018年3月22日，特朗普政府宣布因知识产权侵权问题对中国商品征收500亿美元关税，并实施投资限制；2018年4月开始愈演愈烈的美国制裁中兴事件也引起了各界对我国核心技术领域创新能力不足的担忧。在高科技产业的高精设备、新能源新材料、飞机制造等行业，中国目前仍然处在全球供应链的中下游位置。在化工、电力设备、机械设备、汽车制造和其他交通工具等领域中国更多的是为美国制造商提供中间品。中美贸易战并不仅仅是关于贸易的战争，更是一场科技战和人才战。在这样的背景下，如何提升我国在关键技术领域的创新能力，是一个亟待解决的问题，而我国的知识产权保护水平不仅会直接影响到世界对中国的印象，也会通过影响企业研发投入影响企业的自主创新能力。

知识产权保护是鼓励新知识生产和优化知识资源配置的重要制度安排。随着经济全球化的不断加深和知识经济时代的到来，人才、知识、核心技术在经济发展中的重要性日益凸显，知识产权保护政策对一个国家或地区技术创新和经济增长的影响得到了广泛关注。国家也出台了一系列相关政策提高我国知识产权保护水平，如2008年的《国家知识产权战略纲要》、2014年的《深入实施国家知识产权战略行动计划(2014—2020年)》、2015年的《关于新形势下加快知识产权强国建设的若干意见》以及2019年的《关于强化知识产权保护的意见》。

经济增长的根本目的是提高人民的生活水平和质量，而就业是民生之本、财富之源，实现充分就业历来是各国政府宏观经济政策的重要目标。从"十二五"规划开始，我国坚持把促进就业放在经济社会发展的优先位置。党的十八大报告指出，推动实现更高质量的就业，实施就业优先战略和更加积极的就业政策。党的十九大报告强调，就业是最大的民生，要坚持就业优先战略和积极就业政策，实现更高质量和更充分就业。

虽然大量研究发现知识产权保护有利于国家的技术创新和经济增长，但知识产权保护政策的实施会如何影响就业并没有在文献中得到足够的讨论。当前中国经济增长速度放缓，国内改革步入深水区，供给侧结构性改革要求化解过剩产能，对部分地区和行业的劳动力市场造成冲击。同时，外部环境不确定性增强，贸易保护主义抬头，我国劳动力成本上升，出口制造业受到影响。在这样内部和外部环境下，就业面临较大压力，讨论新形势下知识产权保护政策对就业的影响具有重要的现实意义，也是实现经济高质量发展的题中之意。

企业是创造就业岗位的主体，知识产权保护政策会通过影响企业的生产经营状况增加或减少企业的就业岗位。一方面，知识产权保护会缓解初创型技术公司的融资约束，从而扩大年轻企业的就业规模；另一方面，知识产权保护会提高公司的创新投入和产出，而创新会创造就业也会破坏就业，从而影响企业的就业规模。因此，知识产权保护对就业的影响方向是不确定的，不同行业和类型的企业受到影响的程度也是不同的，需要通过实证分析进行检验。虽然我国的知识产权保护在立法层面上是一致的，但各地区的执法情况存在较大差异，某一地区知识产权保护力度是否处于合理区间取决于该地区不同类型企业的分布情况和市场化发育程度。弄清楚知识产权保护对不同企业就业的影响，可以为各地区知识产权保护政策的制定提供参考。

为了解决上述问题，本章构建了省级层面的知识产权保护水平指数IPR，与2008年到2017年国内A股上市公司的面板数据进行匹配，在微观企业层面考察了知识产权保护对就业的影响，并进一步分析省级知识产权保护力度对不同类型企业的异质性影响和影响机制。

第二节 文献综述

文献中对知识产权保护如何影响一国的技术创新和经济增长已有较多讨论，在以发达国家为对象的研究中，绝大多数都显示强化知识产权保护有利于创新能力的提升，但知识产权保护是否能够提高发展中国家的创新能力依然存在争论。Chu et al. 认为国家的最优知识产权保护水平取决于经济发展阶段，在发展初期，相对较弱的知识产权保护有利于企业进行技术模仿，当国家的技术水平向世界技术边界靠近，需要较高的知识产权保护水平来提高国内创新能力。董雪兵等构建了"知识—生产"两部门模型，发现对处于转型期的中国而言，短期内较弱的知识产权保护程度有利于经济增长，较强的知识产权保护程度则有碍于经济增长；在长期均衡的状态下，较强的知识产权保护程度确实可以促进经济增长。

近年来，越来越多的研究试图从微观视角分析知识产权保护水平对企业生产经营情况的影响，研究发现知识产权保护程度的提高会增加企业的研发投入和专利产出，提升企业的财务表现，改善企业资本结构，影响企业进口规模。

企业是市场活动的主体和微观基础，企业的生产经营状况将间接影响国家的就业情况，而充分就业是和经济增长同等重要的国家宏观经济指标，但在已有研究中很少涉及知识产权保护对就业的影响。目前仅 Balsmeier 和 Delanote(2015) 以及魏浩、李晓庆(2017)有两篇文章讨论了这一问题。Balsmeier 和 Delanote 以欧洲 23 个转型国家为研究对象，比较不同国家的知识产权保护力度对初创型创新企业和成熟创新企业就业增长的不同影响。结果发现，较强的知识产权保护对初创型创新企业有利，而成熟企业在知识产权保护力度相对较弱时就业增长更快，因此，欧洲各国知识产权保护程度的差异源于经济体中不同类型企业的分布情况。魏浩和李晓庆以中国的创新企业为研究对象，利用 2002 年到 2007 年中国工业企业微观数据研究省级知识产权保护对创新企业就业增长的影响。结果发现，加强知识产权保护可以通过缓解外部融资约束和促进创新两条途径影响创新企业就业增长，且对年轻企业的影响超过成熟企业。

第三节　模型、数据和变量

一、模型设定与变量构建

借鉴 Ang et al.(2014)、Balsmeier 和 Delanote(2015)、魏浩和李晓庆(2017)的研究思路，本报告构建以下实证模型：

$$E_{i,t} - E_{i,t-1} = \beta_0 + \beta_1 IPR_{p,t-1} + \beta_2 X_{i,t-1} + \beta_3 Z_{p,t-1} + \lambda_i + \varepsilon_{i,t}$$

其中，i 表示企业，p 表示省份，t 表示年份。被解释变量 $E_{i,t} - E_{i,t-1}$ 表示企业 i 在 t 年的就业变动，核心解释变量 $IPR_{p,t-1}$ 表示企业所在省份的知识产权保护力度，β_1 即为本报告关注的知识产权保护的就业效应。$X_{i,t-1}$ 为企业层面的控制变量，$Z_{p,t-1}$ 为省级层面控制变量。为了尽量控制反向因果带来的内生性问题，所有解释变量和控制变量均为滞后一期的数据。λ_i 为公司固定效应，$\varepsilon_{i,t}$ 为残差项。

1. 被解释变量。本报告的被解释变量是企业前后两期间的就业变动。计算方法是用某一企业 t 期公布的职工人数的对数减去 t－1 期公布的职工人数对数。

2. 核心解释变量。本报告的核心解释变量是各省份的知识产权保护力度。

借鉴韩玉雄和李怀祖(2005)、宗庆庆等(2015)、魏浩和巫俊(2018)的测度方法，本报告构建了省级层面的知识产权保护水平指数 IPR_p，具体测算方法如下：

$$IPR_p = GP * F_p$$

其中，GP 根据 Ginarte 和 Park(1997)提出的 G-P 指标进行计算，G-P 指标包括知识产权保护覆盖范围、国际条约成员、权利丧失的保护、执法措施以及保护期限，用来衡量中国知识产权保护的立法情况。F_p 表示各省份知识产权保护的执法情况，包括知识产权执法力度、民众知识产权保护意识、知识产权被侵害程度三个维度。其中知识产权执法力度用各省份每年知识产权累积结案率衡量，民众知识产权保护意识用各省份人均专利申请量衡量，知识产权被侵害程度用各省份知识产权侵权案累积立案数除以专利累积授权量来衡量。

以上衡量各省份知识产权保护的执法情况的维度指标均进行标准化处理，处理方法为某一省份该维度取值减所有样本中该维度最小值除以所有样本中该维度取值的极差，具体计算公式如下：

$$F_p = (f_p - f_{\min})/(f_{\max} - f_{\min})$$

将求三个维度标准化值的算术平均数，得到各省份知识产权保护的执法情况 F_p。

3. 控制变量。企业的就业变化会受到企业所在行业和省份的宏观影响，以及企业内在特征的影响，使得估计存在内生性偏误。因此，参考 Balsmeier 和 Delanote(2015)、Ang et al.(2014)、吴超鹏和唐莳(2016)、魏浩和李晓庆(2017)、魏浩和巫俊(2018)等的做法，本报告控制了公司层面可能影响企业雇佣决策的控制变量和省级层面宏观控制变量。

其中，公司层面控制变量包括：(1)企业规模对数(lnk_1)。以 $t-1$ 期企业总资本的对数来衡量。(2)企业年龄对数(lnage_1)。(3)企业资本密集度(lnkl_1)。(4)无形资产率(intans_1)。用无形资产净值除以总资产来衡量。(5)资产负债率(ler_1)。用债务总额除以资产总额来衡量。(6)总资产净利润率(roa_1)。用净利润除以总资产平均余额来衡量。(7)是否为国有企业(SOE)。若实际控制人为中央和地方的国资委、政府机构、国有企业时取值为 1，否则为 0。

省级层面控制变量包括：(1)各省 GDP 增长率(dev1_1)。(2)各省份城市化率(city_1)。用各省份城镇人口数除以该省份总人口数来衡量。

二、数据说明与统计描述

本报告构建各省份的知识产权保护力度的数据来源于《中国统计年鉴》和《中国知识产权年鉴》。企业层面的数据来源于 Wind 数据库。省级层面数据来源于《中国统计年鉴》。样本区间为 2008 年到 2017 年，删除了就业数据缺失两年以上的样本和 ST 企业，并对极端值进行缩尾处理后，有效样本一共包括 1797 家 A 股上市公司。主要变量的描述性统计如下。

表 7-1 变量描述性统计

变量	变量含义	观测值	均值	标准差	最小值	最大值
y1	企业就业人数变动	17 767	0.084	0.448	−6.251	7.150
ipr	各省份知识产权保护力度	18 023	8.557	2.279	1.704	12.517
lnage	企业年龄对数	18 025	2.804	0.351	0	4.094
lnk	企业规模	18 013	22.080	1.635	10.840	30.890
lnkl	企业资本密集度(%)	18 013	14.530	1.232	9.078	21.860
intans	无形资产率(%)	17 484	0.034	0.081	0	0.844
ler	资产负债率(%)	17 661	48.020	21.210	5.177	101.800
roa	总资产净利润率(%)	17 662	4.516	5.769	−17.870	27.950
soe	是否国有企业	16 456	0.522	0.500	0	1
dev	各省份 GDP 增长率(%)	18 030	11.910	5.407	0.039	32.270
city	各省份城市化率(%)	18 030	61.960	15.040	21.920	89.610

数据来源：《中国统计年鉴》《中国知识产权年鉴》、Wind 数据库。

第四节 知识产权保护的就业效应

一、基准回归

表 7-2 报告了知识产权保护对就业影响的估计结果。模型(1)控制了省级知识产权保护水平、公司特征变量和省级宏观变量。模型(2)在模型(1)的基础上进一步控制了公司固定效应。模型(3)仅保留了研发投入为正的企业。模型(4)的核心解释变量为滞后两期的省级知识产权保护水平。在控制了公司固定效应后，模型的解释力度达到 40.7%。

模型(2)的估计结果显示，知识产权保护水平对所有上市公司就业的影响不显著，但模型(3)的估计结果显示，知识产权保护会显著增加研发投入为正的创新型公司的就业(下文的回归样本均为仅保留研发投入为正的企业)，知识产权保护水平每提高一个标准差(2.279)，该省份创新型企业的就业提高 0.034 个百分点，相当于均值的 40.5%(就业变动的均值为 0.084)。这与魏浩和李晓庆(2017)利用 2002 年到 2007 年中国工业企业微观数据的研究结论一致。由于省级知识产权保护水平的变化对公司的影响存在一定的滞后性，模型(4)估计了滞后两期的知识产权保护水平对企业就业的影响,同样发现滞后两期的知识产权保护会显著增加创新性公司的就业,且比滞后一期的影响程度更大。

表7-2 知识产权保护对就业的影响

变量	1 就业变动	2 就业变动	3 就业变动	4 就业变动
ipr	−0.001 (0.003)	0.009 (0.006)	0.015*** (0.006)	0.022*** (0.007)
lnage_1	−0.074*** (0.011)	−0.199*** (0.049)	−0.232*** (0.058)	−0.226*** (0.058)
lnk_1	−0.014*** (0.003)	−0.102*** (0.017)	−0.111*** (0.027)	−0.110*** (0.027)
lnkl_1	0.137*** (0.003)	0.466*** (0.021)	0.531*** (0.031)	0.531*** (0.031)
intans_1	0.351*** (0.044)	0.361*** (0.136)	0.067 (0.132)	0.064 (0.132)
ler_1	−0.000*** (0.000)	−0.000*** (0.000)	0.000 (0.001)	0.000 (0.001)
roa_1	0.002*** (0.000)	0.000 (0.001)	0.003** (0.001)	0.003** (0.001)
soe_1	−0.036*** (0.007)	0.014 (0.045)	0.029 (0.052)	0.028 (0.053)
dev1_1	0.002** (0.001)	0.000 (0.001)	−0.001 (0.001)	0.000 (0.001)
city_1	−0.001*** (0.000)	−0.009*** (0.003)	−0.009*** (0.003)	−0.010*** (0.003)
Constant	−1.313*** (0.066)	−3.408*** (0.342)	−4.014*** (0.425)	−4.055*** (0.424)
公司固定效应	否	是	是	是
观测值	15 449	15 449	10 188	10 188
R^2	0.127	0.407	0.504	0.505

注:圆括号内数值为在公司层面聚类稳健标准误下对应的t值;***、**和*分别表示1%、5%和10%的显著性水平。模型(1)控制了省级知识产权保护水平、公司特征变量、省级宏观变量。模型(2)进一步控制了公司固定效应。模型(3)保留了研发投入为正的企业。模型(4)的核心解释变量为滞后两期的省级知识产权保护水平。

二、稳健性检验

为了检验上述估计结果的稳健性,本报告从以下四个方面进行估计:一是采用樊纲等(2011)测度的知识产权保护指数衡量各省份知识产权保护水平,该指数分别用"三种专利申请受理数量与科技人员数的比例"和"三种专利申请批准数量与科技人员数的比例"两个二级指标来衡量知识产权保护强度。二是与已有文献的做法类似,模型中不控制公司固定效应,而是控制行业和时间固定效应进行估计。三是采用固定效应模型进行估计。四是删除西藏和四个直辖市北京、天津、上海、重庆的样本。

表7-3的估计结果显示,虽然估计系数有所变化,但影响方向与基准模型是一致的,知识产权保护水平的提高会显著增加创新性公司的就业,说明本报告的估计结果是较为稳健的。

表 7-3　稳健性估计结果

	1 樊纲指数	2 控制行业和时间	3 固定效应模型	4 去掉西藏和直辖市
ipr_1	0.003**	0.001*	0.015***	0.017***
	(0.002)	(0.001)	(0.004)	(0.006)
公司固定效应	是	否	是	是
时间固定效应	否	是	否	否
行业固定效应	否	是	否	否
观测值	5 267①	10 188	10 188	8 246
R^2	0.552	0.160	0.389	0.527

注:圆括号内数值为在公司层面聚类稳健标准误下对应的 t 值;***、**和*分别表示1%、5%和10%的显著性水平。所有模型均控制了省级知识产权保护水平、公司特征变量、省级宏观变量和公司固定效应。模型(1)用樊纲等(2011)测度中国各地区市场化指数中的知识产权保护程度作为核心解释变量。模型(2)没有控制公司固定效应,而是控制了时间和行业固定效应。模型(3)采用固定效应模型进行估计,模型(4)删除了西藏和四个直辖市北京、天津、上海、重庆的样本。

三、异质性分析

知识产权保护水平对不同类型企业的影响可能存在差异,Balsmeier 和 Delanote(2015)以及魏浩、李晓庆(2017)的研究发现知识产权保护对年轻初创企

---

① 数据来源于中国分省份市场化指数报告(2018),该报告中各省份知识产权保护程度隔年公布,目前公布了2008年、2010年、2012年、2014年、2016年的数据,导致回归样本量减少。

业的影响超过对成熟企业的影响，因此本报告这一部分也将讨论知识产权保护对不同类型企业的异质性影响。模型(1)和(2)根据企业年龄进行分组[①]，模型(1)的回归样本为创业时间不超过15年的企业，模型(2)的回归样本为创业时间大于15年的企业；模型(3)和(4)根据企业规模进行分组，模型(3)的回归样本为企业雇员不超过200人的企业，模型(4)的回归样本为企业雇员大于200人的企业；模型(5)和(6)根据企业所有制进行分组，模型(5)的回归样本为非国有企业，模型(6)的回归样本为所有国有企业。

表7-4的估计结果显示，知识产权保护水平对创业时间不超过15年的年轻企业就业影响不显著，在10%的显著性水平上增加了创业时间超过15年的成熟企业的就业人数。同样地，知识产权保护水平对雇员人数不超过200人的小企业影响不显著，但在5%显著性水平上增加了雇员人数超过200人的大中型企业的就业规模。这与Balsmeier和Delanote(2015)以及魏浩、李晓庆(2017)的结论正好相反，可能是由于本报告使用中国上市公司2008年到2017年的数据，而魏浩和李晓庆(2017)使用2002年到2007年中国工业企业微观数据，样本的代表性和时间跨度存在差异，具体将在机制分析部分进行讨论。对于非国有企业，知识产权保护水平每提高一个标准差(2.279)，该省份创新型企业的就业提高0.03个百分点，相当于均值的35.7%(就业变动的均值为0.084)；对于国有企业，知识产权保护水平每提高一个标准差(2.279)，该省份创新型企业的就业提高0.046个百分点，相当于均值的54.8%(就业变动的均值为0.084)。整体而言，知识产权保护程度对企业规模较大、创业时间较长的企业和国有企业的就业影响更大。

表7-4 基于企业年龄、规模和所有制的异质性估计结果

	企业年龄		企业规模		企业所有制	
	年龄≤15	年龄>15	雇员≤200	雇员>200	非国有	国有
	1	2	3	4	5	6
ipr_1	0.010	0.011*	0.001	0.009**	0.013**	0.020***
	(0.009)	(0.006)	(0.021)	(0.004)	(0.006)	(0.007)
公司固定效应	是	是	是	是	是	是
观测值	3 431	6 757	767	9 421	5 349	4 768
R^2	0.645	0.543	0.844	0.613	0.537	0.486

注：圆括号内数值为在公司层面聚类稳健标准误下对应的t值；***、**和*分别表示1%、5%和10%的显著性水平。所有模型均控制了公司特征、省级宏观特征和公司固定效应，只保留研发投入为正的企业。

[①] Balsmeier和Delanote(2015)将创业时间少于10年，且三年前就业人数少于50人的企业定义为年轻创新企业，否则为成熟创新企业，但本报告使用了上市公司数据，这一定义方法会使得年轻创新企业样本量过少，因此采用企业年龄15年和雇员200人作为分界线。

此外，本报告还估计了不同产业和地区的知识产权保护水平对就业的影响。表 7-5 报告了估计结果，其中，模型(1)的回归样本为第一产业的企业，模型(2)的回归样本为第二产业的企业，模型(3)的回归样本为第三产业的企业，模型(4)的回归样本为东部地区企业，模型(5)的回归样本为中部地区企业，模型(6)的回归样本为西部地区企业。估计结果显示，知识产权保护水平对第一产业就业影响不显著，分别在5%显著性水平和10%显著性水平上增加了第二产业和第三产业的就业人数。同时，知识产权保护水平分别在1%和5%显著性水平上增加了东部地区和西部地区的就业人数，对中部地区就业影响不显著。说明现阶段我国知识产权保护水平有进一步提高的空间。

表 7-5　分产业和地区的异质性估计结果

	分产业			分地区		
	第一产业	第二产业	第三产业	东部	中部	西部
	1	2	3	4	5	6
ipr_1	0.007	0.010**	0.023*	0.019***	0.002	0.022**
	(0.024)	(0.005)	(0.013)	(0.006)	(0.009)	(0.011)
公司固定效应	是	是	是	是	是	是
观测值	139	7 858	2 191	6 698	2 004	1 486
R^2	0.492	0.540	0.487	0.483	0.578	0.524

注：圆括号内数值为在公司层面聚类稳健标准误下对应的 t 值；***、**和*分别表示1%、5%和10%的显著性水平。所有模型均控制了公司特征、省级宏观特征和公司固定效应，只保留研发投入为正的企业。

四、影响机制检验

(一) 缓解融资约束

融资的难易程度会影响企业规模的扩大，从而对就业产生影响。知识产权是创新型企业的重要资产之一，加强知识产权保护将从三个方面影响企业的融资约束，进而影响就业。第一，较强的知识产权保护意味着公司披露信息的风险下降，公司更愿意披露信息给外部股东和债权人，减少信息不对称，提高融资可能性；第二，外部投资者意识到创新企业的知识产权能够得到有效保护，不会因为侵权而受到损失，从而提高了投资意愿，降低了创新企业的融资约束；第三，年轻创新企业可以通过知识产权转让来获得融资，如很多创业者将项目卖给大公司后，项目团队得以扩充，从而增加就业。一般情况下，小公司比大公司面临更大的融资约束，知识产权保护对创新型小公司来说可能更为重要。

为了验证这一机制，本报告采用 Whited & Wu(2006)构建的融资约束指数即 WW 指数[①]来衡量企业面临的融资约束，在模型中加入融资约束和知识产权保护的交互项，如果交互项系数大于 0，说明当企业更依赖于外部融资时，知识产权保护对企业就业的影响更大。表 7-6 模型(2)的估计结果证实了这一猜想，但估计结果仅在 10% 的水平上显著。

(二)促进创新

大量研究发现知识产权保护会减少研发溢出，提高公司的创新投入和产出。创新作为一种"创造性破坏"，对就业的影响是不确定的。一方面，创新具有就业"创造效应"，技术创新促使企业生产效率得到有效提升，提供更受市场欢迎的产品，使得企业比以往更具有竞争优势、企业规模得以扩张，对员工的需求快速增加；另一方面，创新具有就业"替代效应"，新的生产技术如"人工智能"的应用会替代原来由人来完成的工作，降低企业对劳动力的需求(白俊等，2018)。

为了检验知识产权保护通过影响创新如何影响就业的机制，首先估计省级知识产权保护水平与企业研发投入之间的关系，再将基准模型中加入企业的创新投入，看知识产权保护水平对就业的影响是否发生变化。表 7-6 的模型(3)和(4)分别报告了上述两步的估计结果。结果显示，知识产权保护程度加强确实提高了企业的研发投入水平，在加入企业研发投入中介变量后，知识产权保护水平对企业就业的影响系数减小，显著性水平也从 1% 下降到 5%，企业研发投入对就业的影响显著为正。说明知识产权保护增加了企业的研发投入，而企业的技术创新主要通过就业"创造效应"扩大了就业规模。

表 7-6 知识产权保护影响就业的机制检验

	1 基准回归	2 融资约束	3 研发投入	4 就业变动
ipr_1	0.015 * * *	0.022 * * *	0.054 * * *	0.013 * *
	(0.006)	(0.008)	(0.017)	(0.006)
ww0		−0.105 * *		
		(0.052)		

---

① WW 指数的计算公式如下：WW index = −0.091CFit − 0.062DIVPOSit + 0.021TLTDit − 0.044LNTAit + 0.102ISGit − 0.035SGit。其中，CFit 等于经营活动现金流除以总资产；DIVPOSit 是公司 i 第 t 年是否支付现金股利的哑变量，若有则取值为 1，否则为 0；TLTDit 等于长期负债除以总资产；LNTAit 为总资产的自然对数；ISGit 和 SGit 分别为行业与公司的销售增长率；行业划分采用证监会三级行业代码进行分类。

续表

	1 基准回归	2 融资约束	3 研发投入	4 就业变动
ww0_ipr_1		0.011* (0.006)		
lnrd				0.032*** (0.007)
公司固定效应	是	是	是	是
观测值	10 188	9 992	10 188	10 188
R^2	0.504	0.508	0.838	0.508

注：圆括号内数值为在公司层面聚类稳健标准误下对应的 t 值；***、** 和 * 分别表示 1％、5％和 10％的显著性水平。所有模型均控制了公司特征、省级宏观特征和公司固定效应，只保留研发投入为正的企业。模型(1)为基准回归结果，模型(2)为加入融资约束和融资约束与省级知识产权保护水平的交互项。模型(3)估计省级知识产权保护水平与企业研发投入之间的关系，模型(4)为加入企业研发投入中介变量后的估计结果。

第五节 结论及政策启示

本章以 2008 年到 2017 年我国 1797 家 A 股上市公司为样本，并基于我国知识产权执法体系，构建了各省知识产权保护水平指数，估计省级知识产权保护水平对当地企业就业的影响。研究结果发现，知识产权保护水平每提高一个标准差，该省份创新型企业的就业提高 0.034 个百分点，相当于均值的 40.5％。知识产权保护程度对企业规模较大、创业时间较长的企业和国有企业的就业影响更大。本章验证了知识产权保护通过缓解融资约束和促进创新影响就业的两大机制，其中，知识产权保护增加企业创新带来的"就业效应"是影响就业的主要机制。

基于上述研究结果，提出以下政策建议：(1)进一步加强知识产权保护力度。现阶段我国的知识产权保护水平尚未达到最优点，提高知识产权保护水平有利于促进企业创新并带动就业。虽然目前已经有相关的法律依据，但执法力度不够，在国际上饱受争议。因此，应切实提升我国知识产权保护的执法力度，提升各级法院和知识产权局的执法水平，加强对知识产权保护重要性的宣传，提高民众和企业对知识产权保护的重视程度。(2)切实实施制造强国战略，以更加严格的知识产权保护力度支持制造强国建设。当前我国正在转向高质量发展阶段，制造业处于由大到强的转变期，能否顺利实现由数量扩张向质量提升的战略转变，将决定建设制造强国和实现世界科技强国建设的关键。在这一时代背景下，知识产权保护越来越成为我国高质量发展和制造业转型升级的内在需求。本报告的研究也验证了知识产权保护对第二产业就业的影响相对较大。具体地说，应强化制造业重点领域知识产权行政执法，严厉打击网络侵权假冒工作，加强电子数据取证、存证、鉴定能力和生态建设，积极运用新技术手段支撑知识产权保护工作，推动建设知识产权海外保护与维权体系，依法保护企业的知识产权合法权益。（3）降低企业融资成本，优化企业营商环境。理论上，中小企业是创新创业和吸纳就业的重要部分，但本报告的研究并未发现知识产权保护对中小企业就业有显著影响，可能原因在于中国目前中小企业面临融资难、融资贵的困境，创新投入的资源和动力不足，通过创新扩大生产规模增加就业的机制不畅。因此，加强知识产权保护的同时要进一步降低企业融资成本，优化企业营商环境，如完善创新型中小企业的税收优惠政策，减轻企业社会负担，简化行政审批的项目和程序，支持中小企业采用新技术、新工艺、新设备、新材料进行技术改造。

第八章
国际移民与人力资本积累

近年来，随着贸易自由化和经济全球化的深入推进，移民和人才流动成为全球范围内社会经济发展的一个突出现象。移民问题在全球范围内得到了广泛关注和重视。归根结底，移民意味着人才的流动，关系着相关国家人力资本的积累，是事关各国经济社会发展和稳定的大问题。国际移民与人力资本之间的关系是怎样的，国际移民对于移民流入国和流出国人力资本存量的影响机制分别是什么，以及如何在国际移民的浪潮中留住人才，进而为经济社会的可持续发展储备力量和奠定基础，这些问题都亟待解决。本章围绕以上问题，结合以往文献研究，进行了梳理和阐释。

第一节 国际移民现状分析

根据联合国国际移民组织与全球化智库联合发布的《2018世界移民报告》的数据，近年来，全球范围内国际移民的规模呈现明显增长趋势，具体如图8-1所示。2015年，全球国际移民总数为2.44亿，占世界总人口的3.3%。换言之，大约每30人中就有1位国际移民。其中，大约有1.57亿的国际移民居住在高收入国家，占移民总数的三分之二；居住在中等收入国家和低收入国家的国际移民分别为7 700万和900万。在性别方面，相对于女性移民而言，男性移民数量略高一些，性别比为1∶1.08；在年龄方面，有72%的国际移民处于20～64岁的工作年龄。

伴随经济全球化的深入，国际移民现象越来越普遍，规模越来越大。各国外籍人口占其总人口的比重在一定程度上都有所增长，然而，增长的幅度呈现出较大的国别差异。1996年，美国外来移民总数高达91.59万，较上一年增长了27.12%。自1991年达到180万的移民高峰，美国外来移民经历不断下降阶段后，出现了明显的反弹。加拿大的外来移民出现了三个不同的增长阶段。1981—1986年、1986—1991年、1991—1996年，其外来移民规模分别增加了1.7%、

11.1%和14.5%，三个时期各自平均年增长率分别为0.3%、2.2%和2.9%。从20世纪80年代末到21世纪初，西欧各国外籍人口总数增加近1/3。1996年，卢森堡的外籍人口占比达33.4%，在西欧国家中排名第一，其次是瑞士，占比达19.6%，比利时、奥地利、德国、瑞典以及荷兰分别达8.9%、9%、8.9%、5.9%和4.3%。与1990年相比，2000年OECD国家的外来高技能和低技能移民分别上升了70%和30%。

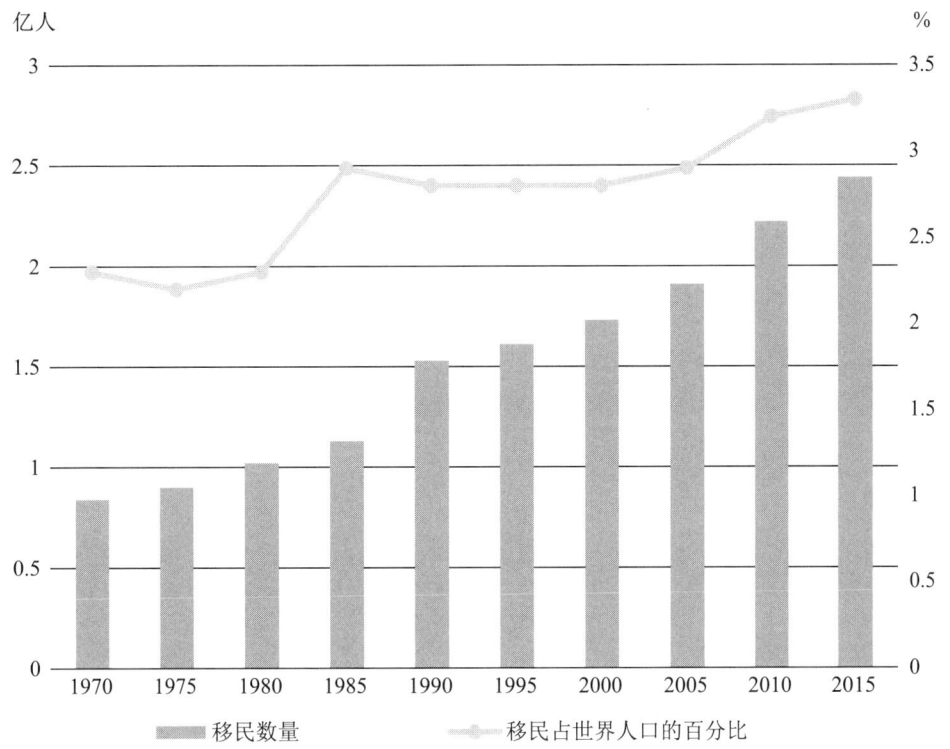

图 8-1　1970—2015 年全球国际移民规模

数据来源：联合国经济和社会事务部。

长期以来，中国一直是重要的移民流出国。在亚洲，中国和印度是迁出移民数量最多的国家。2015年，中国移民输出量将近1000万，即使在全球范围移民流出规模排名中，中国也是位居前列，仅次于印度、墨西哥、俄罗斯，位居第四。其中，留学生是中国迁出移民的重要组成部分。2014年，全球范围内每6个留学生中就有1名中国学生。2015—2016学年，来自中国、韩国和日本的国际学生数量均位列美国前十，中国留学生超过30万人。美国、欧洲、澳大利亚、新西兰等国家和地区来自中国的留学生规模不断壮大，逐渐发展为当地居民的重要一部分。不过，近年来海外人才归国的速度也在加快，2008—2013年，中国海归总数达110万人，是前30年海归总数的3倍。截至2013年，海归累计人数已接近出国留学人数的50%，其中，绝大多数(63%)取得硕士学位，取得学士学位和博士学位的海归人数占比分别为30%和6%。这意味着中国正逐渐从全球熟练劳动力的流出国向流入国转变，同时我国的人力资本存量也在发生重要变化。

"人才外流"引发的问题受到国际组织、各国政府和各界学者的广泛重视。根据联合国相关统计数据显示，1990年，全球跨国移民总数为1.54亿，到2010年，该数字已经上升至2.14亿，预计在2050年全球国际移民规模将高达4.05亿。经济全球化背景下的世界已经进入了"国际移民的新时代"，在此基础上研究国际移民活动对于人力资本的影响，显然具有较强的现实意义。

第二节 文献综述

作为跨国社会互动的一种基本形式，国际移民一直以来也是学术界的热点话题，由跨国流动所带来的变革和发展问题引起广泛关注。通过梳理国内外相关文献可知，近年来国际移民最突出的问题是长期移民和高技术移民规模急剧拓展。大多数文献在分析时，将国际移民所涉及的国家分别称为"流入国"和"流出国"，或者"目标国"和"来源国"，或者"母国"和"输入国"等。为了描述口径的一致性，本章选择"流入国"和"流出国"的表述。以往文献大多是从流出国的视角分析移民对其经济社会发展的影响，也因此衍生出相应的移民相关的术语。例如，"人才外流"（Brain Drain），主要描述人力资本从发展中国家向发达国家流动的现象，尤其是指高技能人才的国际流动。20世纪60年代以来，人才外流问题不断困扰着发展中国家，尤其是随着经济全球化和信息化的不断深化，以及随之而来的知识经济迅猛发展，人才外流所产生的影响更加深远。一些发达国家通过颁布实施各种人才引进计划及配套的激励政策，从很多发展中国家有效地吸引到各种稀缺人才，其中，专业技术人才移民显示加速趋势。

国际移民对当事国家经济和社会发展所产生的影响已逐渐得到国际社会的普遍重视。目前对于国际移民的影响效应还未形成统一的意见，存在较大争议。但以往研究中有比较一致的结论，国际移民对于移民流入国的经济和社会发展是有显著正面影响的，而对于移民流出国而言，其影响效应是存在分歧的，即关于人才外流对于流出国的影响效应还未有一致的结论。通过对以往研究结论的分析和归类可知，学术界对人才外流对于流出国的影响效应主要持以下三种观点。

1. "人才外流负效益"

提倡这种观点的学者认为，人才外流对流出国产生有害效应，不利于其经济福利的增长，反而明显地促进了发达国家的发展。对于世界经济发展失衡愈发严重、南部不发达国家经济潜能愈发下降等问题的出现，国际人才流动应当负主要责任。早期的研究多数认为，从人力资本投资成本的视角看，在培养高技术劳动者的过程中,发展中国家支付了很大一部分教育成本,基于此,人才发生"外流"时,人才流出国应该向人才流入国征收一定额度的补偿费用。Grubel 和 Scott(1966)在其研究中基于完全竞争、完全信息以及活性工资的假定条件构建了新古典分析框架,指出大量高素质人才外流会导致人才流出国劳动力的短缺,造成其人力资本水平的降低。Bhagwati 和 Hamada(1974)则跳出活性工资的假设,在其研究中引入刚性工资假定,对新古典分析框架进行了修订,认为熟练劳动力的流出,虽然降低了这部分群体的失业,但是并不能抵消非熟练劳动力失业的增加和教育成本的增加,进而会造成人才流出国受损;随后他们又在模型中引入不完全信息假定,进行了进一步修订,认为基于发展中国家人才筛选效率低于国际劳动力市场平均水平的条件下,由于"柠檬效应",人才外流还是会对发展中国家的经济产生有害影响。Miyagiwa(1991)基于内生增长理论,在研究中进一步引入外部规模经济,指出熟练劳动力具有外部规模经济,该效应会激励人才由发展中国家向发达国家的流动,在这个过程中,发展中国家会面临损失,进而阻碍其经济增长。Faini(2007)对 50 个国家的数据进行了回归分析,结果发现移民率与教育投资之间具有负相关关系。Checchi 等(2007)认为,大量的高技能移民意味着流出国劳动力市场对高技能人才的需求达到了饱和,进而会造成流出国劳动力减少教育方面的投资。杨希燕(2008)通过反事实假定测验法模拟了波兰人才外流对其人力资本的影响效应,结果发现 20 世纪 90 年代波兰高等教育水平人口外流上升了66.9%,从而造成其国内高等教育劳动力占比下降了 0.3%,对其长期人力资本存量产生负向冲击。

2."人才外流正效益"

尽管长期以来不断有学者论证人才外流对流出国具有负面影响效应,但是,近几十年来一些国家和地区的经验却显示,在出现大量人才外流的情况下,其经济仍然保持了快速的增长。因此,一些学者提出,人才外流不仅使得流入国受益,对流出国来说也未必会产生"负"的影响。20 世纪 80 年代中期以来,一些学者相继得出了人才外流具有潜在收益的结论,"人才外流正效益"的观点逐渐形成。Stark 等(1997)、Mountford(1997)、Vidal(1998)分别在其研究中建立人才外流正效益的理论分析模型,研究结果均显示,相比较禁止移民的自给自足经济而言,移民使得教育的吸引力增强,促使更多人增加教育投入,对于发展中国家来说,人才外流后,不仅不会造成其人力资本存量的减少,反而会带来其人力资本存量的增加,长期来看则会促进经济增长。Gao(2003)通过使用居住在 68 个国家的海外华人数据和 1984—1997 年流入中国的 FDI 数据进行实证研究,结果显示,海外华人网络对流入中国的 FDI 具明显正向的影响。Beine 等(2001、2008)通过对发展中国家数据进行实证分析,验证了移民前景对流出国人力资本投资的激励效应。与 Beine 的结论一致，王德劲（2011）在 VAR 模型框架下检验了中国人力资本与高等教育移民率之间的 Granger 因果关系，得出了人才外流促进人力资本积累的结论，佐证了人才外流的"正"经济效应，认为对人才外流问题不必过于担忧；同时还指出，人才外流对人力资本积累的促进作用具有滞后性，在制定人才政策时应当具有计划性和前瞻性，考虑充分。人才外流对人力资本积累的促进作用只体现为其"正"经济效应的一个方面，在整体上把握该问题还应进行系统评价、监测和预警。陈晓毅（2013）在其研究中运用中国 31 个地区 2000—2010 年的数据，研究了人才外流对人力资本积累的影响效应，实证分析结果显示，在中国，人才外流对人力资本积累具有显著正向的影响，人才外流每增长 1%，就会带来人力资本存量增长大约 0.04%。

3. 人才外流效益因国家而异

有学者对上述"人才外流正效益"的观点提出了质疑。Schiff（2005）认为在人才外流收益模型中设定了过多不现实的假设，这使得人才外流收益的相关分析不恰当。Faini（2002）的研究质疑了有关人才外流正效益的实证分析结果，他通过使用 50 个国家的数据对入学率进行回归，结果表明移民率与教育投资之间存在着负相关关系（中等教育除外），并没有证据显示人才外流促进了教育的增长。Checchi 等（2007）的研究也得到了类似结果。因此，很多学者认为人才外流的损益会因国家而异，主要取决于各个国家特定的经济条件和经济发展阶段。正如周敏和黎相宜（2012）的研究所述，跨国移民既在不同程度上促进了移民家庭、家乡以及祖籍地区域性的发展，同时也给所在的流入国族裔社区带来不同程度的影响。然而，国际移民究竟对社会发展具有怎样的影响或者产生多大程度的影响，不能一概而论，这取决于流出国的社会经济制度、流入国族裔社区的规模、移民自身所拥有的资源等一系列因素的互动。综上研究结论，可以预见，在未来很长一段时期，关于人才外流损益问题的争论仍将继续，学术界也将不断探索新的证据。

笔者支持第三种观点，即人才外流的结果是"损"还是"益"会因不同的国家而不同。立足于全球劳动力市场的视角，国际移民只是劳动力在不同区域的流动，作为生产要素的劳动者的迁移和流动也势必会带来流出区域和流入区域的经济社会发展变化，从这个层次去看，国际移民与国内区域间的劳动力流动和迁移在本质上基本上是一样的，因此，正如王德劲（2011）所指出的，对人才外流问题不必过于担忧，需要客观理性地看待国际移民问题。然而，国际移民确实牵动了人力资本水平的变动，这直接关系到相关地区的经济社会发展，因此，应该有效了解国际移民对人力资本积累的影响机制，从而更好地在移民政策中进行引导，保障人才政策的计划性和前瞻性。

第三节 国际移民对人力资本积累的影响机制

通过梳理以往文献可知,大多数学者将关注点放在国际移民对流出国人力资本及经济的影响上。然而,国际移民不仅仅会对流出国有影响,也会给流入国带来机遇和挑战。因此,对于国际移民对人力资本积累的影响机制,分别从流入国和流出国两个视角去分析和阐释。

一、国际移民对流入国人力资本积累的影响机制

其一,移民在流出国所从事的往往是流入国人才供给不足的工作,从这个层面出发,国际移民是对流入国人才的有效供给,能够缓解流入国人才匮乏的困境。尤其是涉及熟练劳动力的国际移民会提高流入国劳动力市场中熟练劳动力比重,从而促进流入国的技术进步,同时,也会拉大流入国熟练和非熟练劳动力之间的收入差距,形成人力资本"相对收入效应"。其二,跨国人才会增加流入国人力资本总量,同时,为流入国节省了大量的教育投资成本。在没有增加成本的条件下,收益明显提高,毫无疑问,跨国人才的流入有利于流入国的长期经济发展。作为典型的人才流入国家,美国近30年来利用各种人才吸引和激励政策获得了数以百万计的跨国人才,仅在教育费用上就轻松省下了3 000亿美元,这相当于国际移民使得3 000亿美元流入美国。同时,由于大量国际移民的涌入,促使流入国的劳动力更加倾向于成为熟练劳动力,从而产生人力资本"结构效应"。在进行理论模型分析的基础上,范兆斌(2015)以OECD国家2000—2011年的数据为基础,运用动态面板数据模型,对国际移民与流入国收入分配不平等的关系进行了实证分析。结果表明,在短期,国际移民与流入国当地熟练劳动力之间具有互替关系,国际移民的涌入会增加流入国劳动力市场中熟练劳动力的供给,致使流入国熟练劳动力相对收入的降低,而且人力资本"相对收入效应"小于人力资本"结构效应",结果会减小流入国的收入分配差距;在长期,国际移民则会增加流入国人力资本存量,促进流入国技术进步,致使流入国熟练劳动力相对收入的增加,而且人力资本"相对收入效应"大于人力资本"结构效应",结果会增加流入国的收入分配差距。

二、国际移民对流出国人力资本积累的影响机制

国际移民对流出国人力资本积累的影响机制主要包括以下几个方面。

(一)教育投资激励

Beine 等(2001)认为技术移民会给流出国带来"激励效应"和"流出效应"两种不同效应。其中,激励效应主要是指国际移民的较高预期回报,会激励流出国教育投资增加的效应(潜在有益)。这种效应在绝大多数相关研究中也都有提及。例如,国际劳工组织《世界移民报告》中提到,跨国间的工作移民因具有高回报的特点,的确增加了人们更多地投资高等教育的动力,尤其在国外急需的、紧缺的、热门的专业上给予更多的投资(IOM,2003)。Kangasmieni 等(2004)曾经对在英国工作的印度医生进行了一次问卷调查,数据结果显示,30%的被调查医生均承认当初国际移民的高回报率有效地激励了他们,促使其更加刻苦努力地完成学业。Commander 等(2004)通过使用更为翔实的数据证明印度高等教育的发展在一定程度上受益于移民前景的推动。Beine 等(2001)提及的技术移民的"流出效应"表现为流出国高技术人才或高等教育群体的流失,从而不利于流出国的经济发展。然而,综合考虑国际移民的"激励效应"和"流出效应",从动态角度看,流出国高等教育群体的数量最终有可能是增加的,而通过观察高教育人群的数量变化可以同时反映这正反两面的效应。

当前形势下,国际移民尤其是高技术劳动力移民往往是从发展中国家向发达国家的迁移。作为流入国的发达国家具有优越的生活条件以及较高的收入水平,这些会形成移民高额回报预期,为流出国的劳动者提供了一个正面的信号,促进其投资教育,通过获取更多的教育,增强人力资本投资和积累,进而促进经济增长。同时,人才外流不仅会刺激流出国个人增加对教育的投资,也会促使流出国政府进一步认识教育投资的重要性,增加对各阶段教育以及科研的投资强度,更加有效地改善教育环境。在国际移民对流出国发挥教育投资激励效应的背景下,当满足人才外流积极改善流出国人力资本结构的条件时,在人力资本代际转移的作用下,技术移民率的偶然激增有利于流出国走出智力流失陷阱(Vidal,1998;Stark,2004;Fan 和 Stark,2007)。此外,需要考虑的是,当前各国的移民政策越来越健全,有些国家更是针对移民设定了严格的条件,尤其是发达国家针对人才外流问题设置了较高的门槛和严苛的移民条件,而且这些条件也是随着经济发展的需求不断调整和变更,这就使得国际移民行为能否最终实现充满了不确定性。为了高回报预期而增加教育投资,国际移民行为却最终未实现,但是,对国民个人而言,在这个过程中其生产效率因此有了极大的提高,对于流出国整体而言,在剔除对外移民后,移民高回报的前景很可能会为流出国带来更多的高等教育人口,长期来看,有利于流出国人力资本存量更大幅度的提高。(Mountford,1997;Vidal,1998;Beine 等,2001)。

(二)人才回流

对于流出国而言,只要人才外流现象是暂时的,而非永久性的,经过一定时间之后就会出现人才回流的现象。即人才外流也会带来一定程度的人才回流,进一步产生相应的人才回流效应。Mayr 和 Peri(2008)的研究指出,人才回流会促进流出国人力资本存量的增加,不仅如此,国外学习和工作的经验使得人才回流有效提高流出国人力资本的平均质量,从而促进经济增长。对于流出国而言,技术移民直接导致了智力流失,然而,从另一个角度看待这个问题,移民也会因此有机会到其他国家学习更好的技能和接触最新最先进的技术,这些先进技能技术可以通过各种渠道反哺流出国。Mayr 和 Peri(2008)的研究指出,人才回流有效推动了技术的扩散,促进了流出国生产效率的提高,在一定程度上对人才外流造成的损失进行了弥补。受过国外良好教育的人员带着更先进的技术技能和更丰富的知识储备回流,相比未外流的人群而言具有更高的人力资本水平,除了丰富的人力资本,还往往伴随着一定水平的物质资本和社会资本回流,如引进人才、设备和外资,外资投入到流出国中转换为先进的生产设备和设施,接受过海外良好教育、拥有先进技术知识储备的回流人员则成为与先进设备和设施相匹配的人才队伍,所有这些环境的落实无疑会进一步提高流出国的平均生产率,进而在某种程度上弥补流出国核心技术不足的缺陷。当流出国愿意为回流人才提供更高水平的工资、更加优渥的社会福利待遇时,不断增长的回报预期会刺激国内人群进一步加大自身教育投资,不断提高自身受教育水平,致使流出国高等教育人口比例会不断提高,人力资本水平显著提升。与此同时,国际人才的回流给流出国国内劳动力市场带来了相应的就业压力,激励本土人才自觉通过增加学习时间、加大教育投资的方式提升自身的人力资本水平,进而增强在劳动力市场中的就业竞争力,从而在国内人群中形成回流人才的竞争和示范效应(聂萼辉,2014)。

经济全球化背景下的人才的外流与回流能有效地促进国家间知识和信息的流动,这在很大程度上有助于技术的进步和贸易的发展,尤其是对于发展中国家而言,这种效益更是突出。同时,外流人员在流入国生活和工作的过程中,也同样会在流出国拥有着各种关系网络,并且会通过关系网络效应带来流出国和流入国之间的资本、技术流动,从而影响流出国的技术创新水平。Saxenian(2005)在研究印度海外移民问题时发现,基于国际移民亲情或者友情的媒介作用,流入国与流出国之间存在社会关系网络,这使得知识技术交流得以有效强化。由于与流出国有天然的种族关系网络,国际移民通过该网络渠道加速国际信息流动,向流出国传播前沿的思想和先进的技术知识,减少了交易成本,有利于流入国和流出国之间贸易和投资活动跨境网络的形成,促进双边贸易发展。很多学者提出,移民网络的形成会带来贸易效应，进而形成了相应的商务网络，会带动当事国家贸易的发展(Rauch and Trindade，2002；崔雅静，2012)。例如，杨希燕和唐朱昌(2011)使用海外华人人口数据以及流入中国的 FDI 数据进行实证分析，结果表明，海外华人网络会明显促进中国 FDI 的流入，且两者对于流出国的技术溢出具有正向影响效应(李平、许家云，2011)。杨丽娜(2014)使用 39 个发展中国家 1998—2011 年的移民数据进行实证分析，结果表明，在网络效应的作用下，一定规模的人才外流会对流出国的技术创新具有显著的促进作用。

(三)海外汇款

国际移民会向流出国汇款，从而有利于深化流出国的投资和提高流出国的教育参与率，为流出国人力资本积累增加了资金支持。Lucas 和 Stark(1985)在其研究中提出，相比较官方援助与外国直接投资而言，海外汇款的稳定性更强，这些汇款会对流出国的经济产生积极的影响。因此，不能一味地排斥人才外流，而是应当与外流移民建立良好的关系，保持与外流移民的有效联络，鼓励与外流移民的各种良好互动和往来，逐步将"人才外流"从短期的相对劣势转变为"人才循环"的优势，从而使得人才外流对人力资本积累的促进作用能够充分发挥。

第四节　建立健全"人才吸引"政策体系

对于人才流出国来说，国际移民既带来挑战，同时也带来机遇。一方面，国际移民致使人才流出国面临人力资本流失和其他相关经济损失；另一方面，国际移民促进了国家之间的信息交流，推动相关国家的贸易往来和经济的发展，其中，国际移民过程中出现的人才回流对流出国的经济发展尤其有益。因此，世界各国尤其是往往作为人才流出国的发展中国家应对于人才的重要性给予充分认识，制定和实施有针对性的减少人才外流的措施，积极引进经济发展过程中急需的各级各类人才，努力激励和争取人才回流。当前中国整体的生产技术水平、企业和产业竞争力、教育水平等都尚未达世界一流水平，与发达国家之间还有差距。要解决这些问题，关键就是要解决人才的问题。随着经济全球化不断深化、生产要素国际流动日益便易和中国对外开放程度加大，呈现在中国面前的是日益激烈的国际经济竞争，而在中国适应环境推进经济转型和发展的过程中，人才成为核心要素之一。基于此，中国面临着如何有效减少人才外流、积极促成人才回流以及吸引跨国人才流入等方面的严峻挑战，应该从以下几方面着手进行积极应对。

一、制定实施适宜的人才发展战略

日趋激烈的国际竞争的一个重要表现在于科学技术的竞争，而一个国家科学技术水平的高低取决于这个国家高素质人才情况，换言之，科学技术水平的竞争归根结底是人才在国家间的竞争。因此，各国都在竭尽全力在全球劳动力市场上吸引人才，人才争夺战在一定程度上已经从企业之间的竞争上升到了国家之间的竞争。中国各级政府须对人才问题给予高度重视，尽快制定和实施与经济发展需要和世界人才市场发展趋势相适应的人才发展战略，努力留住本国人才，减少人才外流，同时，积极吸引人才的回流，并尽可能吸引跨国人才流入。

二、进一步加快教育改革和加大教育投资力度

中国外流人才群体的一个重要组成部分是出国留学生，这主要归因于中国高等教育整体水平还相对较低。为了提高高等教育水平，中国应加大教育投资力度，增加国民对国内高等教育的信心和需求，减少高等教育阶段出国的需求，进而实现人才外流规模的降低。与发达国家相比，中国的教育环境仍存在显著差距。根据《2018中国投资移民白皮书——新兴移民趋势》，大部分高净值人群在做出海外移民的选择时，初衷主要是方便子女能够接受更优质的教育。显然，对于教育的投资如果跟不上，就业环境也会随之愈发严峻。中国大学毕业生主要面临两方面的就业难题，一是一部分大学毕业生进入劳动力市场受限，无法找到合适的工作，二是一部分大学毕业生虽然进入到劳动力市场，但却从事着与学历水平不匹配的工作。在这种严峻的就业形势下，中国政府应加快国内高等教育改革的步伐，在学科专业设置过程中充分考虑劳动力市场需求的因素，将人才教育结构与国家和地区的人才需求有效挂钩。同时，在推进改革过程中注重国外优质教育资源的引进和利用，努力学习国外先进的教学模式和教育管理经验，强化高质量的高校跨国培养与合作，深化国内教学机制改革，积极增设国内空缺专业，实现中国教育整体实力的提升。

三、改善国内人才尤其是高端人才工资待遇和工作生活环境

为了有效留住人才和吸引人才流入，中国政府应努力改善国内人才尤其是高端人才的工资待遇和工作生活环境，努力营造出更为自由、安全的社会环境，增强中国对潜在流入人才的吸引力，加大留住现有人才的可能性。中国面临着严峻

的人才外流问题，究其原因主要在于劳动力市场环境因素，即较低的工资待遇和较差的工作环境降低了人才对国内发展环境的信心和预期。科学家、技术工程师等具有较高学历水平和专业技能的人才掌握扎实的专业知识和相对较先进的技术技能，可供选择的范围更大，发展空间也更好，相应地，在劳动力市场中的就业选择空间也就更大，因此，具有很强的流动性。放宽到全球劳动力市场，同样适用，世界各国的移民政策和签证政策都对此类人才有相应的优惠措施，以便于其顺畅流动，最终达到吸引人才的目的。基于此，中国应积极探索有效分配激励机制，形成按照技术、管理等不同生产要素实施分配的办法，通过重实绩、看贡献的方式向优秀人才和关键岗位倾斜，并在激励中考虑行业特色，实现优质人才工资待遇和工作生活环境的有效改善。

四、构建以企业为主体的人才吸引政策体系

从国家发展层面讲，企业是为经济建设作贡献的最直接力量；从人才发展层面看，企业同样也是最大的人才容纳场地。中国政府在制定人才吸引政策的过程中，必须坚持以人才为关键、以企业为主体、以市场为导向、产学研相结合的原则，切实保障企业在研发投入、技术创新、创新成果应用等方面的主体地位。中国绝大部分海归和海外流入人才在择业时都倾向进入高校和科研院所，这些单位工作岗位有限，因此，对海归和海外流入人才的需求也是有限的，在这个层面上，海归和海外流入人才的供给相对过剩。然而，从另一层面上看，随着知识经济的不断深化和中国产业结构的不断优化升级，促使企业成为研发主体的要求势不可挡。中国企业的研发能力还相对不足，需要投入大量人力物力去支撑和发展，同时，综合不同部门的人才供求情况，中国政府应该积极引导企业成为这类人才的主要容纳场地，帮助其有效开发和利用海归和海外流入人才。除了制定配套政策保障企业的主体地位，引导和帮助企业积极吸收海归和海外人才之外，政府相关部门还应在帮海归和海外流入人才搭建有效的创业就业平台、增加资助留学生回国发展的力度等方面做出相应努力。

第九章
服务业扩大开放与就业极化效应

虽然当前中国服务业发展水平相对较低,但随着中国在国际贸易和全球格局中发挥更加重要的作用,服务业整体水平和服务业开放程度都会逐步提升。本章节基于服务业开放的角度研究服务业开放对本国就业市场产生的影响及就业极化效应。

第一节 引 言

服务经济的快速发展和服务业领域的市场开放是我国十三五期间经济发展的重要方向。伴随着经济全球化的推进,中国积极参与国际经贸规则制定,并在全球治理体系变革中贡献了中国智慧,积极倡议并推进贸易全球化和国际合作。当前中国服务业的开放程度在逐步增加,并且正在逐步由制造业开放向金融和服务业领域延伸。服务贸易发展是多边贸易体系中的重要组成部分,我国服务贸易在21世纪初期迅速发展,其发展过程大致分为两个阶段。第一阶段是中国在加入WTO议定书中制定了《服务贸易减让表》和《最惠国豁免清单》,确定我国具体服务活动的承诺范围。总体来看,我国对149个服务部门中的82个部门做出了约束承诺,其承诺水平高于其他发展中国家。第二阶段是通过市场准入负面清单制度的建立进一步扩大开放服务部门。党的十八届三中全会提出"实施统一的市场准入制度,在制定负面清单基础上,各类市场主体可依法平等进入清单之外领域"。党的十九大进一步明确要求"全面实施市场准入负面清单制度"。2013年9月30日,上海市公布《中国(上海)自由贸易试验区外商投资准入特别管理措施(负面清单)(2013年)》,列明上海自由贸易试验区内对外商投资项目和设立外商投资企业采取的与国民待遇等不符的准入措施。2015—2017年,我国在部分地区试行市场准入负面清单制度,其中,2015年10月19日国务院发布了《国务院关于实行市场准入负面清单制度的意见》,就实行市场准入负面清单制度提出了意见,明确列出在中华人民共和国境内禁止和限制投资经营的行业、领域、业务等。2018年,我国全面实施市场准入负面清单制度。2018年10月9日发布的《中国(上海)自由贸易试验区跨境服务贸易负面清单管理模式实施办法》和《中国(上海)自由贸易试验区跨境服务贸易特别管理措施(负面清单)》,标志着上海自贸试验区跨境服务贸易负面清单管理模式的建立。负面清单模式的建立进一步开放部分服务部门,清单长度由63条进一步缩减至48条,共在22个领域推出开放措施,进一步营造法治化便利化国际化营商环境。随着经济增速放缓和产业结构转型升级,服务业在未来的经济格局中将会发挥更加重要的作用。1978年至2018年,服务业对GDP的贡献率提升了31.3%。党的十八大以来,服务业对GDP贡献率呈现加速上升趋势,6年提高14.7%,接近改革开放40年增幅的一半,2018年达到59.7%,高出第二产业23.6%。2018年前10个月我国服务贸易进出口总额达到43 022.4亿元,增速为11.1%,服务进出口规模继续保持世界第二位。目前来看,服务业是城市就业吸纳能力最强的部门。2018年我国常住人口城镇化率为59.58%,2030年左右预计将达到68.4%(魏后凯,2014),需要进一步释放和发挥服务业的"就业蓄水池"功能才能解决我国长期面临的城镇化和市民化问题。然而,我国服务业总体发展水平仍然相对较低,国际竞争力相对较弱。不仅如此,在所达成的优惠贸易安排以及制定的贸易政策的友好度上,我国不仅远远低于发达国家水平,而且与发展中经济体相比也处于相对落后的状况,我国服务业的真实开放水平较低(来有为、陈红娜,2017)。因此,服务业的长期发展必须要通过扩大开放以提升产业竞争力和就业吸纳能力。扩大开放是提高我国服务业发展质量和国际竞争力的重要战略举措,基于此背景,本章节研究服务业开放对中国劳动力市场就业极化产生的影响,为服务业扩大开放与就业优先战略提供协同性发展建议和政策支持。

第二节 文献梳理与理论机制

劳动力市场的极化现象是一个国家劳动力市场上某种类型技能人群出现严重的供需矛盾所产生的特定现象。从历史经验来看,劳动力市场的极化现象主要分为三类:第一类是向上的极化,即劳动力市场上高技能劳动者的就业比重迅速增长。20世纪90年代的美国(Autor et al.,2006)就曾出现高技能劳动者占比迅速增长的趋势。第二类是向下的极化,即劳动力市场上低技能劳动者的就业比重迅速增长。这种现象主要出现在20世纪70年代以来的亚洲发展中国家,在这一时段,以中国为代表的亚洲国家在国际贸易中的地位相对较低,主要是低端的加工业为主。因此，利用廉价劳动力集中发展劳动密集型产业成为这些国家的产业战略政策选择，劳动力市场对于低技能劳动者的需求持续旺盛。在21世纪初期，随着亚洲国家产业结构转型升级和国际贸易地位提升，低技能劳动者的主要需求国从中国逐渐转移到东南亚国家。第三类是两极化格局，即劳动力市场上高技能和低技能劳动者的就业占比都有所增加，中等技能劳动者的就业需求持续减少，就业地位逐渐被机器等自动化设备所替代。这种现象在20世纪80年代的德国（Dustmann et al.，2007），2000年前后的欧盟国家（Goos et al.，2009），21世纪初期的英国（Goos & Manning，2007）都曾出现。

一般而言，学者将导致就业极化的原因大致归为两类。一是产业结构的升级导致对技术的依赖程度加深，偏向性技术进步的快速发展增加了对高技能劳动力的相对需求，并进一步分化中等技能劳动力，使部分中等技能劳动力只能从事低技能劳动力的工作。江永红等（2016）以2001—2012年省际数据为样本研究发现，产业结构升级推动整个社会就业结构和劳动力质量向两端发生偏移，引致劳动力极化现象。二是贸易开放使得发达国家和发展中国家在全球贸易中不断寻找自己的相对优势，随着外包的不同发展，发展中国家不仅在全球贸易中出口劳动密集型产业，也在此过程中被动地完成就业升级。邵敏和刘重力（2010）从贸易结构的角度指出，出口贸易的增加会使我国的行业更加偏向技能型技术进步，进一步导致劳动力趋向于高技能行业就业以提高自身收入水平。李宏兵等（2017）指出对外直接投资总体上显著增加了母国劳动力市场上的就业，但影响程度具有显著差异，对高技术和低技术企业的就业水平的影响更为明显，而对中等技术企业的提升作用相对较小，即存在"两端高、中间低"的就业极化现象，这种现象主要是由于我国对高收入国家的直接投资导致的。

服务业是吸纳就业人口最多的国民经济部门，但早期服务业发展中面临技术含量低、劳动生产率偏低等问题，吸纳的也主要是低技能劳动力和劳动密集型产业。随着现代服务业的快速发展，服务业已经从传统服务业发展成为技术含量高、劳动生产率提升的虚拟经济行业，金融服务、研发设计服务等行业迅速崛起。随着服务业的扩大开放，服务业内部的就业结构将会发生重大调整。服务进口对中国服务业的工资差距和就业结构都会产生显著影响。蔡宏波等（2014）指出无论对全国、东部地区还是中西部地区，全行业、现代服务业还是传统服务业，服务进口的增加都会导致工资差距的扩大。李宏兵等（2017）则得出相反结论，他们指出外资进入和服务业集聚水平的提升总体上有利于缩小企业工资差距，且服务业集聚会调节外资进入的负向工资溢出效应。不仅如此，外资进入整体上提高了服务业企业女性就业占比和高技能就业占比，并有利于改善就业市场的性别和技能结构失衡（李宏兵等，2016）。然而，服务进口对不同地区和不同行业的服务业就业结构影响是有显著差异的。李宏兵等（2016）指出，外资进入改善了中低技术服务业的就业性别结构，恶化了高技术服务业的就业性别结构，且对高技术服务业就业技能结构的改善作用更为明显。同时，外资进入对中西部地区服务业就业性别结构和技能结构的改善作用均大于东部地区。李宏兵等（2017）指出，无论是高服务集聚度地区还是低服务集聚度地区，外资进入和服务业集聚对工资差距均呈现负效应，且其对缩小低服务集聚度地区工资差距的调节效应比高服务集聚度地区更为明显；生产性服务业和公共性服务业的外资进入与集聚对工资差距的影响与上述结果一致，其对缩小公共性服务业工资差距的调节效应明显强于生产性服务业，但对消费性服务业的影响并不显著。

从以上梳理可以看出，服务业无论是进口和出口都会造成服务业内部就业结构的调整和变化，然而服务业开放如何影响制造业呢？首先，上游服务业开放提高了下游制造业的出口倾向和出口额（孙浦阳等，2018），提高了制造业的劳动生产率，进而有利于提升制造业的整体技术水平，改善劳动力结构。以建筑业为例，建筑业是我国开放程度较高和竞争力较强的服务部门之一，建筑业引入新业态和高端技术人才，不仅能够改善建筑业的产业质量，而且能够带动依存度较高的制造业转型升级。其次，服务业开放有利于提升制造业企业的管理效率（孙浦阳等，2018），伴随着企业管理水平的提升，企业内部人力资本水平也会有效改善。我国现阶段的人力资本强度较高的行业主要是文化、体育和娱乐业、科学研究和技术服务业、卫生和社会工作、教育等行业，而西方国家主要是教育、居民服务、修理和其他服务业等行业。随着中国经济结构转型升级，中国的服务业占比将会显著提高，并且从低端服务业走向高端服务业。

目前关于服务业开放对制造业就业结构和就业极化产生的影响的文献相对较少，对不同地区、不同技能群体的影响缺乏系统梳理，本章节将从服务业开放与就业极化的关联性角度进行分析。

第三节 特征性事实分析

改革开放以来，服务业已经成为国民经济发展的重要推动产业。根据统计，2010年到2017年，我国服务贸易进出口总额从25 022亿元增长到46 991亿元，发展成为世界第二大服务贸易进口国。世界贸易组织数据显示，以美元计，2018年前10个月我国服务进出口增速分别比美国、德国、英国和法国高出11.3%、6.7%、7.5%和8.8%。同时，我国服务贸易结构持续优化，部分知识密集型服务和生产性服务业快速发展。以知识产权使用费和技术服务为例，2018年我国知识产权使用费进口2 355.2亿元，增长22%；出口368亿元，增长14.4%。技术服务出口1 153.5亿元，增长14.4%，进口839.2亿元，增长7.9%（商务部服贸司，2019）。

根据发达工业化国家的经验，伴随服务业开放程度加深，一国的就业结构将发生明显变化，其中一个显著的特征便是服务业就业占全社会就业比重会不断提高(李宏兵等，2016)。2019年服务业吸引外资占比超过70%，与此对应，服务业就业人数和就业占比也持续增长。2000年以来，我国第一产业就业占比不断降低，从2000年的50%降低到2017年的22.5%，我国第二产业就业占比缓慢提高，从2000年的22.5%提高到2017年的28.1%，我国第三产业就业占比迅速提高，从2000年的27.5%提高到2017年的44.9%，服务业已经成为吸纳就业人数最多的部门。新中国成立70周年经济社会发展成就报告指出，1979年至2018年，服务业就业人员年均增速5.1%，高出第二产业2.3个百分点。党的十八大以后，服务业继续保持4.4%的增长速度，平均每年增加就业人员1 375万人。

然而，我国服务业发展的全球竞争力和开放程度都有待提高。第一，我国服务贸易逆差规模仍然严重。从2010年到2017年，服务贸易逆差总额已经从1 006亿元增长到16 177亿元。虽然2019年上半年服务出口增速高出进口增速9.6个百分点，服务贸易逆差降至7 457.1亿元，下降10.5%，呈现一定的逆差收窄趋势，但服务贸易逆差总体规模仍然较大。第二，服务贸易内部结构有待改善。从图9-1可以看出，2017年我国服务业进出口总额最高的依次是旅游、运输和其他商业服务，出口总额最高的依次是其他商业服务、旅游和运输，进口总额最高的依次是旅游、运输和其他商业服务，贸易逆差最大的依次是旅游、运输和知识产权使用费。我国具有优势的服务贸易部门仍然集中于劳动密集型行业，技术密集型行业仍然相对较弱，尤其是专利权使用和特许劣势显著(来有为、陈红娜，2017)。虽然2018年知识密集型服务进出口16 952.1亿元，增长20.7%，高于整体增速9.2个百分点，占进出口总额的比重达32.4%，比去年提升2.5个百分点，但是技术密集型服务贸易占比仍然偏低。第三，服务贸易的占比和重要程度有待提升。服务贸易的发展不仅能够带动社会部门的链式发展，而且能够带动下游制造业的经济增长和产业升级，然而我国2018年上半年服务贸易占对外贸易总额的比重为15.2%，低于国际平均水平。第四，服务业不同部门各行业的就业增长情况有较大差距(见图9-2)。居民服务、修理和其他服务业从业人员仅从2003年的52.8万人增长到2017年的78.2万人。与此相对，教育行业从业人员总量一直居于第一位，2017年从业人员总量为1 730万人，约为居民服务、修理和其他服务业从业人员总量的22倍。公共管理、社会保障和社会组织从业人员增速最快，年均增长3%。第五，区域间服务贸易发展不平衡。外资进入或者外资参股具有显著的低价追逐效应，即外资会优先考虑劳动力成本较低或者运输条件便利的地区，虽然目前我国各地区的工资水平都有所提升，并且外资进入会带来一定的增收效应(李宏兵等，2017)，但是我国区域间工资水平仍然具有显著差异。整体而言，我国服务贸易发展仍然是以东部地区为主，东部沿海 11 个省市服务进出口合计 45 037.6 亿元，占全国比重为 86.6%。其中上海、北京和广东服务进出口额均过万亿元，居全国前三位。中西部地区服务进出口合计 6 952.4 亿元，增长 4.8%，占全国比重 13.4%（商务部服贸司，2019）。

表 9-1 中国服务业进出口情况

时间	中国进出口额 金额/亿元	同比/%	中国出口额 金额/亿元	同比/%	中国进口额 金额/亿元	同比/%	差额/亿元
2010 年	25 022	21.8	12 008	23.3	13 014	20.5	−1 006
2011 年	28 875	15.4	12 936	7.7	15 939	22.5	−3 002
2012 年	30 422	2.3	12 699	−4.6	17 722	8.0	−5 023
2013 年	33 814	11.2	13 020	2.5	20 794	17.3	−7 774
2014 年	40 053	18.4	13 461	3.4	26 591	27.9	−13 130
2015 年	40 745	1.7	13 617	1.2	27 127	2.0	−13 510
2016 年	43 947	7.9	13 918	2.2	30 030	10.7	−16 112
2017 年	46 991	6.9	15 407	10.7	31 584	5.2	−16 177

数据来源：据国家统计局数据整理。

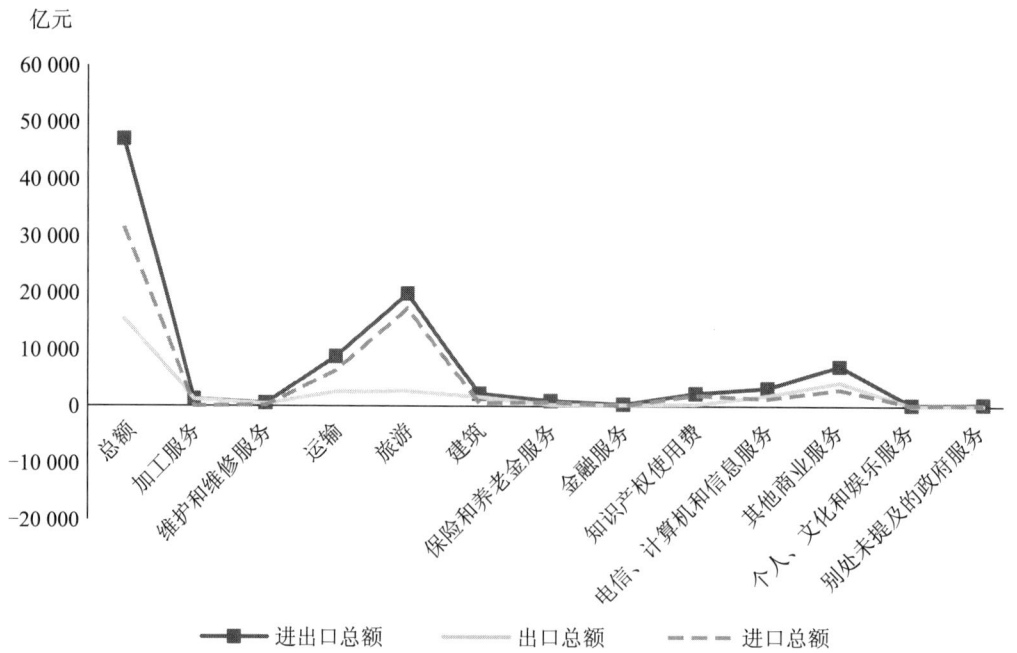

图 9-1 2017 年我国服务分类进出口情况

数据来源：据国家统计局数据整理。

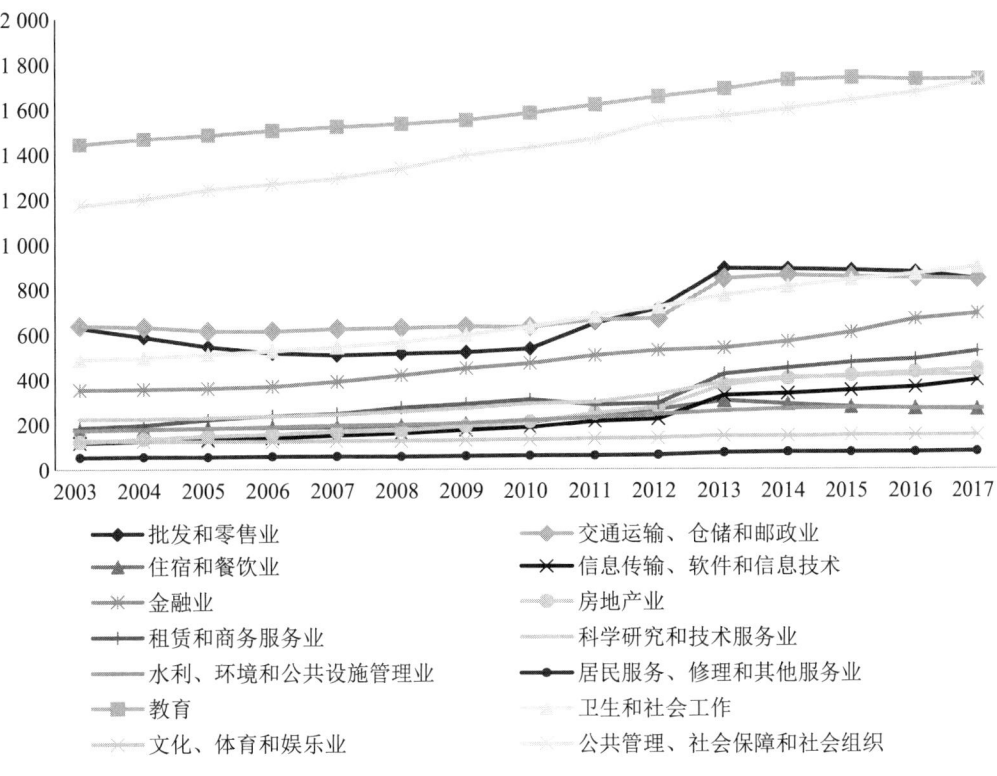

图 9-2 我国服务业分行业的就业增长情况(2003—2017 年)
数据来源:《2018 中国人口和就业统计年鉴》。
注:就业人员指城镇单位年末从业人员总数,单位为万人。

第四节 模型构建与数据说明

>> 一、模型构建 <<

前文已经简单分析了服务业开放影响制造业就业极化的理论机制,本章节设定了如下的计量模型:

$$em_{it} = \alpha_0 + \alpha_1 so_{it} + \alpha_2 age_{it} + \alpha_3 \ln wage_{it} + \alpha_4 size_{it} + \alpha_5 repu_{it} + \varepsilon_{it}$$

其中,i 表示企业,t 表示时间。被解释变量 em 是指年末从业人员总数,我们参照吕世斌和张世伟(2015)的做法,把制造业企业分为高技术行业、中等技术行业①和低技术行业三类,通过分析不同技术水平行业就业人数的变化观察服务

---

① 吕世斌和张世伟(2015)把中等技术企业分为中高技术企业和中低技术企业,本章节进行了合并。

开放对制造业产生的就业极化影响。

本章节的核心解释变量是服务开放指标。盛斌(2002)指出,在我国跨境交付、境外消费、商业存在和自然人流动四种服务提供方式中,我国对自然人流动和商业存在的限制最为严厉,有一半多的部门受到约束限制,另外一些部门不做承诺。对于如何衡量服务开放,学者建立了不同的标准和方法,包括以外资企业占比(李宏兵等,2017),以外资企业数量占比、外资企业产出占比和外资企业就业占比的均值(蔡宏波等,2014),以服务业市场表现(Duggan et al.,2013)作为衡量服务开放的指标,然而这些指标仍然存在一定的内生性问题,本章节借鉴孙浦阳等(2018)的处理方法,以"服务业开放水平"(soi)来衡量服务开放。首先构建三个指标来衡量服务业开放水平,即 soi1(外资参股限制比例为 0%)、soi2(外资参股限制比例小于 50%)、soi3(外资参股限制比例小于 100%)。[①] 其次,使用中国 2002 年各部门的投入产出表中各个制造业行业同上游各个服务部门的投入产出关系进行加权计算服务业开放对制造业企业影响指标(so)。[②] 控制变量包括:(1)age 表示企业年龄,以当年年份与企业开业年份差值加 1 来衡量;(2)$wage$ 表示企业工资总支出[③],以企业年度应付工资总额与应付福利总额之和来衡量;(3)$size$ 表示企业规模,以企业销售总额来衡量;(4)$repu$ 表示企业社会知名度,以企业无形资产/资产总计来衡量。

二、数据说明

本章节使用《中华人民共和国服务贸易具体承诺减让表》与 2001—2008 年中国工业企业数据进行匹配,对企业基本特征、行业特征、地区特征等进行逐一匹配和处理,这里不做细致交代。其中,本章节参考 Brandt 等(2012)的方法对工业企业数据进行处理和匹配。

[①] 根据孙浦阳等(2018)一文,以这样的方式构建出来的三类从负面角度衡量我国服务业开放程度的指标,取值越大表示服务业开放力度小,并且三类指标涵盖服务业开放范围逐步扩大,从而实现刻画我国服务业不同角度的负面管制下降和开放水平提高的进程。

[②] 具体做法参见孙浦阳、侯欣裕、盛斌:《服务业开放、管理效率与企业出口》,载《经济研究》,2018(7)。

[③] 企业工人的工资支出使用 CPI 指数平减。

第五节 实证结果

一、总体结果

根据表9-2可以看出，首先，服务业开放有利于促进制造业企业的就业数量增长。其次，服务业开放并没有加剧制造业企业的就业极化现象，相反，服务业开放有利于调整日益严峻的就业结构恶化趋势。服务业开放减少了高技术企业和低技术企业的就业人数，同时，服务业开放增加了中等技术企业的就业人数，总体呈现"两端低，中间高"的就业结构特征。具体而言，so1每增加一单位，高技术企业就业人数减少757人，中等技术企业就业人数增加1 262人，低技术企业就业人数减少391人；so2每增加一单位，高技术企业就业人数减少513人，中等技术企业就业人数增加964人，低技术企业就业人数减少440人；so3每增加一单位，高技术企业就业人数减少476人，中等技术企业就业人数增加420人，低技术企业就业人数减少528人。

二、稳健性检验

我们对结果进行稳健性检验，依次加入企业融资能力、政府补贴和出口型企业三个变量。其中，(1) fin 表示企业融资能力，以利息支出/固定资产净值平均余额来衡量；(2) sub 表示政府补贴，以企业获得的不同总额来衡量，一般而言，高技术企业本身更容易获得政府补贴，因此企业技术水平差异可能是影响就业人数的因素；(3) exp 表示出口型企业，以企业是否有出口交货值来衡量。根据表9-3可以看出，增加企业融资能力等变量后，结果依然稳健，服务业开放对缓解劳动力市场的就业极化现象具有显著的调节作用，能够起到显著的联动作用和创造效应。

表 9-2 服务业开放对制造业企业的就业总量影响回归结果

	总体	高技术企业	中等技术企业	低技术企业	总体	高技术企业	中等技术企业	低技术企业	总体	高技术企业	中等技术企业	低技术企业
so1	921.893*** (30.881)	−757.493*** (171.394)	1 262.448*** (44.214)	−391.413*** (45.373)								
so2					644.063*** (24.028)	−513.297*** (161.751)	964.449*** (34.328)	−440.031*** (34.175)				
so3									269.759*** (18.159)	−476.629*** (128.060)	420.984*** (23.730)	−528.432*** (32.450)
age	6.761*** (0.108)	4.759*** (0.267)	8.707*** (0.178)	4.139*** (0.118)	6.676*** (0.108)	4.740*** (0.268)	8.693*** (0.178)	4.355*** (0.120)	6.830*** (0.108)	4.778*** (0.269)	8.843*** (0.178)	4.399*** (0.119)
size	104.078*** (1.107)	121.733*** (2.978)	118.047*** (1.811)	80.943*** (1.225)	104.395*** (1.108)	121.477*** (2.978)	117.945*** (1.811)	80.066*** (1.226)	103.458*** (1.110)	121.329*** (2.974)	113.591*** (1.801)	77.963*** (1.237)
lnrepu	−138.299*** (19.811)	−185.408*** (46.080)	−195.286*** (32.218)	29.827 (22.859)	−136.612*** (19.815)	−195.618*** (46.008)	−197.185*** (32.217)	25.054 (22.862)	−141.658*** (19.819)	−194.212*** (45.932)	−209.606*** (32.224)	19.613 (22.866)
lnwage	250.791*** (1.169)	250.168*** (3.191)	269.089*** (1.918)	215.714*** (1.299)	250.467*** (1.170)	250.668*** (3.199)	269.370*** (1.917)	216.720*** (1.300)	251.537*** (1.170)	250.366*** (3.198)	274.797*** (1.902)	218.725*** (1.310)
Constant	−2 637.350*** (9.144)	−2 671.418*** (27.329)	−2 947.764*** (14.964)	−1 999.535*** (10.308)	−2 622.216*** (9.089)	−2 684.335*** (29.137)	−2 939.350*** (14.885)	−1 983.955*** (10.122)	−2 581.071*** (9.152)	−2 662.038*** (31.304)	−2 870.985*** (14.703)	−1 940.873*** (10.985)
时间特征	YES	YES	YES	YES	YES	YES	YES	YES	YES	YES	YES	YES
R^2	0.125	0.184	0.109	0.185	0.125	0.184	0.109	0.185	0.125	0.184	0.109	0.185
N	1 287 995	143 710	689 970	454 315	1 287 995	143 710	689 970	454 315	1 287 995	143 710	689 970	454 315

注：*** $p<0.01$，** $p<0.05$，* $p<0.1$。括号内为标准误。

第九章 服务业扩大开放与就业极化效应

表 9-3 服务业开放对制造业企业的就业总量影响的稳健型检验

	总体	高技术企业	中等技术企业	低技术企业	总体	高技术企业	中等技术企业	低技术企业	总体	高技术企业	中等技术企业	低技术企业
sol	921.857***	−757.863***	1 262.431***	−391.521***	7 875.733***	−355.412	10 732.983***	−700.850***	925.699***	−705.261***	1 252.028***	−392.847***
	(30.881)	(171.396)	(44.214)	(45.373)	(192.812)	(523.519)	(296.319)	(251.315)	(31.219)	(174.195)	(44.567)	(45.814)
age	6.761***	4.759***	8.707***	4.139***	15.438***	9.989***	16.521***	8.724***	6.769***	4.788***	8.690***	4.136***
	(0.108)	(0.267)	(0.178)	(0.118)	(0.546)	(0.801)	(0.891)	(0.652)	(0.108)	(0.268)	(0.178)	(0.119)
size	104.084***	121.758***	118.052***	80.948***	182.973***	166.190***	243.412***	130.433***	104.100***	121.500***	118.052***	80.931***
	(1.107)	(2.979)	(1.811)	(1.225)	(6.596)	(10.556)	(11.001)	(7.432)	(1.107)	(2.982)	(1.811)	(1.226)
lnrepu	−138.300***	−185.405***	−195.286***	29.827	−557.051***	−227.660	−893.045***	−126.097	−138.388***	−184.830***	−194.362***	29.889
	(19.811)	(46.080)	(32.218)	(22.859)	(101.412)	(144.315)	(167.697)	(118.493)	(19.812)	(46.081)	(32.221)	(22.861)
lnwage	250.785***	250.142***	269.083***	215.709***	573.377***	399.226***	676.574***	396.793***	250.550***	248.932***	269.874***	215.785***
	(1.169)	(3.191)	(1.918)	(1.299)	(6.814)	(11.427)	(11.193)	(7.903)	(1.205)	(3.275)	(1.964)	(1.336)
fin	−0.150	−0.440	−0.146	−0.141								
	(0.242)	(0.773)	(0.406)	(0.241)								
Sub					11.646***	10.734**	16.334***	11.792***				
					(3.010)	(4.591)	(5.021)	(3.354)				
exp									2.092	10.994*	−8.240*	−0.574
									(2.519)	(6.550)	(4.424)	(2.540)
Constant	−2 637.342***	−2 671.376***	−2 947.758***	−1 999.520***	−6 727.293***	−4 415.045***	−8 426.780***	−3 925.378***	−2 636.902***	−2 662.702***	−2 950.260***	−1 999.547***
	(9.144)	(27.329)	(14.965)	(10.308)	(49.710)	(84.256)	(82.792)	(56.564)	(9.160)	(27.377)	(15.024)	(10.308)
时间特征	YES	YES	YES	YES	YES	YES	YES	YES	YES	YES	YES	YES
R^2	0.125	0.184	0.109	0.185	0.194	0.282	0.205	0.199	0.125	0.184	0.109	0.185
N	1 287 995	143 710	689 970	454 315	163 845	22 879	88 302	52 664	1 287 995	143 710	689 970	454 315

注：***$p<0.01$，**$p<0.05$，*$p<0.1$，括号内为标准误差。限于篇幅，本部分结果仅呈现 sol 的影响。

第六节 研究结论与启示

虽然当前中国服务业发展水平相对较低,但随着中国在国际贸易和全球格局中发挥更加重要的作用,服务业整体水平和服务业开放程度都会逐步提升。本章节基于服务业开放的角度研究服务业开放对本国就业市场产生的影响及就业极化效应。研究结果表明,服务业开放并没有加剧制造业企业的就业极化现象,相反,服务业开放有利于调整日益严峻的就业结构恶化趋势。服务业开放减少了高技术企业和低技术企业的就业人数,同时,服务业开放增加了中等技术企业的就业人数,总体而言,呈现"两端低,中间高"的就业结构特征。

在服务业扩大开放的背景下,一方面,我国要重视就业极化效应给劳动力市场带来的冲击效应,避免陷入劳动力市场结构失调的局面。当前的就业极化现象是一个全球性问题,我国应当认识到就业极化对产业结构升级和劳动力市场升级的冲击作用,积极发挥服务业开放对就业结构带来的创造效应,主动适应全球化技能结构调整。另一方面,我国要积极回应服务业开放对就业结构调整的催化作用,主动调整教育结构,尤其是高等教育结构,积极增加高等职业教育经费投入,培养更多能够适应国际竞争环境的高技能人才。

第十章

全球价值链背景下的劳动分工与就业格局

第一节 全球价值链重构特征

在"商品价值链"(Gereffi and Korzeniewicz, 1994; Gereffi and Kaplinsky, 2001)概念基础之上,联合国工业发展组织在《2002—2003年度工业发展报告》中明确指出,全球价值链是指在全球范围内为实现商品或服务价值而连接生产、销售、回收处理等过程的全球性跨企业网络组织,涉及从原料采集和运输、半成品和成品的生产和分销,直至最终消费和回收处理的过程。其中,任何一个环节都离不开劳动力投入,然而全球价值链正在发生深刻变革(Bair, 2005),劳动力的分工与就业格局也就随之改变。波特的钻石竞争模型(Porter, 1990)认为,需求状况、生产要素、支持产业、企业同业竞争四种基本要素以及政府、机会两种辅助要素影响国际竞争优势。全球价值链背景下,这六种基本要素在中国都发生了前所未有的变化,且大多与劳动力有关。

第一,中国和其他新兴经济体一道,已经变成消费大国,曾经的"劳动红利"正在成为现在的"消费红利"。很多商品的贸易强度大幅下降,其中最重要的原因之一是国内消费占比上升。麦肯锡全球研究所(MGI)在《转型中的全球化:贸易和价值链的未来》报告中指出,目前,中国奢侈品消费占全球市场的30%,纺织品和服装消费占40%;中国的劳动年龄人口是全球主要的消费群体之一,到2030年,全球城市每消费1美元,他们将占12美分。世界消费格局发生了翻天覆地的变化,价值链正在重新配置,跨国公司会调整目标消费群体和竞争战略,以期在众多主要消费市场中获得优势。

表 10-1 全球消费市场排名及相关指标对比

名次	国家	消费额/美元	占全球消费市场的百分比/%
1	美国	10 026 400	28.9
2	中国	8 593 700	26.35
3	日本	2 952 710	8.51
4	德国	1 960 230	5.65
5	法国	1 545 900	4.52
6	印度	1 543 857	4.45
7	英国	1 415 350	4.08
8	意大利	1 266 270	3.65
9	巴西	986 498	2.84
10	西班牙	828 547	2.38

资料来源：德勤中国与中国连锁经营协会（CCFA）。

第二，将劳动力作为套利①要素从事生产活动的现象正在减弱。21世纪初，劳动密集型跨国企业设立分支机构的过程中，他们重点考量的因素之一是劳动力成本，中国也一度成为提供廉价劳动力的主要代表国。然而，现如今，只有18%的商品贸易是基于劳动力成本套利的，全球80%以上的商品贸易已经不是从低工资国家到高工资国家。因此，无须过度担忧部分低端产业由于劳动力成本上升从中国转移到其他国家，大数据、人工智能等新产业的发展削弱了重复性强、体力消耗大的劳动力需求量，而高技能劳动力、优质基础设施等因素的重要性愈加突出。

第三，支持产业（部门）迅速跟进，为中国企业竞争力提升奠定基础。经过40年的发展，中国已经成为世界上少数拥有如此完整制造业链条的国家；在新技术领域，也已初步形成"全链条"产业布局（方婧，2017）。一方面，在全球价值链知识密集度越来越高的背景下，高等教育部门作为高级人力资本的输出单位每年为其他部门供给几百万专用人力资本，帮助国内企业提升人才优势。另一方面，移动通信、电子商务、现代物流等服务业（部门）发展迅速，它们既是新的支柱产业，也为传统主导产业提供了原料、中间配套产品，降低了信息成本，拓宽了销售效率与销售渠道。在"中国制造"（Made in China）大量增长之后，"中国服务"（Service in China）也开始了跳跃式增加。2010年，中国服务贸易出口总额达到1

---

① 说明：在国际上，劳动力成本套利一般被定义为人均国内生产总值是进口国五分之一或更低的国家的出口。

820亿美元,是2000年的6倍,在2017年达到2 264亿美元。2010年至今,服务贸易出口额占世界的比均在4%以上,而该占比在2000年只有2.0%。

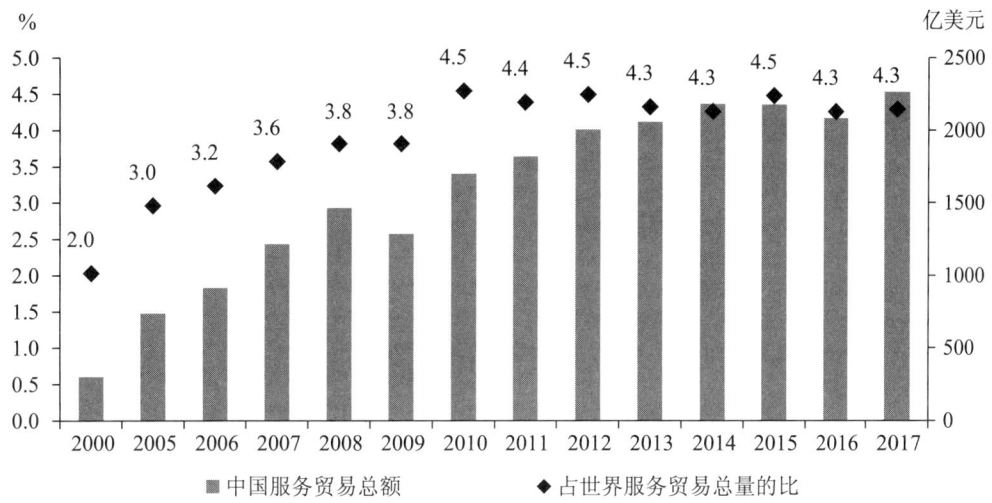

图10-1 中国服务贸易总额及占世界服务贸易总量的比

来源:国家统计局、国家海关总署。

第四,高科技民营企业家群体崛起,带动了一批具有较强同业竞争力的企业。这些企业大多靠民营资本发展起来,在国内经历激烈搏斗、在国际具有较强竞争能力,其管理者在世界贸易领域具有一定影响力,是不可多得的领导人才。更加透明的市场环境促使管理者们形成高管文化圈,企业家精神被发扬光大,增强了国内竞争者之间的推力。与此同时,在国际市场需求拉力的作用下,更多的新兴企业参与国际合作与竞争。根据玛丽·米克发布的2018年度互联网趋势报告,全球最具价值的科技公司中,中国占了9席。

表10-2 全球最具价值的科技公司

排名	公司名称	估值/亿美元	是否上市	国家
1	苹果	9 150	上市	美国
2	亚马逊	8 280	上市	美国
3	Alphabet	7 810	上市	美国
4	微软	7 710	上市	美国
5	脸书	5 560	上市	美国
6	阿里巴巴	4 840	上市	中国
7	腾讯控股	4 770	上市	中国
8	Netflix	1 730	上市	美国
9	蚂蚁金服	1 500	未上市	中国
10	Salesforce	1 020	上市	美国

续表

排名	公司名称	估值/亿美元	是否上市	国家
11	Booking Holdings	1 000	上市	美国
11	PayPal	1 000	上市	美国
13	百度	890	上市	中国
14	Uber	720	未上市	美国
15	京东	560	上市	中国
15	滴滴出行	560	未上市	中国
17	小米	484	上市	中国
18	eBay	370	上市	美国
19	Airbnb	310	未上市	美国
20	美团点评	300	未上市	中国
20	头条	300	未上市	中国

资料来源：《2018互联网趋势报告》。该报告列出了全球科技巨头，Visual Capitalist根据最新数据对该名单进行了调整。

第五，中国政府"走出去"和"引进来"的政策推动形成陆海内外联动、东西双向互济的开放格局，为企业提升国际竞争力提供强有力保障。一方面，形成商品和服务市场自由竞争的"保障垫"。推进"一带一路"布局、扩展建设自由贸易试验区、完善知识产权保护制度等政策充分体现了政府在经济全球化进入减速、重构阶段中的作用。另一方面，搭建人力资本市场良性发展的"支撑垫"。"走出去"和"引进来"政策为人才库蓄水奠定了基础，《国家中长期人才发展规划纲要（2010—2020年）》发布，在中央层面实施"千人计划"，建设了一批海外高层次人才创新创业基地，实现了"支持留学、鼓励回国、来去自由、发挥作用"的目标。

第六，海归人才回流、贸易战深化、汇率变动都可成为企业发展的机会，而机会是双向的，既是机遇也是挑战。随着国家在全球经济地位提升以及国内对海归的优待政策的实施，回国人才逐年增加。教育部数据显示，改革开放四十年来，各类出国留学人员累计达519.49万人，有313.20万人在完成学业后选择回国发展，党的十八大以来，已有231.36万人学成归国，占改革开放以来回国总人数的73.87%[1]。其中，获得博士、硕士学位的人数超过40%[2]。与此同时，有工作经验的成熟人才数量攀升，领英（LinkedIn）发布的2018《中国海归人才吸引力报告》显示，30～40岁海归的占比从2013年的16.5%，激增至2017年的30.6%。

---

[1] 资料来源：国家教育部网站。
[2] 根据智联招聘与全球化智库（CCG）联合发布的《2018中国海归就业创业调查报告》所得数据。

第二节 全球价值链重构与劳动力的"第三次解绑"

一、经济全球化"两次解绑"与劳动力"三次解绑"

理查德·鲍德温把经济全球化理解成为两次"解绑"。第一次解绑是生产者和消费者的分离。19世纪30年代以来，交通运输效率大幅提高，地理空间的相对距离缩短，为生产和消费行为的分离奠定了基础，而规模经济和比较优势使得二者的分离能够创造利润。第二次解绑是生产者之间的分离。20世纪90年代信息通信技术革命使得企业可以将生产各个环节的协调通过互联网等手段实现，从而使得跨越国境的分工合作成为可能，而工资差距使得这种分离产生利润，因此越来越多的企业选择将生产的各个阶段分散到不同的国家和地区进行，以实现资源的充分利用，这些为全球价值链的形成提供了客观条件（耿楠，2015）。从劳动经济学的视角出发，劳动力经历了"三次解绑"。其中，第三次解绑是全球价值链发生变化的直接结果，为了对这一观点进行论证，首先要厘清劳动力的第一次、第二次解绑的历史渊源。

第一次解绑发生在废除奴隶制、建立封建地主制时期，劳动力提供者与使用者之间从人身所有的关系变成人身依附的关系。以奴隶解放为历史标志。奴隶社会，奴隶主之间形成口头、书面的奴隶买卖协议，奴隶主掌控奴隶的人身自由，奴隶自身及其全部劳动成果归奴隶主所有。而在封建社会，地主和农民签订地租契约，农民通过劳役地租、实物地租和货币地租的方式向地主上缴劳动所得。

第二次解绑发生在废除封建地主制、建立雇佣制度时期，劳动力提供者与使用者之间从人身依附的关系变成雇佣关系。以雇佣工人进行机器大生产为历史标志。资本主义制度建立后，大量的自由劳动力出现，资本家与工人签订劳动合同，在合同期限内，劳动者的劳动所得体现为工资。工资在投入产出函数中属于成本，也有学者将其视为利润的一部分。观点各有差异，然而劳动者的工资被写入劳动合同，具有黏性特征，工资率不能随劳动供求的变动而及时迅速地变动。

第三次解绑是以互联网、大数据、人工智能等新技术为基础的新的劳动关系的确立，劳动力提供者与使用者之间从雇佣关系变成任务合作关系。需要说明的是，尽管很多社会学家已经在讨论本次科技革命是否引发社会制度的变革（杰里米·里夫金，2014；王亚玄，2015），但这里更多讨论经济问题，尚不过多讨论社会制度的变迁。具体的，劳动力的第三次解绑发生在21世纪，与经济全球化的第二次解绑在时间上有重叠，不过前者比后者发生的时间略晚。互联网为劳动力的第三次解绑提供了先决条件，之后出现的人工智能、大数据、物联网等技术真正启动了这次解绑。

二、劳动力"第三次解绑"的本质与特征分析

劳动力的第三次解绑是生产者内部的分离，即劳动者与工作岗位的空间分离。这种分离意味着劳动关系发生了改变，企业和劳动者之间从雇佣关系变成了合作关系。一旦产品生产和服务活动可以实现劳动者与工作岗位分离，原料采集和运输、半成品和成品的生产和分销，直至最终消费和回收处理的过程都没必要再经过各环节对应的企业雇佣劳动者、企业主为劳动者指派任务、企业监督劳动者完成工作的步骤来实现，而是通过上游任务发布和下游任务接受的方式来完成价值链各环节的对接。

换言之，企业主直接面对劳动者发布劳动指令的过程被取代，某一环节的劳动任务完成后，新的劳动任务形成，包括劳动内容、时间、地点等信息通过互联网进行传播，有劳动意愿的劳动者可根据个人能力、当前工作饱和度、是否获得意愿报酬等确定是否接受该任务。跨区完成任务过程即匹配优质资源的过程，譬如美国的医生借助物联网为非洲的农民远程手术，中国的旗袍设计师借助虚拟试衣间为新加坡的模特量身裁衣。尽管目前的国际贸易市场上已经出现了这样的工作模式，但是并没有大面积普及，随着互联网技术的升级和配套技术的跟进，实现劳动者与工作岗位的彻底分离指日可待。

显然，这些贸易模式在20世纪之前是不可想象的。国际贸易市场上，除了以跨国企业或代加工企业为独立单元的生产者之外，还将出现大量以劳动任务为依托的独立劳动者，他们将成为新的生产单元。因此，全球分工链条再次被延长。与此同时，由于信息不对称造成的收入差距将随之缩小。原有贸易体系下，无论是以跨国贸易为基础的生产者和消费者的分离，还是以跨国分工合作为基础的生产者之间的分离，都是以劳动者附着于企业为特征，企业主通过跨境选择低劳动力成本地区建厂的方式拥有了绝对的工资主导权。劳动力的第三次解绑过程与经济全球化的第二次解绑并行，跨国企业通过劳动力成本套利的机会减少，生产者的招聘成本、员工离岗成本降低。不仅如此，整个价值链上，生产者的物流成本，销售者的消费市场和消费人群定位成本，消费者的信息获取成本都会降低，因此，信息更加透明，利润率也会降低。如杰里米·里夫金在《零边际成本社会》中论述的理论所言，通过协同共享，全世界几十亿的消费者也是生产者，成为产消者，用户以免费的方式分享、使用绿色能源和一系列基本的商品服务，商品的边际成本(Marginal Cost)将趋于零，劳动者共享劳动成果。与之形成呼应，从政治经济学的视角来看，经济全球化第二次解绑以及劳动力的第三次解绑实现了"共同劳

动"。

不同的生产者根据各自的比较优势进行产品生产和服务提供，接受了不同劳动任务的劳动者在其劳动技能和所在国劳动力市场定价制约下进行工作，获取任务价值。本报告将货币计量的任务价值定义为商务金，商务金不同于工资。首先，商务金不具有黏性。市场特征决定商务金价值，商务金受任务技术含量、消耗时间、同等任务发布数量与拟接收任务数量对比关系、市场汇率等因素影响。因此，商务金是时时波动的，而基于合同约定的工资是受合同期限约束，有黏性特征的。其次，商务金可以包含超额利润。任务承接有外包特征，任务发布者和任务承接者地位平等。因此，任务承接者获取的商务金既包括劳动所得，还可能包括超额利润，而工资只包括劳动所得。当然，现代社会的劳动合同中，还会许诺稀缺人才股利、分红等，这是股权激励的范畴，与工资、任务价值都不是一个概念。

共同占有社会资源和共同分享劳动成果将在劳动者和工作任务结合的过程中实现。从具体实践来看，如果未来劳动者和工作岗位分离成为常态的假设成立，生产资料（包括原材料或半成品）不分配给劳动者，劳动者无法获取任务，任务合作关系就无法建立，换而言之，"劳动者成为生产资料的主人"实现不了，劳动者就不可能实现在全球价值链体系上的独立。而独立完成生产任务的前提是任务合同的签订，劳动任务完成，劳动者获取报酬，劳动者用获得的报酬享受共享经济下的"按需分配"价值。至此，一个价值创造和价值消耗的闭环完成。

表10-3 劳动力的三次解绑对比

	劳动关系主体	关系本质	契约形式	分配模式/媒介	时代背景/标志
劳动力的第一次解绑	奴隶主、奴隶→地主、农民	人身所有关系→人身依附关系	奴隶主之间的奴隶买卖协议→租地契约	全部占有→地租	奴隶解放
劳动力的第二次解绑	地主、农民→资本家、工人	人身依附关系→雇佣关系	租地契约→劳动合同	地租→工资	机器大生产
劳动力的第三次解绑	资本家、工人→劳动任务发布者与接收者	雇佣关系→任务合作关系	劳动合同→任务合同	工资→商务金	跨境远程产品生产与服务提供

注：也有学者把人身所有关系称为全人身依附关系，把人身依附关系称为半人身依附关系。

第三节 新劳动分工下的就业特征

劳动力的第三次解绑过程就是新的劳动分工形成过程，全球价值链重构导致劳动力的第三次解绑发生,新的就业特征由此产生。包括全球价值链多极化趋势与劳动者角色升级、全球价值链内部结构变化与就业分层、全球价值链分工关系改变与就业微调。

一、全球价值链多极化趋势与劳动者角色升级

全球价值链多极化趋势日臻明显,中国等新兴经济体一直努力提升在全球价值链中的低端地位,劳动者从价值链分工体系的廉价被雇佣者逐渐成为积极参与者甚至主导者,全球价值链逐步呈现多极化发展的新态势。多极化趋势的前奏从技术产品增加开始,1996年到2009年,中国出口产品的技术含量提高了85.7%,印度提高了106.2%,南非提高了89%,而美国和日本分别只提高了52.7%和45.6%(黄群慧,2016)

劳动者角色升级伴随多极化趋势,这一特征在服务业体现最为明显,服务贸易增加与劳动力第三次解绑同步进行,从管理学视角,已经有学者研究发现,随着数字化、智能化、网络化趋势的发展,任务而非有领导者的团队的组织效率更高[1]。在这种情况下,劳动者角色升级体现在数量、学历结构、工作模式等多个层面。从业人员数呈现指数级增长,高学历劳动者占比大幅度增加,利用数字化、智能化、网络化提供服务者愈来愈多。不过本轮劳动者角色升级,主要是技术拉动和国际价值链体系发生变化背景下的"被动升级",因此,技术与工作匹配过程很可能会出现摩擦,而且这种摩擦可能在很长一段时间内存在。

二、全球价值链内部结构变化、就业分层与失业风险

以互联网、人工智能等为代表的新科技对生产分工造成冲击,全球价值链发生变化,跨国企业内外价值增值活动中的支持性活动增多,相应地,从事支持性活动的劳动者占比增加。根据迈克尔·波特提出的"价值链分析法",跨国企业内外价值增加的活动可分为基本活动和支持性活动,基本活动涉及企业生产、销售、进向物流、去向物流、售后服务等,而支持性活动涉及计划制订、研究与开发、财务、人力资源管理等。其中,基本活动"扁平化"现象突出,也就是由"蛇形"特征向"蛛形"特征转化(Baldwin and Venables,2011)。与此同时,基本活动时间占比减少,活动成本降低。在基础活动部分,就业市场供大于需,从事基本活动的劳动者只有向支持性活动转型才能应对失业风险。相比较而言,支持性活

---

[1] 详见中国人民大学劳动人事学院与用友网络科技股份有限公司2018年联合发布的《CHO洞察:重新定义人才与工作》。

动垂直化、集中性特征逐渐显现,特别是研发活动,会集聚在政治环境稳、经济发展快、基础设施优、资源禀赋足的地区,支持性活动时间占比会增加,以高科技人才成本为核心的支持性活动成本也会增加。且在支持性活动部分,就业市场供小于需。目前,在各项支持性活动中,从事研究与开发的劳动者需求量最大,供不应求的市场特征甚至引发部分新兴行业企业开展"圈人"活动。如,2017年,百度正式宣布启动"AI度计划",旨在面向全球招聘顶尖AI人才。

表 10-4　价值增加活动分类和就业特征对比

活动类型	发展特征	活动时间	活动成本	劳动力市场供需	岗位数量	岗位转换成本	岗位可替代性	失业风险
基本活动	扁平化	缩短	降低	供给小于需求	减少	高	强	强
支持性活动	集中性	延长	增加	供给大于需求	增加	低	弱	弱

不过随着互联网的发展,信息不对称成本降低,劳动者收入差距会缩小。换而言之,无论是参与基础活动,还是参与支持性活动,在未来,从事何种工作更多取决于兴趣和个人特长,而非岗位安排,劳动者自由度提高,选择模式更加多样化。

第四节　就业新问题与应对建议

一、将就业目标作为制定国家政策时考量的重要因素

出口萎缩可能抑制就业,然而我国外贸行业从业人员数量巨大,因此,尽管中国贸易总量逐年增加,新的贸易伙伴关系不断建立,中美贸易战并没有从根本上撼动中国的就业基础,但也要高度警惕美国试图通过贸易战阻碍中国深度参与全球价值链分工,以及由此带来的出口萎缩对劳动力市场产生的负向冲击。

在短期,中国可以采取人民币贬值、税收优惠等方式,适当支持和鼓励传统加工贸易发展,但这仅是作为应对贸易冲突、开展就业应急工作的缓兵之计。在长期,还要坚定不移地深化改革开放,特别是继续扩大制造业和服务业的开放,鼓励有能力的民营企业走出去、扩大海外投资。真正放开手脚,经历了国际市场上激烈竞争后的企业才更有生命力,生在温室里且被保护起来的国有企业即便是在国内开花,也难在复杂的国际贸易市场上结果。要借力新经济迅速发展的机会争取弯道超车,积极构建开放、创新体系,推动新材料、高端制造、电子商务、电信通信等优势行业提升整体水平。

二、多措施并举扩大就业渠道

就业问题与人口、经济问题分不开,全球价值链重构背景下,一方面,在国际市场上寻找新的合作者,进一步扩大实施"一带一路"倡议,增加与欧盟、东盟、日本等国家的合作,减轻对少数国家的外贸依存度。

另一方面,借力城镇化提升内需,促进就业。积极扩大内需也是缓解就业压力的重要途径。新型城镇化极大拓展了内需的增长空间,尽管我国的城镇化率在逐年提升,但是城镇化水平并不高,"半城镇化""城中村"现象突出,影响内需拉动劳动就业水平。居住在农村的潜在城镇化人口以及居住在城市不能享受城市待遇的半城镇化人口,既是消费群体,也是就业重点关注对象。与此同时,城市居民新消费需求增长旺盛,自服务、区域循环服务、资本服务等消费需求增加,而满足这些消费需要大量的农村转移劳动力提供服务。因此,推进高质量城镇化建设,实现供给端和消费端顺畅对接是促进就业的有效渠道。

三、通过跨区、跨国创业拉动就业

利用好海归人才、匹配好本土人才,为跨国创业注入活力。互联网技术普及使得跨国创业门槛降低,互联网和数字技术打破了传统的生产模式,促进了创新和贸易增长,模糊了企业的界限,新的平台型市场以史无前例的速度连通民众,这种"无实体规模化"给数百万人提供了经济机遇(世界银行,2019)。技术变革为"大众创业"安装了新引擎。

首先,为走出去的创业公司提供注册、税收、信贷等方面的优惠政策,帮助企业扩大经营区域。鼓励中介机构发挥市场黏合剂的作用,方便企业参与国际贸易、加强海外融资能力,帮助其提供便捷、开放,成本低廉的注册程序;降低税负,降低财务负担;减少营业范围和地区范围的限制;简化对投资人、股东、董事的限制。其次,推动社会、企业、政府、高校、资本等多要素互动,以青年创业平台和创业基地为依托,培养青年人跨国创业意识和国际合作能力。

四、国家提升教育质量

培养复合型人才是国家发展教育的重点。在生产函数中,决定产出最重要的两个要素是劳动力和资本,随着全球金融业的迅速发展,筹集资本的时间和成本都在降低,而人力资本逐渐成为跨国企业发展考虑的重要因素。智能化技术突飞猛进,生产中所需人力资本要素数量减少、质量提升,与此同时,异地服务业务量增长。但是,能适应技术变化的中国劳动者数量不足,以人工智能企业为例,美国 1 078 家人工智能初创企业约有 78 700 名员工,中国 592 家公司中约有 39 200 名员工,只有美国的 50%。

2016 年教育部出台的《教育信息化"十三五"规划》明确提出了有效利用信息技术推进"众创空间"建设,以探索 STEM 教育、创客教育等新教育模式为契机,培养适应全球技术革命的新型人才。另外,劳动者不仅要学习专业技术,提升抵御机器取代人的抗风险能力,还需提升国际交流水平、增加现代化辅助设备远程操控知识。在现阶段,工会组织可以成为竞争力差的劳动者增加谈判能力的筹码,但是在未来,更多的任务合同取代劳动合同的情况下,工会对劳动者的保护力度会被削弱,劳动者的谈判能力更多取决于职业能力。

》》五、劳动者改变个人学习曲线　提升人力资本水平《《

劳动者有机会实现"第三次解绑",从价值链分工体系的廉价被雇佣者逐渐成为积极参与者甚至主导者,这既是机遇,也是挑战,只有改变个人学习曲线才能适应新变化。

第一,技术突破导致员工的学习曲线斜率更大。一方面,重复工作、繁重体力工作所带来的学习效果更多取决于机器算法的优化,而非岗位人员的操作能力,智能化技术的发展使得生产操作学习时间变短,即学习经验曲线的斜率更大;另一方面,信息技术的快速发展使得学习成本降低,学习时间碎片化特征显著,工人可以用更少的时间去学习操作过程本身或者通过不断的犯错误改变现有工作模式,而把更多的时间留给其他知识的学习,甚至闲暇,因为创造力的爆发往往是在闲暇时间发生的。第二,管理型高层劳动者学习内容须调整。2019 中国人力资源技术大会上发布的《中国企业国际化人才配置及发展分析报告》显示,中国企业境外高管的全球化工作经验欠缺。中国企业的境外高管中有六成完全没有全球化工作经验,拥有 5 年以上全球化工作经验的仅占 9.4%。能适应国际贸易市场风云变幻的管理型劳动者也需要调整个人学习曲线,加强培训,提升国际贸易谈判能力、跨国公司管理能力。

第三篇

劳动力市场的国际比较研究

第十一章
美国对外经济政策变动对美国劳动力市场的影响分析

第一节 特朗普政府对外经济政策变动的背景和总体思路

一、背景和意义

特朗普当选美国总统是 2016 年最典型的黑天鹅事件。特朗普的当选及其执政理念有着深刻的时代背景。特朗普政府上台之初，美国刚刚从 2008 年金融危机中恢复过来，经济形势虽然好转但不确定性和风险不断增加。随着经济全球化的加速，美国国内贫富分化、两极分化的趋势进一步加剧，有数据表明近年来美国基尼系数一直在 4.0 以上，为第二次世界大战以来最高值。美国中产阶级收入增长长期停滞，制造业外流进一步加剧，白人蓝领阶层生活水平长期得不到改善。这些问题导致了美国民粹情绪高涨，特朗普为了迎合这一情绪，打出了"让美国再次变得伟大"的口号，举起"美国优先"的旗帜，全面改变奥巴马时期的内外政策。在对内政策方面，特朗普政府从增加就业、减少失业出发，着力解决美国普通民众尤其是底层民众的民生问题；在对外政策方面，大力推行单边主义，拒绝承担国际义务，拒绝提供有效的全球公共产品，不断退出各种国际组织。

二、总体思路和目标

自特朗普担任美国总统开始，在美国国内外诸多质疑与反对环境下，美国政府仍出台了诸多改革法案与行政令，其经济政策导向与过去历届美国政府的政策相比有明显的转向。

目前美国政府经济政策的总体思路可总结为以下几点。

(一) 以促进美国经济发展和增加就业为主要目标

美国经济呈现长期放缓趋势，重振美国经济繁荣成为特朗普政府经济政策的核心目标。特朗普政府鼓励美国公民购买本土产品，并通过推行减税政策等鼓励美国海外企业回国办厂，提高本土就业率，刺激经济增长。

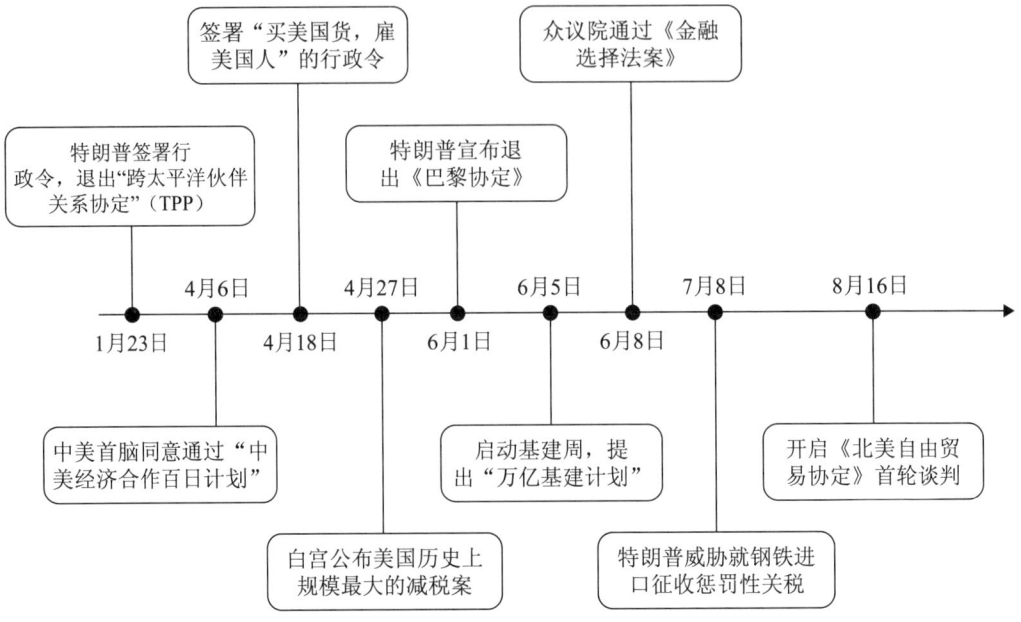

图 11-1　2017 年特朗普上任后经济政策大事记

(二) 干预国内外经济活动

特朗普利用推特以及公开场合讲话批评美联储和美在海外生产企业，通过舆论对美联储货币政策的独立性与企业生产经营进行导向干预。此外，美国政府推行历史最大规模的税改方案，降低企业税负，提高个税起征点，加强对企业经营决策的影响。汇率战也是美国政府对经济操控的重要工具，将他国列为汇率操纵国，来达到使对方屈服妥协的目的，并加强对海外企业回流的吸引力。

(三) 推行贸易保护主义

为了扭转美国长期存在的贸易赤字状况，特朗普上任当天便宣布退出 TPP，并提出海外生产企业将面临高额"边境税"，两天后提出要重新进行北美自由贸易协定谈判，之后又挑起贸易战。这一系列操作都显示美国已经抛弃了国际责任的面具，进而使得美国国内贸易保护主义和民粹主义盛行，逆经济全球化态势强化。此外，特朗普政府通过制造国际问题来转移美国民众对政府应对经济问题不力的怨气，并将本国经济问题归咎于他国。

第二节 特朗普政府对外经济政策的主要内容和特点

贸易政策、汇率政策和移民政策是美国对外经济政策的三大核心，自特朗普上台以来，美国对奥巴马政府时期的贸易、汇率和移民政策进行了大规模改变和重塑，在美国优先的口号下，挑战与主要贸易伙伴的经济政策，贸易摩擦和冲突不断升级。

一、贸易政策

特朗普政府上台后全面废除了奥巴马时代的对外经济政策，美国对外政策从"多边主义"向"双边主义"转变，对外贸易政策从强调"自由贸易"向强调所谓的"公平贸易"转变。针对中国、德国和日本等制造业大国不断挑起贸易冲突。2017年，特朗普正式就任美国总统的当天就根据其竞选时的承诺废除了奥巴马政府极力促成的TPP，接着特朗普要求商务部部长对WTO贸易协定中的有关内容进行重新评估，意图修改世贸组织现行条款中不利于美国的条款。一方面对美国的主要贸易伙伴的贸易行为进行全面评估，为挑起贸易摩擦制造借口；另一方面设立"贸易及制造业政策办公室"专门负责制造业回流和解决贸易逆差问题。紧接着，美国与英国、韩国围绕双边贸易协定重新展开谈判，并于2017年8月16日与加拿大、墨西哥两国重新开启北美自由贸易协定（NAFTA）。

在具体的贸易政策修改方面，特朗普政府主要采用"公平贸易"代替"自由贸易"，重新树立起贸易保护主义，以"公平贸易"为名挑起与各主要贸易伙伴的贸易摩擦，提高进口商品贸易关税，解决贸易逆差问题。第一，特朗普以保护美国工业基础的安全和稳定为由开始其新的贸易政策。2017年4月，特朗普政府根据《贸易扩张法》232条对钢铁和铝的贸易问题开展调查，之后又根据《贸易扩张法》201条对涉及美国工业基础的所有行业领域展开调查，美国国际贸易委员会被特朗普赋予可以采取任何与保护美国工业基础相关的行为的权利。第二，着力解决贸易逆差问题。特朗普政府命令美国商务部和相关部门提交关于美国贸易逆差和贸易赤字的全面评估报告，在此基础上，研究制订一个保障正确收缴反倾销和反补贴税的计划，对有损于美国经济、企业、知识产权、创新效率及美国人民利益的贸易行为和贸易对象进行制裁。第三，不断挑起与中国等主要制造业大国的贸易战，打压贸易伙伴的制造业，试图推动美国制造业回流。

二、汇率政策

国际市场上任何不受美国政府欢迎的价格调整都可能被随意打上外国政府干预的政治标签。特朗普政府指责日本、德国和中国等主要对美贸易顺差国家操纵汇率，通过把相关国家列为"汇率操纵国"迫使对方在汇率制度、币值稳定、资本管制和贸易政策上作出让步，如若不然便对相关当事国采取经济制裁，征收高额关税迫其就范。2017年1月31日，特朗普首先向日本发难，指责日本在日美贸易中发起货币竞争性贬值。2月15日又将矛头指向德国，指责德国政府"币值低估"的欧元"剥削欧盟其他国家和美国"，从而保持在对外贸易中的优势地位。到了2019年8月5日，美国又毫无理由地将中国列为"汇率操纵国"。美国在指责别国操纵汇率的同时，却为了本国经济利益公开操纵美元汇率。随着2020年美国大选临近，其对美联储和美元汇率发表公开评论的频率不断上升，特朗普政府持续施压美联储，多次公开表达对美联储货币政策和强势美元的不满，并试图通过提名新的联储理事影响美联储决策。

三、移民政策

当前，美国是移民人数最多的国家。据不完全统计，仅2017年一年美国的移民人数就超过了4 000万，占当年全世界移民总人数的五分之一。越来越多的移民引起了美国蓝领白人的普遍不满和部分右翼精英的担忧。特朗普执政后开始逐步兑现其竞选时的承诺，全面收紧移民政策，严格控制移民人数，保护美国本土公民的就业岗位。2017年4月18日，特朗普以制造业回流和再工业化为目的，签署"买美国货，雇美国人"的行政令，并要求联邦政府修改留学生工作签证(H-1B)政策。与此同时，特朗普还签署行政命令禁止难民和部分伊斯兰国家公民入境。2017年6月，众议院通过《移民法案》，该法案规定对再次非法入境的人处以更严厉的惩罚，对于庇护移民的城市将会停止联邦拨款。2018年，美国共发放了53.4万份移民签证，比2016年减少将近11万份。在收紧移民政策的同时，特朗普政府还收紧了美国签证的政策，非移民签证也被严格控制。2017年6月23日，特朗普政府废除了2012年由奥巴马政府出台的加快受理留学生和游客等非移民签证的政策。从2018年10月初至2019年7月29日，美国国务院已经拒签了5 343名来自墨西哥的美国签证申请者，这一数量创下历届美国政府之最。奥巴马政府时期，美国拒签的墨西哥居民仅有7人。在中美贸易战的影响下，美国对中国公民和留学生入境签证采取了更为严格的控制。2018年中国赴美旅游人数为290万人次，同比下滑5.7%，为15年来首次下降。同

第十一章 美国对外经济政策变动对美国劳动力市场的影响分析

时，美国对中国留学生尤其是理工类留学生的审查更加严格，限制中国留学生赴美学习高科技专业的学生签证，并拟在生物技术、人工智能（AI）和机器学习技术、导航定位和授时（PNT）技术、微处理器技术、先进的计算技术、数据分析技术、量子信息和传感技术、物流技术等前沿科技领域全面拒绝招收中国留学生。

第三节 特朗普政府对外经济政策对美国劳动力市场的影响

一、特朗普执政以来美国劳动力市场整体态势

（一）"美国优先"政策创50年来最低失业率

美国劳动力市场公开数据主要来自美国自动数据处理公司（Automatic Data Processing，ADP）。本报告采用的美国劳动力市场数据主要来自该公司每月定期发布的《全美就业报告》（以下简称《报告》）。该报告的相关数据显示，2008年金融危机后，随着美国经济的不断复苏，劳动力市场逐渐改善。到特朗普执政之

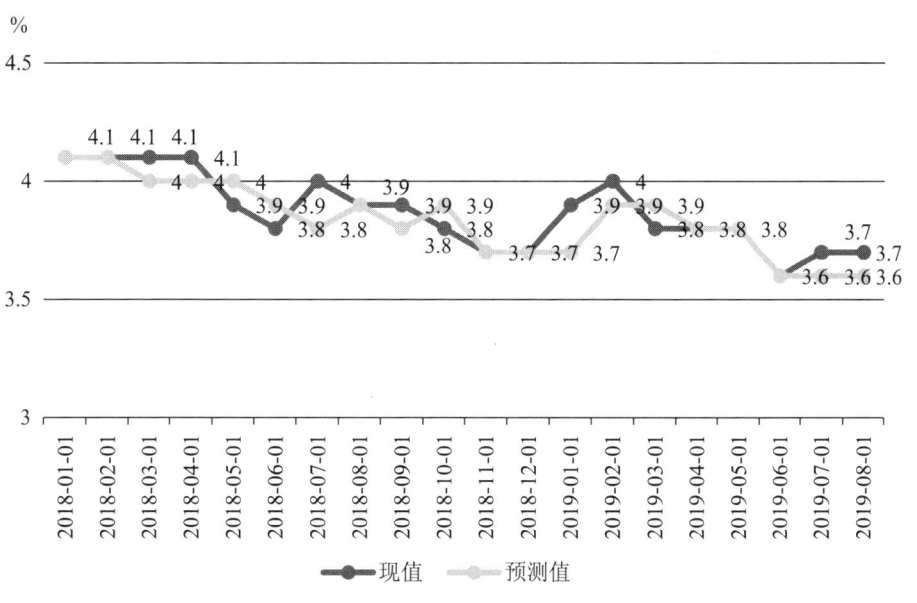

图11-2 2018年以来美国失业率变化情况

数据来源：本报告采用的美国劳动力市场数据来自美国自动数据处理公司每月定期发布的《全美就业报告》。

后，美国非农私人部门新增就业人口超过1700万。与此同时，美国的失业率也创下20世纪60年代以来最低水平。进入2019年，美国国内就业人数继续增长，部分部门接近充分就业。到2019年7月，美国劳动力市场整体发展态势依旧强劲，在贸易/运输/公用事业、金融服务业、专业/商业服务、建筑业以及制造业部门就业人数均实现了环比增长。随着就业比例保持较高水平，加之国际经济风险不断提高，美国经济扩张动能开始减弱，就业增长率出现明显下降。

（二）非农部门就业接近充分

据《报告》显示，截至2019年2月，当月全美16岁以上适龄劳动人口总计1.63亿人，环比增加206.1万人，同期就业人口达到1.57亿人，环比增加246.7万人，总体就业人口比适龄劳动人口少623.5万人，但就业增加人口超过适龄劳动人口40.6万人，劳动力就业市场整体向好，靠近充分就业水平。相比2017年和2018年，劳动就业形势得到大幅改善。以2018年12月为例，非农部门单月新增就业人口达到30.4万人，创下2011年以来单月新增就业人口新纪录。随着就业形势的大幅改善，美国的失业率也不断下降，美国劳动人口的就业意愿和就业能力也有较大的提高。以2018年11月为例，当月平均失业率下降到3.7%，创下2009年10月以来最低水平。

表11-1 特朗普执政以来美国新增就业人数、新增非农就业人数和新增农业就业人数/千人

时期	美国新增就业人数	新增非农就业人数	新增农业就业人数
2019-02	255	20	235
2019-01	−251	311	−562
2018-12	142	227	−85
2018-11	221	196	25
2018-10	513	277	236
2018-09	465	108	357
2018-08	−360	282	−642
2018-07	372	178	194
2018-06	53	262	−209
2018-05	323	270	53
2018-04	56	196	−140
2018-03	−53	182	−235
2018-02	731	330	401
2018-01	417	171	246
2017-12	120	174	−54

续表

时期	美国新增就业人数	新增非农就业人数	新增农业就业人数
2017-11	98	220	−122
2017-10	−552	260	−812
2017-09	808	18	790
2017-08	135	187	−52
2017-07	280	204	76
2017-06	256	229	27
2017-05	−230	128	−358
2017-04	192	213	−21
2017-03	541	127	414
2017-02	289	141	148
2017-01	−148	252	−400

资料来源：本报告采用的美国劳动力市场数据来自美国自动数据处理公司每月定期发布的《全美就业报告》。

其中，非农部门对美国劳动力市场贡献较大。在非农部门中，私人部门就业人口占比超过85%，政府部门仅占15%；从事服务业的人口超过86%，制造生产人口仅占14%。从事服务业的人口最多的依次为教育和保健服务（15.9%）、商业服务（14.15%）、医疗服务（13.4%）、消费服务（11.05%）和零售服务（10.5%）。随着整体就业形势持续表现强劲，新增就业人口总量和增速开始下降。以2019年6月为例，当月全美非农私人部门就业人数增量仅为10万，创下单月新增就业人数十年最低。与此同时，美国劳动统计局（BLS）的数据也表明美国就业增长开始放缓，进入相对平稳的阶段。

表11-2 美国非农部门就业人数情况分布表/千人

时期	采矿业	建筑业	制造业	批发业	运输仓储业	公用事业	信息业	金融活动	零售业	商业服务
2018-12	752	7 400	12 809	5 901	5 511	555	2 827	8 615	15 821	21 254
2019-01	759	7 453	12 830	5 911	5 541	556	2 815	8 624	15 835	21 269
2019-02	754	7 422	12 834	5 922	5 538	555	2 815	8 630	15 829	21 311

资料来源：本报告采用的美国劳动力市场数据来自美国自动数据处理公司每月定期发布的《全美就业报告》。

（三）制造业就业人口短期内快速增长

冷战结束以后，美国制造业占GDP的比重不断下滑，伴随着这个趋势，美国制造业就业人口数量也在不断下降。从区域分布来看，东南区域、大湖区域是美国制造业就业人口规模最大的两个区域，从行业分布来看，冶金、机械、电气设备、汽车、计算机设备、航天航空和军火制造等高端制造业是吸纳劳动力最高的行业，但总体就业规模不大。与此同时，在2001—2009年，据不完全统计，全美有42 400家本土制造业工厂关闭，制造业就业人口累计减少600万。因此，制造业回流和再工业化是特朗普政府对外经济政策调整的最重要目标之一。以2018年为例，全美制造业新增就业岗位为28.5万人，虽然仅为全年新增就业岗位480万的6%，但增长迅速，相比2017年增长37%。以2018年为标志，美国制造业回归初见效益，2018年也成为自1997年以来制造业就业形势最好的一年。

(四)小企业就业的劳动力总量增速放缓

小企业是美国就业市场的最重要组成部门和缓冲带。2018年美国雇员人数小于50人的小企业总计吸纳超过5 200万劳动力，占所有私人部门的就业总人数的40%。但随着美国整体劳动力市场形势的持续改善，小企业吸纳劳动力的动能却在减弱。这主要由以下三个原因造成。一是大企业招聘形势的逐渐改善。虽然小企业是美国就业的主力军，但是大企业更加吸引美国劳动人口。二是大企业薪资待遇较高，限制了小企业进一步吸纳劳动力。ADP的数据表明，进入2019年美国小企业在吸引就业方面已经开始落后大型企业，小企业新增就业率还是落后于大型企业。三是小企业离职率普遍较高，人员流动性较大，离职人数的增长抵消了新增人数带来的影响。

(五)高技能熟练的技术工人缺口较大，用工成本不断提高

受制造业萎缩的长期影响，美国制造业劳动缺口尤其是高技能熟练技术工种缺口严重。为了吸引和留住高技术熟练技术员工，企业普遍提高工资薪酬，用工成本不断提高。据ADP的数据显示，2019年7月全美工资总额同比增长4%，平均工资达到38.54美元/小时。其中，制造业和建筑业两个行业工资增长最为迅速，2019年7月工资总额同比增长4.4%，高于同期全美平均水平。但与此同时，制造业和建筑业平均工资绝对量仅为29.83美元/小时和28.65美元/小时，低于全美平均工资水平。在性别差异方面，进入2019年，女性员工平均工资增长率超过男性员工。

二、中美贸易战对美国劳动力市场负面影响逐步显现

(一)对华贸易对美国制造业就业具有重要的促进作用

中美贸易对两国就业有着巨大的促进作用。张亚斌(2019)的研究表明,美国对华贸易对美国就业的促进作用是逐年增加的。从三大产业结构来看,美国对华出口对制造业就业的贡献要多于服务业;对华直接贸易对就业的贡献率要多于间接贸易。

表 11-3 按行业类别区分美国出口中国直接和间接带动人数/千人

		2000年	2002年	2004年	2006年	2008年	2010年	2011年	2012年	2013年	2014年
直接	初级行业	8.8	9.8	34.7	41.4	60.8	104.1	101.5	115.6	97.1	93.5
	劳动密集型制造业	4.6	5.6	10.8	18.3	23.5	21.7	25.6	33.1	35.1	38.2
	资本密集型制造业	18.6	20.0	30.1	40.0	57.0	62.9	75.7	78.1	85.0	83.6
	知识密集型制造业	77.0	104.1	143.6	189.5	205.6	223.2	225.9	229.4	255.7	254.1
	劳动密集型服务业	0.5	0.6	0.8	1.4	2.9	3.1	3.1	3.8	4.3	4.5
	资本密集型服务业	8.2	10.7	12.1	19.3	43.1	62.3	88.7	94.6	97.1	121.0
	知识密集型服务业	8.4	8.4	9.1	17.7	33.6	31.3	35.8	40.7	45.7	51.2
	公共服务业	1.6	2.1	1.7	2.0	3.1	3.4	4.6	8.9	10.4	13.0
间接	初级行业	4.4	4.2	8.1	10.9	21.9	23.8	31.1	33.3	34.2	33.5
	劳动密集型制造业	7.1	7.1	6.6	6.8	9.1	11.3	15.1	13.8	14.7	19.6
	资本密集型制造业	11.7	11.6	14.3	15.7	22.2	28.2	37.3	40.8	46.5	41.1
	知识密集型制造业	64.7	77.0	86.6	97.0	95.4	112.4	131.2	135.8	128.6	124.2
	劳动密集型服务业	1.1	1.2	1.7	2.4	4.8	5.6	7.0	7.8	9.3	10.0
	资本密集型服务业	1.3	1.6	2.2	3.3	6.1	7.7	10.5	12.2	12.9	13.0
	知识密集型服务业	3.7	5.4	5.3	5.0	9.0	8.1	9.7	10.1	12.3	13.7
	公共服务业	0.9	1.1	0.9	1.3	2.4	2.5	3.3	5.2	6.1	6.4

资料来源:张亚斌、熊雅澜、杨翔宇:《中美贸易对美国就业影响的重新评价——基于全球价值链视角》,载《财经理论与实践》,2019(7)。

(二)中美贸易摩擦对美国制造业及就业影响开始显现

2019年8月22日国家咨询机构HIS马基特公司最新数据表明,8月美国制

造业采购经理人指数(PMI)跌至49.9，自2009年以来首次跌破50荣枯线。荣枯线是反映经济景气状况和企业家信心指数的临界值。通常情况下，制造业采购经理人指数以50作为制造业景气指数的分界点。当PMI小于50时，表明制造业增长动能减弱态势明显。与此同时，美国制造业产出连续两个季度下滑，已经进入"技术衰退"，进入2019年第三季度，美国制造业疲软的势头仍未有缓解，对华出口放缓。在此背景下，美国制造业劳动力市场在平均工资、增长率方面也低于其他行业。

(三)农业就业人口持续下滑

农业和农产品是中美贸易和美国对华出口的重要领域，中美贸易摩擦对美国农业和就业人口影响较大。2006年以来，美国从事农业生产的劳动力数量长期保持在265万人。随着中美贸易摩擦的持续进行和不断加剧，美国农业部门产能相对过剩，农业劳动力加快了向其他部门的转移，农业领域投资逐步下降，生产规模不断缩小，新增就业人口不断下降。进入2019年，美国农业部门新增就业首次出现人口下降，较2018年同期出现较大幅度下滑，环比下降56.2万人，是2017年以来的最大降幅。

三、美国劳动力市场面临的风险和挑战

(一)经济衰退风险不断提高，未来就业形势不容乐观

特朗普执政以来，逆经济全球化和反经济全球化的趋势不断增加，世界经济和美国经济的不稳定性和衰退风险不断加深。2019年以来，随着美国破坏自由贸易的对外经济政策的推进，美国宏观经济数据不断分化，宏观政策摇摆不定，投资者对短期经济普遍呈悲观的态度。在新的对外经济政策和其他政策的综合作用下，美国经济实现较快增长、就业形势良好，2019年第一季度经济增长率达到3.1%，超出预期；失业率进一步降至50年以来的最低值；而另一方面，美国制造业PMI指数跌破荣枯线，到了2019年8月14日，2年期美债和10年期美债利息10年来首次出现倒挂的现象。从以往的历史经验来看，这一关键利率出现倒挂现象表明未来将在很大程度上出现经济衰退。上一次发生2年期美债和10年期美债利息倒挂是2007年，之后2008年美国便爆发了大规模的金融危机。美国经济数据的分化不断加深，市场普遍预期美国经济滑向周期性衰退的概率增大，未来就业形势不容乐观。

(二)专业知识和培训成本增加,制造业小企业"用工荒"长期存在

美国劳动力市场面临的风险和挑战的第二个方面主要来自技术进步。美国98%的制造业企业都是小企业,随着技术的不断进步,小企业对熟练掌握新兴技术和工艺雇员的需求不断提升。然而与此同时,美国75%的制造业企业雇佣员工不足20人,企业规模较小、经营风险和财务风险较大,工资薪酬没有吸引力,人员流动性较大。由于上述这些原因,美国制造业小企业很难以较低的成本吸纳素质高的劳动力。据Score Association(中小企业发展提供指导的项目)统计,全美国超过四分之三的制造业企业是员工总数不超过20人的小企业,这些企业中有89%的公司长期处于劳动力不足的职位空缺状态。进入2017年以来,随着中美贸易战的不断升级,以服装业为代表的美国部门制造业企业开始大量向海外转移,与此同时为了降低用工成本,越来越多的高度自动化和智能化的设备更多地被引入生产线,一些就业岗位开始被智能化设备替代,美国制造业劳动力市场的结构性矛盾更加突出。

(三)新的移民政策限制外国工程技术人员,影响美国制造业复兴

美国劳动力市场面临的风险和挑战的第三个方面主要来自特朗普政府的移民政策。在新的移民政策下,美国当局收紧了工作签证和移民的管理,工作签证的程序和准备工作越来越复杂,各类工作签证的拒签率呈上升趋势,国际学生人数和在美就业人数大幅下降。美国移民海关总署(ICE)的报告表明持F类及M类签证国际学生数量和亚洲学生数量开始下降。此外,非移民签证的发放量也不断收紧。以H-1B工作签证为例,根据1990年美国《移民法》的规定,美国政府每年签发8.5万份H-1B签证,其中6.5万份签发给私人部门的高级技术人员,2万份签发给在美国大学取得科学、技术、工程或数学高等学位的外国毕业生。近年来,H-1B签证已经出现严重供不应求,随着特朗普不断限制移民和收紧各种签证发放,很多从事科学研究和工程制造领域的国外人才无法进入美国劳动力市场,从长远来看,这种趋势对美国制造业创新能力和复兴有着深远的影响。

此外,新的移民政策对于美国国内社会人才结构的平衡也产生巨大的影响。特朗普虽然加大了对移民的限制,但是对于高科技科研人员的引进却没有停止。目前,美国建立的基于积分的新移民政策倾向将资源更多地用于吸纳高技能移民。这种政策必然导致农业、建筑和服务业等中低收入劳动力市场缺口不断增大,推动用工成本上升,对相关产业竞争力产生较大影响。

第十二章
欧盟内部移民流动特征及其就业质量研究

中国的"流动人口"是中国特有户籍制度下的概念，与"移民"在内涵上具有较大差异。国际上与"流动人口"较为接近的概念是"内部移民"（internal migration），一般发生在一个国家内部。比较特殊的是，欧盟虽然不是一个国家，但却是目前世界上一体化程度最高的国家联盟和经济政治组织，已经具备了很多作为一个国家的特征。如欧盟设立了欧盟理事会作为决策机构，设立欧盟委员会作为常设执行机构，设立欧洲议会作为咨询和监督机构，发行欧元作为欧元区的统一货币，设立欧洲中央银行作为欧元区中央银行，设立欧洲法院作为仲裁机构，这些都体现了欧盟的超国家色彩。因此，欧盟成员之间的移民，可以近似看作欧盟的"内部移民"（internal migration），与中国的"流动人口"具有一定相似性。

欧盟虽然在政治、经济、文化等方面与中国迥异，但与中国也具有很多相似之处和可比之处。第一，欧盟作为一个高度一体化的国家组织和经济体，具备了很多国家才具备的特征和功能，在国家形态上与中国这个单一性国家在一定程度上具有可比性。第二，两者在总体层面和次级行政区层面具有一定可比性。截至2018年年底，欧盟拥有28个成员国（包括英国），人口约5亿，面积约440万平方千米，GDP为187 486亿美元；中国有34个省级行政区，人口13亿多，面积960多万平方千米，GDP为136 082亿美元。欧盟总体人口、面积与中国虽有一定差距，但两者的GDP较为接近，并且随着中国的快速追赶，两者的GDP和经济发展差距会越来越小，两者也是世界上仅有的GDP超过10万亿美元的三个经济体（欧盟、美国和中国）中的两个，在世界范围内具备相当的可比性。如果将欧盟的成员国看作欧盟的次级行政区，则欧盟的成员国类似于中国的省级行政区，两者在次级行政区的数目方面也恰好接近，都在30个左右。第三，欧盟成员国之间在很大程度上简化了移民和人员流动程序，与中国现在放松户籍管控具有类似性。因此，欧盟内部成员国之间的移民可类比于中国省级行政区之间居民的迁移。第四，欧盟内部成员国经济社会发展水平也很不平衡，尤其是西欧和东欧成员国之间差距悬殊，犹如中国东部和西部之发展差异。第五，欧洲、东亚和北美是现在世界上三个经济规模最大和经济活动最活跃的区域，欧盟之于欧洲，类似于中国之于东亚，欧盟和中国在世界范围内的地位和影响力都不容忽视。

欧盟作为世界上的发达经济体，其整体经济社会发展水平高于中国，在很多方面值得我们学习和借鉴。加之以上中国和欧盟的诸多可比之处，使得这种学习和借鉴更具有针对性和可行性。中国已经进入推动经济社会高质量发展的新时代，以人为本的高质量城镇化是高质量发展的重要基础，流动人口及其就业质量问题是中国实现高质量城镇化必须要面对的问题。有鉴于此，对欧盟内部移民及其就业质量展开研究，将为中国应对流动人口及其就业质量问题和实现高质量发展提供重要借鉴。

第一节　文献综述

随着经济全球化和区域一体化的深入，国家间移民已经成为一个日益普遍的现象，移民及其就业质量等相关问题也日益受到关注。不同于别的区域和国家，欧盟成员国间的移民发生在一个由 28 个主权国家组成的近乎无边界的空间。有文献指出，欧盟机构在其文件中倾向于将欧盟成员国间迁移的欧洲公民称为"流动"，虽然是国家间移民，但在实际操作上却类似于国内移徙，而"移民"仅指欧盟以外国家的公民。由于欧盟并非一次性形成，而是随着时间的推移不断扩展和演变，甚至也有可能出现成员国退出（如英国脱欧）的情况，因此欧盟内部移民的流动特点、影响因素及原因、就业特点和就业质量等在不同时期有所差异，这在相关文献中得到了反映和分析。

1. 欧盟内部移民的流动特点

随着欧盟的演变，欧盟内部移民的特点不断变化。在 20 世纪最后 5 年中，流入 EU15（2004 年东扩以前的欧盟）的净移民每年约为 60 万人，为美国的一半；而在接下来的 5 年里，这个数字几乎翻了一番，欧洲的移民流量第一次比美国大（特别是在 9·11 后美国移民政策收紧），并在 2003 年达到了高峰，这段时期内流入 EU15 的净移民达到 200 万人。这种移民流动显然是不对称的，从绝对数值来看，西班牙、德国、英国和意大利的移民人数最多；从相对数值来看，西班牙、爱尔兰以及塞浦路斯、卢森堡等经历大量移民的小国，新流入移民占本地居民的比例高达 15‰～20‰。在很大程度上，这种移民热潮是由 2004 年和 2007 年欧盟扩张所推动的。平均而言，2004 年至 2008 年，EU15 年净增长的移民中约有25万人来自波兰等国家，约有30万人来自罗马尼亚等国家。据欧盟统计局计算，2007年欧盟27个成员国共接收了29.1万名外国公民，其中10.6万人是欧盟内部移民。2009年至2011年，欧盟内部受危机影响最严重的成员国国民向外移民加速，移民流出国主要来自欧洲南部；德国和英国则是首选的移民流入目的地。

2. 欧盟内部移民的影响因素和原因

由于欧盟内部移民的分类数据稀缺，对欧盟内部移民流动性的分析很复杂。然而，欧盟各成员国福利制度的异质性和住房市场的不同安排通常被认为是影响欧盟内部移民的重要因素。此外，养老金权利的不完全可转移性和协调学术资格认证的困难对欧盟内部移民的流动产生负面影响。就业保护程度较大、最低工资水平较高、工资结构较为平均或工会权力相对较高等劳动力市场制度因素可能使移民难以进入目的地国的劳务市场；除劳动力市场制度因素外，原籍国和目的地国的商业周期形势也影响着进入外国劳务市场的难易程度。

3. 欧盟内部移民的就业特点和就业质量

在欧盟扩展的不同阶段，来自新加入成员国的欧盟内部移民的就业状况有所变化：在20世纪80年代，移民数量相当小，移民就业也都是合法的；在20世纪90年代，移民无规律的进入和停留常常伴随着在地下经济中的非正规就业，男子主要从事建筑、农业和其他手工作业，妇女主要在护理和清洁部门工作；进入21世纪以后，移民合法居留也往往伴随着非正规就业。来自新成员国的移民在劳动力市场上表现出高度的流动性和灵活性，他们通过频繁地改变雇主、工作地点和就业部门来适应市场需求，大量移民受到临时工作机构阴暗行为的困扰，剥削和歧视普遍存在。不过，也有少量来自新成员国的移民通过创业来提升就业质量和社会地位。有研究发现，围绕着波兰移民的商业蓬勃发展，特别是在英国，波兰移民建立新企业的障碍较少。可能是由于提前抵达并获得欧盟公民身份，西班牙和希腊的波兰移民中自营劳动者和创业的比例高于罗马尼亚移民和保加利亚移民。此外，欧盟不同成员国对就业政策进行了改革，这对包括移民在内的劳动者的就业质量具有一定程度的影响。西班牙是经历了旨在减少就业保护的激进改革数量最多的国家，这个国家失业率下降幅度最大，劳动力流动性大幅增加，西班牙也是少数几个为正规工人减少就业保护的国家之一；意大利在1997年进行了彻底的改革，是年意大利通过的一项法规放宽并引入了临时合同；希腊也进行了类似的改革；德国是一个改革进程虽然激进但却以政策"走走停停"为特征的国家。

综上所述，以往文献对欧盟内部移民及其就业问题进行了多方面的关注，但仍存在一定的局限性，表现在对欧盟内部移民及其就业质量的大多数研究不够全面和深入，缺乏详实数据的支撑。很多文献都关注了欧盟新加入成员国向老成员国的移民和就业问题，但对欧盟老成员国（EU15）的流出移民及其就业质量的定量分析非常欠缺。此外，2011年欧盟第28个成员国克罗地亚加入欧盟的司法谈判成功结束，并于2013年正式加入欧盟，此后欧盟格局一直维持到现在（不考虑英国脱欧），但对现有格局下欧盟内部移民及其就业质量的相关研究却明显不足。基于此，本研究的贡献主要体现在：一是利用欧盟统计局等权威机构的翔实数据对欧盟内部移民及其就业质量进行定量研究和细致分析，弥补相关研究的不足；二是对现有格局下欧盟内部移民的就业质量问题进行全面考察，为应对中国流动人口的就业质量问题提供借鉴。

第二节 数据与方法

一、数据选择与来源

对欧盟内部移民及其就业质量问题进行研究，必须考虑到欧盟的演变历史和欧盟现有格局的形成。克罗地亚的加入意味着欧盟现有格局的形成。因此，对欧盟内部移民及其就业质量问题研究的时间区间宜设定在欧盟第28个成员国克罗地亚正式加入欧盟的2013年以后。因此，本研究所选择的数据为2013年以后的数据，在选择数据时考虑了数据的权威性、全面性、可得性、数据质量等问题。

基于以上考虑，本报告欧盟内部移民数据来源为欧盟统计局，主要为欧盟统计局数据库中"移民和移民融合指标"2013—2018年和"人口与移民"指标2013—2017年的统计数据。根据需要，"人口与移民"指标仅取其下流入移民和流出移民数据。需要说明的是，"移民和移民融合指标"下还单列出了劳动力调查—移民特设模块，其中分别包括"2014年移民和劳动市场调查"和"2008年移民和劳动市场调查"，根据本研究需要，劳动力调查—移民特设模块部分仅采用"2014年移民和劳动市场调查"的相关数据。"移民和移民融合指标"和"人口与移民"指标覆盖面广，数量大，质量高，具有较高的权威性和说服力，不仅包括欧盟内部移民就业相关数据，还包括欧盟内部移民的社会包容（social inclusion）情况、健康状况、教育水平和就业状况等。此外，采集欧盟统计局关于欧盟总体（主要是人口和社会条件部分）与移民相对应的数据以进行对比。"移民和移民融合指标"相关数据为本报告主要采用和分析的数据，其指标体系详见表12-1。

表 12-1　欧盟统计局"移民和移民融合指标"

一级指标	二级指标	三级指标
移民融合	社会包容	收入分配和贫困
		贫困和社会排斥风险
	健康	生活条件
		物质匮乏
		健康状况
		健康决定因素
		卫生保健
	教育	按受教育程度分的人口分布
		为接受教育和培训的早期离职者
		按受教育程度和就业情况分的年轻人
		参与终身学习的18岁以上人口
	教育(区域系列)	按教育程度分的人口分布
		按受教育程度和就业情况分的年轻人
		按性别、年龄和就业状况划分的人口
	就业	活跃率
		失业情况
		就业和自营劳动者
	就业(区域系列)	活跃率
		失业情况
		就业和自营劳动者
	积极公民身份	持有居留证的所有非欧盟公民中的长期居民
		以前公民身份和性别获得非公民身份居民的份额
	2014年移民和劳动市场调查 (劳动力调查—移民特设模块)	移民及其后代
		移民及其后代的背景
		移民的劳动力市场状况
		移民及其参与劳动力市场的主要障碍
		移民和家庭
儿童移民	关于儿童的庇护统计数据	略
	儿童居住许可统计数据	略
	关于儿童的移民立法执行统计数据	略

资料来源：根据欧盟统计局(Eurosat)发布指标整理所得。

二、研究方法

对移民/流动人口及其就业问题进行研究，应准确反映问题原貌并在此基础上制定相应对策。以此为出发点，本研究拟采用统计分析方法。与回归分析等分析方法相比，统计分析方法的优点体现在：不需要对原始数据进行过多假设和处理，可以有效减少遗漏变量和内生性导致的偏差问题，能够充分利用原始数据信息并清晰反映样本规律。因此，本研究以统计分析方法作为主要研究方法，对欧盟内部移民及其就业质量问题进行详细考察。

第三节 欧盟内部移民的流动特征

先分析起因再分析人口学特点，是研究人口流动问题的惯常思路。结合欧盟内部移民人口特征，本报告从流动原因、流动方向、移民时间长度、性别结构、年龄结构和受教育水平等方面对欧盟内部移民的流动特征进行探讨。

一、欧盟内部移民的流动原因

人口流动的原因通常可归结为社会文化因素、经济因素、政治因素、自然环境因素等方面，且在社会经济稳定时期往往表现为社会文化因素和经济因素。

欧盟 2014 年移民和劳动市场调查给出了第一代移民的移民原因统计数据。这些移民原因包括家庭原因、教育原因、工作原因、国际庇护、其他以及没有回应 6 类。其中，因工作原因而移民在原调查统计数据中被分为"移民之前找到工作"和"移民之前没找到工作"两种，本报告将之归并为因工作原因而移民一类。获取数据时将公民身份设定为"European Union"，以保证移民是发生在欧盟内部各成员国之间的。具体移民原因情况详见表 12-2。

表 12-2 欧盟内部移民流动原因统计数据

流动原因		全部移民		男性移民		女性移民	
主要类别	子类	数量/千人	占比/%	数量/千人	占比/%	数量/千人	占比/%
社会文化因素	家庭原因	12 178.7	52.6	5 044.7	45.8	7 131.2	58.8
	教育原因	1 249.9	5.4	602.2	5.5	628.7	5.2
经济因素	工作原因	6 280.9	27.1	3 643.8	33.1	2 571.8	21.2
政治因素	国际庇护	1 025.3	4.4	584.1	5.3	432.8	3.6
其他因素	其他	1 812.4	7.8	827.0	7.5	985.3	8.1
	没有回应	544.5	2.4	237.4	2.2	281.7	2.3

资料来源：根据欧盟"移民和移民融合指标—2014 年移民和劳动市场调查"下"第一代移民按性别、公民身份、持续时间和移民原因划分的移民"的数据整理得到。

由表12-2可知，从全部移民来看，流动原因类别中占比最大的是家庭原因，占比为52.6%。其次为工作原因，占比为27.1%。教育原因占比为5.4%，与家庭原因同为社会文化因素，因此社会文化因素总共占比为58.0%。由此可见，欧盟内部移民最大的原因是社会文化因素，其次为经济因素，社会文化因素和经济因素总共占比高达85.1%，这与Todaro的研究保持一致。

从不同性别的移民来看，男性移民因经济因素（即工作原因）而移民的占比（33.1%）明显高于女性移民的占比（21.2%）。男性移民因社会文化因素（家庭原因和教育原因）而移民的占比（51.3%）则明显低于女性移民的占比（64.0%）。在社会文化因素中，男性移民因家庭原因而移民的占比（45.8%）明显低于女性移民的占比（58.8%）；不过，与之形成对比的是，男性移民因教育原因而移民的占比（5.5%）却略高于女性移民的占比（5.2%）。因此，相对于女性移民而言，男性移民更多地追求通过移民来获得经济价值或个人价值提升。这或许是因为欧盟内部移民中，男性移民更多地承担供养家庭的责任，男性移民需要通过移民来获取更多的工作报酬，或通过移民来获得更好的教育以为未来获得更高的收入做准备。

二、欧盟内部移民的流动方向

欧盟内部不同成员国经济社会发展水平差异很大，大量移民有很强的动机从经济较为落后的成员国流入到较为发达的成员国，欧盟数次东扩的历史足以说明这一点。不过经济较为发达的成员国在流入移民数量较大的同时，流出移民的数量并不一定小。欧盟统计局"人口与移民"指标将流入移民和流出移民进行了单独统计。将样本移民前后的国籍组别都设定为欧盟28国，从而保证所取样本为欧盟内部移民。欧盟内部流入移民和流出移民情况详见表12-3，首行中的数字表示年份，"入"表示流入移民，"出"表示流出移民。理论上，流入移民数量合计与流出移民数量合计应该相等，但表12-3中两值并不相等，这可能是由于流出移民手续办理迟滞等因素引起的，导致流出移民数量偏小，因而流入移民数据可能更加准确和及时。

表12-3 欧盟内部流入和流出移民统计数据/人

国家	2013入	2013出	2014入	2014出	2015入	2015出	2016入	2016出	2017入	2017出
比利时	75 765	59 969	77 142	57 986	76 180	56 790	71 929	60 462	73 027	62 532
保加利亚	4 096	13 981	4 967	23 778	7 086	23 837	7 296	24 329	9 169	25 359
捷克	15 950	12 610	16 330	17 365	15 433	15 667	28 802	23 706	16 832	16 663
丹麦	30 299	21 204	32 433	22 524	33 048	22 504	33 190	23 740	33 990	25 506

续表

国家	2013 入	2013 出	2014 入	2014 出	2015 入	2015 出	2016 入	2016 出	2017 入	2017 出
德国	405 459	132 883	468 274	173 773	513 244	183 257	444 877	203 137	435 443	235 996
爱沙尼亚	1 965	6 242	2 117	4 166	10 216	10 365	9 372	10 789	11 627	9 367
爱尔兰	35 817	40 322	39 211	36 538	44 055	35 041	46 054	33 299	42 565	34 435
希腊	37 182	59 601	41 591	54 363	42 955	55 660	42 955	54 808	44 558	52 459
西班牙	102 249	215 365	112 706	192 948	119 449	179 530	128 141	175 925	150 022	204 588
法国	138 664	69 546	132 830	114 312	133 214	118 686	135 313	118 090	128 303	115 542
克罗地亚	2 644	4 756	3 343	12 603	4 382	19 752	5 555	28 659	5 860	39 071
意大利	91 959	68 105	79 237	76 635	73 756	87 039	75 105	99 000	74 867	98 273
塞浦路斯	7 082	10 472	4 674	7 981	8 307	3 355	9 585	4 618	12 239	5 648
拉脱维亚	4 794	16 503	5 794	14 455	4 872	15 235	4 780	15 149	4 841	14 374
立陶宛	16 178	29 756	16 030	27 406	15 352	31 168	11 113	38 597	8 709	36 866
卢森堡	19 249	9 000	20 360	9 446	21 719	10 585	21 315	11 220	23 011	11 744
匈牙利	23 637	30 756	28 234	37 800	30 516	38 323	31 089	35 060	36 077	31 796
马耳他	5 402	3 035	7 221	3 330	8 830	4 589	10 052	5 463	12 513	4 632
荷兰	69 775	60 462	76 001	62 118	77 991	60 748	83 683	62 509	93 463	61 623
奥地利	63 158	32 692	69 612	32 922	71 070	32 046	66 771	36 435	66 263	36 128
波兰	142 023	205 022	137 611	185 186	102 946	183 561	113 435	197 049	139 259	174 385
葡萄牙	9 975	34 223	10 594	33 096	16 546	27 633	15 049	28 928	17 070	22 556
罗马尼亚	124 273	153 423	101 320	166 682	93 727	187 835	101 160	200 010	122 952	219 729
斯洛文尼亚	4 601	7 548	4 766	8 666	4 375	9 075	5 100	9 412	5 192	10 751
斯洛伐克	4 087	2 341	4 281	3 079	5 591	3 233	6 152	3 228	5 663	2 958
芬兰	16 200	8 820	15 378	10 109	13 095	10 901	12 913	11 806	12 192	11 617
瑞典	35 610	21 612	36 862	20 882	38 087	21 133	39 213	21 476	40 593	22 077
英国	219 669	114 120	286 821	127 137	295 285	124 753	272 536	162 403	260 658	194 148

资料来源：根据欧盟统计局"人口与移民"指标下"按年龄组别、性别和以前居住国家划分的流入移民"和"按年龄组别、性别和以前居住国家划分的流出移民"的数据整理得到。

从流入移民数量来看，前3名2013年、2014年和2017年都是德国、英国和波兰(法国第4)，2015年和2016年都是德国、英国和法国(波兰第4)。

从流出移民数量来看，前3名2013年是西班牙、波兰和罗马尼亚(德国第4)，2014年是西班牙、波兰和德国，2015年是罗马尼亚、波兰和德国，2016年是德国、罗马尼亚和波兰，2017年是德国、罗马尼亚和西班牙。值得注意的是，德国不但是流入移民数量最多的国家，流出移民数量也很可观，长期居于欧盟所有国家的前4名，2016年和2017年更是居于首位；英国和法国的流出移民数量也较多，在2013—2017年欧盟所有国家中都分别稳居第5名和第6名。这一方面是因为在欧洲范围内德英法都是人口大国，另一方面移民回流也是重要原因。很多移民在流入国就业质量和生活水平低于他们的预期，或融入当地社会的情况并不是很好，其中一部分移民选择再次返回母国。与之形成对照的是，罗马尼亚和西班牙每年不但流出人口多，流入移民也为数众多，2013—2017年在欧盟所有国家中都居于前6名，这或印证了移民回流的现象。

从移民净流入数量（流入移民与流出移民数量之差）来看，第一，2013—2017年比利时、丹麦、德国、法国、卢森堡、马耳他、荷兰、奥地利、斯洛伐克、芬兰、瑞典和英国都是流入移民数量大于流出移民数量，因而是移民净流入国。第二，移民净流入数量的前3名2013年是德国、英国和法国，2014年是德国、英国和奥地利（法国第5），2015年是德国、英国和奥地利（法国第7），2016年是德国、英国和奥地利（法国第6），2017年是德国、英国和荷兰（法国第6）。因此，德国、英国的净流入移民数量最多且非常稳定，在2013—2017年都分别稳居欧盟第1名和第2名，除2017年外，德国每年净流入移民数量都在20万以上（2015年则超过30万），英国每年净流入移民数量都在10万以上。净流入移民数量第3名则经常变化，2013年是法国，2014—2016年连续3年都是奥地利，2017年是荷兰。第三，移民净流入数量的后3名2013年是西班牙、波兰和罗马尼亚，2014年是西班牙、罗马尼亚和波兰，2015年和2016年都是罗马尼亚、波兰和西班牙，2017年是罗马尼亚、西班牙和波兰。这些国家移民净流入数量在2013—2017年都为负，因而都是移民净流出国，每年移民净流出数量基本都在5万以上。克罗地亚、立陶宛、保加利亚、拉脱维亚、希腊、斯洛文尼亚和葡萄牙也都是移民净流出国，这些国家每年移民净流出数量都在0.2万~3.5万。此外，还有几个国家经历了移民净流动方向的转变。其中，意大利在2013—2017年的流入移民数量呈现下降趋势，流出移民数量则呈现上升趋势，导致该国2013—2014年还是移民净流入国，但2015—2017年就变成了移民净流出国。这或许与意大利近几年经济形势恶化有关。爱尔兰、塞浦路斯和爱沙尼亚、匈牙利则发生了相反的转变，分别在2014年、2015年和2017年由移民净流出国转变为移民净流入国。

综合以上分析，欧盟内部移民的流动方向存在以下几个特点。一是由新加入的中东欧成员国流入老成员国即EU15国家。欧盟2004年和2007年两次东扩，新加入的中东欧各国经济水平普遍落后于EU15国，新加入的中东欧各国公民倾向于通过移民到EU15国家，以获得更高的收入和生活水平。二是发达成员国经济形势恶化导致移民流出数量增加和移民净流动方向的逆转。西班牙、葡萄牙和意大利虽然也是EU15国家，但是近年经济形势都趋于恶化，导致西班牙、葡萄牙 2013—2017 年都成为移民净流出国，意大利也在 2015 年由移民净流入国转变为移民净流出国。三是 EU15 的很多国家流出移民数量并不少。德国、英国和法国在 2013—2017 年的流出移民数量一直稳居欧盟前 6 名，德国更是在 2016—2017 年位居第 1。其他 EU15 国家的流出移民也并不少。事实上，欧盟所有国家流出移民数量前 15 名大部分都是 EU15 国家。这或许是因为 EU15 成员国之间保持着紧密的经济合作和社会文化联系，彼此之间的移民和人员流动较为活跃。

三、欧盟内部移民的移民时间长度

移民时间长度可以反映移民在时间维度上的变化规律。表 12-4 是 2014 年欧盟内部移民的移民时间长度统计数据。由表 12-4 可知，欧盟内部移民的移民时间长度占比最大的是 10 年及以上，高达 76.3%；1~5 年和 6~9 年仅各占比不到 12%。由此可见，欧盟内部移民的移民时间长度在 10 年及以上的占绝对多数，也就是说欧盟内部绝大多数移民在 2004 年欧盟大规模东扩之前就已经进行了移民。

表 12-4　2014 年欧盟内部移民的移民时间长度统计数据

移民时间长度	数量/千人	占比/%
1~5 年	2 606.3	11.3
6~9 年	2 752.4	11.9
10 年及以上	17 639.7	76.3
没有回应	117.8	0.5
合计	23 116.2	100.0

资料来源：根据欧盟"移民和移民融合指标—2014 年移民和劳动市场调查"下"2014 年第一代移民按性别、公民身份、持续时间和移民原因划分的移民"的数据整理得到。

四、欧盟内部移民的性别与年龄结构

性别和年龄是基本的人口学特征。由上文"欧盟内部移民的流动方向"可知，欧盟内部流入移民数量合计可能更准确及时。欧盟成员国之间的移民，一个成员国的流出移民，必然是另一个成员国的流入移民，从各成员国流入移民角度入手，可以捕捉到欧盟内部移民的性别与年龄结构特点。故此处选择从流入移民角度来对欧盟内部移民的性别与年龄进行考察，具体情况见表 12-5。

表 12-5 欧盟内部移民的性别与年龄统计数据

特征类别		2013 年		2014 年		2015 年		2016 年		2017 年	
大类	子类	数量/人	占比/%	数量/人	占比/%	数量/人	占比/%	数量/人	占比/%	数量/人	占比/%
性别	男性	926 484	54.3	990 123	53.9	1 025 982	54.5	1 008 908	55.1	1 047 298	55.5
	女性	781 278	45.7	845 617	46.1	855 345	45.5	823 627	44.9	839 660	44.5
年龄	14 岁及以下	73 949	6.6	46 897	4.1	87 921	7.2	94 030	7.8	102 728	8.3
	15～19 岁	57 260	5.1	62 752	5.5	68 794	5.7	65 533	5.5	66 757	5.4
	20～29 岁	380 646	33.9	391 285	34.3	404 166	33.3	389 498	32.5	391 170	31.7
	30～39 岁	278 321	24.8	293 034	25.7	296 364	24.4	288 786	24.1	291 223	23.6
	40～49 岁	168 986	15.1	180 622	15.8	187 037	15.4	182 344	15.2	186 538	15.1
	50～59 岁	95 509	8.5	101 893	8.9	100 273	8.3	101 060	8.4	107 531	8.7
	60～64 岁	28 113	2.5	30 022	2.6	28 926	2.4	30 773	2.6	33 814	2.7
	65 岁及以上	39 098	3.5	33 886	3.0	39 628	3.3	46 849	3.9	54 911	4.4

资料来源：根据欧盟统计局"人口与移民"指标下"按年龄组别、性别和以前居住国家划分的流入移民"的数据整理得到。

从性别结构来看，2013—2017 年欧盟内部男性移民占比一直在 55% 上下波动，女性移民占比则在 45% 上下波动，男性移民占比比女性移民占比高出 10 个左右百分点。因此，欧盟内部移民的性别结构呈现出男比女多的特点。

从年龄结构来看，2013—2017 年欧盟内部移民占比最多的年龄区间一直都是 20～29 岁，始终维持在 30% 以上；其次是 30～39 岁，一直维持在 20% 以上；再次是 40～49 岁，维持在 15% 以上；再次是 50～59 岁，占比在 8% 以上；最后，其他年龄区间即 14 岁及以下、15～19 岁、60～64 岁和 65 岁及以上移民的占比分别都低于 10%，这四个年龄区间的移民占比之和也仅有 20% 左右。换言之，欧盟内部移民中 20～60 岁的移民占比高达 80% 左右，青年人和中年人占到绝大多数，儿童、少年和老年人则占比较少。另外，欧盟内部移民中 50% 以上是 20～39 岁的青年移民，这个年龄区间是一个人精力最为旺盛的时候。所以，欧盟内部移民的年龄结构体现出青年移民占据半壁江山、中青年移民占据绝大多数、老少小移民占比较小的鲜明特点。

五、欧盟内部移民的受教育水平

受教育水平可以反映移民的素质，通过考察受教育水平有助于厘清欧盟内部移民的素质水平。表 12-6 是欧盟内部移民的受教育水平情况。根据 2011 年版本的"国际教育标准分类法"（ISCED 2011），教育程度被划分为：0 级—低于小学教育，1级—小学教育，2级—初中教育，3级—高中教育，4级—中学后非高等教育，5级—短期高等教育，6级—学士或同等水平，7级—硕士或同等水平，8级—博士或同等水平。

对于EU28，总体而言，内部移民的受教育水平占比最大的首先是3~4级即高中教育和中学后非高等教育，2013—2018年占比都略多于40%；其次是5~8级即各种水平的高等教育，占比略多于30%；最后是0~2级即小学及以下教育和初中教育，占比不到30%。因此，欧盟28国内部移民的受教育水平还是比较高的，受过高中以上教育的移民占比超过70%，受过高等教育的移民占比接近1/3。不过，城市、城镇/郊区和农村移民中受过高等教育的比例分别为40%左右、25%左右和25%左右，城镇/郊区以及农村移民中受过高等教育的比例明显低于城市移民。

表12-6 欧盟内部移民的受教育水平统计数据/%

区域	城市化水平	受教育水平	2013年	2014年	2015年	2016年	2017年	2018年
EU28	总体	0~2级	28.2	26.2	25.4	24.8	24.8	25.2
		3~4级	41.3	41.6	41.4	40.8	43.2	42.5
		5~8级	30.5	32.2	33.1	34.4	31.9	32.3
	城市	0~2级	23.6	21.5	20.4	20.2	21.5	22.0
		3~4级	38.8	39.4	38.6	37.5	39.8	38.9
		5~8级	37.5	39.1	41.0	42.2	38.7	39.1
	城镇和郊区	0~2级	31.3	29.8	29.1	28.3	28.1	28.2
		3~4级	43.9	44.1	44.9	44.9	46.6	46.2
		5~8级	24.8	26.1	26.1	26.9	25.3	25.6
	农村	0~2级	33.8	31.9	32.2	31.4	28.2	28.7
		3~4级	43.4	43.1	43.2	43.4	46.8	45.6
		5~8级	22.8	25.1	24.5	25.3	25.1	25.7
EU15	总体	0~2级	28.7	26.7	25.9	25.2	25.1	25.5
		3~4级	40.7	40.9	40.8	40.2	42.9	42.2
		5~8级	30.5	32.4	33.3	34.6	32.0	32.3
	城市	0~2级	24.1	21.9	20.8	20.6	21.8	22.3
		3~4级	38.4	38.9	38.2	37.1	39.7	38.8
		5~8级	37.4	39.1	41.0	42.3	38.5	38.9
	城镇和郊区	0~2级	32.0	30.4	29.5	28.8	28.4	28.5
		3~4级	43.2	43.4	44.3	44.2	46.2	45.9
		5~8级	24.8	26.1	26.3	27.1	25.3	25.6
	农村	0~2级	34.6	32.6	32.8	32.0	28.6	29.1
		3~4级	42.4	41.8	42.0	42.3	45.8	44.8
		5~8级	23.1	25.6	25.1	25.8	25.5	26.0

资料来源：根据欧盟"移民和移民融合指标"—移民融合—教育（区域系列）下"按受教育程度、性别、年龄、出生国家组别和城市化水平划分的人口"的数据整理得到。

对 EU15 与 EU28 移民的受教育水平进行比较发现,总体而言两者移民的受教育水平在结构上相似;不同城市化水平下移民的受教育水平比较接近;城市移民中受过高等教育的比例也是明显高于城镇/郊区以及农村移民。因此,EU15 移民与 EU28 移民在受教育水平方面并无重大差异。

第四节 欧盟内部移民的就业质量

就业质量与就业数量是就业情况分析的两个重要方面。相对于就业数量,就业质量更能反映欧盟内部移民的生存与生活状态。就业质量涉及多个方面,本报告结合欧盟内部移民的实际情况,从就业身份、职业类型、劳动合同、劳动收入、在职贫困率、临时雇员比例和医疗保障情况等方面对欧盟内部移民的就业质量进行分析。

一、欧盟内部移民的就业身份

就业身份通常可以反映一个人的社会经济地位,直接影响一个人的就业质量。由表 12-7 可知,欧盟内部移民的就业身份中占比最大的是雇员,占比高达 86.8%。由此可见,欧盟内部移民的绝大多数是通过受雇于某企业或机构来实现就业的。欧盟内部移民中自营劳动者占比为 12.6%。不过,自营劳动者移民中拥有雇员的比例仅占 20.9%。此外,欧盟还单列了家庭帮工(contributing family worker),尽管占比仅有 0.4%。

表 12-7 欧盟内部移民和欧盟总体的就业身份统计数据

就业身份	欧盟内部移民 数量/千人	占比/%	欧盟总体 数量/千人	占比/%
雇员	19 791.9	86.8	180 184.6	84.4
自营劳动者	2 862.3	12.6	30 640.9	14.4
自营劳动者—有雇员	198.1/946.9	20.9	8 736.8/30 640.9	28.5
家庭帮工	83.2	0.4	2 528.8	1.2
没有回应	0.0	0.0	131.7	0.1
合计	22 802.3	100.0	213 486.0	100.0

资料来源:欧盟内部移民就业身份根据欧盟"移民和移民融合指标"—2014 年移民和劳动市场调查下"按移民身份(国外出生—第一代移民)、就业身份、合同类型和全职/非全时划分的就业情况"整理得到;自营劳动者移民中拥有雇员的数据根据"移民和移民融合指标"—就业(区域系列)—就业和自营劳动者下"按性别、年龄、出生国和城市化水平划分的自营劳动者(2014 年)"的数据整理得到,该数据中 2014 年自营劳动者移民数量 946.9 千人。欧盟总体数据根据"人口和社会条

件"—劳动市场—就业与失业—LFS系列(年度调查)—就业下"按性别、年龄、就业身份和全职/兼职划分的就业情况(2014年)"以及"按性别、年龄、就业身份和职业划分的就业情况(2014年)"的数据整理得到。

与欧盟总体相比，欧盟内部移民的雇员占比高出 2.4%，自营劳动者者占比低 1.8%，自营劳动者中拥有雇员的占比更是低 7.6%。因此，欧盟内部移民中自营劳动者的占比更低，就业质量较差。此外，尽管家庭帮工的占比很低，但欧盟内部移民中的家庭帮工的占比仅为欧盟总体占比的 1/3，两者的差异非常明显，这或许反映了欧盟内部移民供养家庭的压力更大，或家庭帮工的机会少、收益低，从而不得不更多地走出家庭工作。由此可见，相对于欧盟总体，欧盟内部移民中的就业身份层次较低，就业质量仍有待于提高。

二、欧盟内部移民的职业类型

不同职业的知识、技术含量不同，待遇和社会地位也有差异，因而职业类型对就业质量具有显著影响。由表 12-8 可知，欧盟内部移民的第一大职业类型是初级职业，占比约为 22.2%；服务和销售人员位列第二，占比约为 18.9%；占比最小的两个职业是武装部队职业和农业、林业和渔业熟练工人，分别占比约为 0.1% 和 0.5%。

表 12-8 欧盟内部移民与欧盟总体职业类型统计数据

职业类型	欧盟内部移民 数量/千人	欧盟总体 数量/千人
经理	694.5	12 470.2
专业人员	2 887.4	39 662.1
技术人员和助理专业人员	2 118.4	33 992.8
文书支持工作人员	1 420.9	20 960.7
服务和销售人员	3 745.9	36 176.7
农业、林业和渔业熟练工人	99.4	7 754.2
工艺及相关行业工人	2 449.3	25 294.4
工厂与机器操作员和装配工	1 749.3	15 744.6
初级职业	4 390.3	19 683.7
武装部队职业	22.8	1 286.2

资料来源：欧盟内部移民数据根据欧盟"移民和移民融合指标"—2014年移民和劳动市场调查下"按移民身份(国外出生—第一代移民)、教育程度、职业和工作时间划分的员工"的数据整理得到。欧盟总体数据根据"人口和社会条件"—劳动市场—就业与失业—LFS系列(季度调查)—就业下"按性别、年龄、就业身份和职业划分的就业情况(2014年)"的数据整理得到。

与欧盟总体相比，欧盟内部移民中经理，专业人员，技术人员和助理专业人员，文书支持工作人员，农业、林业和渔业熟练工人以及工艺及相关行业工人的占比都较低，尤其是农业、林业和渔业熟练工人的占比还不到欧盟总体的1/7，而以上职业都是知识和技术含量较高的职业。相反，欧盟内部移民中服务和销售人员、工艺及相关行业工人、工厂与机器操作员和装配工以及初级职业等知识和技术含量较低职业的占比都较高。因此，欧盟内部移民的就业职业类型偏于低知识和技术含量的职业，就业质量低于欧盟总体。

三、欧盟内部移民的劳动合同类型

劳动合同是对劳资双方权利与义务的规定，可以有效保护劳动者的权益，签订劳动合同有利于提高劳动者的就业质量。由表12-9可知，欧盟内部移民中劳动合同类型占比最大的是无限期合同，达到了72.9%。不过，该数值仍然比欧盟总体低13.1个百分点。欧盟内部移民中还有高达13.2%的人的劳动合同类型为"不适用"，这些人既没有签订无限期合同，也没有签订有限期合同，游离于劳动合同之外。由此可见，欧盟内部移民的无限期合同占比仍然偏低，劳动合同覆盖率还有较大空缺，就业稳定性不足，影响了欧盟内部移民的就业质量。

表12-9 欧盟内部移民与欧盟总体劳动合同类型统计数据

劳动合同类型	欧盟内部移民 数量/千人	欧盟内部移民 占比/%	欧盟总体 数量/千人	欧盟总体 占比/%
无限期	16 626.7	72.9	154 958.8	86.0
有限期	3 142.3	13.8	24 974.3	13.9
不适用	3 003.9	13.2	—	—
没有回应	29.4	0.1	199.2	0.1
合计	22 802.3	100.0	180 132.3	100.0

资料来源：欧盟内部移民数据根据欧盟"移民和移民融合指标"—2014年移民和劳动市场调查下"按移民身份（国外出生—第一代移民）、就业身份、合同类型和全职/兼职时间划分的就业情况"的数据整理得到。欧盟总体数据根据"人口和社会条件"—劳动市场—就业与失业—LFS系列（年度调查）—就业下"按劳动合同类型、年龄和欧洲社会经济地位划分的员工（2014年）"的数据整理得到。

四、欧盟内部移民的在职贫困率与临时雇员比例

在职贫困率可以反映就业人员的贫困情况，可以直接反映就业质量。而临时就业者被解雇的风险更高，收入往往较低且不稳定，移民中临时就业者的比例越高，说明移民的就业质量越低。由表12-10可知，欧盟内部移民与欧盟总体在职

贫困率和临时雇员比例方面没有差异，说明在这两方面欧盟内部移民与欧盟总体处于同样的水平。

表 12-10　欧盟内部移民与欧盟总体在职贫困率、临时雇员比例统计数据/%

统计指标	主体	2013 年	2014 年	2015 年	2016 年	2017 年
在职贫困率	欧盟内部移民	13.0	13.7	13.3	12.3	12.2
	欧盟总体	13.0	13.7	13.3	12.3	12.2
临时雇员比例	欧盟内部移民	15.8	15.4	14.8	14.8	14.7
	欧盟总体	15.8	15.4	14.8	14.8	14.7

资料来源：欧盟内部移民在职贫困率数据根据"移民和移民整合指标"—移民整合—社会包容—收入分布和货币贫困下"按出生国划分的在职贫困率"的数据整理得到；欧盟内部移民临时雇员比例数据根据"移民和移民整合指标"—移民整合—就业—就业与自营劳动者下"按性别、年龄和出生国组别（EU28）划分的临时雇员百分比"的数据整理得到。欧盟总体在职贫困率数据根据"人口和社会条件"—生活条件和福利—收入和生活条件—收入分布和货币贫困—在职贫困下"按出生国划分的在职贫困率"的数据整理得到；欧盟总体临时雇员比例数据根据"人口和社会条件"—劳动市场—就业与失业—LFS系列（年度调查）—临时雇员下"按性别、年龄和出生国组别（EU28）划分的临时雇员百分比"的数据整理得到。

五、欧盟内部移民的劳动收入

劳动者就业的主要目的是获得劳动收入，劳动收入是就业质量的最直接体现和最重要指标。由表12-11可知，欧盟内部移民与欧盟总体的收入平均数并无差别。但是，如果仅比较平均数，可能掩盖两者收入之间的真实差异。从两者的收入中位数可以看到，2013—2017年欧盟内部移民一直都低于欧盟总体。欧盟内部移民的收入平均数与欧盟总体一致，但收入中位数却偏低，这说明欧盟内部移民的收入更加离散。因此，欧盟内部移民的劳动收入低于欧盟总体，且欧盟内部移民不同个体之间的劳动收入差异更大。

表 12-11　欧盟内部移民与欧盟总体劳动收入统计数据/欧元

统计量	收入主体	2013 年	2014 年	2015 年	2016 年	2017 年
平均数	欧盟内部移民	20 510	20 914	21 098	21 542	22 905
	欧盟总体	20 510	20 914	21 098	21 542	22 905
中位数	欧盟内部移民	17 373	17 607	17 936	18 181	18 840
	欧盟总体	17 584	18 049	18 217	18 567	19 367

资料来源：欧盟内部移民劳动收入数据根据"移民和移民整合指标"—移民整合—社会包容—收入分布和货币贫困下"按出生国划分的平均和中位数收入"的数据整理得到。欧盟总体劳动收入数据根据"人口和社会条件"—生活条件和福利—收入和生活条件—收入分布和货币贫困—收入分布下"按出生国划分的平均和中位数收入"的数据整理得到。

六、欧盟内部移民的医疗保障

医疗保障是社会保障的重要组成部分,也是就业质量的重要组成因素。从移民医疗服务需要的满足程度可以看出医疗保障的完善程度。由表 12-12 可知,欧盟内部移民自我报告未满足医疗服务需要的百分比最高的是"无未满足的需要",这表明绝大部分欧盟内部移民对医疗服务还是满意的,这个比例甚至超过了欧盟总体。此外,欧盟内部移民因为"太贵""太贵或太远或等候名单"而报告未满足医疗需求的百分比也明显低于欧盟总体。这或许是因为一般情况下经济较发达成员国的医疗服务水平较高,而欧盟内部移民中的很大一部分是从经济较为落后的成员国移民到经济较为发达的成员国,因此相对于以前,欧盟内部移民的医疗体验和医疗需求满足度都得到不同程度的提升,从而对医疗服务的评价更高。

表 12-12 欧盟内部移民与欧盟总体自我报告未满足医疗需求的百分比/%

主要原因	主体	2013 年	2014 年	2015 年	2016 年	2017 年
太贵	欧盟内部移民	1.6	2.1	1.5	1.4	0.6
	欧盟总体	5.3	5.3	4.0	3.5	2.6
太远	欧盟内部移民	0.0	0.1	0.0	0.0	0.0
	欧盟总体	0.1	0.1	0.0	0.0	0.0
太贵或太远或等候名单	欧盟内部移民	2.7	2.9	2.2	1.9	1.0
	欧盟总体	5.7	5.6	4.3	3.6	2.8
没时间	欧盟内部移民	0.7	0.8	0.3	0.2	0.1
	欧盟总体	0.6	0.4	0.4	0.2	0.2
无未满足的需要	欧盟内部移民	93.8	94.0	96.0	97.2	98.4
	欧盟总体	91.8	92.5	94.3	94.8	96.3
不认识优秀医生或专家	欧盟内部移民	0.1	0.1	0.1	0.0	0.1
	欧盟总体	0.1	0.1	0.1	0.2	0.0
等候名单	欧盟内部移民	1.1	0.7	0.6	0.5	0.4
	欧盟总体	0.2	0.2	0.3	0.1	0.1
对医生、医院、检查或治疗的恐惧	欧盟内部移民	0.6	0.3	0.1	0.1	0.0
	欧盟总体	0.6	0.5	0.4	0.3	0.1
想等着看问题是否会自己好起来	欧盟内部移民	1.2	0.9	0.5	0.2	0.1
	欧盟总体	0.4	0.3	0.2	0.1	0.1

续表

主要原因	主体	2013 年	2014 年	2015 年	2016 年	2017 年
其他	欧盟内部移民	0.9	1.1	0.8	0.4	0.3
	欧盟总体	0.9	0.5	0.5	0.8	0.4

资料来源：欧盟内部移民数据根据"移民和移民整合指标"—移民融合—健康—医疗服务下"按性别、年龄、申报主要原因和国籍组别(EU28)自我报告未满足的医疗需求的百分比"的数据整理得到。欧盟总体数据根据"人口和社会条件"—健康—医疗服务下"按性别、年龄、申报主要原因和国籍组别(EU28)划分的自我报告未满足的医疗需求的百分比"的数据整理得到。

然而，欧盟内部移民因为"等候名单"而报告未满足医疗需求的百分比却高于欧盟总体，尤其是在 2013 年和 2014 年。同时，欧盟内部移民因为"想等着看问题是否会自己好起来"而报告未满足医疗需求的百分比也高于欧盟总体。不过，随着时间的推移，欧盟内部移民和欧盟总体因以上两种原因报告未满足医疗需求的百分比的差异在逐渐缩小。这或许反映了前几年欧盟内部移民获取医疗服务时相对于本地居民等候时间更长，障碍更多，因而在生病时更多规避医疗服务，选择自愈或观望；但近几年这种情况有所改善，因而他们在生病时更加愿意寻求医疗服务而非等待自愈。

第五节 结论与政策建议

欧盟作为一个高度一体化的国家组织和发达经济体，研究其内部移民的流动特征和就业质量，归纳其正面的经验和反面的教训，对当下中国具有很强的现实意义和借鉴价值，可以帮助我国更好地应对当下和未来的流动人口及其就业问题。本章研究发现：就欧盟内部移民的流动特征而言，最大的流动原因是社会文化因素，其次是经济因素，且男性移民更多地因为经济因素和教育因素移民，女性则更多地因为家庭因素移民；流动方向有三个特点，一是由新加入的中东欧成员国流入 EU15 国家，二是发达成员国经济形势恶化导致移民流出数量增加和移民净流动方向的逆转，三是很多 EU15 国家的流出移民数量并不少，出现移民回流现象；移民时间长度在 10 年及以上的占绝对多数；性别结构呈现出男比女多的特点，年龄结构表现出青年移民占据半壁江山、中青年移民占据绝大多数、老少小移民占比较小的鲜明特点；受教育水平占比最大的是高中教育和中学后非高等教育，其次是各种水平的高等教育，城镇/郊区以及农村移民中受过高等教育的比例明显低于城市移民。就欧盟内部移民的就业质量而言，雇员占比比欧盟总体高，但自营劳动者占比比欧盟总体低，且自营劳动者中拥有雇员的占比低于欧盟总体，因而就业身份层次低于欧盟总体；职业类型偏于低知识和技术含量的职业；无限期合同占比仍然偏低，劳动合同覆盖率还不够高，就业稳定性不足；劳动收入中位数低于欧盟总体,且不同移民之间的劳动收入差异更大;在职贫困率和临时雇员比例方面与欧盟总体没有差异;医疗保障评价高于欧盟总体。

结合中国的实际情况,本章试对以上研究结论做进一步探讨和分析。第一,中国与欧盟相比,还处于城镇化和经济较快发展的阶段,流动人口迁移受经济因素影响更大。根据中国2010年第六次人口普查结果,中国流动人口中因经济因素、社会文化因素而迁移的人口占比分别为35.1%和56.5%。其中,男性移民中因经济因素、社会文化因素而迁移的人口占比分别为40.9%和50.2%,女性移民中因经济因素、社会文化因素而迁移的人口占比为29.2%和63.0%。与欧盟内部移民比较,中国流动人口中因经济因素而迁移的占比明显高于欧盟内部移民。虽然社会文化因素也是中国流动人口迁移的最大原因,但与经济因素的差距并没欧盟内部移民那么大。这些应该都与中国所处的经济发展阶段有关。第二,中国的人口流动方向在与欧盟存在一定类似之处的同时,也保持着自己的特点。近几年,中国的广东、浙江、江苏等经济发达省份经济发展仍然较快,产业升级稳步进行,户籍制度改革稳步推进,社会公共服务水平明显提升,吸引外来人口的措施得力,因而仍保持着人口净流入。这类似于德国、英国、法国继续保持着移民净流入。不过,山东作为中国的第三经济大省,人口流失却比较严重,这与山东的民营经济发展水平还有待提高等原因密不可分。曾经作为共和国工业骄傲的东北三省,最近几年因为市场经济发展滞后、资源依赖严重等原因也已经成为人口流失的重点区。这些省份,就像欧盟的意大利、西班牙、葡萄牙等国家,由于经济发展形势恶化和社会体制僵化,虽然曾经是EU15成员,近几年却明显在走下坡路,人口流失加剧。而陕西、四川等中西部省份积极完善和落实户籍政策,大力吸引人才和投资,积极承接东部产业转移,人口流入和回流显著增长。这些省份就如欧盟的奥地利、斯洛伐克等中东欧国家,虽然发展长期落后于西欧国家,但近几年通过自己的努力,对移民的吸引力明显增强,反而成为移民净流入国。第三,中国流动人口的受教育水平远低于欧盟内部移民,且受教育水平的城乡差异更大。中国2010年第六次人口普查结果显示,中国流动人口中受过小学及以下教育和初中教育比例为71.3%,远高于欧盟内部移民的不到30%;中国流动人口中受过高中教育和高等教育的比例分别为16.7%和12.0%,远低于欧盟内部移民的40%多和30%多。中国城镇和农村流动人口受过高中教育和高等教育的比例分别为16.2%和8.0%,也远低于欧盟内部移民的40%多和20%多。第四,中国流动人口尤其是外出农民工群体签订劳动合同的比例更低。2016年农民工监测调查报告显示,2015年和2016年我国外出农民工没有签订劳动合同的比例超过60%,远超过欧盟内部移民就业者中没有签订劳动合同的13.2%。第五,我国的社会保障制度尤其是关于流动人口的社会保障还很不完善。2016年我国尚有超过10%的流动人口没有参加任何医疗保险,跨城或跨省流动是未参加医疗保险重要原因。

基于以上研究结论和分析，针对中国如何应对流动人口及其就业问题，提出如下政策建议。

一是继续改革和完善户籍制度，推动人口跨地域流动。欧盟内部移民活跃，人员流动畅通，有力促进了经济社会的发展。这离不开欧盟各成员国互相开放合作、大力扫除移民和人员流动障碍的努力。中国作为世界最大的发展中国家，应尽快改变经济二元体制，加快户籍制度改革，为人员流动松绑。

二是为回流人口就业和创业做好准备，提供更好服务和条件。欧盟内部移民的回流现象出现较早，这可为中国应对人口回流和提高其就业创业质量提供参考和借鉴。中国很多城市和乡村都存在人口和人才流失问题，若要改善这个问题，一个重要思路就是有针对性地做好本地区流出人口的工作，改善本地区的就业和创业环境，吸引流出人口和人才回流。

三是加强对中西部地区和乡村的教育投入，提高流动人口的受教育水平和就业能力。欧盟作为一个发达经济体，也存在城镇/郊区以及农村移民中受过高等教育的比例明显低于城市移民的不平衡现象。我国作为一个发展中国家，流动人口的受教育水平更低，中西部与东部之间、城乡之间的教育差距更大。我们也许还不能像欧盟那样，集中精力缩小城乡之间的高等教育差距，但可以通过加大对中西部地区和乡村的中等教育、职业教育的投入，在一定程度上改变教育不平衡和不充分发展的现状，有效提高流动人口的就业能力。

四是加强劳动市场的法制建设，保障流动人口的合法劳动权益。即便是欧盟也存在超过10%的内部移民没有签订无限期或有限期劳动合同。中国的流动人口中没有签订劳动合同的比例更高，这很不利于流动人口劳动权益的保护。我们要充分意识到我国流动人口劳动权益保障的法制现状和不足，加强劳动市场法制建设，建立流动人口劳动权益的长效保障机制。

五是完善社会保障制度和网络，为流动人口扫除后顾之忧。欧盟在人口流动的社会保障方面做得很好，欧盟内部移民对医疗保障的评价甚至超过了欧盟总体。我国在这方面还有很大差距，尤其是医疗费用异地报销制度还不健全，异地参保、异地领取养老保险等方面障碍还比较多。我国应加快社会保障制度和网络的完善，消除地域壁垒，为流动人口就业质量和生活水平的提高创造更好的条件。

第十三章
"一带一路"沿线国家的人力资源状况

自"一带一路"倡议提出以来，沿线各国秉承合作、共享理念，将"一带一路"建设从愿景一步步转变为现实，经贸、投资、基础设施等领域双边和多边合作不断加强。国家统计局的数据显示，2018年，中国对"一带一路"沿线国家的进出口总额83 657亿元，比上年增长13.3%。对外承包工程业务完成营业额893亿美元，增长4.4%，占对外承包工程完成营业额比重为52.8%。非金融类直接投资额156亿美元，增长8.9%。

众所周知，人力资源在一个国家和地区的发展中占据着重要地位，相关实证研究也证实了这一点。因此，推进"一带一路"建设，同样离不开人力资源开发的支撑。本章拟从人力资源这一关键问题出发，使用世界银行、国际劳工组织和相关研究的数据，对沿线国家人力资源的规模、结构、成本以及劳动法律制度等方面加以分析，在此基础上给出相关政策建议。

第一节 "一带一路"沿线国家人力资源的基本状况

"一带一路"沿线包括东北亚、东南亚、南亚、中亚、西亚北非和中东欧等6个区域，共计64个国家[①]。根据世界银行的数据，2018年，"一带一路"沿线国家的总人口达到331 109.28万，若包括中国在内则超过470 382.28万。这里以世界银行、国际劳工组织以及相关统计部门的数据为基础，对沿线国家的人力资源状况进行简单分析，主要包括劳动年龄人口、劳动力受教育状况、工资水平三个方面。其中，劳动年龄人口主要用来表征其可用人力资源的规模，以15~64

---

① 除特别说明外，本报告所指的沿线国家，是指除中国以外的沿线国家，这样是为了行文和分析。"一带一路"是一个开放包容动态变化的体系，对于沿线国家范围的界定，学术界没有一个统一的说法，本报告借鉴一带一路官网基础数据库的统计范围和部分学者的界定，选取了其中的64个国家加以分析。具体参见庄西真，2017；高文书，2018。

岁人口的数量和占比加以分析，劳动力受教育状况以劳动力中各个受教育水平占比为指标来加以分析。根据 2011 年国际标准教育分类（ISCED 2011）的标准，教育水平分为初等教育、中等教育和高等教育三个水平，其中，初等教育占比是指劳动适龄人口中接受初等教育水平的比例；中等教育占比是指劳动适龄人口中接受中等教育水平的比例，高等教育占比是指劳动适龄人口中接受高等教育水平的比例。工资水平则以各个国家的年工资水平加以计算和分析。

表 13-1 "一带一路"沿线主要国家分布情况

区域	国家
东北亚 2 国	蒙古、俄罗斯
东南亚 11 国	新加坡、马来西亚、印度尼西亚、缅甸、泰国、老挝、柬埔寨、越南、文莱、菲律宾、东帝汶
南亚 7 国	印度、巴基斯坦、孟加拉、尼泊尔、斯里兰卡、不丹、马尔代夫
中亚 5 国	哈萨克斯坦、乌兹别克斯坦、土库曼斯坦、塔吉克斯坦、吉尔吉斯斯坦
西亚北非 20 国	伊朗、伊拉克、土耳其、叙利亚、约旦、黎巴嫩、以色列、巴勒斯坦、沙特阿拉伯、也门、阿曼、阿联酋、卡塔尔、科威特、巴林、埃及、格鲁吉亚、阿塞拜疆、亚美尼亚、阿富汗
中东欧 19 国	波兰、立陶宛、爱沙尼亚、拉脱维亚、捷克、斯洛伐克、匈牙利、斯洛文尼亚、克罗地亚、波黑、黑山、塞尔维亚、阿尔巴尼亚、罗马尼亚、保加利亚、马其顿、乌克兰、白俄罗斯、摩尔多瓦

资料来源："一带一路"沿线国家区域划分标准来自"中国一带一路网"，除中国外共计 64 个国家，http://www.yidaiyilu.gov.cn/，2019-12-01。

一、东北亚地区

（一）劳动力规模

从统计数据看，东北亚地区劳动力总体比较丰富。2018 年，东北亚国家劳动年龄人口总量达到 9 970.84 万人。蒙古和俄罗斯劳动年龄人口占比分别为 65.94% 和 67.57%，均高于 2018 年全球劳动年龄人口占比 65.28% 的水平。

表 13-2 2018 年东北亚地区劳动年龄人口总数

国家	劳动年龄人口数/万人	劳动年龄人口占比/%
蒙古	209.05	65.94
俄罗斯	9761.79	67.57

资料来源：根据世界银行发布的数据整理所得。

(二)教育发展水平

从入学率来看,中、小学入学率较好,高等院校入学率有待进一步提高。2016年两国的小学入学率均超过100%,同时俄罗斯中学入学率也超过100%,而高等院校入学率蒙古为64.56%,俄罗斯为81.82%,总体来讲,该区教育发展水平较高,有利于国民素质与劳动力素质的提高,这为该区的人力资源的发展与开发奠定了基础。

表13-3 2016—2017年东北亚地区入学率情况/%

国家	2016年 小学	2016年 中学	2016年 高等院校	2017年 小学	2017年 中学	2017年 高等院校
蒙古	104.21	/	64.56	104.48	/	64.84
俄罗斯	102.08	104.81	81.82	/	/	/
均值	103.14	/	73.19	/	/	/

注:该指标入学率是指某一阶段(比如小学)不论年龄大小,该阶段在校生总数占符合该阶段官方入学年龄人口的百分比。总入学率可能超过100%,因为包含了较早或较晚入学及复读的超龄和小龄学生。

资料来源:根据世界银行发布的数据整理所得。

在劳动力受教育水平方面,东北亚地区劳动者受教育程度以高、中等教育为主,平均而言,劳动者中受初等教育的占比为10.45%,中等教育水平的占比为46.60%,高等教育水平的占比为41.65%。其中,蒙古的劳动者受初等教育和中等教育的比例分别为17.06%和48.58%,均超过俄罗斯;而受高等教育的比例为31.75%,低于俄罗斯。

表13-4 2017年东北亚地区劳动者受教育程度/%

国家	初等教育	中等教育	高等教育
蒙古	17.06	48.58	31.75
俄罗斯	3.84	44.61	51.55
均值	10.45	46.60	41.65

资料来源:据国际劳工组织2019年发布的数据整理所得。

(三)工资水平

2017年,该区域的年平均工资水平达到了6 412.34美元。其中,俄罗斯年平均工资为8 154.97美元,比上一年增长12.29%;蒙古年平均工资为4 669.71美元,比上一年增长12.41%。

表 13-5　2014—2017 年东北亚地区各国年均工资水平/美元

国家	2014 年	2015 年	2016 年	2017 年
蒙古	5 061.96	4 858.91	4 154.52	4 669.71
俄罗斯	6 931.23	5 602.97	7 262.29	8 154.97
均值	5 996.59	5 230.94	5 708.40	6 412.34

资料来源：据国际劳工组织发布的《2018/2019 全球工资报告：性别薪酬差距的背后原因是什么?》，这一个报告中使用的是本国货币，本报告按照来自 Wind 数据的当年 12 个月月末平均汇率水平换算成美元所得。

二、东南亚地区

(一)劳动力规模

从统计数据看，东南亚地区劳动力资源总体比较丰富。2018 年，东南亚国家劳动年龄人口总量达到 44 269.36 万人，劳动年龄人口占比平均值为 66.70%，高于当年全球劳动年龄人口占比 65.28%的水平。就具体国家来看，老挝、柬埔寨、菲律宾、东帝汶 4 个国家的劳动年龄人口占比均低于当年全球水平，其他国家的劳动年龄人口占比均高于当年全球劳动年龄人口占比。其中，文莱水平最高，为 72.47%，东帝汶占比最低，为 52.89%，二者相差 19.58%。

表 13-6　2018 年东南亚地区劳动年龄人口数

国家	劳动年龄人口数/万人	劳动年龄人口占比/%
新加坡	404.17	71.68
马来西亚	2 189.53	69.45
印度尼西亚	18 077.32	67.54
缅甸	3 639.25	67.76
泰国	4 941.76	71.18
老挝	447.43	63.36
柬埔寨	1 043.52	64.22
越南	6 644.69	69.55
文莱	31.09	72.47
菲律宾	6 783.55	63.60
东帝汶	67.06	52.89

资料来源：根据世界银行发布的数据整理所得。

(二)教育发展水平

从入学率来看,中、小学入学率较好,高等院校入学率较低。2017 年,东南亚地区小学入学率均超过 100%,中学入学率达到 84.88%,高等院校入学率为 27.32%,这表明东南亚地区中小学教育程度较高,但高等院校教育仍不足。分国家来看,2016—2017 年东南亚地区小学入学率全部达到 100% 以上,教育较好;中学入学率超过世界平均水平的有新加坡、马来西亚、印度尼西亚、泰国、柬埔寨、文莱和菲律宾共 7 个国家;高等院校入学率超过世界平均水平的有新加坡、泰国和马来西亚共 3 个国家。总体来看,该区高等教育发展水平有待提高。

表 13-7 2016—2017 年东南亚地区入学率情况/%

国家	2016 年 小学	2016 年 中学	2016 年 高等院校	2017 年 小学	2017 年 中学	2017 年 高等院校
新加坡	100.77	108.13	83.94	/	/	/
马来西亚	103.48	85.16	44.12	103.10	86.16	41.93
印度尼西亚	103.46	86.05	/	103.45	87.77	36.28
缅甸	109.53	60.43	/	113.04	64.10	15.96
泰国	100.71	118.63	49.29	99.60	116.75	/
老挝	110.49	66.53	17.21	107.00	67.86	15.72
柬埔寨	110.21	/	/	107.83	/	13.14
越南	109.97	/	28.26	107.92	/	/
文莱	106.64	93.37	31.37	104.78	92.24	32.92
菲律宾	110.87	89.10	/	/	/	35.28
东帝汶	109.48	74.32	/	100.58	79.30	/
均值	106.87	86.86	42.36	105.26	84.88	27.32

注:该指标入学率是指某一阶段(比如小学)不论年龄大小,该阶段在校生总数占符合该阶段官方入学年龄人口的百分比。总入学率可能超过 100%,因为包含了较早或较晚入学及复读的超龄和小龄学生。

资料来源:根据世界银行发布的数据整理所得。

在劳动力受教育水平方面,东南亚地区劳动者受教育程度以初、中等教育为主,平均而言,劳动者中受初等教育占比为 41.44%,中等教育占比为 24.48%,高等教育为 18.79%。其中,受初等教育者占比最高的为菲律宾,为 67.39%,最低的是新加坡,为 14.70%;受中等教育者占比最高的是文莱,为 58.82%,最低的是菲律宾,为 5.28%;受高等教育者占比最高的是新加坡,为 57.51%,最低的是柬埔寨,为 6.18%。在三级教育中,占比最高和最低差别最大的是中等教育水平，二者相差 53.54 个百分点。

表 13-8　2017 年东南亚地区劳动者受教育程度/%

国家	初等教育	中等教育	高等教育
新加坡	14.70	27.84	57.51
马来西亚	30.11	43.75	23.50
印度尼西亚	43.21	29.78	12.72
缅甸	60.95	8.72	9.25
泰国	39.83	22.18	16.75
老挝	56.86	20.60	12.98
柬埔寨	43.99	7.81	6.18
越南	53.52	20.69	12.91
文莱	16.67	58.82	21.08
菲律宾	67.39	5.28	26.14
东帝汶	28.60	23.87	7.66

注：由于 2018 年数据缺失，采用 2017 年数据分析，同时因为 2017 年部分国家数据缺失，马来西亚、泰国、柬埔寨、菲律宾、东帝汶采用 2016 年的数据。
资料来源：根据国际劳工组织 2019 年发布的数据整理所得。

(三)工资水平

2017 年，东南亚的年平均工资水平达到了 11 161.22 美元。其中，新加坡、马来西亚工资水平较高，而缅甸、越南工资水平较低；年平均工资水平最高为新加坡(46 917.9 美元)，最低的为缅甸(1 602.79 美元)，二者相差高达 28 倍多。

表 13-9　2013—2017 年东南亚地区各国年均工资水平/美元

国家	2013 年	2014 年	2015 年	2016 年	2017 年
新加坡	43 928.40	42 849.37	41 410.84	42 067.15	46 917.90
马来西亚	9 723.60	9 527.89	8 239.51	8 324.57	9 748.89
印度尼西亚	1 878.02	1 874.18	1 791.09	2 268.79	2 417.12
缅甸	/	/	/	/	1 602.79
泰国	4 388.26	4 821.26	4 486.07	4 599.33	/
老挝	/	/	/	/	3 406.79
柬埔寨	1 517.45	1 890.55	2 334.81	2 636.61	/
越南	2 350.25	2 527.53	2 552.39	2 699.58	2 873.85
文莱	/	18 939.27	/	/	/

续表

国家	2013 年	2014 年	2015 年	2016 年	2017 年
菲律宾	2 460.57	2 577.13	2 512.65	2 519.34	/
东帝汶	/	/	/	/	/

资料来源：根据国际劳工组织发布的《2018/2019 全球工资报告：性别薪酬差距的背后原因是什么？》，这一个报告中使用的是本国货币，本报告按照来自 Wind 数据的当年 12 个月月末平均汇率水平换算成美元所得。

三、南亚地区

(一)劳动力规模

从统计数据看，南亚地区劳动力资源规模高于东南亚地区，但劳动年龄人口平均占比略低于东南亚地区。2018 年，南亚国家劳动年龄人口总量达到 116 889.83 万人，劳动年龄人口占比平均为 66.47%，比全球劳动年龄人口占比(65.28%)略微高出 1.19 个百分点。其中，马尔代夫劳动年龄人口占比最高，为 72.48%，巴基斯坦的占比最低，为 60.83%，二者相差 11.65 个百分点。

表 13-10　2018 年南亚地区劳动年龄人口状况

国家	劳动年龄人口数/万人	劳动年龄人口占比/%
印度	89 852.61	66.43
巴基斯坦	12 910.06	60.83
孟加拉	10 817.61	67.04
尼泊尔	1 793.52	63.85
斯里兰卡	1 426.75	65.84
不丹	51.90	68.80
马尔代夫	37.38	72.48

资料来源：根据世界银行数据整理所得。

(二)教育发展水平

从入学率来看，小学入学率较好，中学与高等院校入学率均较低。2017 年南亚地区的小学入学率超过 100%，中学入学率达到 73.61%，高等院校入学率仅为 17.21%。从具体国家情况来看，2016—2017 年南亚地区除巴基斯坦和不丹之外，小学入学率均达到 100% 以上；中学入学率超过世界平均水平(76.78%)的有斯里兰卡、不丹 2 个国家，其他国家均低于当年世界平均水平；南亚地区各个国家的高等院校入学率均低于世界平均水平(37.46%)。

表 13-11 2016—2017 年南亚地区入学率情况/%

国家	2016 年 小学	2016 年 中学	2016 年 高等院校	2017 年 小学	2017 年 中学	2017 年 高等院校
印度	114.53	75.18	26.93	/	/	27.54
巴基斯坦	97.71	46.11	9.73	95.92	45.48	10.12
孟加拉	/	68.98	17.33	111.09	67.27	17.62
尼泊尔	135.38	69.50	11.80	134.12	71.21	11.79
斯里兰卡	101.90	97.70	18.86	101.86	98.00	18.97
不丹	94.98	83.98	/	92.58	86.10	/
马尔代夫	101.51	/	/	101.52	/	/

注：该指标入学率是指某一阶段(比如小学)不论年龄大小，该阶段在校生总数占符合该阶段官方入学年龄人口的百分比。总入学率可能超过100%，因为包含了较早或较晚入学及复读的超龄和小龄学生。

资料来源：根据世界银行发布的数据整理所得。

在劳动力受教育水平方面，南亚地区劳动者受教育程度相对较低，平均而言，劳动者中受初等教育的占比为33.67%，中等教育水平的占比为27.59%；高等教育水平的占比为8.70%。其中，在有统计数据的国家中，劳动者受初等教育占比最高的国家是斯里兰卡，为51.53%，最低的是马尔代夫，为25.34%；受中等教育占比最高的国家是尼泊尔，为34.57%，最低的是巴基斯坦，为20.07%；受高等教育占比最高的国家是马尔代夫，为10.96%，最低的是斯里兰卡，为5.36%。

表 13-12 2017 年南亚地区的劳动力受教育程度情况/%

国家	初等教育	中等教育	高等教育
印度	/	/	/
巴基斯坦	27.31	20.07	8.84
孟加拉	/	/	/
尼泊尔	30.50	34.57	9.64
斯里兰卡	51.53	33.12	5.36
不丹	/	/	/
马尔代夫	25.34	22.60	10.96
均值	33.67	27.59	8.70

注：由于2017年部分数据缺失，巴基斯坦、斯里兰卡、马尔代夫的数据用2015年数据代替。

资料来源：根据国际劳工组织发布的数据整理所得。

(三) 工资水平

由于数据缺失问题，这里以2016年的数据对工资水平加以计算。结果显示，南亚的年平均工资水平为2 181.82美元，劳动力成本相对较低。其中，斯里兰卡的工资水平较高，为2 514.73，孟加拉的工资水平较低，只有1 969.25美元，二者相差545.48美元。

表13-13　2013—2017年南亚地区的年均工资水平/美元

国家	2013年	2014年	2015年	2016年	2017年
印度	1 782.36	1 912.41	1 969.36	2 061.49	/
巴基斯坦	1 374.81	1 569.94	1 711.65	/	/
孟加拉	/	/	/	1 969.25	1 743.56
尼泊尔	/	/	/	/	/
斯里兰卡	/	2 190.54	2 359.20	2 514.73	/
不丹	/	/	/	/	/
马尔代夫	/	/	/	/	/

资料来源：据国际劳工组织发布的《2018/2019全球工资报告：性别薪酬差距的背后原因是什么？》，这一个报告中使用的是本国货币，本报告按照来自Wind数据的当年12个月月末平均汇率水平换算成美元所得。

四、中亚地区

(一) 劳动力规模

从统计数据看，中亚地区劳动力资源相对较少。2018年，中亚国家劳动年龄人口总量为4 731.83万人，劳动年龄人口占比平均为64.18%，比全球平均水平65.28%低1.10个百分点。具体来讲，劳动年龄人口数最多的国家是乌兹别克斯坦，为2 219.24万人，劳动年龄人口数最少的国家是土库曼斯坦，为378.84万人，二者相差1 840.4万人；劳动年龄人口占比最高的是乌兹别克斯坦，为67.34%，占比最低的是塔吉克斯坦，为61.09%，二者相差6.25个百分点。

表 13-14 2018 年中亚地区劳动年龄人口数

国家	劳动年龄人口数/万人	劳动年龄人口占比/%
哈萨克斯坦	1 178.41	64.48
乌兹别克斯坦	2 219.24	67.34
土库曼斯坦	378.84	64.75
塔吉克斯坦	555.95	61.09
吉尔吉斯斯坦	399.39	63.24

资料来源：根据世界银行数据库整理和计算。

(二)教育发展水平

从入学率来看，中、小学入学率较好，高等院校入学率较低。2017 年，中亚地区的中、小学入学率均值均超过 100%，高等院校入学率为 33.31%；具体国家情况来看，2017 年中亚地区小学入学率除塔吉克斯坦(98.81%)之外均达到 100%以上；2017 年，中学入学率远远超过世界平均水平(76.78%)的有哈萨克斯坦、乌兹别克斯坦和吉尔吉斯斯坦共 3 个国家；中亚地区各个国家的高等院校入学率超过世界平均水平(37.46%)的有哈萨克斯坦和吉尔吉斯斯坦共 2 个国家，其中高等院校入学率最高的是哈萨克斯坦，为 49.57%，最低的是乌兹别克斯坦，仅 9.15%，二者相差近 40 个百分点。因此，总体来讲，该区整体教育水平仍有待提高，目前仍以小学与中学教育为主，对于高等院校的教育整体有待提高。

表 13-15 2016—2017 年中亚地区入学率情况/%

国家	2016 年 小学	2016 年 中学	2016 年 高等院校	2017 年 小学	2017 年 中学	2017 年 高等院校
哈萨克斯坦	109.02	112.35	46.12	107.91	113.07	49.57
乌兹别克斯坦	100.97	92.35	8.44	103.11	93.04	9.15
土库曼斯坦	/	/	/	/	/	/
塔吉克斯坦	95.71	/	28.84	98.81	/	30.87
吉尔吉斯斯坦	106.40	97.57	45.89	107.86	98.44	43.65

注：该指标入学率是指某一阶段(比如小学)不论年龄大小，该阶段在校生总数占符合该阶段官方入学年龄人口的百分比。总入学率可能超过 100%，因为包含了较早或较晚入学及复读的超龄和小龄学生。

资料来源：根据世界银行发布的数据整理所得。

在劳动力受教育水平方面，由于缺失严重，这里只有哈萨克斯坦和吉尔吉斯斯坦的统计数据，相比之下，哈萨克斯坦的教育水平要高一点，劳动者受初等教育、中等教育和高等教育的比例分别为24.85%、39.96%和35.17%。

表13-16　中亚地区的劳动力受教育程度情况/%

国家	初等教育	中等教育	高等教育
哈萨克斯坦	24.85	39.96	35.17
乌兹别克斯坦	/	/	/
土库曼斯坦	/	/	/
塔吉克斯坦	/	/	/
吉尔吉斯斯坦	7.76	74.13	18.06

注：哈萨克斯坦用2013年数据，吉尔吉斯斯坦用2015年数据，其他国家近五年数据均缺失。
资料来源：根据国际劳工组织发布的数据整理和计算。

(三)工资水平

从统计数据看，2017年，中亚的年平均工资水平为3 785.12美元，劳动力成本相对较低。其中，哈萨克斯坦的工资水平最高，为5 462.93美元，乌兹别克斯坦的工资水平最低，只有2 147.57美元，二者相差3 315.36美元。

表13-17　2013—2017年中亚地区的年均工资水平/美元

国家	2013年	2014年	2015年	2016年	2017年
哈萨克斯坦	8 526.09	7 964.09	4 454.74	5 145.15	5 462.93
乌兹别克斯坦	/	/	/	4 804.49	2 147.57
土库曼斯坦	4 408.42	4 854.74	4 330.29	4 734.86	4 810.29
塔吉克斯坦	1 746.93	1 844.80	1 508.97	1 465.55	/
吉尔吉斯斯坦	2 763.46	2 503.46	2 131.72	2 567.19	2 719.70

资料来源：据国际劳工组织发布的《2018/2019全球工资报告：性别薪酬差距的背后原因是什么?》，这一个报告中使用的是本国货币，本报告按照来自Wind数据的当年12个月月末平均汇率水平换算成美元所得。

五、西亚北非地区

(一)劳动力规模

从统计数据看，西亚北非地区劳动力资源较为丰富。2018年，西亚北非国家劳动年龄人口总量达到31 238.49万人，劳动年龄人口占比平均为68.11%，比全球劳动年龄人口占比(65.28%)高出2.83个百分点。具体来讲，2018年，西亚北非地区劳动年龄人口总数超过1 000万的有埃及、伊朗、土耳其、沙特阿拉伯、伊拉克、阿富汗、也门和叙利亚共 8 个国家，其他 11 个国家劳动年龄人口总数均在 100 万至 1 000 万之间，最低的是巴林，为 123.04 万人；劳动年龄人口比重高于世界平均水平的有阿联酋、卡塔尔、巴林、科威特、阿曼、沙特阿拉伯、伊朗、阿塞拜疆、黎巴嫩、亚美尼亚、土耳其和格鲁吉亚共 12 个国家，而埃及、约旦、以色列、叙利亚、也门、伊拉克和阿富汗 7 国劳动年龄人口比重低于世界平均水平。总体上来看，该区劳动力总数较大，劳动年龄结构也比较年轻，这说明劳动力资源比较丰富，有利于人力资源的开发和利用。

表 13-18　2017 年西亚北非地区劳动年龄人口情况

国家	劳动年龄人口数/万人	劳动年龄人口占比/%
伊朗	5 779.03	70.65
伊拉克	2 171.07	56.49
土耳其	5 520.84	67.07
叙利亚	1 009.75	59.73
约旦	607.04	60.97
黎巴嫩	470.58	68.71
以色列	535.16	60.24
巴勒斯坦	/	/
沙特阿拉伯	2 416.10	71.69
也门	1 638.45	57.49
阿曼	367.07	76.01
阿联酋	817.70	84.90
卡塔尔	235.52	84.67
科威特	315.49	76.25
巴林	123.04	78.40
埃及	6 049.36	61.46
格鲁吉亚	244.65	65.57
阿塞拜疆	700.57	70.46
亚美尼亚	202.17	68.49
阿富汗	2 034.90	54.74
合计	31 238.49	68.11

资料来源：根据世界银行发布的数据整理所得。

(二)教育发展水平

从入学率来看,中、小学入学率较好,高等院校入学率均较低。2017年西亚北非地区的小学入学率超过100%,中学入学率达到86.07%,高等院校入学率为44.47%,这表明西亚北非地区中小学教育程度较好,但高等院校教育尚存不足。从各个国家情况来看,2016—2017年西亚北非地区小学入学率大多数国家达到100%以上,该区小学教育较好;结合两年数据来看,中学入学率超过世界平均水平(76.78%)的有阿曼、格鲁吉亚、以色列、巴林、土耳其、阿联酋、卡塔尔、伊朗和埃及共9个国家,其中最高的国家是阿曼,为107.13%;高等院校入学率超过世界平均水平(37.46%)的有伊朗、土耳其、沙特阿拉伯、以色列、格鲁吉亚、亚美尼亚、巴林、阿曼、叙利亚和黎巴嫩共10个国家,其中,2016年高等院校入学率最高的是土耳其,为103.75%,最低的是卡塔尔,仅15.42%,二者相差88.33%。因此,总体来讲,西亚北非整体教育水平仍有待提高,目前仍以小学与中学教育为主,而对于高等院校的教育有待提高。

表13-19　2016—2017年西亚北非地区入学率情况/%

国家	2016年 小学	2016年 中学	2016年 高等院校	2017年 小学	2017年 中学	2017年 高等院校
伊朗	109.39	89.96	68.85	107.96	89.15	/
伊拉克	/	/	/	/	/	/
土耳其	101.26	103.01	103.75	/	/	/
叙利亚	/	/	39.18	/	/	/
约旦	/	/	36.26	/	64.89	31.71
黎巴嫩	89.09	60.00	38.20	93.37	63.27	38.14
以色列	103.63	104.05	64.16	103.82	103.94	62.65
巴勒斯坦	/	/	/	/	/	/
沙特阿拉伯	116.24	/	66.60	/	/	68.94
也门	92.44	51.01	/	/	/	/
阿曼	108.61	107.13	44.60	107.21	102.51	/
阿联酋	110.87	95.81	/	/	/	/
卡塔尔	103.67	92.53	15.42	104.22	85.58	16.42
科威特	100.63	/	/	97.29	/	/

续表

国家	2016年 小学	2016年 中学	2016年 高等院校	2017年 小学	2017年 中学	2017年 高等院校
巴林	101.09	103.85	46.57	100.96	102.83	45.50
埃及	103.62	85.94	34.44	104.96	86.49	/
格鲁吉亚	102.60	104.28	51.88	102.77	107.25	57.53
阿塞拜疆	106.43	/	25.93	103.29	/	27.07
亚美尼亚	94.34	/	51.08	94.17	/	52.24
阿富汗	/	51.75	/	/	54.81	/

注：该指标入学率是指某一阶段（比如小学）不论年龄大小，该阶段在校生总数占符合该阶段官方入学年龄人口的百分比。总入学率可能超过100%，因为包含了较早或较晚入学及复读的超龄和小龄学生。

资料来源：根据世界银行发布的数据整理所得。

在劳动力受教育水平方面，西亚北非地区劳动者受教育程度也相对较低，平均而言，劳动者中受初等教育的占比为22.08%，中等教育水平的占比为39.01%，高等教育水平的占比为25.91%。其中，在有效统计数据的国家中，劳动者受初等教育占比最高的国家是土耳其，为49.09%，最低的是亚美尼亚，为3.81%；受中等教育占比最高的国家是亚美尼亚，为66.29%，最低的是土耳其，为21.21%；受高等教育占比最高的国家是以色列，为45.50%，最低的是也门，为8.06%。在三个级别的受教育水平中，初等教育占比最高和最低国家间相差45.28%。

表13-20 2017年西亚北非地区劳动者的受教育程度/%

国家	初等教育	中等教育	高等教育
伊朗	/	/	/
伊拉克	/	/	/
土耳其	49.09	21.21	23.63
叙利亚	/	/	/
约旦	/	/	/
黎巴嫩	/	/	/
以色列	10.27	43.35	45.50
巴勒斯坦	/	/	/
沙特阿拉伯	30.66	33.66	27.24
也门	23.28	23.60	8.06

续表

国家	初等教育	中等教育	高等教育
阿曼	/	/	/
阿联酋	/	/	/
卡塔尔	39.64	25.86	18.19
科威特	/	/	/
巴林	/	/	/
埃及	13.64	39.95	19.46
格鲁吉亚	6.28	58.16	35.33
阿塞拜疆	/	/	/
亚美尼亚	3.81	66.29	29.90
阿富汗	/	/	/
均值	22.08	39.01	25.91

注：以色列、沙特阿拉伯、卡塔尔2017年数据缺失，用2013年数据，也门用2016年数据。
资料来源：根据国际劳工组织发布的数据整理和计算。

（三）工资水平

从统计数据看，2017年，西亚北非的年平均工资水平为12 021.12美元，劳动力成本相对较高。其中，卡塔尔、阿曼的工资水平较高，埃及、阿塞拜疆的工资水平较低。年均工资水平最高的地区是卡塔尔（36 572.02美元），比最低的埃及（3 070.73美元）高出10.91倍。

表13-21　2013—2017年西亚北非地区各国年均工资水平/美元

国家	2013年	2014年	2015年	2016年	2017年
伊朗	2 475.18	2 871.80	3 094.32	/	/
伊拉克	/	/	/	/	/
土耳其	/	11 400.77	/	/	/
叙利亚	/	/	/	/	/
约旦	7 861.89	/	8 202.23	8 355.93	/
黎巴嫩	/	/	/	/	/
以色列	31 218.67	28 748.78	29 225.01	30 347.98	/
巴勒斯坦	/	/	/	/	/
沙特阿拉伯	17 855.99	19 516.79	20 521.57	/	/

续表

国家	2013 年	2014 年	2015 年	2016 年	2017 年
也门	/	/	/	/	/
阿曼	11 797.14	18 694.41	20 067.62	21 721.72	21 940.18
阿联酋	/	/	/	/	/
卡塔尔	31 853.48	34 542.26	34 822.34	35 563.73	36 572.02
科威特	28 638.88	30 153.64	31 694.35	30 000.00	/
巴林	8 872.34	9 191.49	9 351.06	9 063.83	9 414.89
埃及	5 671.70	5 838.86	5 837.47	2 664.82	3 070.73
格鲁吉亚	5 342.39	5 267.23	4 509.58	4 261.75	4 587.66
阿塞拜疆	6 500.96	6 807.75	3 593.69	3 388.49	3 726.84
亚美尼亚	4 334.60	4 006.49	4 257.12	4 325.62	4 835.55
阿富汗	/	/	/	/	/
均 值	13 535.27	14 753.36	14 598.03	14 969.39	12 021.12

资料来源：据国际劳工组织发布的《2018/2019 全球工资报告：性别薪酬差距的背后原因是什么？》，这一个报告中使用的是本国货币，本报告按照来自 Wind 数据的当年 12 个月月末平均汇率水平换算成美元所得。

六、中东欧地区

（一）劳动力规模

从统计数据看，中东欧地区劳动力资源较为丰富。2018 年，中东欧国家劳动年龄人口总量达到 11 817.10 万人，劳动年龄人口比重达到 66.96%，比全球劳动年龄人口占比（65.28%）高出 1.68 个百分点。具体来讲，2018 年，中东欧地区劳动年龄人口总数超过 1 000 万的国家有乌克兰、波兰和罗马尼亚共 3 个国家，100 万以下的国家仅有爱沙尼亚和黑山这 2 个国家，其他 14 个国家劳动年龄人口总数均在 100 万至 1 000 万之间。劳动年龄人口比重高于世界平均水平（65.28%）的有摩尔多瓦、马其顿、阿尔巴尼亚、斯洛伐克、波黑、白俄罗斯、波兰、乌克兰、黑山、匈牙利、罗马尼亚、立陶宛、塞尔维亚共 13 个国家，而斯洛文尼亚、克罗地亚、捷克、保加利亚、拉脱维亚和爱沙尼亚共 6 个国家劳动年龄人口比重低于世界平均水平。总体来看，该区劳动力资源仍比较丰富，有利于人力资源的开发和利用。

表 13-22 2018 年中东欧地区劳动年龄人口数

国家	劳动年龄人口数/万人	劳动年龄人口占比/%
波兰	2 574.53	67.79
立陶宛	183.66	65.84
爱沙尼亚	84.14	63.70
拉脱维亚	124.15	64.44
捷克	690.57	64.99
斯洛伐克	375.46	68.93
匈牙利	650.08	66.55
斯洛文尼亚	134.87	65.24
克罗地亚	266.33	65.13
波黑	228.80	68.83
黑山	41.54	66.75
塞尔维亚	459.25	65.78
阿尔巴尼亚	198.63	69.30
罗马尼亚	1 294.44	66.47
保加利亚	453.32	64.54
马其顿	145.26	69.74
乌克兰	3 009.53	67.44
白俄罗斯	644.59	67.96
摩尔多瓦	257.96	72.75

资料来源：根据世界银行发布的数据整理所得。

(二)教育发展水平

从入学率来看，结合两年实际数据，中、小学入学率较好，高等院校入学率均高于其他区域。2016 年，中东欧地区的小学入学率 99.27%，中学入学率达到 100.82%，高等院校入学率为 63.87%。从各个国家具体情况来看，2016 年，中东欧地区各个国家的小学入学率基本达到 100%；中学入学率该区各国均超过世界平均水平(76.78%)，其中最高的国家是斯洛文尼亚为 115.34%，最低的是摩尔多瓦为 85.61%；高等院校入学率该区各国也均超过世界平均水平(37.46%)，其中高等院校入学率最高的是白俄罗斯为 87.02%，最低的是摩尔多瓦为 41.12%。因此，总体来讲，中东欧整体教育水平较高，尤其是高等院校的入学率远高于其他区域国家。

表 13-23 2016—2017 年中东欧地区入学率情况/%

国家	2016年 小学	2016年 中学	2016年 高等院校	2017年 小学	2017年 中学	2017年 高等院校
波兰	110.10	107.08	66.56	/	/	/
立陶宛	102.89	107.43	71.12	/	/	/
爱沙尼亚	97.12	115.01	71.39	/	/	/
拉脱维亚	99.20	111.30	80.60	99.37	110.72	88.06
捷克	100.23	104.63	63.75	/	/	/
斯洛伐克	97.88	91.25	47.80	/	/	/
匈牙利	101.87	102.70	48.03	/	/	/
斯洛文尼亚	99.30	115.34	77.62	/	/	/
克罗地亚	95.40	97.76	67.48	/	/	/
波黑	/	/	/	/	/	/
黑山	96.03	90.53	56.88	98.24	89.95	58.24
塞尔维亚	100.57	96.23	62.14	100.31	95.50	66.49
阿尔巴尼亚	109.78	94.98	61.21	110.13	96.12	56.98
罗马尼亚	89.45	88.95	48.02	/	/	/
保加利亚	94.85	99.90	71.23	/	/	/
马其顿	/	/	/	/	/	/
乌克兰	/	/	/	/	/	/
白俄罗斯	101.89	104.36	87.02	101.61	102.95	86.68
摩尔多瓦	91.75	85.61	41.12	91.25	86.83	41.08

注：该指标入学率是指某一阶段（比如小学）不论年龄大小，该阶段在校生总数占符合该阶段官方入学年龄人口的百分比。总入学率可能超过 100%，因为包含了较早或较晚入学及复读的超龄和小龄学生。

资料来源：根据世界银行发布的数据整理所得。

在劳动力受教育水平方面，中东欧地区劳动者受教育程度相对较高，平均而言，劳动者中受初等教育的占比为 13.63%，中等教育水平的占比为 54.68%，高等教育水平的占比为 31.44%。其中，劳动者受初等教育占比最高的国家是阿尔巴尼亚，为 41.64%，最低的是白俄罗斯，为 1.46%；受中等教育占比最高的国家是捷克，为 71.07%，最低的是乌克兰，为 27.00%；受高等教育占比最高的国家是白俄罗斯，为 53.43%，最低的是阿尔巴尼亚，为 19.40%。在三个级别的受教育水平中，初等教育占比最高和最低国家相差 40.18 个百分点。

表 13-24　2017 年中东欧地区的劳动者受教育程度/%

国家	初等教育	中等教育	高等教育
波兰	5.28	61.06	33.62
立陶宛	4.19	53.27	42.54
爱沙尼亚	10.83	50.23	38.95
拉脱维亚	8.67	55.92	35.20
捷克	4.80	71.07	24.10
斯洛伐克	6.24	70.18	23.55
匈牙利	12.75	61.99	25.15
斯洛文尼亚	9.00	55.89	35.11
克罗地亚	9.19	63.64	27.17
波黑	/	/	/
黑山	9.33	61.94	28.36
塞尔维亚	14.93	59.20	25.61
阿尔巴尼亚	41.64	37.01	19.40
罗马尼亚	18.07	61.06	20.53
保加利亚	11.90	57.41	30.35
马其顿	18.69	55.86	25.03
乌克兰	19.98	27.00	52.95
白俄罗斯	1.46	45.10	53.43
摩尔多瓦	38.42	36.36	24.81
均值	13.63	54.68	31.44

资料来源：根据国际劳工组织发布的数据整理和计算。

(三)工资水平

统计数据显示，2017 年，中东欧的年平均工资水平为 11 304.79 美元，劳动力成本相对较高。其中，斯洛文尼亚、爱沙尼亚、捷克的工资水平较高，乌克兰、摩尔多瓦、白俄罗斯的工资水平较低。年均工资水平最高的地区是斯洛文尼亚(23 430.75 美元)，比最低的乌克兰(3 050.19 美元)高出 6.68 倍。

表 13-25　2013—2017 年中东欧地区的年均工资水平/美元

国家	2013 年	2014 年	2015 年	2016 年	2017 年
波兰	14 577.69	12 923.13	12 021.22	11 634.48	14 725.53
立陶宛	10 655.90	9 827.60	9 299.71	9 768.19	12 097.01

续表

国家	2013年	2014年	2015年	2016年	2017年
爱沙尼亚	15 653.94	14 588.98	13 871.41	14 462.98	17 583.87
拉脱维亚	11 810.56	11 105.05	10 654.29	10 840.92	13 335.51
捷克	15 810.40	14 085.31	13 443.93	13 601.62	17 533.61
斯洛伐克	13 592.04	12 455.07	11 500.90	11 509.80	13 738.74
匈牙利	12 837.06	11 007.37	10 379.54	10 753.01	13 770.98
斯洛文尼亚	25 122.19	22 442.35	20 266.59	20 003.33	23 430.75
克罗地亚	17 089.12	15 094.42	13 651.66	13 413.55	/
波黑	10 917.42	9 624.39	8 641.00	8 414.13	9 720.32
黑山	11 975.52	10 495.36	9 442.98	9 477.92	11 016.92
塞尔维亚	8 737.31	7 388.67	6 575.88	6 483.18	7 963.88
阿尔巴尼亚	4 358.10	3 886.80	3 639.21	3 496.08	/
罗马尼亚	7 973.95	7 577.30	7 392.05	7 833.06	9 938.58
保加利亚	6 553.82	6 132.76	5 885.80	6 131.13	7 552.01
马其顿	8 342.22	7 434.67	6 848.43	6 696.68	7 845.18
乌克兰	4 927.31	2 648.31	2 097.44	2 287.39	3 050.19
白俄罗斯	3 100.33	3 706.92	4 111.31	4 429.92	4 957.67
摩尔多瓦	3 376.58	3 143.09	2 770.10	3 001.59	3 920.66

资料来源：据国际劳工组织发布的《2018/2019 全球工资报告：性别薪酬差距的背后原因是什么?》，这一个报告中使用的是本国货币，本报告按照来自 Wind 数据的当年 12 个月月末平均汇率水平换算成美元所得。

第二节 "一带一路"沿线国家的劳动法律制度

"一带一路"沿线国家经济发展水平差异较大，风俗习惯与宗教传统也各不相同，这种经济社会背景也导致沿线国家的法律制度存在较大差异。从构成上看，沿线国家涵盖了大陆法系、英美法系等多个法律体系，反映在劳动力市场上，各国的劳动法律制度也呈现出多元化的局面。本节主要从劳动合同、工资福利和社会保障等方面梳理"一带一路"沿线国家劳动法律制度的特点。

一、东北亚地区

东北亚地区是转轨国家劳动法律制度的典型代表。苏联解体后，俄罗斯制定了《俄罗斯联邦劳动法典》。该法典对劳动合同、工资福利、保障和赔偿、劳动保护、劳动争议等方面制定了明确、具体、可量化的确定性规则。这部法典是俄罗斯推行市场经济体系，建立劳动力市场的重要保障，对于保护劳动者和健全劳动力市场起到了积极有效的作用(尹丽蓉，2012)。

二、东南亚地区

东南亚地区国家经济发展水平、宗教信仰和法律制度差异较大。在这些国家中，越南和新加坡分别代表不同法律体系下东南亚劳动法律制度的特点。随着越南工业化的启动，在经济起飞阶段劳动者合法权益，例如劳动合约、工资福利和劳动保护等内容成为越南劳动法律制度的核心内容。越南《劳动法》规定，劳动者的最低工资不得低于国家规定的基本工资，而基本工资根据越南的生活物价而定。新加坡经济发达，市场经济体制健全，在法律制度方面全面学习英美法系，与我国的劳动法差异较大，在劳动合同、工资福利、休息休假等方面都不相同。在劳动合同方面，新加坡法律规定雇佣合同既可以采用书面合同，同时对口头协议和合同也给予法律保障。在工资福利方面，新加坡目前还无完整的最低工资标准。在社会保障方面，新加坡政府建立了完善的公积金制度，用于保障劳动者在购房、投资、教育、医疗、养老等方面的支出，但外籍雇员无须缴纳中央公积金。

三、南亚地区

印度和巴基斯坦是南亚地区中法律体系最为典型的两个国家，他们独立后继承了英国殖民时期的政治制度和法律制度。在劳动法律制度方面，印度继承了很多英国殖民时期的法律制度，与此同时，印度属于联邦制国家，中央和州政府都制定了关于劳动关系和就业问题的法律，形成了较为完整的劳动法律体系。比较常见的有关劳动的法律制度包括《1923年工人赔偿法》《1936年工资支付法》《1947年劳资纠纷法》《1948年工厂法案》《1952年雇员公积金和杂项规定法》《1961年产妇福利法》《1965年奖金支付法案》和《1972年退休金支付法案》等。由于印度的劳动法律体系是在其完成工业化前制定的，因此在某种程度上制约了印度工业化的快速发展。

四、中亚地区

中亚五国的劳动法律制度在很多方面具有相似性。在工伤和职业病方面，中亚各国把工伤和职业病的处理放在重要的位置，对劳动者进行保护。对于工伤的认定、处理和赔偿，各国都有专门的机构、专门的程序进行管理，并对瞒报等行为从重处理。在经济补偿金方面，中亚五国从劳动法角度，按发生的原因可分为有偿的合同终止补偿金、工伤及职业病补偿金、其他经济补偿金（杜征均，2017）。

五、西亚和北非地区

西亚和北非地区国家多为宗教国家，其法律制度与常见的英美法系和大陆法系不同。在中东国家中，沙特阿拉伯的政治、经济、文化等方面的发展颇具代表性。2005年沙特颁布新的《劳工法》，主要针对国内劳动力短缺和外来劳动力不断增加的现状和趋势，严格劳工法有关规定，在清除非法外来劳工的同时，致力于进一步完善劳工法，提升合法外来劳工待遇。

六、中东欧地区

中东欧国家的法律体系属于大陆法系的范畴。从政治制度方面，中东欧国家大多为转型国家，其劳动法律制度全盘接受发达国家的理念和思想，十分重视劳动者的权益保障，社会保障制度改革成为中东欧国家经济转轨的劳动法律制度的重要组成部分。东欧国家普遍建立起覆盖养老保险、医疗保险、失业保险、工伤保险、疾病与生育保险、家庭津贴的完整的劳动保障体系。但与此同时，由于新的劳动法律制度的建立，中东欧国家劳动者工资议价能力不断增强，加之低出生率和向外移民造成了中东欧地区的劳动力短缺，导致劳动力成本不断上升。

第三节 "一带一路"沿线国家人力资源的特点分析

根据上述数据可以发现，"一带一路"沿线国家呈现出人力资源相对丰富、劳动者素质区域差别较大、劳动力成本较低的特点。

一、具有规模较大的劳动年龄人口

"一带一路"沿线国家具有相对丰富的人力资源，这为当地经济社会提供了较好的支撑，从以下两个角度来看。

一是总人口情况，2018年"一带一路"沿线国家总人口（不含中国）达到331 109.28万人，2014—2018年年均增长率1.17%，占世界总人口数的

43.60%，包含中国在内总人口达到 470 382.28 万人，占世界总人口数的 61.94%。分区域来看，南亚区域的人口规模最大，占沿线国家人口和全球人口的比例分别为 53.67% 和 23.40%；中亚区域的人口规模最小，占沿线国家人口和全球人口的比例分别为 2.19% 和 0.95%；从年均增长率来看，除了中东欧地区总人口低于 0 以外，其他区域出现不断增长趋势，其中，西亚北非地区增长较快；中东欧地区近年来人口总数虽略有下降，但人口总数仍较大，占沿线国家人口和全球人口的比例分别为 5.32% 和 2.32%。

表 13-26 2018 年"一带一路"沿线国家总人口情况

区域/国家	2018 年/万人	2014—2018 年年均增长率/%	占沿线国家人口数的比例/%	占世界人口数的比例/%
东北亚	14 764.83	0.17	4.46	1.94
东南亚	65 516.82	1.13	19.79	8.63
南亚	177 721.64	1.21	53.67	23.40
中亚	7 249.94	1.77	2.19	0.95
西亚北非	48 251.72	1.88	14.57	6.35
中东欧	17 604.34	−0.28	5.32	2.32
中国	139 273	0.52	/	18.34

资料来源：根据世界银行发布的数据整理所得。

二是"一带一路"沿线国家的劳动年龄人口规模较大且占总人口数的比重较高，具有"人口红利"。2018 年，"一带一路"沿线国家劳动年龄人口(15～64 岁)总数为 218 917.46 万人，占总人口的比例为 66.98%。具体来讲，2018 年，在沿线国家中劳动年龄人口总数最多的是南亚区域，为 116 889.83 万人，中亚最少，为 4 731.83 万人；从劳动年龄人口数的增长速度看，东南亚、南亚、中亚、西亚北非等地区 2014—2018 年平均增长率均高于世界平均增长率(1.05%)，而东北亚和中东欧两大区域的劳动年龄人口数均出现负增长，分别为 −0.76% 和 −0.92%，其中，平均增长速度最快的是西亚北非地区，为 1.95%，平均增长速度最低的是中东欧地区，为 −0.92%，两者相差 2.87 个百分点；从劳动年龄人口占总人口的比重来看，2018 年除了中亚以外，其他区域劳动年龄人口占比均超过全球平均水平，其中，最高的是西亚北非，为 68.11%，比全球平均水平(65.28%)高 2.83 个百分点；最低的中亚地区也有 64.18%，仅比全球平均水平低 1.10 个百分点。

表 13-27 2018 年"一带一路"沿线国家总人口情况

区域/国家	2018 年劳动年龄人口比重/%	2018 年劳动年龄人口数/万人	2014—2018 年年均增长率/%	占沿线国家劳动数的比例/%	占世界劳动数的比例/%
东北亚	66.75	9 970.84	−0.76	4.55	2.01
东南亚	66.70	44 269.36	1.27	20.22	8.93
南亚	66.47	116 889.83	1.65	53.39	23.59
中亚	64.18	4 731.83	1.39	2.16	0.95
西亚北非	68.11	31 238.49	1.95	14.27	6.30
中东欧	66.96	11 817.10	−0.92	5.40	2.38
中国	71.19	99 144.41	−0.08	/	/

资料来源：根据世界银行发布的数据整理所得。

二、区域间劳动者素质结构差异较大且互补性较强

教育是衡量劳动力素质或人力资本水平的公认指标，这里用劳动力受教育水平这个指标加以分析。

从"一带一路"沿线国家劳动力受教育水平看，受教育水平以中等教育为主，显示这些国家劳动者的素质相对较高，但是，各个层级的受教育水平在地区和国家之间均具有较大差异。在初等教育水平中，东南亚的比例最高，为 41.44%，中东欧最低，为 13.63%，二者相差 27.81 个百分点。在中等教育水平中，中亚的比例最高，为 57.05%，东南亚最低，为 24.48%，二者相差 32.57 个百分点。在高等教育水平中，东北亚的比例最高，为 41.65%，南亚最低，为 8.70%，二者相差 32.95 个百分点。

如果从某个区域的整体教育水平分析，则反映出区域之间劳动力素质结构的差异，而这也导致了不同层级教育对经济增长的贡献差异。比如，在中东欧地区，其劳动力中受过中等教育和高等教育的比较多，因此，可以简单理解为这是一个具有较高人力资本水平的区域，而在南亚地区，中等教育和高等教育的比例则比较低，说明该区域的人力资本水平较低，而这种特点也分别形成了本地区发展所依赖的资源禀赋并对本地区的发展产生重要影响。

表 13-28 2017 年"一带一路"沿线国家劳动力教育发展情况/%

区域	受过初等教育劳动力占比	受过中等教育劳动力占比	受过高等教育劳动力占比
东北亚	10.45	46.60	41.65
东南亚	41.44	24.48	18.79

续表

区域	受过初等教育劳动力占比	受过中等教育劳动力占比	受过高等教育劳动力占比
南亚	33.67	27.59	8.70
中亚	16.31	57.05	26.62
西亚北非	22.08	39.01	25.91
中东欧	13.63	54.68	31.44

注：2018年数据缺失，因此用2017年数据分析。
资料来源：根据国际劳工组织发布的数据整理和计算。

造成这种受教育程度地区差异的原因有多种，比较普遍的有两种：一是经济发展水平差异。经济是教育发展的基础，一般来说，一个国家的经济发展水平越高，其教育事业发展越好。由于历史等原因，沿线国家既有跻身于高收入或中高收入的中东欧国家，也有处于中低收入或低收入行列的东南亚、南亚及中亚地区的国家，这造成了国家间教育发展支撑力量的差异。二是教育发展本身的差异。从沿线国家来看，无论是初等教育、中等教育还是高等教育，国家之间的发展程度差别都比较大。以中等职业教育为例，大多数国家的中等教育阶段职业教育在校生比例超过世界平均值，但是地区之间差异明显，中东欧国家的在校生比例普遍高于世界平均值，而南亚、西亚中东等地区的在校生比例则普遍低于世界平均值（庄西真，2017）。

三、劳动力成本较低

劳动力成本是影响一个国家或地区发展的重要因素，从全球的实践经验看，一些国家就是利用人口众多，劳动力成本较低实现经济腾飞的。从统计数据看，2017年，东南亚、西亚北非和中东欧3个区域的平均工资高于10 000美元，而东北亚、南亚、中亚3个区域的平均工资低于10 000美元。

表13-29 2013—2017年"一带一路"各区域年均工资水平/美元

国家	2013年	2014年	2015年	2016年	2017年
东北亚	/	5 996.59	5 230.94	5 708.40	6 412.34
东南亚	9 463.80	10 625.90	9 046.77	9 302.20	11 161.22
南亚	1 578.59	1 890.96	2 013.40	2 181.82	1 743.56
中亚	4 361.22	4 291.77	3 106.43	3 743.45	3 785.12
西亚北非	13 535.27	14 753.35	14 598.03	14 969.39	12 021.12

续表

国家	2013 年	2014 年	2015 年	2016 年	2017 年
中东欧	10 916.39	9 766.71	9 078.60	9 170.47	11 304.79
中国	8 503.61	9 085.11	9 552.17	9 723.29	11 412.16

资料来源：本表中的工资是根据国际劳工组织发布的《2018/2019 全球工资报告：性别薪酬差距的背后原因是什么？》整理。这一报告中使用的是本国货币，本报告按照当年 12 个月月末平均汇率水平换算成美元。其中，西亚北非地区由于一些国家缺失数据，纳入平均值计算的国家有伊朗、以色列、沙特阿拉伯、阿曼、卡塔尔、科威特、巴林、埃及、格鲁吉亚、阿塞拜疆、亚美尼亚等国，而伊拉克、土耳其、叙利亚、约旦、黎巴嫩、也门、阿联酋和阿富汗未纳入。南亚平均工资水平纳入计算的国家是印度、巴基斯坦、孟加拉以及斯里兰卡，而不丹和尼泊尔因数据缺失未纳入统计。年均增长为各项指标 2013 年至 2017 年五年年均增长率，工资水平为当年值。

四、劳动用工制度复杂多样

"一带一路"沿线国家普遍建立起较为完善的现代劳动法律制度体系，在劳动合同签订和解除、劳动争议处理、工资与工作福利（病假、产假等）和社会保障方面都做出相应的规定，在一定程度上维护了劳动者的合法权益。但与此同时，由于各国劳动力市场结构、经济发展水平、工业化进程、受教育程度等方面的差异，各国劳动法律制度所关注的重点问题存在显著差别。在中亚、东北亚以及中东欧等转型国家，劳动法律制度更多地借鉴了西方法律制度，将工会、罢工和社会保障作为劳动法律制度的特点；在越南、印尼等工业化刚刚起步的国家，更加注重现代劳动关系和法律体系的建立；在印度、巴基斯坦等前英国殖民地国家，则基本上沿用了原宗主国的法律体系，对企业使用劳动者方面有着严格的规定，从实际的效果来看，由于参考了大量后工业化时代的不符合本国国情的法律制度，在一定程度上影响了这些国家的工业化进程；在西亚和北非等政教合一的国家尤其是产油国家，由于注重本国公民的就业问题，更加重视劳动者的薪资待遇。

参考文献

[1] Aghion, Philippe and Peter Howitt. (1994). Growth and Unemployment. *The Review of Economic Studies*, Vol. 61, No. 3, p. 490.

[2] Agrawal, A., Kapur, D., McHale, J., Oettld, A. (2011). Brain Drain or Brain Bank? The Impact of Skilled Emigration on Poor-country Innovation. *Journal of Urban Economics*, (69): 43—55.

[3] Aitken, B. J. and A. E. Harrison. (1999). Do Domestic Firms Benefit from Direct Foreign Investment? Evidence from Venezuela. *American Economic Review*, 89(3): 605—618.

[4] Andrews, M. et al. (2017). Do Foreign Workers Reduce Trade Barriers? Microeconomic Evidence. *The World Economy*, 40(9): 1750—1774.

[5] Ang, J. S., Cheng, Y., and C. Wu. (2014). Does Enforcement of Intellectual Property Rights Matter in China? Evidence from Financing and Investment Choices in the High-tech Industry. *Review of Economics and Statistics*, 96(2): 332—348.

[6] Autor, David H., Lawrence F. Katz, and Melissa S. Kearney. (2006). The Polarization of the U. S. Labor Market. *American Economic Review Papers and Proceedings*. (96): 189—194.

[7] Bair J. (2005). Global Capitalism and Commodity Chains: Looking Back, Going Forward. *Competition and Change*, 9(2): 153—180.

[8] Baldwin R. and Venables A J. (1994). International Migration, Capital Mobility and Transitional Dynamics. *Economica*, 61(243): 285—300.

[9] Balsmeier, B., and J. Delanote. (2015). Employment Growth Heterogeneity Under Varying Intellectual Property Rights Regimes in European Transition Economies: Young vs. Mature Innovators. *Journal of Comparative Economics*, 43(4): 1069—1084.

[10] Beine et al. (2001). Brain Drain and Economic Growth: Theory and Evidence, *Journal of Development Economics*, (64): 275—289.

[11] Beine, M., Docquier, F. and Rapoport, H. (2008). Brain Drain and Human

Capital Formation in Developing Countries: Winners and Losers. *The Economic Journal*, 118(4): 631—652.

[12] Bhagwati, Hamada. (1974). The Brain Drain, International Integration of Markets for Professionals and Unemployment: A Theoretical Analysis. *Journal of Development Economics*, v1, 6(n1): 19—42.

[13] Bloom, D. E., Mckenna, M. J., Prettner, K. (2018). Demography, Unemployment, Automation, and Digitalization: Implications for the Creation of (Decent) Jobs, 2010—2030, *IZA Discussion Papers.*, 11739.

[14] Boeri, T., Garibaldi P. (2010). Beyond Eurosclerosis. *Economic Policy*, 24(59): 409—461.

[15] Boeri, T., Herbert Brücker. (2005). Migration, Co-ordination Failures and EU Enlargement. *Trends in Pharmacological Sciences*, 27(12): 631—638.

[16] Bonin, H., Eichhorst, W., Florman, C., et al. (2019). Geographic Mobility in the European Union: Optimising Its Economics and Social Benefits (IZA Research Report19). http://legacy.iza.org/en/webcontent/publications/reports/report_pdfs/iza_report_19.pdf.

[17] Brücker, H., Baas, T., Beleva, I., et al. (2009). Labour Mobility within the EU in the Context of Enlargement and the Functioning of the Transitional Arrangements, Final Report. Nuremberg: European Integration Consortium.

[18] Brzozowski, J. (2007). Brain Waste, Educational Investments and Growth in Transitional Countries. Collection of Papers Presented at the Conference Migration and Development, Ostrava, 4th~5th September.

[19] Buckley, P. J. et al. (2007). Is the Relationship between inward FDI and Spillover Effects Linear? An Empirical Examination of the Case of China. *Journal of International Business Studies*, 38(3): 447—459.

[20] Checci, D., De Simone, G., Faini, R. (2007). Skilled Migration, FDI and Human Capital Investment. IZA DP, No. 2795.

[21] Chu, A. C., Cozzi, G., and S. Galli. (2014). Stage-dependent Intellectual Property Rights. *Journal of Development Economics*, 106: 239—249.

[22] Collard, Fabrice, and Harris Dellas. (2007). Technology Shocks and Employment. *The Economic Journal*, Vol. 117, No. 523, p. 1436.

[23] Commander, S., Chanda, R., Kangasmieni, M. and WinTers, A. L. (2004). Who Gains from Skilled Migration? Evidence from the Software Industry. Manuscript, Center for Economic Performance, London School of Economics.

[24] De Giorgi, G., & Pellizzari. (2013). M. Welfare Migration in Europe. *Labour Economics*, 16(4), 353－363.

[25] Dix-Carneiro, R. (2014). Trade Liberalization and Labor Market Dynamics. *Econometrica*, 82(3): 825－885.

[26] Docquier, F. and Marfouk A. (2006). International Migration by Education Attainment. 1990—2000; In: C. Ozdenand M. Schiff (eds): International Migration, Brain in Drain and Remittances, New York: McMillan and Palgrave.

[27] Dustmann C. Ludsteck J. Schonberg U. (2007). Revisiting the German Wage Structure. IZA Discussion Paper, No. 2685.

[28] European Commission. (2008). Employment in Europe 2008. Luxembourg: Office for Official Publications of the European Communities.

[29] Eurostat. (2009). Key Figures on Europe. Luxembourg: Office for Official Publications of the European Communities.

[30] Faini, R. (2007). Remittances and the Brain Drain, IZA Discussion Paper, No. 2155.

[31] Faini, R. (2002). Migration, Remittances and Growth, Working Paper, Brescia.

[32] Falvey, R., Foster, N., and D. Greenaway. (2006). Intellectual Property Rights and Economic Growth. *Review of Development Economics*, 10(4): 700－719.

[33] FAN, C., STARK, O. (2007). International Migration and "Educated Unemployment". *Journal of Development Economics*, (83): 76－87.

[34] Felbermayr, G. (2010). Globalization and Labor Market Outcomes: Wage Bargaining, Search Frictions, and Firm Heterogeneity. *Journal of Economic Theory*, 146(1): 39－73.

[35] Gao, T. (2003). Ethnic Chinese Networks and International Investment Evidence from Inward FDI in China. *Journal of Asian Economics*, 14(4): 611－620.

[36] Gereffi, G., Korzeniewicz, M. Commodity Chains and Global Capitalism. Connecticut: Greenwood Press, 1994.

[37] Gereffi G. and Kaplinsky R. (2001). Introduction: Globalisation, Value Chains and Development. *IDS Bulletin*, 32(3): 1－8.

[38] Ginarte, J. C., and W. G. Park. (1997). Determinants of Patent Rights: A Cross-national Study. *Research Policy*, 26(3): 283－301.

[39] Goos, M., and A. Manning. (2007). Lousy and Lovely Jobs: The Rising Polarization of Work in Britain. *Review of Economics and Statistics*, (89): 118—133.

[40] Goos M. Manning A. and Salomons A. (2009). Job Polarization in Europe. *The American Economic Review*, (2): 58—63.

[41] Grubel, H. B. and Scott, A. D. (1966). The International Flow of Human Capital. *The American Economic Review*, (56): 611—620.

[42] H. Fassmann, M. Haller and D. Lane (eds.)(2009). Migration and Mobilityin Europe: Trends, Patterns and Control. Cheltenham: Elgar.

[43] Herm, A. Recent Migration Trends: Citizens of EU-27 Member States Become Ever More Mobile while EU Remains Attractive to Non-EU Citizens. Eurosta-Statistics in Focus.

[44] Hudson, J., and A. Minea. (2013). Innovation, Intellectual Property Rights, and Economic Development: A Unified Empirical Investigation. *World Development*, 46: 66—78.

[45] IOM. (2003). World Migration 2003: Managing Migration. Geneva: International Organization for Migration.

[46] Kangasmieni, M., Winters A. L. and Commander, S. (2004). Is The Medical Brain Drain Beneficial ? Evidence from Overseas Doctors in the UK. Manuscript, Center for Economic Performance, London School of Economics.

[47] Kerr, W. R. (2008). Ethnic Scientific Communities and International Technology Diffusion. *The Review of Economics and Statistics*, (90): 518—537.

[48] Kim, Y. K., Lee, K., Park, W. G., and K. Choo. (2012). Appropriate Intellectual Property Protection and Economic Growth in Countries at Different Levels of Development. *Research Policy*, 41(2): 358—375.

[49] Köse, Seyit, and Serap Durusoy. (2010). Impacts of 2001 Internal and Recent Global Economic Crises on Youth Unemployment in Turkey. *Journal for Labour and Social Affairs in Eastern Europe*, Vol. 13, No. 4, p. 515.

[50] Brandt L., Biesebroeck J. V., Yifan Zhang. (2012). Creative Accounting or Creative Destruction? Firm-level Productivity Growth in Chinese Manufacturing. Journal of Development Economics, 97(2): 339—351.

[51] Leverett F. and Bingbing W. (2017). The New Silk Road and China's Evolving Grand Strategy. *The China Journal*, 77(1): 110—132.

[52] Liu, Haoming, and Jinli Zeng. (2008). Determinants of Long-Run Unemployment. *Southern Economic Journal*, Vol. 74, No. 3, p. 775.

[53] Lucas, R., Stark, O. (1985). Motivations to Remit: Evidence from Bostwana. *Journal of Political Economy*, 93(5): 901-918.

[54] Mayr. K., Peri, G. (2008). Return Migration as A Channel of Brain Gain. NBER Working Paper, No. 14039.

[55] Michelacci, Claudio, and David Lopez-Salido. (2007). Technology Shocks and Job Flows. *The Review of Economic Studies*, Vol. 74, No. 4, p. 1195.

[56] Migali, Silvia. (2018). Migration and Institutions: Evidence from Internal EU Mobility. *The World Economy*, (47): 29-58.

[57] Miyagiwa, K. (1991). Scale Economics in Education and the Brain Drain Problem. *International Economic Review*, (32): 743-759.

[58] Mountford A. (1997). Can a Brain Drain Be Good for Growth in the Source Economy?. Journal of Development Economics, (53): 298-325.

[59] OECD. (2013). International Migration Outlook 2013. http://www.oecd-ilibrary.org/social-issuesmigration-health/international-migration-outlook-2013_migr_outlook-2013-en.

[60] Patnaik, Prabhat. (2011). Economic Growth and Employment. *Economic and Political Weekly*, Vol. 46, No. 26/27, p. 172.

[61] Porter M. E. (1990). The Competitive Advantage of Nations. Cambridge: Harvard Business School Management Programs.

[62] Postel-Vinay, Fabien. (2002). The Dynamics of Technological Unemployment. *International Economic Review*, Vol. 43, No. 3, p. 747.

[63] Rauch, J. and V Trindade. (2002). Ethnic Chinese Networks in International. *Trade Review of Economics and Statistics*, (1): 116-130.

[64] Read, R. (2010). The Political Economy of Trade Protection: The Determinants and Welfare Impact of the 2002 US Emergency Steel Safeguard Measures, *World Economy*, 28(8): 1119-1137.

[65] Recchi E, Triandafyllidou A. (2010). Crossing Over, Heading West and South: Mobility, Citizenship, and Employment in the Enlarged Europe/Labour Migration in Europe. Palgrave Macmillan UK.

[66] Saxenian, A. (2005). From Brain Drain to Brain Circulation: Transnational Communities and Regional Upgrading in India and China. *Studies in Comparative International Development*, (2): 35-61.

[67] Schiff, M. (2005). Brain Gain: Claims about Its Size and Impact on Welfare

and Growth Are Greatly Exaggerated. IZA DP, No.1599.

[68] Schneider, P. H. (2005). International Trade, Economic Growth and Intellectual Property Rights: A Panel Data Study of Developed and Developing Countries. *Journal of Development Economics*, 78(2): 529—547.

[69] Staiger, R. W. & G. Tabellini. (2001). Discretionary Trade Policy and Excessive Protection. *The American Economic Review*, 77(5): 823—837.

[70] Stark O. and Helmenstein C. and Prskawetz A. (1997). A Brain Gain with a Brain Drain. *Economic Letters*, (55): 263—299.

[71] Stark, O. (2004). Rethinking the Brain Drain. *World Development*, (1): 15—22.

[72] Sumitra Chishti. (1981). Exports and Employment in India. *Economic and Political Weekly*, Vol. 16, No. 42/43, p.1710.

[73] Todaro M. P. (1969). A Model of Labor Migration and Urban Unemployment in Less Developed Countries. *The American Economic Review*, 59(1): 138—148.

[74] Vidal. J. (1998). The Effect of Emigration on Human Capital Formation. *Journal of Population Economics*, (11).

[75] Viruela Martinez, R. (2009). Europeos del Este en el Mercado de Trabajo Espanol: un Enfoque Geografico. Revista CIDOB d'Afers Internacionals, (84): 81—103.

[76] 白俊,宫晓云,王婉婉.企业技术创新的就业效应:创造还是替代?——来自中国上市公司经验证据的分析[J].商业研究,2018(9).

[77] 班娟娟等.促就业政策全面升级 各地吸引人才频放大招[N].经济参考报,2019-08-02.

[78] 包群,邵敏,Ligang Song.地理集聚、行业集中与中国企业出口模式的差异性[J].管理世界,2012(9).

[79] 鲍晓华,朱达明.技术性贸易壁垒与出口的边际效应——基于产业贸易流量的检验[J].经济学(季刊),2014(4).

[80] 蔡宏波,刘杜若,张明志.外商直接投资与服务业工资差距——基于中国城镇个人与行业匹配数据的实证分析[J].南开经济研究,2015(4).

[81] 蔡宏波,胡翔斌,赵春明.服务进口与就业性别歧视——基于中国服务业企业数据的检验[J].经济管理,2014(12).

[82] 蔡宏波,徐美云.中美贸易战对中国就业的影响有多大[J].世界知识,2018(11).

[83] 蔡宏波,周成华,蒙英华.服务进口与工资差距——基于中国服务业企业数

据的实证检验[J]. 国际贸易问题，2014(11).

[84] 陈伟光，郭晴. 逆经济全球化机理分析与新型全球化及其治理重塑[J]. 南开学报：哲学社会科学版，2017(5).

[85] 陈桢. 经济增长与就业增长关系的实证研究[J]. 经济学家，2008(2).

[86] 陈建伟、赖德胜. 周期性与结构性因素交织下就业结构性矛盾及其政策应对[J]. 中国特色社会主义研究，2019(1).

[87] 陈秋霖，胡钰曦，傅虹桥. 群体性失业对健康的短期与长期影响——来自中国20世纪90年代末下岗潮的证据[J]. 中国人口科学，2017(5).

[88] 崔雅静. 海外移民网络对中国国际贸易的影响——基于贸易引力模型的面板数据分析[D]. 东北财经大学，2012.

[89] 戴觅，徐建炜，施炳展. 人民币汇率冲击与制造业就业——来自企业数据的经验证据[J]. 管理世界，2013(11).

[90] 邓洲. 探索制造业服务业深度融合新路径[N]. 经济日报，2019-08-29.

[91] 丁建庭. 大湾区，如何聚天下英才[N]. 人民日报，2019-08-14.

[92] 董克用，张栋. 高峰还是高原？——中国人口老龄化形态及其对养老金体系影响的再思考[J]. 人口与经济，2017(4).

[93] 董雪兵，朱慧，康继军，宋顺锋. 转型期知识产权保护制度的增长效应研究[J]. 经济研究，2012(8).

[94] 杜传忠，韩元军，杨成林. 中国影响就业因素的区域差异分析——基于省级面板数据的实证检验[J]. 当代财经，2011(5).

[95] 杜征均. 中资企业在中亚国家的劳动法律风险防范[J]. 东方企业文化，2017(5).

[96] 范爱军，刘伟华. 出口贸易对中国三次产业劳动力流向的影响分析[J]. 世界经济研究，2008(5).

[97] 樊纲，王小鲁，朱恒鹏. 中国市场化指数：各地区市场化相对进程2009年报告[M]. 北京：经济科学出版社，2010.

[98] 范兆斌. 人力资本结构、相对工资与国际移民的收入分配效应[J]. 国际贸易问题，2015(9).

[99] 高文书. "一带一路"建设与中国人力资源国际化[J]. 广东社会科学，2018(6).

[100] 耿楠. 全球价值链，告诉了我们什么？[J]. 世界知识，2015(7).

[101] 顾学明. 构建全面开放新格局的成就与经验[N]. 光明日报，2018-12-18.

[102] 郭涛. 京津冀人才协同发展"求解"[N]. 中国高新技术产业导报，2014-06-09.

[103] 国家统计局. 2018年农民工监测调查报告[N]. 2019-04-29.

[104]韩玉雄,李怀祖.关于中国知识产权保护水平的定量分析[J].科学学研究,2005(3).

[105]韩维春.来华留学生兼职就业问题研究——基于对北京地区高校留学生的调查统计[J].国际商务(对外经济贸易大学学报),2014(5).

[106]郝楠.劳动力就业"极化"、技能溢价与技术创新[J].经济学家,2017(8).

[107]郝楠,江永红.谁影响了中国劳动力就业极化?[J].经济与管理研究,2017(5).

[108]郝楠.劳动力"极化"的经济效应分析——基于经济增长和收入不平等的双重视角[J].华东经济管理,2017(2).

[109]黄瑞芹,王雪佳子.流动人口医疗保险参保行为及其治理——基于2016年全国流动人口动态监测调查数据[J].社会科学动态,2019(5).

[110]姜海宁等.中国留学人员创业园分布及产业特征[J].地理科学,2018(12).

[111]江小涓,罗立彬.网络时代的服务全球化——新引擎、加速度和大国竞争力[J].中国社会科学,2019(2).

[112]江小涓.中国进入服务经济时代[N].北京日报,2018-08-27.

[113]江小涓.服务业增长:真实含义、多重影响和发展趋势[J].经济研究,2011(4).

[114]江小涓.中国开放三十年的回顾与展望[J].中国社会科学,2008(6).

[115][美]杰里米·里夫金.零边际成本社会:一个物联网、合作共赢的新经济时代[M].赛迪研究院专家组译.北京:中信出版社,2014.

[116]赖德胜,蔡宏波.周期性外部冲击对我国就业的影响及其应对[J].求是学刊,2019(5).

[117]来有为,陈红娜.以扩大开放提高我国服务业发展质量和国际竞争力[J].管理世界,2017(5).

[118]李春顶,石晓军,邢春冰."出口-生产率悖论":对中国经验的进一步考察[J].经济学动态,2010(8).

[119]李宏兵,文磊,赵春明.外资进入改善了我国服务业就业结构吗——基于微观企业数据的实证研究[J].国际贸易问题,2016(10).

[120]李宏兵,蔡宏波,徐慧慧.外资进入、服务业集聚与企业工资差距——基于调节机制和微观企业数据的实证研究[J].国际贸易问题,2017(7).

[121]李宏兵,郭界秀,翟瑞瑞.中国企业对外直接投资影响了劳动力市场的就业极化吗?[J].财经研究,2017(6).

[122]李宏兵,段雪怡.对外直接投资、区域信息化与劳动力市场的就业极化——基于知识产权保护的调节效应研究[J].北京邮电大学学报(社会科

学版),2019(3).

[123]李宏兵,赵春明,蔡宏波.外资进入扩大了性别工资差距吗[J].统计研究,2014(6).

[124]李莉,闫斌,顾春霞.知识产权保护、信息不对称与高科技企业资本结构[J].管理世界,2014(11).

[125]李明欢.国际移民研究热点与华侨华人研究展望[J].华侨华人历史研究,2012(1).

[126]李平,许家云.国际智力回流的技术扩散效应研究——基于中国地区差异及门槛回归的实证分析[J].经济学,2011(3).

[127]李强.影响中国城乡流动人口的推力与拉力因素分析[J].中国社会科学.2003(1).

[128]李柏英.缅甸在华留学生留学动机研究[D].广西大学,2014.

[129]李晓,王斯敏,姚同伟,蒋新军,王佳.向全球价值链高端攀升,中国在行动[N].光明日报,2019-08-13.

[130]李长安.我国四次创业浪潮的演进:从"难民效应"到"企业家效应"[J].北京工商大学学报(社会科学版),2018(2).

[131]李长安.中美贸易摩擦对就业的影响及对策[J].中国劳动关系学院学报,2018(6).

[132]林世爵,刘婉娜.广东创新人才队伍建设40年:政策演进、发展现状、存在问题与对策建议[J].科技创新发展战略研究,2019(2).

[133]林薛栋,魏浩,李飚.进口贸易自由化与中国的企业创新——来自中国制造业企业的证据[J].国际贸易问题,2017(2).

[134]刘杜若,张明志,蔡宏波.贸易开放对中国制造业工人工资的影响研究——来自个体微观调查的证据[J].国际贸易问题,2014(5).

[135]刘书祥,曾国彪.技术进步对中国就业影响的实证分析:1978—2006[J].经济学家,2010(4).

[136]刘思明,侯鹏,赵彦云.知识产权保护与中国工业创新能力——来自省级大中型工业企业面板数据的实证研究[J].数量经济技术经济研究,2015(3).

[137]刘燕斌,闫蕊,翁仁木.国际劳工组织就业应急机制和做法经验[J].人事天地,2012(5).

[138]刘瑶,张明.特朗普政府经济政策:政策梳理、效果评估与前景展望[J].财经智库,2018(3).

[139]刘建颖.改革开放40周年与全球价值链[J].国际商务财会,2018(11).

[140]刘金兰,李勇,伍爱凤.开放兼容 促进优秀来华留学生在华就业[J].中国

高等教育,2015(3).

[141]刘志彪.努力向全球价值链中高端攀升[N].人民日报,2019-03-29.

[142]吕世斌,张世伟.中国劳动力"极化"现象及原因的经验研究[J].经济学(季刊),2015(2).

[143]聂萼辉.中国留学生回流的技术外溢效应研究[D].湖南科技大学,2014.

[144]屈小博,高凌云,贾朋.中国制造业就业动态研究[J].中国工业经济,2016(2).

[145]桑百川.充分利用全球价值链重构的历史机遇提升我国企业在全球价值链中的地位[N].人民日报,2016-03-27.

[146]商务部,前瞻产业研究院.2015—2020年中国服务外包行业市场前瞻与投资战略规划分析报告[R].

[147]邵敏,黄玖立.外资与我国劳动收入份额——基于工业行业的经验研究[J].经济学(季刊),2010(4).

[148]邵敏,刘重力.出口贸易、技术进步的偏向性与我国工资不平等[J].经济评论,2010(4).

[149]邵敏,武鹏.出口贸易、人力资本与农民工的就业稳定性——兼议我国产业和贸易的升级[J].管理世界,2019(3).

[150]沈坤荣,孙文杰.经济增长的因素分析——基于中国的经验研究[J].江苏行政学院学报,2009(2).

[151]盛斌.中国加入WTO服务贸易自由化的评估与分析[J].世界经济,2002(8).

[152]施建军等.中国开放型经济面临的挑战与创新[J].管理世界,2018(12).

[153]石丹淅,王宝成.新生代农民工工作流动状况及其影响因素分析[J].中国劳动,2015(10).

[154]石丹淅.中西部地区农民工返乡创业质量及其影响因素[J].教育经济评论,2017(6).

[155]世界贸易组织(WTO).2017年世界贸易报告——贸易、技术与就业[R].2017-09-27.

[156]宋阳君.泰国留华学生就业影响因素研究[D].广西大学,2018.

[157]孙喜保.返乡下乡创业创新为乡村注入新动能[N].工人日报,2019-01-17.

[158]苏丽锋.少数民族人口流动特征与就业质量研究[J].民族研究,2015(5).

[159]孙浦阳,侯欣裕.服务业外资开放与企业出口产品范围——基于中国微观数据的研究[J].贵州大学学报(社会科学版),2019(3).

[160]孙浦阳,张龑.外商投资开放政策、出口加工区与企业出口生存——基于

产业关联视角的探究[J]. 经济学(季刊)，2019(2).

[161]孙浦阳，侯欣裕，盛斌. 服务业开放、管理效率与企业出口[J]. 经济研究，2018(7).

[162]孙晓琴，吴勇. 技术性贸易壁垒对中国产业竞争力中长期影响的实证分析——基于四大行业的比较研究[J]. 国际贸易问题，2006(5).

[163]唐东波，王洁华. 贸易扩张、危机与劳动收入份额下降——基于中国工业行业的实证研究[J]. 金融研究，2011(9).

[164]田素华. 外资对上海就业效应的实证分析[J]. 财经研究. 2004(3).

[165]佟家栋，谢丹阳，包群，黄群慧，李向阳，刘志彪，金碚，余淼杰，王孝松."逆经济全球化"与实体经济转型升级笔谈[J]. 中国工业经济. 2017(6).

[166]佟家栋，刘程."逆经济全球化"的政治经济学分析[J]. 经济学动态，2018(7).

[167]王德劲. 人才外流促进人力资本积累[J]. 科研管理，2011(11).

[168]王亚玄. 新技术革命能改变资本主义经济模式吗？——评杰里米·里夫金的《零边际成本社会》[J]. 政治经济学评论，2015(6).

[169]王辉耀. 中国区域国际人才竞争力报告[M]. 北京：社会科学文献出版社，2017.

[170]王凯旋，蔡剑兴. 人才高地建设的现状与未来[J]. 中国人才，2009(19).

[171]王立岩. 积极参与全球价值链的维护与建设[N]. 天津日报，2019-08-09.

[172]王培君. 我国人才高地建设的理论创新与路径选择[J]. 江海学刊，2011(6).

[173]王双. 在国际分工格局和全球创新生态链重构中坚定道路选择[N]. 天津日报，2019-08-09.

[174]王铁辰. 我国服务贸易保持较快增长态势[N]. 经济日报，2018-09-19.

[175]魏浩，李晓庆. 知识产权保护与中国创新企业的就业增长[J]. 中国人口科学，2017(4).

[176]魏浩，巫俊. 知识产权保护、进口贸易与创新型领军企业创新[J]. 金融研究，2018(9).

[177]魏浩，赵春明，申广祝. 全球人才跨国流动的动因、效应与中国的政策选择[J]. 世界经济与政治论坛，2009(6).

[178]魏瑾瑞. 基于动态面板数据模型的失业与经济增长的再考察[J]. 中国经济问题，2012(1).

[179]卫瑞，庄宗明. 生产国际化与中国就业波动：基于贸易自由化和外包视角[J]. 世界经济，2015(1).

[180]吴超鹏，唐茚. 知识产权保护执法力度、技术创新与企业绩效——来自中

国上市公司的证据[J]. 经济研究，2016(11).

[181]吴克明，赖德胜. 大学生自愿性失业的经济学分析[J]. 高等教育研究，2004(2).

[182]西斯蒙第. 政治经济学新原理[M]. 何钦译. 北京：商务印书馆，1964.

[183]中共中央宣传部. 习近平新时代中国特色社会主义思想三十讲[M]. 北京：学习出版社，2018.

[184]杨立娜. 国际智力外流对发展中国家技术创新的影响[D]. 山东理工大学，2014.

[185]杨希燕. 智力外流对欧盟新成员国人力资本的影响——基于波兰的经验研究[J]. 世界经济研究，2008(8).

[186]杨希燕，唐朱昌. 移民网络促进FDI流入——基于中国经验的分析[J]. 世界经济研究，2011(1).

[187]姚战琪，夏杰长. 资本深化、技术进步对中国就业效应的经验分析[J]. 世界经济，2005(1).

[188]余长林，王瑞芳. 发展中国家的知识产权保护与技术创新：只是线性关系吗？[J]. 当代经济科学，2009(3).

[189]于潇，孙悦. 逆经济全球化对亚太经济一体化的冲击与中国方案[J]. 南开学报：哲学社会科学版，2017(6).

[190]曾国安，胡晶晶. 城乡居民收入差距的国际比较[J]. 山东社会科学，2008(10).

[191]曾祥炎，成鹏飞. 全球价值链重构与世界级先进制造业集群培育[J]. 湖湘论坛，2019(4).

[192]曾向红. 全球化、逆经济全球化与恐怖主义新浪潮[J]. 外交评论(外交学院学报)，2017(3).

[193]湛新民. 当前的结构性失业与再就业[J]. 经济学家，1999(4).

[194]张川川. 出口对就业、工资和收入不平等的影响——基于微观数据的证据[J]. 经济学，2015(4).

[195]张亚斌，熊雅澜，杨翔宇. 中美贸易对美国就业影响的重新评价——基于全球价值链视角[J]. 财经理论与实践，2019(7).

[196]张艳，唐宜红，李兵. 中国出口企业"生产率悖论"——基于国内市场分割的解释[J]. 国际贸易问题，2014(10).

[197]张会清，翟孝强. 中国参与全球价值链的特征与启示——基于生产分解模型的研究[J]. 数量经济技术经济研究，2018(1).

[198]赵瑾. 贸易与就业：国际研究的最新进展与政策导向——兼论化解中美贸易冲突对我国就业影响的政策选择[J]. 财贸经济，2019(3).

[199] 赵利,潘志远,王东霞. 城镇劳动就业影响因素的实证研究——基于主成分分析法和VAR模型的分析[J]. 宏观经济研究,2014(5).

[200] 赵宁,李永杰. 贸易全球化对女性劳动参与率的影响[J]. 中国人口科学,2015(4).

[201] 赵奇伟,熊性美. 中国三大市场分割程度的比较分析:时间走势与区域差异[J]. 世界经济,2009(6).

[202] 赵玉奇,柯善咨. 市场分割、出口企业的生产率准入门槛与"中国制造"[J]. 世界经济,2016(9).

[203] 赵志强,胡培战. 技术标准战略、技术贸易壁垒与出口竞争力的关系——基于浙江出口美日欧的实证研究[J]. 国际贸易问题,2009(10).

[204] 郑晓明. "一带一路"建设中的劳务合作与就业效应[J]. 中国发展观察,2019(8).

[205] 钟昌标. 影响中国电子行业出口决定因素的经验分析[J]. 经济研究,2007(9).

[206] 中国信息通信研究院. 中国数字经济发展白皮书(2017年),中国数字经济发展与就业白皮书(2019年)[R].

[207] 中央党校(国家行政学院)习近平新时代中国特色社会主义思想研究中心. 准确把握底线思维的科学思想内涵[N]. 光明日报,2019-01-28.

[208] 周敏,黎相宜. 国际移民研究的理论回顾及未来展望[J]. 东南亚研究,2012(6).

[209] 庄西真. "一带一路"沿线国家的人力资源开发:现状与问题[J]. 教育发展研究,2017(17).

[210] 宗庆庆,黄娅娜,钟鸿钧. 行业异质性、知识产权保护与企业研发投入[J]. 产业经济研究,2015(2).

附 录

表 1 国内生产总值

年份	国民总收入/亿元	国内生产总值/亿元	第一产业/亿元	第二产业 总值/亿元	第二产业 工业/亿元	第二产业 建筑业/亿元	第三产业/亿元	人均国内生产总值/元
2000	99 066.1	100 280.1	14 717.4	45 664.8	40 259.7	5 534	39 897.9	7 942
2001	109 276.2	110 863.1	15 502.5	49 660.7	43 855.6	5 945.5	45 700.0	8 717
2002	120 480.4	121 717.4	16 190.2	54 105.5	47 776.3	6 482.1	51 421.7	9 506
2003	136 576.3	137 422.0	16 970.2	62 697.4	55 363.8	7 510.8	57 754.4	10 666
2004	161 415.4	161 840.2	20 904.3	74 286.9	65 776.8	8 720.5	66 648.9	12 487
2005	185 998.9	187 318.9	21 806.7	88 084.4	77 960.5	10 400.5	77 427.8	14 368
2006	219 028.5	219 438.5	23 317	104 361.8	92 238.4	12 450.1	91 759.7	16 738
2007	270 844.0	270 232.3	27 788	126 633.6	111 693.9	15 348.0	115 810.7	20 505
2008	321 500.5	319 515.5	32 753.2	149 956.6	131 727.6	18 807.6	136 805.8	24 121
2009	348 498.5	349 081.4	34 161.8	160 171.7	138 095.5	22 681.5	154 747.9	26 222
2010	411 265.2	413 030.3	39 362.6	191 629.8	165 126.4	27 259.3	182 038.0	30 876
2011	484 753.2	489 300.6	46 163.1	227 038.8	195 142.8	32 926.5	216 098.6	36 403
2012	539 116.5	540 367.4	50 902.3	244 643.3	208 905.6	36 896.1	244 821.9	40 007
2013	590 422.4	595 244.4	55 329.1	261 956.1	222 337.6	40 896.8	277 959.3	43 852
2014	644 791.1	643 974.0	58 343.5	277 571.8	233 856.4	44 880.5	308 058.6	47 203
2015	682 635.1	685 505.8	60 870.5	280 560.3	235 183.5	46 546.6	344 075.0	49 992
2016	741 140.4	744 127.2	63 670.7	296 236.0	247 860.1	49 522.2	384 220.5	53 980
2017	824 828.4	827 121.7	65 467.6	334 622.6	279 996.9	55 689.0	427 031.5	59 660

表 2 部分省份国内生产总值/亿元

省份	2006	2007	2008	2009	2010	2011	2012	2013	2014	2015	2016	2017	2018
北京	8 117.78	9 846.81	11 115	12 153.03	14 113.58	16 251.93	17 879.4	19 800.81	21 330.83	22 968.6	25 669.13	28 014.94	30 319.98
天津	4 462.74	5 252.76	6 719.01	7 521.85	9 224.46	11 307.28	12 893.88	14 442.01	15 726.93	16 538.2	17 885.39	18 549.19	18 809.64
河北	11 467.6	13 607.32	16 011.97	17 235.48	20 394.26	24 515.76	26 575.01	28 442.95	29 421.15	29 806.1	32 070.45	34 016.32	36 010.27
山西	4 878.61	6 024.45	7 315.4	7 358.31	9 200.86	11 237.55	12 112.83	12 665.25	12 761.49	12 802.6	13 050.41	15 528.42	16 818.11
内蒙古	4 944.25	6 423.18	8 496.2	9 740.25	11 672	14 359.88	15 880.58	16 916.5	17 770.2	18 032.8	18 128.1	16 096.21	17 289.22
辽宁	9 304.52	11 164.3	13 668.58	15 212.49	18 457.27	22 226.7	24 846.43	27 213.22	28 625.58	28 743.4	22 246.9	23 409.24	25 315.35
吉林	4 275.12	5 284.69	6 426.1	7 278.75	8 667.58	10 568.83	11 939.24	13 046.4	13 803.14	14 274.1	14 776.8	14 944.53	15 074.62
黑龙江	6 211.8	7 104	8 314.37	8 587	10 368.6	12 582	13 691.58	14 454.91	15 039.38	15 083.7	15 386.09	15 902.68	16 361.62
上海	10 572.24	12 494.01	14 069.86	15 046.45	17 165.98	19 195.69	20 181.72	21 818.15	23 567.7	24 965	28 178.65	30 632.99	32 679.87
江苏	21 742.05	26 018.48	30 981.98	34 457.3	41 425.48	49 110.27	54 058.22	59 753.37	65 088.32	70 116.4	77 388.28	85 869.76	92 595.4
浙江	15 718.47	18 753.73	21 462.69	22 990.35	27 722.31	32 318.85	34 665.33	37 756.58	40 173.03	42 886.5	47 251.36	51 768.26	56 197.15
安徽	6 112.5	7 360.92	8 851.66	10 062.82	12 359.33	15 300.65	17 212.05	19 229.34	20 848.75	22 005.6	24 407.62	27 018	30 006.82
福建	7 583.85	9 248.53	10 823.01	12 236.53	14 737.12	17 560.18	19 701.78	21 868.49	24 055.76	25 979.8	28 810.58	32 182.09	35 804.04
江西	4 820.53	5 800.25	6 971.05	7 655.18	9 451.26	11 702.82	12 948.88	14 410.19	15 714.63	16 723.8	18 499	20 006.31	21 984.78
山东	21 900.19	25 776.91	30 933.28	33 896.65	39 169.92	45 361.85	50 013.24	55 230.32	59 426.59	63 002.3	68 024.49	72 634.15	76 469.67
河南	12 362.79	15 012.46	18 018.53	19 480.46	23 092.36	26 931.03	29 599.31	32 191.3	34 938.24	37 010.3	40 471.79	44 552.83	48 055.86

续表

省份	2006	2007	2008	2009	2010	2011	2012	2013	2014	2015	2016	2017	2018
湖北	7 617.47	9 333.4	11 328.92	12 961.1	15 967.61	19 632.26	22 250.45	24 791.83	27 379.22	29 550.2	32 665.38	35 478.09	39 366.55
湖南	7 688.67	9 439.6	11 555	13 059.69	16 037.96	19 669.56	22 154.23	24 621.67	27 037.32	29 047.2	31 551.37	33 902.96	36 425.78
广东	26 587.76	31 777.01	36 796.71	39 482.56	46 013.06	53 210.28	57 067.92	62 474.79	67 809.85	72 812.6	80 854.91	89 705.23	97 277.77
广西	4 746.16	5 823.41	7 021	7 759.16	9 569.85	11 720.87	13 035.1	14 449.9	15 672.89	16 803.1	18 317.64	18 523.26	20 352.51
海南	1 044.91	1 254.17	1 503.06	1 654.21	2 064.5	2 522.66	2 855.54	3 177.56	3 500.72	3 702.8	4 053.2	4 462.54	4 832.05
重庆	3 907.23	4 676.13	5 793.66	6 530.01	7 925.58	10 011.37	11 409.6	12 783.26	14 262.6	15 719.7	17 740.59	19 424.73	20 363.19
四川	8 690.24	10 562.39	12 601.23	14 151.28	17 185.48	21 026.68	23 872.8	26 392.07	28 536.66	30 103.1	32 934.54	36 980.22	40 678.13
贵州	2 338.98	2 884.11	3 561.56	3 912.68	4 602.16	5 701.84	6 852.2	8 086.86	9 266.39	10 502.6	11 776.73	13 540.83	14 806.45
云南	3 988.14	4 772.52	5 692.12	6 169.75	7 224.18	8 893.12	10 309.47	11 832.31	12 814.59	13 717.9	14 788.42	16 376.34	17 881.12
西藏	290.76	341.43	394.85	441.36	507.46	605.83	701.03	815.67	920.83	1 026.4	1 151.41	1 310.92	1 477.63
陕西	4 743.61	5 757.29	7 314.58	8 169.8	10 123.48	12 512.3	14 453.68	16 205.45	17 689.94	18 171.9	19 399.59	21 898.81	24 438.32
甘肃	2 276.7	2 702.4	3 166.82	3 387.56	4 120.75	5 020.37	5 650.2	6 330.69	6 836.82	6 790.3	7 200.37	7 459.9	8 246.07
青海	648.5	797.35	1 018.62	1 081.27	1 350.43	1 670.44	1 893.54	2 122.06	2 303.32	2 417.1	2 572.49	2 624.83	2 865.23
宁夏	725.9	919.11	1 203.92	1 353.31	1 689.65	2 102.21	2 341.29	2 577.57	2 752.1	2 911.8	3 168.59	3 443.56	3 705.18
新疆	3 045.26	3 523.16	4 183.21	4 277.05	5 437.47	6 610.05	7 505.31	8 443.84	9 273.46	9 324.8	9 649.7	10 881.96	12 199.08

表 3 全国人口数及构成

年份	常住人口数/万人	男性人口占总人口比重/%	女性人口占总人口比重/%	城镇人口占总人口比重/%	流动人口数/亿人
2000	126 743	51.63	48.37	36.22	1.21
2001	127 627	51.46	48.54	37.66	—
2002	128 453	51.47	48.53	39.09	—
2003	129 227	51.5	48.5	40.53	—
2004	129 988	51.52	48.48	41.76	—
2005	130 756	51.53	48.47	42.99	1.47
2006	131 447.64	51.52	48.48	44.34	—
2007	132 129	51.5	48.5	45.89	—
2008	132 802	51.47	48.53	46.99	—
2009	133 450	51.44	48.56	48.34	—
2010	134 091	51.27	48.73	49.95	2.21
2011	134 735	51.26	48.74	51.27	2.3
2012	135 404	51.25	48.75	52.57	2.36
2013	136 072	51.24	48.76	53.73	2.45
2014	136 782	51.23	48.77	54.77	2.53
2015	137 462	51.22	48.78	56.1	2.46
2016	138 271	51.21	48.79	57.35	2.45
2017	139 008	51.17	48.83	58.52	2.44

表 4　部分省份人口自然增长率/‰

省份	2006	2007	2008	2009	2010	2011	2012	2013	2014	2015	2016	2017	2018
北京	1.29	3.4	3.42	3.5	3.07	4.02	4.74	4.41	4.83	3.01	4.12	3.76	2.66
天津	1.6	2.05	2.19	2.6	2.6	2.5	2.63	2.28	2.14	0.23	1.83	2.6	1.25
河北	6.23	6.55	6.55	6.5	6.81	6.5	6.47	6.17	6.95	5.56	6.06	6.6	4.88
山西	5.75	5.33	5.31	4.89	5.3	4.86	4.87	5.24	4.99	4.42	4.77	5.61	4.31
内蒙古	3.96	4.48	4.27	3.96	3.76	3.51	3.65	3.36	3.56	2.40	3.34	3.73	2.4
辽宁	1.1	1.53	1.1	0.97	0.42	−0.34	−0.39	−0.03	0.26	−0.42	−0.18	−0.44	−1
吉林	2.67	2.5	1.61	1.95	2.03	1.02	0.36	0.32	0.4	0.34	−0.05	0.26	0.36
黑龙江	2.39	2.49	2.23	2.06	2.32	1.07	1.27	0.78	0.91	−0.60	−0.49	−0.41	−0.69
上海	1.58	3.04	2.72	2.7	1.98	1.87	4.2	2.94	3.14	2.45	4		2.8	1.8
江苏	2.28	2.3	2.3	2.56	2.85	2.61	2.45	2.43	2.43	2.02	2.73	2.68	2.29
浙江	4.87	4.81	4.58	4.63	4.73	4.07	4.6	4.56	5	5.02	5.7	6.36	5.44
安徽	6.3	6.35	6.45	6.47	6.75	6.32	6.86	6.82	6.97	6.98	7.06	8.17	6.45
福建	6.25	6.1	6.3	6.2	6.11	6.21	7.01	6.19	7.5	7.80	8.3	8.8	7
江西	7.79	7.87	7.91	7.89	7.66	7.5	7.32	6.91	6.98	6.96	7.29	7.71	7.37
山东	5.5	5	5.09	5.62	5.39	5.1	4.95	5.01	7.39	5.88	10.84	10.14	6.08
河南	5.32	4.94	4.97	4.99	4.95	4.94	5.16	5.51	5.78	5.65	6.15	5.98	4.92
湖北	3.13	3.23	2.71	3.48	4.34	4.38	4.88	4.93	4.9	4.91	5.07	5.59	4.54
湖南	5.19	5.25	5.4	6.11	6.4	6.55	6.57	6.54	6.63	6.72	6.56	6.19	5.11
广东	7.29	7.3	7.25	7.26	6.97	6.1	6.95	6.02	6.1	6.80	7.44	9.16	8.24
广西	8.34	8.2	8.7	8.53	8.65	7.67	7.89	7.93	7.86	7.90	7.87	8.92	8.16
海南	8.86	8.91	8.99	8.96	8.98	8.97	8.85	8.69	8.61	8.57	8.57	8.72	8.47
重庆	3.4	3.8	3.8	3.7	2.77	3.17	4		3.6	3.62	3.86	4.53	3.91	3.48
四川	2.86	2.92	2.39	2.72	2.31	2.98	2.97	3		3.2	3.36	3.49	4.23	4.04
贵州	7.26	6.68	6.72	6.96	7.41	6.38	6.31	5.9	5.8	5.80	6.5	7.1	7.05
云南	6.9	6.86	6.32	6.08	6.54	6.35	6.22	6.17	6.2	6.40	6.61	6.85	6.87
西藏	11.7	11.3	10.3	10.24	10.25	10.26	10.27	10.38	10.55	10.65	10.68	11.05	10.64
陕西	4.04	4.05	4.08	4		3.72	3.69	3.88	3.86	3.87	3.82	4.41	4.87	4.43
甘肃	6.24	6.49	6.54	6.61	6.03	6.05	6.06	6.08	6.1	6.21	6		6.02	4.42
青海	8.97	8.8	8.35	8.32	8.63	8.31	8.24	8.03	8.49	8.55	8.52	8.25	8.06
宁夏	10.69	9.76	9.69	9.68	9.04	8.97	8.93	8.62	8.57	8.04	8.97	8.69	7.78
新疆	10.76	11.78	11.17	10.56	10.56	10.57	10.84	10.92	11.47	11.08	11.08	11.4	6.13

表 5 部分省份登记招聘人数/人

省份	2006	2007	2008	2009	2010	2011	2012	2013	2014	2015	2016
北京	638 584	851 689	1 172 429	1 222 457	1 811 089	1 783 262	1 621 815	1 688 102	1 177 778	816 251	1 055 887
天津	470 000	490 000	503 000	456 000	1 269 704	764 657	825 277	1 025 277	1 022 607	1 044 951	1 146 903
河北	1 750 338	1 567 429	1 592 295	1 431 692	2 171 966	2 609 930	2 297 523	2 296 106	2 302 926	1 307 537	1 179 492
山西	579 389	684 600	533 715	497 462	1 223 766	1 143 524	1 136 376	910 036	1 168 752	1 274 034	1 057 826
内蒙古	773 610	771 187	699 797	738 945	963 659	956 092	860 058	534 344	625 747	539 440	537 706
辽宁	1 802 345	1 939 966	1 447 828	2 136 523	5 197 901	3 970 703	4 208 548	3 955 686	2 966 926	2 121 508	2 695 754
吉林	739 863	698 556	731 128	916 323	983 245	1 315 551	1 158 514	1 046 530	946 943	807 967	693 296
黑龙江	1 142 252	1 142 234	1 265 857	1 305 797	1 295 246	1 528 955	1 515 302	1 161 993	1 090 455	1 027 944	957 491
上海	1 491 300	1 563 100	1 541 303	1 686 661	1 682 496	1 569 117	1 589 998	1 576 779	1 681 991	1 832 456	1 408 742
江苏	3 293 349	4 131 597	4 455 757	5 315 832	5 801 115	8 617 899	7 307 003	6 718 952	7 183 282	6 327 669	5 728 710
浙江	6 915 269	7 492 422	7 394 207	7 778 480	5 872 109	6 257 409	4 601 260	5 417 126	5 180 286	5 004 062	4 083 328
安徽	1 221 495	1 359 801	1 569 731	1 959 489	2 470 030	2 604 445	2 377 935	2 761 974	2 569 934	2 147 434	2 172 012
福建	3 015 375	2 889 419	3 315 106	3 121 718	4 074 660	3 969 144	4 061 271	4 419 470	5 183 998	2 444 584	4 393 599
江西	1 550 376	1 577 634	1 725 782	1 816 231	1 791 722	1 704 337	1 749 294	1 765 890	2 452 668	2 279 870	2 016 367
山东	3 297 990	3 345 560	3 332 623	3 581 204	3 490 948	4 735 823	4 073 346	3 746 567	3 442 893	2 709 033	2 575 069

续表

省份	2006	2007	2008	2009	2010	2011	2012	2013	2014	2015	2016
河南	1 132 536	1 132 536	1 132 536	1 156 390	1 333 152	1 021 190	2 647 812	2 499 250	1 732 763	1 185 800	2 012 803
湖北	1 600 368	1 794 829	1 604 318	1 961 537	2 364 222	2 409 017	2 455 250	2 047 746	1 942 182	1 768 788	1 731 730
湖南	971 165	874 442	846 215	864 365	2 369 319	2 392 793	2 915 336	3 720 977	1 995 741	802 058	802 040
广东	9 906 496	12 301 819	12 319 538	13 483 865	8 951 958	8 927 992	13 339 559	5 374 076	5 533 418	6 405 494	6 606 302
广西	1 323 986	1 336 730	1 336 037	1 492 024	2 884 074	3 283 531	3 085 920	2 534 803	3 250 224	3 480 697	2 363 547
海南	224 734	209 319	226 033	213 893	549 580	679 545	600 625	637 684	837 055	543 946	588 098
重庆	459 868	596 275	672 864	834 654	810 778	1 104 566	1 032 762	1 149 679	1 199 355	1 116 542	984 269
四川	1 540 673	1 630 669	1 662 824	1 830 243	1 894 053	1 813 938	1 879 709	1 670 707	1 856 888	1 335 842	1 336 782
贵州	267 312	349 284	329 444	445 748	645 435	1 332 609	1 361 539	1 510 755	1 127 362	820 749	1 782 453
云南	741 318	656 619	609 463	670 308	722 269	869 434	640 958	614 602	647 376	569 647	744 451
西藏	35 809	30 455	28 036	25 414	28 259	23 925	25 981	41 477	37 629	39 283	52 070
陕西	1 117 760	1 091 139	1 306 397	1 300 523	2 552 466	1 561 307	1 344 263	1 176 452	1 006 090	1 207 289	997 857
甘肃	335 026	390 911	383 116	392 248	498 785	494 192	514 034	437 221	382 227	386 969	391 563
青海	448 727	490 016	482 595	557 072	595 252	509 246	566 013	648 549	592 380	329 479	160 829
宁夏	248 567	401 661	386 245	512 180	534 626	364 696	337 009	212 974	205 359	167 394	202 055
新疆	476 219	614 193	463 955	751 803	578 940	747 868	828 277	468 011	393 274	372 348	449 034

表 6　部分省份登记求职人数/人

省份	2006	2007	2008	2009	2010	2011	2012	2013	2014	2015	2016
北京	522 259	466 856	408 197	402 830	335 296	274 230	568 511	521 514	442 670	76 504	310 761
天津	648 000	660 000	705 000	633 000	1 530 230	947 840	988 013	988 364	988 364	1 011 071	1 015 086
河北	1 899 799	1 672 612	1 557 509	1 404 796	1 618 187	1 907 907	1 814 001	1 813 667	2 149 443	1 148 345	1 050 780
山西	608 888	716 534	530 960	482 879	1 466 054	1 085 112	1 304 816	331 502	1 052 230	1 384 436	1 071 249
内蒙古	829 738	806 759	741 530	735 274	906 762	927 652	756 806	570 338	603 925	398 251	464 200
辽宁	1 871 184	1 956 966	1 332 797	2 192 477	4 406 652	2 644 242	2 189 781	2 374 604	2 766 509	2 040 554	2 597 403
吉林	885 336	882 973	918 345	964 331	981 360	1 030 700	888 454	868 608	735 666	634 266	575 951
黑龙江	1 317 076	1 184 384	1 335 422	1 380 614	1 459 037	1 583 301	1 635 787	1 368 924	1 314 197	1 261 388	1 237 739
上海	1 683 600	1 618 700	5 226 762	5 478 401	1 810 600	1 628 770	1 459 451	918 301	754 103	591 066	466 660
江苏	3 197 075	4 164 451	4 962 727	5 525 029	5 027 504	7 290 663	6 792 138	6 303 320	6 547 588	5 878 972	5 394 638
浙江	4 969 587	4 596 962	5 876 872	4 910 104	2 991 497	2 755 162	2 694 236	2 722 510	2 677 587	2 860 121	2 435 200
安徽	1 274 679	1 305 304	1 379 555	1 519 926	1 667 088	1 621 128	1 737 780	1 850 125	2 028 274	1 691 619	1 715 073
福建	2 112 122	2 222 630	2 510 676	2 695 673	3 075 004	2 735 453	2 790 036	3 005 392	4 230 988	1 885 044	3 490 183
江西	1 581 784	1 448 890	1 846 380	1 929 917	1 162 481	1 188 840	1 600 013	1 609 099	1 145 778	1 028 797	779 765
山东	3 079 782	3 046 311	2 712 838	2 951 400	2 363 231	3 358 892	3 185 307	2 825 251	2 547 040	2 078 125	1 993 516
河南	1 368 127	1 368 127	1 368 127	1 404 538	1 176 372	1 324 196	2 027 476	1 881 280	1 239 977	1 202 226	1 595 913

续表

省份	2006	2007	2008	2009	2010	2011	2012	2013	2014	2015	2016
湖北	1 638 518	1 617 916	1 542 966	1 822 957	1 905 709	1 772 259	1 871 553	1 604 979	1 479 378	1 374 270	1 421 865
湖南	1 499 047	1 516 328	1 323 460	1 203 840	1 886 895	1 965 820	2 301 372	3 134 018	1 645 240	1 645 240	1 645 240
广东	8 389 827	9 179 142	10 235 506	11 226 180	7 306 739	6 516 525	11 860 390	3 044 225	3 258 464	3 971 046	3 117 370
广西	1 031 069	1 226 129	1 458 582	1 399 853	1 686 118	1 482 168	1 566 623	1 450 519	1 648 347	1 940 680	1 377 530
海南	355 242	362 630	296 799	319 107	385 974	414 667	390 258	317 330	101 922	140 594	215 399
重庆	462 582	593 153	629 784	830 534	799 548	897 848	881 938	836 898	856 891	830 941	714 873
四川	1 407 031	1 720 498	1 555 995	1 753 289	1 379 583	1 273 189	1 273 320	1 102 022	1 116 626	1 040 848	1 231 524
贵州	251 588	327 520	310 755	348 800	530 519	621 019	578 324	537 275	558 390	987 984	1 025 687
云南	760 768	668 183	671 005	620 418	617 713	490 900	485 829	477 482	560 289	559 633	612 234
西藏	31 212	34 897	31 819	31 501	39 933	32 247	26 814	37 692	36 798	47 266	35 058
陕西	1 304 501	1 312 857	1 542 908	1 313 385	2 807 764	1 457 261	1 344 919	1 274 495	1 328 117	1 341 261	1 219 120
甘肃	421 124	461 293	504 181	472 252	417 784	417 261	421 552	387 274	353 837	394 882	405 668
青海	515 840	493 966	490 220	513 684	551 486	548 327	645 716	631 884	598 615	372 587	397 557
宁夏	346 395	502 844	466 290	565 888	954 891	430 263	436 000	302 458	254 954	143 758	267 054
新疆	1 095 185	1 249 741	845 699	1 024 109	510 852	542 686	606 759	414 565	376 021	325 516	392 052

表 7 就业人员分布及基本情况

年份	年末第一产业就业人员数/万人	年末第二产业就业人员数/万人	年末第三产业就业人员数/万人	城镇登记失业率/%
2000	36 042.5	16 219.13	19 823.38	3.1
2001	36 398.5	16 233.73	20 164.77	3.6
2002	36 640	15 681.92	20 958.08	4
2003	36 204.38	15 926.98	21 604.65	4.3
2004	34 829.82	16 709.4	22 724.78	4.2
2005	33 441.86	17 765.99	23 439.16	4.2
2006	31 940.63	18 894.46	24 142.92	4.1
2007	30 730.97	20 186.03	24 404	4
2008	29 923.34	20 553.41	25 087.25	4.2
2009	28 890.47	21 080.18	25 857.35	4.3
2010	27 930.54	21 842.14	26 332.33	4.1
2011	26 594.16	22 543.9	27 281.94	4.1
2012	25 773	23 241	27 690	4.1
2013	24 171	23 170	29 636	4.05
2014	22 790	23 099	31 364	4.09
2015	21 919	22 693	32 839	4.05
2016	21 496	22 350	33 757	4.02
2017	20 944	21 824	34 872	3.9

表 8 部分省份城镇登记失业人员数/万人

省份	2006	2007	2008	2009	2010	2011	2012	2013	2014	2015	2016	2017	2018
北京	10.4	10.63	10.33	8.16	7.73	8.13	8.15	7.53	7.43	7.85	7.99	8.1	7.91
天津	11.67	14.99	12.99	15	16.1	20.11	20.4	21.69	22.52	25.08	25.77	26	25.81
河北	28.69	29.3	32.24	34.5	35.14	35.99	36.83	37.22	38.31	39.41	39.73	39.92	38.04
山西	15.6	16.1	17.47	21.65	20.39	21.15	21	21.1	24.55	25.57	26.07	26.53	24.56
内蒙古	18	18.46	19.92	20.14	20.81	21.83	23.13	23.8	24.77	25.87	26.71	27.08	27.04
辽宁	54.1	44.52	41.68	41.62	38.93	39.43	38.08	39.55	40.96	46.15	47.33	42.72	44.41
吉林	26.3	23.94	24.3	23.45	22.65	22.21	22.3	22.61	23.18	23.88	25.72	26.27	26.82
黑龙江	31.2	31.47	32.07	31.41	36.24	35.03	41.26	41.37	39.85	40.98	39.58	39.74	39.41
上海	27.82	26.7	26.56	27.87	27.6	27	26.69	25.3	25.63	24.81	24.26	22.06	19.41
江苏	40.4	39.26	41.09	40.74	40.65	41.45	40.47	37.61	36.57	36.01	35.21	34.69	34.37
浙江	29.1	28.6	30.68	30.68	31.13	31.67	33.41	33.41	33.14	33.69	33.85	33.78	34.07
安徽	28.23	27.17	29.31	30.08	26.86	33.14	31.3	32.36	31.45	30.91	30.45	28.99	28.07
福建	15.13	14.85	14.96	15.19	14.49	14.64	14.55	14.7	14.35	15.41	16.26	17.15	17.33
江西	25.27	24.34	26	27.3	26.26	24.64	25.7	27.42	29.41	29.95	31.33	32.33	35.11
山东	43.7	43.47	60.74	45.12	44.5	45.1	43.4	42.15	43.07	43.69	45.84	45.75	46.54
河南	35.4	33.07	36.51	38.46	38.16	38.41	38.3	40.24	40.01	42.46	43.58	40.67	48.6

续表

省份	2006	2007	2008	2009	2010	2011	2012	2013	2014	2015	2016	2017	2018
湖北	52.56	54.1	55.07	55.25	55.65	55.12	42.26	40.17	37.88	33.43	32.91	37.07	36.14
湖南	43.3	44.38	47.01	47.81	43.22	43.14	44.13	45.65	47.29	45.1	44.94	44.46	40.35
广东	36.2	36.22	38.07	39.51	39.3	38.83	39.61	37.98	36.83	36.97	37.99	37.13	36.55
广西	20.01	18.47	18.8	19.11	19.07	18.81	18.94	18.05	18.66	18.13	18.13	14.72	16.71
海南	5.2	5.41	5.64	5.3	4.77	2.85	3.63	3.94	4.25	4.76	5.06	5.47	5.51
重庆	15.41	14.13	13.02	13.44	13.02	12.96	12.43	12.07	13.42	14.26	15.68	14.26	13.09
四川	36.1	34.53	37.86	36.28	34.56	36.93	40.67	42.87	54.36	54.64	56.26	55.78	53.31
贵州	12.12	12.13	12.47	12.34	12.18	12.51	12.56	13.66	14.09	14.49	14.78	14.9	15.06
云南	13.79	14.02	14.77	15.4	15.69	15.99	17.44	18.09	19.19	19.47	20.1	19.81	20.88
西藏	—	—	—	2.02	2.08	1.04	1.64	1.63	1.69	1.77	1.84	1.95	2.11
陕西	21.5	20.95	20.83	21.48	21.42	20.91	19.48	21.06	22.35	22.35	22.74	23.44	24.12
甘肃	9.69	9.51	9.43	10.28	10.72	10.78	9.8	9.3	9.71	9.48	9.77	9.65	9.95
青海	3.73	3.72	3.87	4.06	4.24	4.35	4.09	4.23	4.22	4.44	4.58	4.67	4.65
宁夏	4.2	4.42	4.77	4.8	4.76	5.22	4.61	4.69	5	4.94	5.1	5.07	5.39
新疆	11.6	11.7	11.77	11.86	10.99	11.12	11.85	11.9	11.21	10.28	9.66	9.99	9.55

表 9 部分省份城镇登记失业率/%

省份	2006	2007	2008	2009	2010	2011	2012	2013	2014	2015	2016	2017	2018
北京	1.98	1.84	1.82	1.44	1.37	1.39	1.27	1.21	1.31	1.4	1.4	1.43	1.4
天津	3.6	3.59	3.6	3.6	3.6	3.6	3.6	3.6	3.5	3.5	3.5	3.5	3.51
河北	3.84	3.83	3.96	3.93	3.86	3.75	3.69	3.68	3.59	3.6	3.7	3.68	3.3
山西	3.2	3.24	3.29	3.86	3.58	3.48	3.33	3.13	3.4	3.5	3.5	3.43	3.26
内蒙古	4.1	3.99	4.1	3.97	3.9	3.8	3.73	3.66	3.59	3.7	3.7	3.63	3.58
辽宁	5.1	4.28	3.9	3.87	3.63	3.68	3.55	3.35	3.38	3.4	3.8	3.8	3.94
吉林	4.2	3.92	3.98	3.95	3.8	3.7	3.65	3.7	3.4	3.5	3.5	3.52	3.46
黑龙江	4.4	4.26	4.23	4.27	4.27	4.1	4.15	4.44	4.47	4.5	4.2	4.21	3.99
上海	4.4	4.22	4.2	4.26	4.35	3.54	3.05	3.98	4.06	4	4.1	3.92	3.53
江苏	3.4	3.17	3.25	3.22	3.16	3.22	3.14	3.03	3.01	3	3	2.98	2.97
浙江	3.51	3.27	3.49	3.26	3.2	3.12	3.01	3.01	2.96	2.9	2.9	2.73	2.6
安徽	4.25	4.06	3.92	3.92	3.66	3.74	3.68	3.41	3.21	3.1	3.2	2.88	2.83
福建	3.93	3.89	3.86	3.9	3.77	3.69	3.63	3.55	3.47	3.7	3.9	3.87	3.71
江西	3.64	3.37	3.42	3.44	3.31	2.98	3	3.17	3.27	3.4	3.4	3.34	3.44
山东	3.3	3.21	3.7	3.4	3.36	3.35	3.33	3.24	3.3	3.4	3.5	3.4	3.35
河南	3.52	3.41	3.4	3.5	3.38	3.35	3.08	3.09	2.97	3	3	2.76	3.02

续表

省份	2006	2007	2008	2009	2010	2011	2012	2013	2014	2015	2016	2017	2018
湖北	4.22	4.21	4.2	4.21	4.18	4.1	3.83	3.49	3.1	2.6	2.4	2.59	2.55
湖南	4.3	4.25	4.2	4.14	4.16	4.21	4.23	4.2	4.14	4.1	4.2	4.02	3.58
广东	2.6	2.51	2.56	2.6	2.52	2.46	2.48	2.43	2.44	2.5	2.5	2.47	2.41
广西	4.15	3.79	3.75	3.74	3.66	3.46	3.41	3.3	3.15	2.9	2.9	2.21	2.34
海南	3.6	3.49	3.72	3.48	3	1.73	2.01	2.17	2.26	2.3	2.4	2.33	2.3
重庆	4	3.98	3.96	3.96	3.9	3.5	3.3	3.4	3.46	3.6	3.7	3.35	2.96
四川	4.5	4.24	4.57	4.34	4.14	4.16	4.02	4.11	4.15	4.1	4.2	4.01	3.47
贵州	4.11	3.97	3.98	3.81	3.64	3.63	3.29	3.26	3.27	3.3	3.2	3.23	3.16
云南	4.28	4.18	4.21	4.26	4.21	4.05	4.03	3.98	3.98	4	3.6	3.2	3.4
西藏	—	—	—	3.8	3.99	3.2	2.58	2.47	2.47	2.5	2.6	2.68	2.83
陕西	4	4.02	3.91	3.94	3.85	3.59	3.22	3.32	3.34	3.4	3.3	3.28	3.21
甘肃	3.63	3.34	3.23	3.25	3.21	3.11	2.68	2.3	2.19	2.1	2.2	2.71	2.78
青海	3.9	3.75	3.8	3.8	3.8	3.76	3.37	3.31	3.15	3.2	3.1	3.05	2.97
宁夏	4.3	4.28	4.35	4.4	4.35	4.4	4.18	4.06	4.02	4	3.9	3.87	3.89
新疆	3.9	3.88	3.7	3.84	3.23	3.22	3.39	3.36	3.17	2.9	2.5	2.58	2.36

表 10　部分省份历年大专以上从业人员占就业总人数比例/%

省份	2006	2007	2008	2009	2010	2011	2012	2013	2014	2015	2016	2017
北京	35.70	34.31	32.80	35.98	38.98	50.26	53.6	51.4	55.87	52.7	54.1	55.77
天津	17.26	17.37	16.94	17.99	21.52	26.74	27.8	31.8	34.15	34.4	34.3	34.54
河北	4.32	4.40	5.04	5.70	7.68	11.13	11.9	11.1	13.43	15.7	16.2	16.55
山西	8.09	7.94	7.18	7.88	10.81	12.92	15.4	15.3	16.79	20.8	21.3	21.19
内蒙古	7.42	7.85	7.82	8.15	12.41	16.55	17.0	17.3	18.52	18.1	20	21.34
辽宁	9.64	9.70	11.72	12.23	13.57	13.56	13.2	15.5	16.70	20	20.7	20.79
吉林	6.46	7.46	7.63	8.55	10.64	12.36	13.5	13.9	14.85	15.8	15.7	17.21
黑龙江	7.31	7.49	6.47	7.11	10.26	9.49	9.4	11.0	11.63	18	17.7	16.96
上海	28.39	27.68	29.20	31.32	28.31	32.13	33.7	35.0	42.85	43.9	44.6	46.21
江苏	8.15	6.66	6.63	7.27	11.95	13.68	15.4	16.9	18.29	22.9	24.6	25.16
浙江	8.74	8.03	8.90	10.38	11.56	15.92	17.6	19.2	21.52	24.7	25.2	26.53
安徽	3.69	3.42	4.06	3.89	7.53	8.65	9.7	10.1	11.60	13.3	13.8	12.67
福建	6.36	7.26	7.41	12.03	9.97	15.69	16.3	17.1	18.01	17.9	18.7	18.85
江西	5.86	8.84	6.91	7.43	7.17	8.02	9.0	10.8	10.94	12.6	11.9	11.36
山东	5.23	5.17	5.61	5.94	8.86	13.94	14.6	16.0	17.29	14.7	15.2	15.64
河南	4.35	4.05	4.47	4.96	6.82	8.59	9.0	10.2	11.97	12.8	13.2	12.51

续表

省份	2006	2007	2008	2009	2010	2011	2012	2013	2014	2015	2016	2017
湖北	7.57	6.82	7.05	7.87	9.20	14.09	13.8	13.5	15.97	16.3	16.5	15.81
湖南	5.51	5.55	5.61	5.68	7.89	14.76	14.3	14.8	15.63	14.8	15.6	16.25
广东	7.28	8.02	8.75	7.72	10.73	12.52	12.2	14.2	15.38	17.3	18.6	18.67
广西	5.25	4.24	3.72	4.45	7.36	7.96	9.0	8.3	10.46	13.5	13.2	12.92
海南	5.98	5.27	6.07	6.14	9.04	11.42	13.3	14.3	15.24	13.9	14.4	14.64
重庆	5.08	4.12	3.93	5.46	10.38	11.36	12.3	12.5	14.17	18.5	19.5	19.38
四川	3.72	4.07	3.31	5.46	7.01	8.84	9.6	10.7	10.98	12.0	13.3	13.12
贵州	3.37	4.12	4.50	3.62	7.08	8.39	8.2	9.3	10.19	9.5	10.2	10.18
云南	3.64	3.53	3.01	3.24	6.49	8.75	8.4	10.0	10.22	9.9	9.4	9.48
西藏	0.49	0.30	0.34	0.30	7.10	18.51	6.6	5.9	5.9	10.0	12.1	11.75
陕西	7.49	8.13	8.91	8.42	10.49	16.04	17.0	18.7	21.01	17.6	18.9	20.29
甘肃	3.58	3.97	5.17	5.04	8.12	11.49	12.1	13.8	14.36	13.4	14.1	14.35
青海	7.98	9.17	9.26	10.20	11.51	16.69	16.5	17.5	16.4	17.9	19.1	19.55
宁夏	8.84	9.26	9.32	9.30	12.74	14.96	14.3	14.1	15.37	19.4	21.3	21.83
新疆	11.18	10.6	11.26	11.29	13.86	15.95	18.0	18.1	17.67	23.0	23.1	23.82

表 11　全国就业训练中心结业与就业人数

年份	结业人数/人	就业人数/人	就业率/%
2001	4 633 170	2 809 620	60.6
2002	5 034 090	3 181 555	63.2
2003	5 796 603	3 768 636	65.0
2004	7 155 655	4 662 924	65.2
2005	7 971 643	5 577 680	70.0
2006	8 896 578	6 488 160	72.9
2007	9 184 327	7 166 297	78.0
2008	8 632 205	7 044 980	81.6
2009	7 710 226	6 607 821	85.7
2010	7 257 643	5 995 558	82.6
2011	7 441 632	5 942 559	79.9
2012	7 558 849	6 925 624	91.6
2013	5 840 449	4 534 446	77.6
2014	5 023 349	3 710 579	73.9
2015	4 242 993	3 178 178	74.9
2016	4 084 783	2 911 629	71.3
2017	3 178 574	2 197 610	69.1

表 12　全国职业技能鉴定劳动者数量/人

年份	获得证书人数	初级	中级	高级	技师	高级技师
2000	3 726 619	1 553 035	1 743 885	393 201	34 175	2 323
2001	4 570 081	1 756 881	2 236 967	523 010	49 689	3 534
2002	5 562 607	2 036 748	2 712 382	761 195	48 852	3 430
2003	5 839 222	2 124 504	2 870 097	768 890	69 501	6 230
2004	7 360 975	2 691 946	3 516 786	975 155	140 816	36 272
2005	7 857 292	2 732 405	3 756 905	1 133 278	195 577	39 127
2006	9 252 416	3 124 130	4 390 924	1 440 591	260 830	35 384
2007	9 956 079	3 687 419	4 518 674	1 429 235	274 176	46 575
2008	11 372 105	4 492 273	4 891 989	1 606 473	318 047	63 323
2009	12 320 051	5 251 357	5 134 383	1 516 357	336 623	81 331
2010	13 929 377	5 899 097	5 544 598	2 097 432	316 663	71 587
2011	14 820 504	6 533 022	5 464 700	2 464 290	286 769	71 723
2012	15 487 834	6 655 352	5 604 790	2 760 639	336 187	130 866
2013	15 366 664	6 766 044	5 372 332	2 728 517	376 144	123 627
2014	15 542 766	6 094 580	5 707 155	3 117 737	429 024	194 270
2015	15 392 295	5 915 465	5 831 396	3 092 249	416 439	136 746
2016	14 461 529	5 549 708	5 481 352	2 963 711	350 596	116 162
2017	11 987 218	4 207 073	4 541 983	2 804 674	330 333	103 155

表13 2017年各行业就业人员受教育程度/%

受教育程度	未上过学	小学	初中	高中	大学专科	大学本科	研究生及以上
农、林、牧、渔业	6.488 9	38.150 9	48.465 7	5.235 5	0.523 1	0.184 5	0.015 2
采矿业	0.363 1	6.890 9	41.443 1	17.630 3	12.736 8	8.423	0.518 3
制造业	0.698 7	9.519 7	49.657 1	15.927 4	9.203 1	5.588 7	0.440 1
电力、燃气及水的生产和供应业	0.179	3.424 7	26.517 6	17.671 9	22.107 8	16.725 9	1.347 6
建筑业	0.880 4	17.269 2	58.777 1	11.022 7	4.972 9	3.363 5	0.194 8
交通运输、仓储和邮政业	0.512 9	7.653	43.135	20.767 9	11.985 4	5.959 7	0.258 8
信息传输、计算机服务和软件业	0.475 4	7.161 1	49.531 3	18.884	9.887 9	5.564 2	0.212 3
批发和零售业	0.827 7	10.529	55.384 4	17.873 4	5.934 4	2.238 3	0.050 6
住宿和餐饮业	0.039 1	0.883 1	11.761	10.504 8	28.405 7	34.576 3	4.117 6
金融业	0.156 6	0.619 5	10.626 6	12.418 9	28.514 8	35.327 6	3.157 2
房地产业	0.523 4	6.130 9	26.553	19.187 8	21.380 1	14.274 4	0.699 9
租赁和商务服务业	0.314 3	4.809	26.531 1	15.315 2	20.688 9	20.230 3	1.965 6
科学研究、技术服务和地质勘查业	0.033 5	1.667 5	12.528 5	8.807 6	22.639	35.435 5	10.065 7
水利、环境和公共设施管理业	2.079 9	16.734 2	35.666 9	14.04	12.060 3	11.464 6	1.259 8
居民服务和其他服务业	1.738 3	13.027 4	48.645	16.929 7	8.078 5	3.931 3	0.204 7
教育	0.238	1.575 4	10.355 4	8.233 9	23.96	39.146 7	6.657 1
卫生、社会保障和社会福利业	0.376	2.841 9	11.544 8	8.617 2	28.919 8	27.381	3.608 7
文化、体育和娱乐业	0.353 4	4.244 9	26.966 2	16.542 5	18.907 8	20.544 7	1.823 4
公共管理和社会组织	0.347	2.481 8	13.181 8	13.262 4	27.629 5	32.384 7	2.291
国际组织	—	—	19.657 7	—	54.060 7	21.550 2	4.731 3

表 14　2017 年按职业分就业人员受教育程度 /%

受教育程度	未上过学	小学	初中	高中	大学专科	大学本科	研究生及以上
单位负责人	0.1	4.2	25.7	19.5	20.4	19.3	2.1
专业技术人员	0.4	2.5	13.7	10.0	25.0	32.6	5.0
办事人员和有关人员	0.2	3.5	19.7	15.3	24.5	24.9	1.9
商业、服务业人员	0.8	9.0	45.4	18.6	10.8	6.1	0.3
农林牧渔水利业生产人员	6.5	38.4	48.4	5.2	0.4	0.1	0.0
生产运输设备操作人员及有关人员	0.9	13.3	58.0	13.8	5.2	2.3	0.1
其他	1.1	13.1	41.6	17.0	12.5	7.6	0.3

表 15　按行业分城镇单位就业人员平均工资/元

行业名称	2008	2009	2010	2011	2012	2013	2014	2015	2016	2017
农、林、牧、渔业	12 560	14 356	16 717	19 469	22 687	25 820	28 356	32 971	33 612	36 504
采矿业	34 233	38 038	44 196	52 230	56 946	60 138	61 677	59 920	60 544	69 500
制造业	24 404	26 810	30 916	36 665	41 650	46 431	51 369	55 192	59 470	64 452
电力、燃气及水的生产和供应业	38 515	41 869	47 309	52 723	58 202	67 085	73 339	80 528	83 863	90 348
建筑业	21 223	24 161	27 529	32 103	36 483	42 072	45 804	49 767	52 082	55 568
交通运输、仓储和邮政业	32 041	35 315	40 466	47 078	46 340	50 308	55 838	60 449	65 061	71 201
信息传输、计算机服务和软件业	54 906	58 154	64 436	70 918	53 391	57 993	63 416	69 772	73 650	80 225
批发和零售业	25 818	29 139	33 635	40 654	31 267	34 044	37 264	41 773	43 382	45 751
住宿和餐饮业	19 321	20 860	23 382	27 486	80 510	90 915	100 845	112 935	122 478	133 150
金融业	53 897	60 398	70 146	81 109	89 743	99 653	108 273	132 788	117 418	122 851
房地产业	30 118	32 242	35 870	42 837	46 764	51 048	55 568	61 381	65 497	69 277
租赁和商务服务业	32 915	35 494	39 566	46 976	53 162	62 538	67 131	71 410	76 782	81 393
科学研究、技术服务和地质勘查业	45 512	50 143	56 376	64 252	69 254	76 602	82 259	90 786	96 638	107 815
水利、环境和公共设施管理业	21 103	23 159	25 544	28 868	32 343	36 123	39 198	47 046	47 750	52 229
居民服务和其他服务业	22 858	25 172	28 206	33 169	35 135	38 429	41 882	45 524	47 577	50 552
教育	29 831	34 543	38 968	43 194	47 734	51 950	56 580	68 090	74 498	83 412
卫生、社会保障和社会福利业	32 185	35 662	40 232	46 206	52 564	57 979	63 267	73 444	80 026	89 648
文化、体育和娱乐业	34 158	37 755	41 428	47 878	53 558	59 336	64 375	74 301	79 875	87 803
公共管理和社会组织	32 296	35 326	38 242	42 062	46 074	49 259	53 110	64 431	70 959	80 372

表 16 按行业分城镇单位就业人员工资总额/亿元

行业名称	2008	2009	2010	2011	2012	2013	2014	2015	2016	2017
农、林、牧、渔业	516.42	537.41	627.06	697.65	760.8	757.96	808.9	862.6	882.139	949.925
采矿业	1 847.29	2 089.12	2 458.84	3 174.24	3 600.7	3 833.18	3 728.2	3 318.2	3 038.125	3 208.581
制造业	8 498.91	9 302.20	11 140.79	15 031.37	17 668.1	24 566.64	27 011.4	28 341.6	29 088.88	29 740.55
电力、燃气及水的生产和供应业	1 180.36	1 283.45	1 468.28	1 755.73	1 999.6	2 715.30	2 965.8	3 137.4	3 235.716	3 406.561
建筑业	2 313.62	2 837.89	3 471.55	5 596.36	7 392.7	12 315.09	13 389.4	13 619.3	13 969.19	14 283.92
交通运输、仓储和邮政业	2 006.30	2 234.90	2 541.95	3 074.06	3 271.3	4 451.92	4 931.4	5 324.6	5 681.174	5 980.058
信息传输、计算机服务和软件业	862.83	996.23	1 171.65	1 475.59	3 531.5	4 834.56	5 435.4	5 898.0	6 238.69	6 754.083
批发和零售业	1 323.94	1 509.21	1 782.97	2 594.75	824.4	1 038.33	1 079.1	1 130.0	1 167.902	1 211.949
住宿和餐饮业	371.23	418.87	484.65	655.22	1 769.4	2 957.72	3 375.8	3 912.7	4 431.754	5 198.415
金融业	2 202.90	2 658.79	3 219.03	4 007.02	4 669.0	5 269.04	6 017.4	6 730.1	7 557.284	8 295.036
房地产业	520.84	607.78	745.58	1 052.54	1 271.3	1 882.30	2 220.5	2 493.0	2 802.101	3 059.261
租赁和商务服务业	893.68	1 021.39	1 198.45	1 325.28	1 531.2	2 629.38	2 985.9	3 399.9	3 704.279	4 176.039
科学研究、技术服务和地质勘查业	1 154.61	1 350.61	1 619.29	1 879.58	2 259.4	2 940.32	3 339.7	3 665.8	4 037.269	4 491.522
水利、环境和公共设施管理业	413.81	474.32	555.89	659.79	784.6	933.66	1 049.9	1 177.7	1 278.23	1 394.342
居民服务和其他服务业	132.11	146.78	168.44	197.89	217.1	277.16	312.9	336.1	357.776	390.235
教育	4 556.10	5 338.61	6 136.54	6 938.82	7 851.0	8 721.14	9 722.5	11 492.1	12 787.07	14 324.38
卫生、社会保障和社会福利业	1 789.26	2 095.30	2 506.41	3 078.65	3 718.5	4 397.77	5 057.8	5 941.3	6 825.558	7 930.769
文化、体育和娱乐业	429.31	488.51	543.74	642.07	735.4	867.81	936.8	1 086.0	1 204.441	1 339.937
公共管理和社会组织	4 275.97	4 896.80	5 428.79	6 118.07	7 058.3	7 675.02	8 448.6	10 141.4	11 787.22	13 753.5

表 17　分登记注册类型城镇单位就业人员平均工资及指数

年份	平均工资/元 合计	国有单位	城镇集体单位	其他单位	指数（以上年为100） 合计	国有单位	城镇集体单位	其他单位
1985	1 148	1 213	967	1 436	117.9	117.3	119.2	137.0
1986	1 329	1 414	1 092	1 629	115.8	116.6	112.9	113.4
1987	1 459	1 546	1 207	1 879	109.8	109.3	110.5	115.3
1988	1 747	1 853	1 426	2 382	119.7	119.9	118.1	126.8
1989	1 935	2 055	1 557	2 707	110.8	110.9	109.2	113.6
1990	2 140	2 284	1 681	2 987	110.6	111.1	108.0	110.3
1991	2 340	2 477	1 866	3 468	109.3	108.5	111.0	116.1
1992	2 711	2 878	2 109	3 966	115.9	116.2	113.0	114.4
1993	3 371	3 532	2 592	4 966	124.3	122.7	122.9	125.2
1994	4 538	4 797	3 245	6 302	134.6	135.8	125.2	126.9
1995	5 348	5 553	3 934	7 728	118.9	117.3	121.1	119.9
1996	5 980	6 207	4 312	8 521	111.8	111.8	109.6	110.3
1997	6 444	6 679	4 516	9 092	107.8	107.6	104.7	106.7
1998	7 446	7 579	5 314	9 241	115.5	113.5	117.7	101.6
1999	8 319	8 443	5 758	10 142	111.7	111.4	108.4	109.8
2000	9 333	9 441	6 241	11 238	112.2	111.8	108.4	110.8
2001	10 834	11 045	6 851	12 437	116.1	117.0	109.8	110.7
2002	12 373	12 701	7 636	13 486	114.2	115.0	111.5	108.4
2003	13 969	14 358	8 627	14 843	112.9	113.0	113.0	110.1
2004	15 920	16 445	9 723	16 519	114.0	114.5	112.7	111.3
2005	18 200	18 978	11 176	18 362	114.3	115.4	114.9	111.2
2006	20 856	21 706	12 866	21 004	114.6	114.4	115.1	114.4
2007	24 721	26 100	15 444	24 271	118.5	120.2	120.0	115.6
2008	28 898	30 287	18 103	28 552	116.9	116.0	117.2	117.6
2009	32 244	34 130	20 607	31 350	111.6	112.7	113.8	109.8
2010	36 539	38 359	24 010	35 801	113.3	112.4	116.5	114.2
2011	41 799	43 483	28 791	41 323	114.4	113.4	119.9	115.4
2012	46 769	48 357	33 784	46 360	111.9	111.2	117.3	112.2
2013	51 483	52 657	38 905	51 453	110.1	108.9	115.2	111.0
2014	56 360	57 296	42 742	56 485	109.5	108.8	109.9	109.8
2015	62 029	65 296	46 607	60 906	110.1	114.0	109.0	107.8
2016	67 569	72 538	50 527	65 531	108.93	111.091	108.4107	107.5937
2017	74 318	81 114	55 243	71 304	109.99	111.8228	109.3336	108.8096

表 18　城镇单位在岗职工年末人数/人

	2012	2013	2014	2015	2016	2017
全国	144 031 925	170 567 278	172 122 214	169 771 519	167 681 031	165 076 606
北京	6 703 514	6 954 597	7 087 922	7 247 899	7 335 386	7 563 679
天津	2 717 368	2 837 991	2 790 872	2 782 236	2 703 079	2 522 074
河北	5 840 470	6 128 982	6 140 110	5 997 641	5 955 749	4 983 529
山西	4 184 755	4 465 566	4 347 200	4 218 960	4 123 482	4 100 132
内蒙古	2 652 650	2 944 201	2 926 572	2 895 546	2 844 206	2 717 381
辽宁	5 723 311	6 481 411	6 268 735	5 835 086	5 265 933	4 887 073
吉林	2 743 262	3 206 266	3 156 389	3 081 304	3 051 367	2 916 862
黑龙江	4 133 845	4 201 871	4 105 528	3 941 493	3 807 089	3 645 444
上海	5 111 610	5 790 874	6 080 143	5 941 860	5 866 267	5 886 970
江苏	7 926 166	14 178 830	15 127 944	14 675 284	14 107 258	13 945 527
浙江	10 223 156	10 205 832	10 510 249	10 275 299	10 030 670	9 934 992
安徽	3 974 127	4 721 109	4 762 716	4 675 542	4 679 509	4 649 353
福建	6 041 660	6 035 156	6 097 381	6 177 496	6 191 918	6 179 708
江西	3 608 820	4 100 025	4 260 148	4 401 395	4 317 704	4 274 646
山东	10 602 213	12 375 967	12 100 117	11 779 502	11 554 821	11 302 593
河南	8 496 210	10 233 762	10 575 467	10 766 699	10 961 342	10 832 875
湖北	5 576 269	6 434 941	6 530 724	6 584 886	6 627 448	6 389 266
湖南	5 232 744	5 543 266	5 528 096	5 347 737	5 239 665	5 203 714
广东	12 620 619	19 051 631	19 104 382	18 833 302	18 920 863	18 928 469
广西	3 318 336	3 755 238	3 732 441	3 745 308	3 685 651	3 663 203
海南	872 859	952 232	979 421	970 006	972 975	968 812
重庆	3 343 664	3 753 586	3 867 609	3 850 799	3 796 583	3 691 841
四川	6 117 740	7 944 954	7 580 447	7 421 374	7 288 687	7 332 077
贵州	2 496 743	2 732 672	2 786 286	2 776 232	2 785 739	2 854 634
云南	3 627 907	3 901 300	3 810 319	3 736 715	3 762 189	3 755 568
西藏	215 020	264 807	277 015	284 628	286 316	302 424
陕西	3 864 571	4 706 402	4 793 985	4 741 309	4 740 808	4 715 625
甘肃	2 022 673	2 375 727	2 438 011	2 413 704	2 396 687	2 374 034
青海	607 593	626 221	616 467	609 790	614 909	619 502
宁夏	628 751	672 524	683 505	684 817	661 932	668 690
新疆	2 803 299	2 989 337	3 056 013	3 077 670	3 104 799	3 265 909

表 19 城镇单位在岗职工平均工资/元

	2012	2013	2014	2015	2016	2017
全国	47 593	52 388	57 361	63 241	68 993	76121
北京	85 307	93 997	103 400	113 073	122 749	134 994
天津	62 225	68 864	73 839	81 486	87 806	96 965
河北	39 542	42 532	46 239	52 409	56 987	65 266
山西	44 943	47 417	49 984	52 960	54 975	61 547
内蒙古	47 053	51 388	54 460	57 870	61 994	67 688
辽宁	42 503	46 310	49 110	53 458	57 148	62 545
吉林	39 092	43 821	47 683	52 927	57 486	62 908
黑龙江	38 598	42 744	46 036	51 241	55 299	59 995
上海	80 191	91 477	100 623	109 279	120 503	130 765
江苏	51 279	57 984	61 783	67 200	72 684	79 741
浙江	50 813	57 310	62 460	67 707	74 644	82 642
安徽	46 091	48 929	52 388	56 974	61 289	67 927
福建	44 979	49 328	54 235	58 719	63 138	69 029
江西	39 651	43 582	47 299	52 137	57 470	63 069
山东	42 572	47 652	52 460	58 197	63 562	69 305
河南	37 958	38 804	42 670	45 920	50 028	55 997
湖北	40 884	44 613	50 637	55 237	61 113	67 736
湖南	40 028	43 893	48 525	53 889	60 160	65 994
广东	50 577	53 611	59 827	66 296	72 848	80 020
广西	37 614	42 637	46 846	54 983	60 239	66 456
海南	40 051	45 573	50 589	58 406	62 565	69 062
重庆	45 392	51 015	56 852	62 091	67 386	73 272
四川	43 110	49 019	53 722	60 520	65 781	71 631
贵州	42 733	49 087	54 685	62 591	69 678	75 109
云南	38 908	44 188	47 802	55 025	63 562	73 515
西藏	58 347	64 409	68 059	110 980	110 330	115 549
陕西	44 330	48 853	52 119	56 896	61 626	67 433
甘肃	38 440	44 109	48 470	54 454	59 549	65 726
青海	46 827	52 105	57 804	61 868	67 451	76 535
宁夏	48 961	52 185	56 811	62 482	67 830	72 779
新疆	45 243	49 843	54 407	60 914	64 630	68 641

表20 全国就业人员受教育程度构成/%

性别	受教育程度	2010	2011	2012	2013	2014	2015	2016	2017
男性	未上过学就业人员占比	3.0	2.8	1.9	1.0	1.0	1.0	1.0	1.5
	小学文化程度就业人员占比	24.0	23.0	20.9	16.9	16.1	15.6	15.5	15.3
	高中文化程度就业人员占比	14.7	14.7	15.6	18.6	19.2	19.0	19.3	14.2
	大学专科文化程度就业人员占比	4.6	4.9	6.1	7.7	8.0	8.7	9.4	9.0
	大学本科文化程度就业人员占比	2.5	2.7	3.8	5.1	5.3	5.7	6.3	7.2
	研究生文化程度就业人员占比	0.2	0.3	0.4	0.5	0.5	0.5	0.6	0.8
女性	未上过学就业人员占比	7.9	7.1	5.2	3.2	3.1	3.0	2.8	4.6
	小学文化程度就业人员占比	31.3	30.2	27.6	23.1	22.5	22.0	21.4	21.0
	高中文化程度就业人员占比	44.1	45.3	45.8	46.7	46.4	46.1	45.2	40.1
	大学专科文化程度就业人员占比	10.4	10.5	11.7	14.3	14.4	14.7	14.7	10.3
	大学本科文化程度就业人员占比	4.1	4.5	5.8	7.6	8.1	8.4	9.3	9.4
	研究生文化程度就业人员占比	2.0	2.3	3.6	4.7	5.0	5.4	6.1	7.9

表21 城镇专业技术人员周工作时间构成/%

周工作时间	2008	2009	2010	2011	2012	2013	2014	2015	2016	2017
1~8小时人员占比	0.2	0.3	0.2	0.3	0.3	0.3	0.3	1.2	1.0	0.8
9~19小时人员占比	0.3	0.3	0.2	0.4	0.3	0.4	0.4	0.7	0.5	0.5
20~39小时人员占比	5.5	5.7	4.1	4.1	4.1	4.2	4.3	4.8	3.6	3.2
40小时人员占比	64.0	63.9	67.7	62.0	60.5	59.0	59.0	62.2	61.6	64.6
41~48小时人员占比	16.1	16.3	12.0	16.1	18.3	18.2	18.5	15.3	15.7	16.0
48小时以上人员占比	14.0	13.5	15.7	17.1	16.5	17.9	17.6	15.8	17.5	14.8

表22 按户口性质分城镇就业人员工作时间构成/%

	2008	2009	2010	2011	2012	2013	2014	2015	2016	2017
农业户口、周工作1~8小时人员占比	0.9	0.9	0.5	1.0	0.7	0.8	1.0	1.8	1.5	1.5
农业户口、周工作9~19小时人员占比	3.7	3.4	1.6	2.4	2.2	2.3	2.5	2.6	2.2	2.3
农业户口、周工作20~39小时人员占比	22.2	20.3	10.6	13.4	12.7	13.1	12.2	10.6	9.7	9.5
农业户口、周工作40小时人员占比	19.2	20.6	23.4	21.1	22.1	20.6	20.3	24.5	24.6	24.2

续表

	2008	2009	2010	2011	2012	2013	2014	2015	2016	2017
农业户口、周工作41~48小时人员占比	19.2	18.7	16.9	20.2	20.9	20.4	21.2	18.5	19.7	20.2
农业户口、周工作48小时以上人员占比	34.7	36.1	47.0	42.0	41.4	42.8	42.9	41.9	42.3	42.4
非农业户口、周工作1~8小时人员占比	0.2	0.3	0.2	0.4	0.3	0.3	0.2	1.4	0.9	0.8
非农业户口、周工作9~19小时人员占比	0.6	0.5	0.3	0.5	0.4	0.4	0.4	0.8	0.6	0.6
非农业户口、周工作20~39小时人员占比	6.2	6.6	4.2	4.3	4.2	4.3	4.4	4.6	3.4	3.1
非农业户口、周工作40小时人员占比	49.5	50.8	54.6	52.0	50.0	49.5	49.9	51.5	50.8	50.8
非农业户口、周工作41~48小时人员占比	17.2	18.1	13.6	17.5	19.8	19.4	19.3	16.8	17.7	18.6
非农业户口、周工作48小时以上人员占比	26.3	23.6	27.1	25.3	25.4	26.0	25.8	24.9	26.5	26.2

表23 城镇自营劳动者周工作时间构成/%

	2008	2009	2011	2012	2013	2014	2015	2016	2017
周工作1~8小时人员占比	0.2	1.2	1.7	0.4	0.3	0.4	2.1	1.8	1.6
周工作9~19小时人员占比	1.1	4.9	4.2	1.0	1.0	1.1	3.9	3.1	3.2
周工作20~39小时人员占比	12.6	28.0	20.9	7.6	9.1	9.2	13.6	12.3	12.2
周工作40小时人员占比	16.6	19.3	17.2	16.6	16.0	15.1	23.6	23.8	23.5
周工作41~48小时人员占比	14.8	15.8	15.0	14.8	13.4	14.5	13.8	15.6	16.1
周工作48小时以上人员占比	54.8	30.7	40.9	59.6	60.2	59.7	42.9	43.4	43.3

表24 城镇家庭帮工周工作时间构成/%

	2008	2009	2011	2012	2013	2014	2015	2016	2017
周工作1~8小时人员占比	0.4	0.5	0.8	0.4	0.5	0.4	2.0	1.7	1.4
周工作9~19小时人员占比	2.5	2.3	2.6	1.3	1.9	1.7	4.3	3.1	2.7
周工作20~39小时人员占比	17.0	16.5	15.1	11.8	11.8	12.0	15.6	14.7	12.8
周工作40小时人员占比	17.5	18.3	19.2	19.6	16.9	16.2	24.7	22.5	23.7
周工作41~48小时人员占比	14.2	13.5	11.8	15.6	13.2	15.2	12.5	13.6	15.5
周工作48小时以上人员占比	48.5	48.9	50.5	51.5	55.6	54.5	40.9	44.2	43.9

表 25　城镇商业、服务业人员周工作时间构成/%

	2008	2009	2010	2011	2012	2013	2014	2015	2016	2017
周工作1~8小时人员占比	0.2	0.2	0.2	0.4	0.3	0.3	0.3	1.5	1.1	0.9
周工作9~19小时人员占比	0.8	0.6	0.4	0.8	0.6	0.7	0.6	1.3	0.9	0.8
周工作20~39小时人员占比	8.4	7.6	4.9	5.7	5.0	5.6	5.5	5.5	4.6	3.8
周工作40小时人员占比	27.3	28.1	31.2	29.2	27.8	27.4	27.4	34.3	33.4	36.0
周工作41~48小时人员占比	18.7	20.0	16.2	19.9	21.5	20.8	20.9	18.3	19.5	19.8
周工作48小时以上人员占比	44.7	43.6	47.1	43.9	44.8	45.2	45.3	39.1	40.6	38.7

表 26　按受教育程度分组的城镇就业人员周平均工作时间/小时

	2008	2009	2010	2011	2012	2013	2014	2015	2016	2017
未上过学的就业人员	36.4	36.9	43.5	40.1	39.8	39.6	40.1	42.1	41.9	41.8
小学程度就业人员	41.7	42.3	47.2	45.0	44.5	44.8	44.6	45.3	46.1	46.2
初中程度就业人员	46.1	46.1	48.9	48.1	48.2	48.8	48.7	48.1	48.6	48.9
高中程度就业人员	46	46.1	47.2	47.1	47.4	47.6	47.8	46.2	47.0	47.2
大专学历的就业人员	43	42.9	43.7	43.8	44.0	44.3	44.5	43.2	43.8	43.9
大学本科学历的就业人员	41.7	41.5	42.1	42.4	42.4	42.5	42.6	41.7	42.3	42.1
研究生学历的就业人员	41.1	41.1	41.1	41.7	41.6	41.8	41.4	41.0	41.7	41.5

表 27　城镇失业人员受教育程度构成/%

	2008	2009	2010	2011	2012	2013	2014	2015	2016	2017
未上过学失业人员占比	0.4	0.7	0.6	0.4	0.6	0.5	0.4	0.7	0.7	0.7
小学文化程度失业人员占比	6.3	6.8	7.2	6.3	6.8	6.3	7.2	7.2	6.4	6.4
初中文化程度失业人员占比	43.1	41.4	40.6	39.7	41.3	38.0	38.9	35.9	37.2	35.0
高中文化程度失业人员占比	33.3	32.3	31.3	32.5	30.6	31.1	30.1	18.7	18.7	19.7
大学专科文化程度失业人员占比	12.2	12.8	13.7	14.9	13.7	15.6	15.2	15.2	15.5	15.3
大学本科文化程度失业人员占比	4.4	5.7	6.2	5.9	6.7	8.2	7.8	9.9	9.8	11.0
研究生文化程度失业人员占比	0.2	0.3	0.4	0.2	0.4	0.4	0.4	0.5	0.6	0.8

表 28　各级人才服务机构统计的单位登记招聘人数/人

	2010	2011	2012	2013	2014	2015	2016	2017
市(地、州)及以上	22 730 052	24 146 771	25 091 072	26 259 424	21 537 466	18 128 391	19 129 106	23 970 900
区(县)	33 730 327	36 421 083	36 766 270	29 203 208	30 586 188	26 211 764	26 667 870	24 533 350
街道	3 576 587	3 937 821	4 299 535	3 539 413	4 165 759	3 020 013	2 709 359	—
乡镇	4 316 468	4 845 815	5 021 766	3 674 821	3 709 784	3 229 130	2 864 123	—
社区	1 435 737	1 320 548	1 515 615	1 057 615	1 479 549	1 184 259	1 211 219	—
行政村	1 755 474	485 074	497 759	360 389	364 434	552 702	433 046	—

表 29　各级人才服务机构统计的登记求职人数/人

	2010	2011	2012	2013	2014	2015	2016	2017
市(地、州)及以上	18 454 833	16 556 870	18 254 991	17 434 288	15 461 005	13 981 793	12 812 896	16 904 310
区(县)	26 043 678	26 402 666	29 432 511	22 193 021	22 297 854	19 215 054	20 437 482	16 574 239
街道	2 547 374	2 739 814	3 316 126	2 235 904	2 342 171	1 965 589	2 064 919	—
乡镇	3 903 813	3 967 021	4 676 808	3 581 911	3 956 495	3 447 674	3 251 782	—
社区	1 276 553	1 135 103	1 285 741	993 389	1 129 741	1 340 200	1 351 387	—
行政村	1 659 122	451 506	393 741	296 616	367 681	495 994	507 273	—

表 30　各级人才服务机构创业服务人数/人

	2010	2011	2012	2013	2014	2015	2016	2017
市(地、州)及以上	668 163	815 756	835 222	1 238 896	1 395 557	1 237 998	1 128 327	1 176 027
区(县)	988 327	1 184 453	1 325 440	1 886 939	1 954 016	1 567 287	2 068 863	1 971 341
街道	188 220	120 362	129 408	127 956	218 115	207 919	273 027	—
乡镇	145 099	164 478	142 267	135 619	325 918	337 814	341 191	—
社区	80 053	53 240	68 745	89 984	145 183	150 817	165 127	—
行政村	42 614	16 035	11 647	15 883	103 285	109 861	121 589	—

表 31 各级人才服务机构介绍成功登记失业人员数/人

失业人员类型	人才服务机构层级	2010	2011	2012	2013	2014	2015	2016
城镇登记失业人员	市(地、州)及以上	1 908 174	1 908 533	1 820 906	1 879 477	1 592 166	1 514 543	1 404 593
	区(县)	3 444 059	3 556 895	3 797 862	3 034 059	3 017 442	2 400 834	2 460 687
	街道	614 666	638 792	637 309	511 275	535 768	386 555	472 224
	乡镇	276 977	297 970	291 961	298 278	232 803	219 727	200 637
	社区	317 711	280 722	279 665	275 611	332 529	311 657	329 019
	行政村	30 232	19 082	18 438	28 168	37 762	42 326	47 756
农村劳动者	市(地、州)及以上	2 731 743	2 439 753	2 711 992	1 634 731	1 508 298	1 384 074	1 346 242
	区(县)	6 535 073	5 882 494	6 463 506	4 549 601	4 443 409	3 567 463	3 800 915
	街道	547 251	384 220	508 990	303 793	396 034	327 812	304 938
	乡镇	1 764 627	1 667 648	1 839 401	1 480 934	1 485 001	1 175 007	913 777
	社区	277 594	138 409	134 408	99 806	95 565	183 764	154 819
	行政村	610 048	231 192	176 968	132 799	196 687	295 615	267 962

表 32　2016 年城镇按受教育程度、性别分的失业人员寻找工作方式构成/%

受教育程度	合计	在职业介绍机构登记	委托亲友找工作	直接与单位或雇主联系	应答或刊登广告	浏览招聘广告	参加招聘会	为自己经营作准备	其他
未上过学	100	0.5	61.4	6.7	0.8	6.5	0.1	2.9	21.1
小学	100	2.5	58.4	7.4	0.5	6.2	1.5	4.9	18.7
初中	100	4.1	55.7	7.0	0.5	8.9	2.3	5.8	15.8
高中	100	5.1	50.5	6.6	0.5	13.5	4.6	5.7	13.6
中等职业教育	100	7.5	41.6	8.3	0.6	17.0	7.2	6.8	11.1
高等职业教育	100	10.7	38.7	7.1	0.8	16.6	7.1	7.4	11.7
大学专科	100	8.6	34.6	5.3	1.1	20.2	14.4	6.2	9.5
大学本科	100	8.3	24.4	7.5	0.9	20.6	23.1	4.8	10.4
研究生	100	13.8	7.8	3.5	—	23.2	33.9	8.1	9.7
男	100	6.0	45.3	8.0	0.6	12.0	7.4	7.5	13.1
未上过学	100	—	46.1	12.9	1.8	4.5	—	5.1	29.5
小学	100	2.0	58.0	8.3	—	4.5	1.5	6.6	19.1
初中	100	4.3	54.6	8.1	0.3	7.4	2.1	7.5	15.8
高中	100	5.5	48.0	7.5	0.8	12.8	4.8	6.9	13.8
中等职业教育	100	6.8	42.0	9.8	0.5	15.5	7.7	8.3	9.5
高等职业教育	100	13.4	38.3	8.9	0.1	10.5	10.2	12.5	6.2
大学专科	100	9.7	32.4	6.4	0.9	18.0	15.8	8.2	8.4
大学本科	100	7.7	24.4	9.3	1.2	19.3	22.0	6.6	9.5
研究生	100	20.0	4.7	1.8	—	26.9	16.8	15.5	14.3
女	100	5.5	47.8	5.8	0.7	14.7	7.2	4.3	13.9
未上过学	100	0.7	68.1	4.0	0.4	7.3	0.1	1.9	17.4
小学	100	2.9	58.7	6.6	0.9	7.7	1.5	3.3	18.3
初中	100	4.0	56.6	6.1	0.6	10.2	2.4	4.4	15.8
高中	100	4.6	52.9	5.8	0.3	14.1	4.4	4.6	13.4
中等职业教育	100	8.1	41.2	6.9	0.8	18.4	6.7	5.3	12.6
高等职业教育	100	8.5	38.9	5.6	1.3	21.5	4.7	3.3	16.2
大学专科	100	7.7	36.4	4.4	1.2	21.9	13.2	4.5	10.5
大学本科	100	8.8	24.4	5.8	0.7	21.7	24.1	3.3	11.2
研究生	100	9.1	10.2	4.8	—	20.3	47.1	2.4	6.2

表33　2016年城镇按年龄、性别分的失业人员寻找工作方式构成/%

年龄	合计	在职业介绍机构登记	委托亲友找工作	直接与单位或雇主联系	应答或刊登广告	浏览招聘广告	参加招聘会	为自己经营作准备	其他
总计	100	5.8	46.7	6.8	0.6	13.5	7.3	5.8	13.5
16～19	100	5.0	50.4	6.0	0.3	14.5	7.7	2.7	13.3
20～24	100	8.8	34.1	8.0	0.7	15.7	18.6	3.8	10.3
25～29	100	6.7	39.5	7.9	0.8	17.1	9.2	6.5	12.3
30～34	100	4.8	44.1	6.0	0.9	17.1	5.1	8.6	13.4
35～39	100	4.7	47.2	5.9	0.8	14.6	3.9	7.7	15.2
40～44	100	5.2	53.4	6.6	0.5	10.7	2.8	6.5	14.2
45～49	100	5.2	55.8	5.7	0.5	10.2	3.0	5.8	13.9
50～54	100	3.9	58.7	6.3	0.3	7.7	2.3	4.8	16.0
55～59	100	4.7	58.6	8.5	0.3	6.8	1.5	3.6	16.0
60～64	100	1.6	59.5	6.1	1.1	6.2	0.7	3.9	21.0
65+	100	0.3	58.3	4.0	0.3	5.8	0.7	2.1	28.5
男	100	6.0	45.3	8.0	0.6	12.0	7.4	7.5	13.1
16～19	100	1.7	55.1	5.5	0.4	13.5	6.7	2.2	14.7
20～24	100	8.9	34.7	9.1	0.6	15.4	17.0	4.2	10.1
25～29	100	6.9	38.4	8.8	0.9	15.4	9.8	8.8	11.0
30～34	100	6.8	42.1	7.5	0.7	13.6	5.3	14.0	10.0
35～39	100	5.5	44.9	7.3	0.8	12.4	3.1	12.1	13.9
40～44	100	5.3	49.1	8.8	0.5	8.7	2.4	9.6	15.6
45～49	100	5.1	51.7	6.8	0.4	9.4	3.5	8.3	14.7
50～54	100	4.4	56.4	6.9	0.1	7.8	2.7	6.4	15.2
55～59	100	5.2	56.4	9.2	0.5	6.5	1.8	4.3	16.2
60～64	100	1.9	57.4	8.3	0.7	7.1	1.0	3.6	20.0
65+	100	—	56.8	3.4	0.4	7.5	0.7	2.4	28.8
女	100	5.5	47.8	5.8	0.7	14.7	7.2	4.3	13.9
16～19	100	10.2	43.0	6.8	—	16.1	9.4	3.4	11.1
20～24	100	8.7	33.3	6.8	0.8	16.1	20.6	3.2	10.6
25～29	100	6.5	40.4	7.1	0.7	18.4	8.8	4.7	13.3
30～34	100	3.7	45.1	5.3	1	18.9	5.1	5.7	15.2
35～39	100	4.3	48.5	5.1	0.8	15.9	4.3	5.1	15.9
40～44	100	5.1	56.1	5.3	0.5	12.0	3.1	4.5	13.3
45～49	100	5.2	58.7	4.9	0.6	10.7	2.6	4.0	13.3
50～54	100	3.2	61.8	5.5	0.5	7.6	1.6	2.6	17.2
55～59	100	3.3	64.5	6.9	—	7.6	0.6	1.5	15.6
60～64	100	0.9	63.8	1.6	1.9	4.2	0.1	4.4	23.1
65+	100	1.1	61.4	5.0	—	2.4	0.8	1.5	27.9

表 34 2016年城镇按受教育程度、性别分的失业人员未工作原因构成/%

受教育程度	合计	正在上学	毕业后未工作	因单位原因失去工作	因个人原因失去工作	承包土地被征用	离退休	料理家务	其他
总计	100.0	2.0	16.1	16.2	29.0	1.1	3.4	19.6	12.5
未上过学	100.0	—	—	7.0	22.5	2.9	2.3	44.3	20.9
小学	100.0	0.2	1.6	12.8	25.8	3.8	4.6	32.2	19.1
初中	100.0	0.1	6.0	17.7	30.5	1.7	3.8	25.2	15.0
高中	100.0	1.2	10.4	20.5	29.4	0.7	5.9	19.6	12.4
中等职业教育	100.0	1.9	17.5	19.4	32.0	0.4	2.0	16.0	10.8
高等职业教育	100.0	4.4	20.6	16.2	32.0	0.3	2.0	13.5	10.9
大学专科	100.0	3.4	31.7	13.0	29.4	0.3	1.7	11.3	9.3
大学本科	100.0	9.0	47.4	7.9	21.9	0.1	0.9	6.7	6.1
研究生	100.0	15.0	51.7	6.7	16.4	—	1.1	4.2	4.8
男	100.0	2.4	19.1	21.4	32.3	1.5	3.0	3.0	17.2
未上过学	100.0	—	—	16.3	31.2	1.7	1.2	9.2	40.5
小学	100.0	0.1	1.2	20.0	33.4	4.9	5.4	7.5	27.6
初中	100.0	0.2	7.7	24.3	36.0	2.6	3.7	3.8	21.7
高中	100.0	1.5	13.8	26.5	31.9	0.8	4.3	3.6	17.5
中等职业教育	100.0	2.2	22.1	23.9	36.1	0.6	1.4	1.0	12.7
高等职业教育	100.0	5.7	27.3	20.6	31.7	0.8	0.5	0.7	12.6
大学专科	100.0	4.1	37.6	15.6	28.7	0.1	1.6	1.2	11.2
大学本科	100.0	9.3	49.5	9.0	21.9	0.2	0.9	1.4	7.9
研究生	100.0	22.1	51.2	11.4	10.1	—	1.1	1.3	2.8
女	100.0	1.7	13.5	11.7	26.1	0.8	3.8	34.1	8.4
未上过学	100.0	—	—	3.0	18.7	3.5	2.8	59.7	12.3
小学	100.0	0.2	1.9	6.6	19.3	2.9	3.8	53.5	11.8
初中	100.0	0.0	4.5	12.2	25.6	1.0	4.0	43.4	9.3
高中	100.0	0.9	7.2	14.7	27.1	0.6	7.4	34.8	7.4
中等职业教育	100.0	1.5	13.3	15.3	28.2	0.1	2.5	29.8	9.1
高等职业教育	100.0	3.4	15.2	12.8	32.3	—	3.2	23.6	9.6
大学专科	100.0	2.8	26.6	10.7	30.0	0.5	1.8	20.0	7.7
大学本科	100.0	8.7	45.6	7.0	22.0	—	0.9	11.5	4.3
研究生	100.0	9.5	52.1	3.1	21.3	—	1.1	6.5	6.4

表 35 全国职业技能鉴定综合情况

	2008	2009	2010	2011	2012	2013	2014	2015	2016	2017
考核人数	13 374 707	14 920 761	16 575 457	17 459 327	18 305 470	18 385 729	18 539 992	18 941 156	17 554 798	14 729 033
初级职称	5 104 213	6 029 998	6 768 836	7 254 275	7 538 797	7 752 500	6 934 618	7 079 392	6 410 623	4 959 459
中级职称	5 758 542	6 110 523	6 531 792	6 579 593	6 611 139	6 355 360	6 745 021	6 986 241	6 540 058	5 465 266
高级职称	2 029 246	2 126 028	2 722 092	3 098 462	3 476 563	3 514 734	3 930 805	4 006 089	3 855 614	3 610 460
技师职称	403 738	544 210	453 762	428 247	503 134	577 770	654 415	659 634	577 112	540 693
高级技师	78 968	110 002	98 975	98 750	175 837	185 365	275 133	209 800	171 391	153 155

表 36　部分省份职业机构鉴定数/个

	2010	2011	2012	2013	2014	2015	2016	2017
北京	109	84	69	47	134	66	74	30
天津	114	114	119	125	126	130	130	128
河北	178	150	171	171	98	34	36	368
山西	155	158	162	157	164	166	166	202
内蒙古	205	205	205	253	239	217	139	127
辽宁	126	231	145	143	93	117	150	124
吉林	39	22	17	11	12	11	15	22
黑龙江	48	49	49	49	49	48	49	49
上海	303	303	503	503	503	503	503	503
江苏	201	196	197	174	605	1900	542	577
浙江	262	189	186	214	187	199	79	54
安徽	414	414	414	414	414	414	413	414
福建	523	553	544	571	228	356	149	145
江西	319	330	341	372	354	359	391	360
山东	146	167	192	162	218	205	245	176
河南	562	581	586	420	451	492	368	380
湖北	716	734	751	755	765	843	106	164
湖南	225	242	421	298	208	511	135	67
广东	497	853	55	48	36	857	26	44
广西	342	86	86	86	86	86	119	14
海南	81	86	90	93	93	93	93	14
重庆	146	175	171	87	81	65	53	62
四川	466	480	504	494	551	682	703	724
贵州	88	125	140	159	219	236	152	152
云南	560	687	715	728	223	241	290	289
西藏	6	10	20	20		20	20	29
陕西	313	316	329	331	229	218	233	224
甘肃	74	106	79	80	15	84	87	36
青海	60	63	62	65	58	57	58	61
宁夏	52	57	57	64	59	60	60	62
新疆	267	267	266	281	284	341	98	56

表37 2012—2016年历年部分省养老金社会化发放人数/万人

地区	2012	2013	2014	2015	2016	2017
全国	6 865.5	7 201.0	8 093.2	8 383.9	8 620.5	9 142.9
北京	210.7	212.6	228.9	236.7	242.8	249.5
天津	152.6	15.8	171.2	176.2	180.7	185.2
河北	268.8	286.8	313.7	317.3	312.5	266.8
山西	167.5	159.5	174.2	171.8	180.0	193.3
内蒙古	148.9	168.7	188.9	200.0	213.7	226.5
辽宁	478.4	524.6	572.1	604.6	642.4	665.8
吉林	234.6	242.9	260.5	273.7	286.7	301.9
黑龙江	378.1	397.7	423.5	445.5	459.2	481.6
上海	376.6	388.1	407.7	415.4	421.9	433.1
江苏	512.0	557.0	607.0	610.0	648.7	718.3
浙江	321.5	328.9	444.1	541.0	612.5	684.2
安徽	201.2	204.8	228.8	238.0	248.0	260.1
福建	97.1	102.7	119.9	105.0	103.4	111.7
江西	184.6	202.4	216.9	228.5	241.5	261.8
山东	332.7	363.9	435.7	457.0	501.9	528.1
河南	277.3	295.8	316.3	294.9	243.0	282.5
湖北	351.4	373.7	404.2	420.5	439.5	471.1
湖南	243.6	259.9	296.0	304.9	182.1	293.0
广东	333.5	383.4	430.4	457.5	504.1	537.3
广西	162.4	170.2	180.2	186.5	192.2	196.3
海南	44.2	47.7	52.8	50.7	60.3	58.1
重庆	244.1	270.3	290.0	302.3	316.3	325.3
四川	500.3	561.8	614.9	614.6	649.0	623.6
贵州	77.0	81.3	86.4	94.1	98.8	103.2
云南	106.7	112.6	114.1	113.8	95.1	123.1
西藏	3.4	3.4	3.6	3.8	3.9	3.7
陕西	160.6	174.7	185.3	189.0	193.4	198.3
甘肃	92.5	100.0	104.9	109.2	113.5	119.1
青海	26.2	27.6	28.8	30.1	31.1	32.1
宁夏	40.3	40.7	43.8	46.4	48.7	50.5
新疆	81.3	84.9	88.9	85.3	95.9	98.5

表 38　全国城镇养老保险、医疗保险收支情况/亿元

	2010	2011	2012	2013	2014	2015	2016	2017
城镇职工基本养老保险基金收入	13 419.5	16 894.7	20 001.0	22 680.4	25 309.7	29 340.9	35 057.5	43 309.57
城镇职工基本养老保险基金支出	10 554.9	12 764.9	15 561.8	18 470.4	21 754.7	25 812.7	31 853.8	38 051.54
城镇职工基本养老保险基金累计结余	15 365.3	19 496.6	23 941.3	28 269.2	31 800.0	35 344.8	38 580.0	43 884.58
城镇基本医疗保险基金收入	4 308.9	5 539.2	6 938.7	8 248.3	9 687.2	11 192.9	13 084.3	17 931.58
城镇基本医疗保险基金支出	3 538.1	4 431.4	5 543.6	6 801.0	8 133.6	9 312.1	10 767.1	14 421.66
城镇基本医疗保险基金累计结余	5 047.1	6 180.0	7 644.5	9 116.5	10 644.8	12 542.8	14 964.3	19 385.64

表 39　工会开展合理化建议和劳动竞赛活动情况

	2010	2011	2012	2013	2014	2015	2016	2017
本年度职工提出合理化建议件数/件	8 640 378	9 785 556	11 397 683	12 635 933	12 363 265	10 856 053	10 913 451	9 542 491
本年度已实施的合理化建议件数/件	4 123 883	5 124 616	6 127 925	7 170 821	7 002 744	6 324 892	6 456 654	5 952 084
本年度开展了劳动竞赛的基层工会/个	329 747	469 871	627 758	717 665	866 306	870 927	935 721	874 308
本年度参加劳动竞赛的职工/人次	59 801 950	73 255 501	78 613 456	87 682 088	101 719 911	92 855 562	96 833 883	86 313 406

表 40　国际劳工组织估计的不同收入国家劳动参与率情况/%

		2010	2011	2012	2013	2014	2015	2016	2017	2018
15~24 岁人口	高收入国家	45.3	44.9	44.9	44.9	45.0	45.1	45.5	45.7	45.5
	中上等收入国家	50.0	49.3	48.5	47.4	46.3	45.5	44.8	44.4	43.9
	中等收入国家	44.9	44.0	43.1	42.3	41.5	40.8	40.0	39.5	39.1
	中低等收入国家	40.6	39.6	38.8	38.4	38.0	37.4	36.8	36.3	36.1
	低收入和中等收入国家	46.3	45.5	44.8	44.1	43.4	42.8	42.2	41.8	41.6
	低收入国家	58.5	58.2	57.9	57.8	57.4	57.2	57.1	56.9	56.9
15~64 岁人口	高收入国家	71.5	71.5	71.8	72.0	72.2	72.4	72.8	73.2	73.3
	中上等收入国家	71.3	71.3	71.4	71.3	71.2	71.3	71.3	71.4	71.3
	中等收入国家	65.8	65.5	65.4	65.3	65.2	65.1	65.0	65.1	65.0
	中低等收入国家	59.9	59.5	59.2	59.2	59.2	59.1	59.0	59.1	59.1
	低收入和中等收入国家	66.4	66.2	66.0	65.9	65.8	65.8	65.8	65.8	65.8
	低收入国家	73.6	73.4	73.2	73.1	73.0	73.0	73.0	73.0	73.0

表 41　国际劳工组织估计的不同收入国家分性别劳动参与率情况/%

		2010	2011	2012	2013	2014	2015	2016	2017	2018
15～24岁女性人口	高收入国家	42.9	42.5	42.5	42.7	42.8	43.0	43.4	43.7	43.5
	中上等收入国家	43.6	42.9	42.1	41.0	39.9	39.2	38.6	38.3	37.8
	中等收入国家	34.1	33.1	32.2	31.5	30.7	30.2	29.6	29.2	28.8
	中低等收入国家	26.1	25.2	24.5	24.3	24.1	23.9	23.5	23.2	23.0
	低收入和中等收入国家	36.3	35.5	34.7	34.2	33.6	33.2	32.7	32.5	32.2
	低收入国家	54.4	54.1	53.8	53.7	53.3	53.3	53.2	53.1	53.0
15～64岁女性人口	高收入国家	63.7	63.8	64.1	64.4	64.8	65.1	65.6	66.2	66.3
	中上等收入国家	61.2	61.2	61.3	61.2	60.9	61.0	61.1	61.2	61.0
	中等收入国家	49.9	49.5	49.3	49.2	49.1	49.1	49.1	49.2	49.0
	中低等收入国家	38.0	37.4	36.8	37.0	37.1	37.2	37.3	37.5	37.5
	低收入和中等收入国家	51.3	50.9	50.7	50.6	50.5	50.6	50.6	50.7	50.6
	低收入国家	66.1	65.9	65.7	65.7	65.6	65.8	66.0	66.1	66.1

续表

		2010	2011	2012	2013	2014	2015	2016	2017	2018
15~24岁男性人口	高收入国家	47.5	47.2	47.1	47.0	47.0	47.0	47.4	47.5	47.3
	中上等收入国家	56.0	55.3	54.6	53.4	52.3	51.5	50.6	50.0	49.5
	中等收入国家	55.1	54.2	53.3	52.4	51.5	50.6	49.7	49.1	48.7
	中低等收入国家	54.3	53.2	52.2	51.7	50.9	50.1	49.2	48.6	48.2
	低收入和中等收入国家	55.9	55.0	54.2	53.5	52.7	51.9	51.2	50.6	50.3
	低收入国家	62.5	62.3	62.0	61.8	61.4	61.2	61.0	60.7	60.6
15~64岁男性人口	高收入国家	79.1	79.0	79.2	79.3	79.4	79.5	79.8	80.0	80.0
	中上等收入国家	81.3	81.3	81.3	81.3	81.2	81.3	81.3	81.3	81.3
	中等收入国家	81.2	81.1	81.0	80.9	80.8	80.7	80.6	80.6	80.6
	中低等收入国家	81.2	81.0	80.7	80.6	80.4	80.2	79.9	79.9	79.9
	低收入和中等收入国家	81.2	81.1	81.0	80.9	80.8	80.7	80.5	80.5	80.5
	低收入国家	81.3	81.1	80.9	80.7	80.4	80.3	80.2	80.1	80.1

表 42 国际劳工组织估计的不同收入国家失业率/%

		2010	2011	2012	2013	2014	2015	2016	2017	2018
女性失业人数（占女性劳动力的比例）	高收入国家	8.1	8.0	8.2	8.0	7.5	6.9	6.4	5.9	5.4
	中上等收入国家	5.8	5.6	5.6	5.6	5.5	5.7	6.0	6.1	6.1
	中等收入国家	5.4	5.3	5.3	5.3	5.3	5.6	5.7	5.7	5.7
	中低等收入国家	4.8	4.8	4.8	4.9	4.9	5.3	5.2	5.1	5.1
	低收入和中等收入国家	5.3	5.2	5.2	5.2	5.1	5.4	5.5	5.4	5.4
	低收入国家	4.3	4.2	4.1	4.0	3.8	3.9	3.8	3.6	3.6
男性失业人数（占男性劳动力的比例）	高收入国家	8.3	7.8	7.7	7.7	7.0	6.4	5.9	5.4	4.9
	中上等收入国家	6.0	5.8	5.8	5.7	5.7	5.9	6.1	6.1	6.0
	中等收入国家	4.6	4.6	4.6	4.6	4.6	4.7	4.8	4.7	4.7
	中低等收入国家	3.2	3.3	3.4	3.6	3.5	3.6	3.6	3.5	3.4
	低收入和中等收入国家	4.6	4.5	4.6	4.6	4.5	4.6	4.7	4.6	4.6
	低收入国家	4.0	4.0	3.9	3.8	3.6	3.7	3.7	3.5	3.5
总失业人数（占劳动力总数的比例）	高收入国家	8.2	7.9	7.9	7.8	7.2	6.6	6.1	5.6	5.1
	中上等收入国家	5.9	5.7	5.7	5.7	5.6	5.8	6.1	6.1	6.0
	中等收入国家	4.9	4.8	4.9	4.9	4.9	5.0	5.2	5.1	5.1
	中低等收入国家	3.7	3.8	3.8	4.0	3.9	4.1	4.1	4.0	4.0
	低收入和中等收入国家	4.9	4.8	4.8	4.8	4.7	4.9	5.0	4.9	4.9
	低收入国家	4.2	4.1	4.0	3.9	3.7	3.8	3.7	3.6	3.6

表 43　不同收入国家国际移民情况

		2010	2012	2015	2017
国际移徙者占人口的百分比/%	高收入国家	12.757 4	—	13.561 7	—
	中上等收入国家	1.690 1	—	1.927 4	—
	中等收入国家	1.310 5	—	1.389 6	—
	中低等收入国家	0.957 9	—	0.907 9	—
	低收入和中等收入国家	1.337 1	—	1.404 9	—
	低收入国家	1.575 3	—	1.533 5	—
国际移徙者总计/人	高收入国家	144 398 449	—	157 682 028	—
	中上等收入国家	42 090 014	—	49 264 520	—
	中等收入国家	67 703 916	—	75 308 295	—
	中低等收入国家	25 613 902	—	26 043 775	—
	低收入和中等收入国家	76 835 545	—	85 510 653	—
	低收入国家	9 131 629	—	10 202 358	—
净移民/人	高收入国家	—	15 886 583	—	14 604 868
	中上等收入国家	—	2 020 906	—	−1 001 274
	中等收入国家	—	−9 722 223	—	−11 150 064
	中低等收入国家	—	−11 743 129	—	−10 148 790
	低收入和中等收入国家	—	−15 843 728	—	−14 615 692
	低收入国家	—	−6 121 505	—	−3 465 628

表 44　不同收入国家不同类型出口贸易占比/%

		2010	2011	2012	2013	2014	2015	2016	2017	2018
农业原料出口（占商品出口）	高收入国家	1.6	1.7	1.6	1.6	1.6	1.7	1.6	1.5	1.5
	中上等收入国家	1.3	1.4	1.2	1.2	1.2	1.3	1.3	1.2	—
	中等收入国家	1.6	1.9	1.7	1.5	1.4	1.5	1.5	1.4	—
	中低等收入国家	2.9	3.8	3.6	2.9	2.2	2.4	2.3	2.3	—
	低收入和中等收入国家	1.7	1.9	1.8	1.6	1.4	1.5	1.6	1.4	—
计算机、通信和其他服务出口（占商业服务出口）	高收入国家	43.4	43.8	44.6	44.7	45.6	45.9	46.8	46.7	46.9
	中上等收入国家	29.0	40.6	39.6	39.5	41.7	41.5	42.0	43.4	44.1
	中等收入国家	31.6	41.2	40.4	40.4	42.1	41.9	42.2	43.2	43.3
	中低等收入国家	43.2	43.5	44.1	44.5	43.6	43.7	43.0	42.4	—
	低收入和中等收入国家	31.5	41.0	40.3	40.3	41.9	41.7	42.0	43.2	43.2
食品出口（占商品出口）	低收入国家	20.6	30.5	32.0	30.2	25.1	26.9	27.3	—	—
	高收入国家	7.5	7.7	7.9	8.1	8.2	8.7	8.9	8.4	7.3
	中上等收入国家	7.7	8.0	8.1	8.3	8.7	9.4	9.9	9.5	—
	中等收入国家	8.8	9.0	9.3	9.3	9.9	10.8	11.3	11.0	—
	中低等收入国家	13.1	13.1	14.0	14.0	14.8	17.5	17.9	17.6	—
	低收入和中等收入国家	8.9	9.1	9.4	9.5	10.0	11.0	11.5	11.2	—

续表

		2010	2011	2012	2013	2014	2015	2016	2017	2018
燃料出口（占商品出口）	高收入国家	11.7	13.1	12.9	14.2	13.5	11.0	9.8	8.8	7.9
	中上等收入国家	21.5	20.8	20.4	21.6	19.6	15.9	15.0	16.6	—
	中等收入国家	23.0	22.7	22.2	23.1	21.5	16.3	15.8	17.4	—
	中低等收入国家	29.1	30.9	29.5	29.7	29.3	18.5	19.2	20.9	—
	低收入和中等收入国家	23.1	22.7	22.2	23.1	21.5	16.2	15.7	17.4	—
保险与金融服务（占商业服务出口）	高收入国家	11.0	10.8	10.5	10.7	10.6	10.5	10.6	10.5	10.7
	中上等收入国家	4.0	3.8	4.2	4.8	5.2	5.4	4.5	4.3	4.1
	中等收入国家	3.9	3.7	4.0	4.5	4.8	5.1	4.4	4.2	3.9
	中低等收入国家	3.6	3.5	3.1	3.1	2.9	3.8	3.7	3.6	—
	低收入和中等收入国家	3.9	3.7	4.0	4.5	4.9	5.2	4.5	4.2	3.9
	低收入国家	4.6	4.8	5.2	—	17.2	13.5	—	—	—
制造业出口（占商品出口）	高收入国家	69.4	68.4	67.7	66.9	67.4	70.0	70.0	72.6	71.5
	中上等收入国家	63.3	62.6	64.9	63.9	65.6	68.5	67.4	67.3	—
	中等收入国家	60.0	59.1	61.6	60.9	62.4	66.3	65.4	64.7	—
	中低等收入国家	46.1	44.2	47.5	47.9	48.8	55.5	56.1	53.8	—
	低收入和中等收入国家	59.6	58.8	61.3	60.6	62.1	66.0	65.2	64.5	—

表 45　不同收入国家不同类型进口贸易占比/%

		2010	2011	2012	2013	2014	2015	2016	2017	2018
农业原材料进口（占商品进口）	高收入国家	1.3	1.3	1.2	1.2	1.2	1.2	1.2	1.2	1.1
	中上等收入国家	2.4	2.7	2.4	2.3	2.2	2.4	2.3	2.4	—
	中等收入国家	2.4	2.6	2.4	2.3	2.2	2.3	2.2	2.3	—
	中低等收入国家	2.2	2.4	2.1	2.2	2.0	2.1	2.1	2.1	2.0
	低收入和中等收入国家	2.4	2.6	2.3	2.3	2.1	2.3	2.2	2.3	—
	低收入国家	1.4	1.1	1.1	—	—	—	—	—	—
计算机、通信和其他服务（占商业服务进口）	高收入国家	43.9	44.8	45.4	45.2	46.0	46.8	46.8	46.8	47.0
	中上等收入国家	20.3	31.1	28.9	28.8	26.7	27.8	29.0	28.2	27.5
	中等收入国家	24.2	32.0	30.9	31.1	29.3	30.5	31.7	31.2	27.8
	中低等收入国家	38.0	35.2	38.0	39.2	38.5	40.0	41.2	41.4	—
	低收入和中等收入国家	24.1	31.9	30.8	31.0	29.2	30.4	31.6	31.1	27.8
	低收入国家	20.5	25.2	24.5	25.0	25.8	23.4	25.5	22.9	—
食品进口（占商品进口）	高收入国家	7.4	7.6	7.6	8.0	8.1	8.3	8.7	8.5	8.0
	中上等收入国家	7.0	7.0	7.1	7.6	7.6	8.0	8.4	8.4	—
	中等收入国家	7.5	7.8	7.7	8.0	8.1	8.5	8.8	8.9	—
	中低等收入国家	9.2	10.3	9.6	9.1	9.6	9.9	10.4	10.3	8.1
	低收入和中等收入国家	7.7	7.9	7.8	8.1	8.2	8.6	8.9	9.0	—
	低收入国家	17.2	15.6	14.9	15.4	15.1	15.2	—	—	—

续表

	2010	2011	2012	2013	2014	2015	2016	2017	2018
燃料进口（占商品进口）									
高收入国家	15.8	18.2	18.7	17.9	16.1	11.1	9.2	10.8	10.8
中上等收入国家	12.3	14.3	15.4	14.8	14.8	11.5	9.6	11.5	—
中等收入国家	15.0	17.0	18.2	17.7	17.7	13.8	11.6	13.8	—
中低收入国家	23.5	25.9	27.2	27.5	27.3	22.1	18.6	21.1	26.1
低收入和中等收入国家	15.0	17.1	18.3	17.7	17.7	13.9	11.6	13.9	—
低收入国家	19.7	23.3	23.0	21.9	21.3	20.4	—	—	—
保险与金融服务（占商业服务进口）									
高收入国家	9.5	9.0	8.6	8.9	8.7	8.7	8.9	8.8	8.4
中上等收入国家	10.2	8.8	8.7	8.7	7.9	6.5	6.7	6.4	6.0
中等收入国家	9.8	8.9	8.4	8.5	7.6	6.4	6.7	6.5	5.9
中低收入国家	8.4	9.1	7.4	7.6	6.6	6.1	6.8	6.7	—
低收入和中等收入国家	9.7	8.8	8.4	8.5	7.6	6.4	6.7	6.5	5.9
低收入国家	5.6	5.9	7.0	7.3	7.3	7.4	7.6	7.9	—
制造业进口（占商品进口）									
高收入国家	68.3	66.5	66.2	67.4	69.2	74.1	75.0	74.1	74.2
中上等收入国家	67.8	64.2	64.3	64.3	65.3	69.9	72.0	68.8	—
中等收入国家	66.0	62.1	62.2	62.3	63.1	67.7	70.1	67.1	—
中低收入国家	59.9	55.0	55.8	55.7	55.6	59.6	63.7	61.6	58.7
低收入和中等收入国家	65.8	61.9	62.1	62.1	63.0	67.5	70.0	67.0	—
低收入国家	56.4	54.8	53.2	53.7	55.0	57.0	—	—	—

表 46 2010—2013 年 OECD 国家劳动年龄人口比重/%

国家	2010	2011	2012	2013
澳大利亚	67.4	67.2	66.9	66.7
奥地利	67.5	67.7	67.6	67.4
比利时	65.9	65.8	65.5	65.3
加拿大	69.4	69.2	68.9	68.6
智利	68.7	68.7	68.7	68.7
捷克	70.3	69.5	68.7	68.1
丹麦	65.5	65.1	64.8	—
爱沙尼亚	67.4	67.2	66.8	66.3
芬兰	66.2	65.7	65.1	64.5
法国	64.7	64.5	64.1	—
德国	66.0	66.1	66.1	66.1
希腊	66.3	65.9	65.4	—
匈牙利	68.7	68.7	68.5	68.2
冰岛	66.9	66.7	66.5	66.3
爱尔兰	67.7	67.0	66.3	65.7
以色列	62.2	61.8	61.6	61.2
意大利	66.2	65.1	63.9	65.1
日本	63.8	63.6	62.9	62.1
韩国	72.8	73.0	73.1	73.1
卢森堡	68.3	68.5	68.9	69.0
墨西哥	64.2	64.5	64.8	65.1
荷兰	67.0	66.7	66.2	—
新西兰	66.5	66.4	66.1	65.9
挪威	66.2	66.1	66.0	65.9
波兰	71.3	71.2	70.9	70.5
葡萄牙	66.3	66.1	65.9	66.3
斯洛伐克	72.0	71.9	71.7	71.1
斯洛文尼亚	69.3	69.1	68.7	—
西班牙	68.1	67.7	67.4	66.9
瑞典	65.1	64.7	64.2	—
瑞士	68.0	67.9	67.7	—
土耳其	67.1	67.3	67.5	67.7
英国	66.4	65.9	65.4	65.5
美国	67.1	67.1	66.8	66.5

表47 2012、2014年OECD国家本国人口和移民失业率/%

国家	2012 本国人口	2012 移民	2014 本国人口	2014 移民
澳大利亚	5.3	5.4	6.2	6.1
奥地利	3.6	8.3	4.7	10.1
比利时	5.9	16.9	6.9	17.6
加拿大	7.0	8.5	6.7	7.9
捷克	7.0	7.8	6.2	7.0
丹麦	6.8	14.7	6.0	12.3
爱沙尼亚	10.0	13.0	7.3	9.3
芬兰	7.4	15.9	8.3	16.8
法国	9.2	16.0	9.1	16.0
德国	4.9	8.7	4.5	7.9
希腊	23.4	33.7	25.8	34.5
匈牙利	11.0	9.0	7.8	6.0
冰岛	5.7	9.7	4.7	7.6
爱尔兰	14.4	17.3	11.0	13.5
意大利	10.4	13.9	12.3	16.4
卢森堡	3.6	6.3	4.4	7.2
墨西哥	5.1	7.4	5.0	6.8
荷兰	4.5	10.6	6.1	12.0
新西兰	7.0	7.6	5.9	6.3
挪威	2.8	6.3	2.9	7.9
波兰	10.2	6.9	9.1	12.1
葡萄牙	16.1	19.4	14.2	16.9
斯洛伐克	14.0	11.6	13.3	7.4
斯洛文尼亚	8.8	10.9	9.6	13.0
西班牙	22.9	35.4	22.8	33.3
瑞典	6.5	16.1	6.2	16.4
瑞士	3.1	7.1	3.3	7.7
土耳其	8.3	11.6	10.0	12.0
英国	7.9	9.1	6.1	7.1
美国	8.3	8.1	6.5	5.8

表48 2010—2015年OECD国家国际贸易占GDP比重/%

国家	2010 进口	2010 出口	2011 进口	2011 出口	2012 进口	2012 出口	2013 进口	2013 出口	2014 进口	2014 出口	2015 进口	2015 出口
澳大利亚	20.1	21.1	21.4	21.3	20.9	19.7	21.1	20.8	21.1	19.7	21.1	18.9
奥地利	47.7	51.0	51.2	53.7	51.2	53.8	50.6	53.2	49.7	53.0	49.1	53.1
比利时	74.7	76.4	81.1	81.6	81.7	82.3	80.7	81.8	82.3	83.2	81.3	82.9
加拿大	31.0	29.1	31.8	30.6	32.2	30.2	31.8	30.2	32.6	31.6	34.0	31.6
智利	31.7	38.1	34.9	38.1	34.5	34.3	33.1	32.3	32.5	33.4	30.3	30.0
捷克	63.1	66.2	67.5	71.3	71.4	76.2	71.1	76.9	76.2	82.5	76.8	83.0
丹麦	43.6	50.5	47.4	53.8	48.6	54.6	48.2	54.8	47.6	54.5	47.8	55.2
爱沙尼亚	68.7	75.1	80.8	86.5	84.4	86.0	82.5	84.5	79.5	83.1	75.1	79.3
芬兰	37.4	38.7	40.0	39.2	40.9	39.5	39.7	38.8	38.6	37.7	37.1	36.6
法国	27.9	26.0	30.4	27.8	30.7	28.5	30.5	28.6	30.9	28.9	31.4	30.0
德国	37.1	42.3	39.9	44.8	39.9	46.0	39.5	45.5	39.1	45.7	39.2	46.8
希腊	30.7	22.1	32.3	25.5	33.1	28.7	33.2	30.4	34.9	32.5	31.8	31.9
匈牙利	76.9	82.2	81.0	87.2	80.1	86.8	79.0	86.0	81.7	88.7	81.8	90.7
冰岛	43.5	53.7	48.6	56.6	51.0	57.0	47.5	55.4	47.0	53.3	46.2	53.7
爱尔兰	86.7	103.4	83.9	102.4	89.6	106.8	87.3	106.1	95.9	113.8	92.2	124.0
以色列	32.9	35.1	35.5	36.1	35.9	36.1	31.1	33.4	30.4	32.2	27.7	30.7
意大利	27.2	25.2	28.6	27.0	27.6	28.6	26.6	28.9	26.5	29.3	27.0	30.1
日本	14.0	15.2	16.0	15.2	16.7	14.7	19.0	16.2	20.9	17.7	18.9	17.9

续表

国家	2010 进口	2010 出口	2011 进口	2011 出口	2012 进口	2012 出口	2013 进口	2013 出口	2014 进口	2014 出口	2015 进口	2015 出口
韩国	46.2	49.4	54.3	55.7	53.5	56.3	48.9	53.9	45.0	50.3	38.9	45.9
卢森堡	143.7	175.1	147.2	177.9	156.9	186.1	161.1	191.8	176.7	208.7	202.6	235.6
墨西哥	31.1	29.9	32.6	31.3	33.8	32.7	32.7	31.9	33.5	32.4	37.6	35.4
荷兰	63.6	72.0	68.8	77.4	72.3	81.9	71.3	82.0	71.7	82.6	71.7	82.5
新西兰	28.0	30.3	28.8	30.4	28.1	28.8	27.2	28.8	27.3	28.0	27.6	27.8
挪威	28.6	39.8	28.5	41.3	27.7	40.6	28.5	39.2	30.0	38.9	32.0	37.4
波兰	42.1	40.1	44.5	42.6	44.9	44.4	44.4	46.3	46.1	47.6	46.5	49.6
葡萄牙	37.4	29.9	38.6	34.3	38.2	37.7	38.5	39.5	39.9	40.1	39.8	40.6
斯洛伐克	77.8	76.3	86.0	85.0	87.8	91.4	89.6	93.8	88.2	91.8	91.1	93.5
斯洛文尼亚	62.9	64.3	68.5	70.4	69.0	73.3	69.6	75.2	68.9	76.4	68.8	77.9
西班牙	26.8	25.5	29.2	28.9	29.2	30.7	29.0	32.2	30.2	32.7	30.7	33.2
瑞典	40.7	46.2	42.0	46.7	41.4	46.3	39.3	43.8	40.7	45.0	40.8	45.6
瑞士	53.5	64.2	57.3	65.8	56.9	67.3	60.2	72.3	53.1	64.9	51.2	62.9
土耳其	25.5	20.4	30.4	22.3	28.6	23.7	28.1	22.3	27.6	23.8	26.0	23.3
英国	31.0	28.3	32.2	30.5	32.0	29.8	32.0	29.8	30.1	28.1	29.2	27.6
美国	15.8	12.4	17.3	13.6	17.1	13.6	16.6	13.6	16.6	13.7	15.4	12.6

表 49　2000—2017 年中国在境外从事劳务合作人员洲际分布情况/人

年份	亚洲	非洲	欧洲	拉丁美洲	北美洲	大洋洲及太平洋岛屿
2000	284 473	28 249	18 877	8 296	18 487	8 427
2001	334 300	30 001	16 490	9 250	16 579	6 289
2002	320 601	31 954	20 957	11 770	17 587	6 021
2003	339 738	31 359	25 918	9 616	16 282	5 964
2004	324 072	27 847	21 774	8 639	13 084	4 259
2005	344 406	25 309	26 449	7 398	11 448	3 678
2006	397 851	25 065	26 449	7 398	10 283	2 934
2007	428 397	25 584	32 581	7 392	6 737	3 563
2008	398 612	21 231	33 444	5 076	5 144	2 809
2009	385 257	26 020	26 632	3 983	4 387	3 727
2010	397 694	34 380	26 466	4 379	3 726	3 179
2011	420 443	29 041	27 421	4 341	3 172	3 742
2012	417 465	37 910	24 990	16 106	2 271	5 237
2013	396 417	45 948	15 569	17 181	1 540	5 348
2014	469 013	61 532	20 295	34 974	2 117	7 830
2015	487 077	68 848	20 970	29 867	2 161	8 008
2016	469 996	67 438	19 962	26 473	2 743	8 461
2017	474 146	55 596	20 142	39 066	3 494	9 898

表 50　2003—2018 年来华留学生按洲别统计情况

年份	亚洲 人数	亚洲 占比/%	非洲 人数	非洲 占比/%	欧洲 人数	欧洲 占比/%	美洲 人数	美洲 占比/%	大洋洲 人数	大洋洲 占比/%
2003	63 672	81.93	1 793	2.31	6 462	8.31	4 703	6.05	1 085	1.40
2004	85 112	76.80	2 186	2.00	11 524	10.40	10 695	9.70	1 327	1.20
2005	106 840	75.73	2 757	1.95	16 463	11.67	13 221	9.37	1 806	1.28
2006	120 930	74.33	3 737	2.30	20 676	12.71	15 619	9.60	1 733	1.07
2007	141 689	72.47	5 915	3.03	26 339	13.47	19 673	10.06	1 733	0.89
2008	152 931	68.43	8 799	3.94	32 461	14.52	26 559	11.88	2 749	1.23
2009	161 605	67.84	12 436	5.22	35 876	15.06	25 557	10.73	2 710	1.14
2010	175 805	66.32	16 403	6.19	41 881	15.80	27 228	10.27	3 773	1.42
2011	187 871	64.21	20 744	7.09	47 271	16.15	32 333	11.05	4 392	1.50
2012	207 555	63.22	27 052	8.24	54 453	16.58	34 882	10.62	4 388	1.34
2013	—	—	—	—	—	—	—	—	—	—
2014	225 490	59.80	41 677	11.05	67 475	17.90	36 140	9.58	6 272	1.66
2015	240 154	60.40	49 792	12.52	66 746	16.79	34 934	8.79	6 009	1.51
2016	264 976	59.84	61 594	13.91	71 319	16.11	38 077	8.60	6 807	1.54
2017	—	—	—	—	—	—	—	—	—	—
2018	295 043	59.95	81 562	16.57	73 618	14.96	35 733	7.26	6 229	1.27

后 记

本书是北京师范大学劳动力市场研究中心组织编写的第九本《中国劳动力市场发展报告》，主题是"全面开放新格局进程中的劳动力市场调整"。

今年是新中国成立70周年。70年来，我国取得了令世界刮目相看的伟大成就，实现了从站起来、富起来到强起来的历史性飞跃。回顾过去70年不平凡的发展历程，我们可以总结出很多成功的经验，其中非常重要的一条，正如习近平总书记在庆祝中华人民共和国成立70周年大会上的讲话所指出，是坚持和平发展道路，奉行互利共赢的开放战略，同世界各国人民推动共建人类命运共同体。正是因为主动打开国门，向先进国家学习，我们才能在比较短的时间里在很多方面从追跑变为并跑甚至领跑；正是因为主动打开国门，我们才能全面深入地嵌入全球价值链，充分发挥我们的资源禀赋优势，从制造大国变为制造强国；正是因为主动打开国门，我们才能秉承"共商、共建、共享"理念，不断为世界发展注入新能量，提出"一带一路"倡议，举办国际进口博览会，连续多年对世界经济增长的贡献率居于首位。今天的中国，离不开世界；今天的世界，也离不开中国。中国是当代经济全球化进程的受益者，也是当代经济全球化进程的贡献者。在经济全球化不断深化的进程中，中国逐渐形成了全方位、多层次、宽领域的对外开放新格局。

毫无疑问，经济全球化的深化和对外开放新格局的形成，会对劳动力市场的运行产生深远的影响。实际上，最近几十年，特别是加入世界贸易组织（WTO）以来，我国的就业水平、就业结构、收入分配、劳动力流动等变化已经程度不等地体现出了"环球同此凉热"的特征。现在世界面临着百年未有之大变局，国际力量对比、全球治理体系等都在发生深刻变化。特别是中美贸易战的不断升级及其引起的国际经贸环境的不确定性，已经对中国的劳动力市场产生了一定的冲击。2018年7月的中央政治局会议提出了"六稳"的工作方针，其中"稳就业"是居于首位的。因此，研判中美贸易战和对外开放新格局对劳动力市场运行的影响，以及我们的劳动力市场该如何调整以应对这种影响，是一项非常有意义的事情，也是一项非常紧迫的事情。我们希望借助这个报告，做出我们的判断，提出我们的建议。实际上，这也是我们义不容辞的责任。因为从社会影响来看，我们组织编写的这个报告系列，已经具有了智库的功能。

在此，我要感谢报告的各位作者，他们的责任感和敬业精神，令我感动。特别要提及的是，蔡宏波教授不仅承担了主报告的撰写任务，还承担了具体的组织协调和统稿工作。各章作者如下：

第一章　赖德胜、蔡宏波

第二章　陈建伟、朱敏、黄金玲、高曼、匡校震、韩春光、石丹淅、廖娟、苏丽锋、蔡宏波、高东燕、王琦、张爱芹

第三章　李长安、杨智姣

第四章　赖德胜、蔡宏波

第五章　蔡宏波、邓皓文、王悦妍

第六章　李长安、高春雷

第七章　高曼、游曼淋

第八章　高春雷

第九章　李飚、俞辰虹

第十章　王琦

第十一章　常欣扬

第十二章　苏丽锋、高东燕、廖文钰

第十三章　田永坡、郭旭林、常欣扬

附　录　苏丽锋

中国劳动经济学会会长、中国社会科学院人口与劳动经济研究所所长张车伟研究员曾跟我说，他参加了我们每一本报告的发布会和主题研讨会。正是有赵人伟荣誉学部委员、张车伟所长这样的领导和专家一直以来的指导和支持，本报告才能够坚持下来，并有比较大的社会影响。自中美贸易战发生以来，我们团队成员先后受邀参加了国家发改委就业司、价格司，人力资源和社会保障部就业促进司、中国残联等组织的关于就业形势的座谈会，承担了中财办、发改委、人社部等部委委托的关于就业形势方面的研究课题。应该说，这些座谈会和研究课题，对于本报告主题和观点的形成，产生了重要的影响。此外，人力资源和社会保障部就业促进司司长张莹和副司长尹建堃，人力资源和社会保障部调节仲裁管理司司长张文森，中华全国总工会政策研究室主任吕国泉，国际劳工组织劳动力市场政策高级专家王亚栋，国际劳工组织中国和蒙古局副局长戴晓初，人力资源和社会保障部中国人事科学研究院院长余兴安，人力资源和社会保障部中国劳动和社会保障科学研究院副院长莫荣，国家发改委社会发展研究所所长杨宜勇，中国劳动关系学院党委书记刘向兵，山西财经大学副校长杨俊青，北京大学王大树教授和丁小浩教授，中国人民大学劳动人事学院院长杨伟国教授和赵忠教授，首都经济贸易大学劳动经济学院院长冯喜良教授和童玉芬教授，中国社会科学院人口与劳动力经济研究所高文书研究员，北京交通大学经管学院党委书记张力，青岛大

后 记

学政治与公共管理学院院长孙百才等,对报告提出了许多建设性意见和建议。在此,一并表示衷心的感谢!

  我还要感谢北京师范大学的有关领导和同事。王守军副校长百忙之中参加了我们去年报告的发布会并给予我们团队充分的肯定。经济与工商管理学院不仅在经费上大力支持我们,而且戚聿东院长和孙志军书记还亲自参加我们的有关讨论,提出宝贵意见。文科学报的孟大虎编审是本报告系列前八本的负责人之一,虽然没有参加今年报告的具体撰写工作,但仍然多次参加讨论,为主题的确定和观点的凝练出谋划策,做出了重要贡献。李实教授虽然已离开师大调往浙江大学担任资深教授,但他对于本报告的贡献,我们铭记于心。出版集团董事长吕建生、总编辑李艳辉和党委副书记江燕对于本报告的连续出版给予了大力支持,他们的远见令人敬佩。马洪立编审从一开始就是我们报告的策划者和责任编辑,我们之间的合作非常愉快,其专业能力和敬业精神已很好地体现在我们的报告里。本次报告的责任编辑王强、钱君陶做事认真高效,为报告的按时出版付出了巨大心血。韩丽丽、李婷婷、包文等老师以及杜凯文、王悦婧等同学在课题研究和报告撰写中,做了大量耐心细致的工作。师大领导和同事在工作中所体现出的学为人师、行为世范的精神,永远值得我们团队学习。

赖德胜
2019 年 10 月 8 日